박 회계사의
재무제표 분석법

투자자를 위한 회계 강의,
재무 분석의 기초에서 완성까지

박 회계사의
재무제표
분석법

박동흠 지음

부크온 BOOK On

차례

● 개정판을 펴내며
재무제표 분석 - 다시, 투자자를 위한 '선택과 집중'　　　8

01
쉽고 재미있게 회계 배우기

1 **회계의 개념** - '숫자'는 기업의 언어　　　14

02
재무상태표로 기업의 재무구조 파악하기

1 **재무상태표** - 자산, 부채, 자본을 모아 하나로 만든 표　　　36

2 **자산** - 자산은 자산다워야 한다　　　41

3 **부채** - 눈에 잘 보이지 않는 것을 잘 찾아야 한다　　　130

4 **자본과 자본변동표** - 굵직한 이벤트만 체크하면 OK!　　　173

차례

03
손익계산서로 경영 성과 엿보기

1 **손익계산서** - 1년간의 경영 성과를 한 눈에 본다 ... 200

2 **매출액(영업수익)** - 업종별 수익인식 방법 알아보기 ... 218

3 **매출원가** - 사업보고서를 활용해 원가 분석하기 ... 249

4 **판매비와관리비** - 주석에서 정보를 찾아 매출과 비교하는 방법 ... 266

5 **금융수익, 금융비용** - 수출입 비중 높은 기업 분석할 때는 주의! ... 275

6 **기타수익, 기타비용(기타영업외수익, 기타영업외비용)** ... 283
   - 종종 '깜짝 실적'으로 착각하기 쉽다

7 **법인세비용** - 회계와 세법 사이에는 '세무조정'이 필요하다 ... 291

8 **중단사업(중단영업)** - 사업 부문을 매각·분할하는 경우 ... 295

9 **주당이익** - 현재의 1주당 주가가 적절한지 궁금하다면? ... 299

차례

04
지배기업과 종속기업 그리고 재무제표

1 별도재무제표, 연결재무제표, 개별재무제표   310
   - 재무제표 종류보다 더 중요한 것은?

05
기업의 현금흐름 파악하기

1 현금흐름표 - 기업에 들어오는 돈, 나가는 돈   328

06
주석사항에서 알짜정보 얻기

1 주석사항 - 더 주목해야 하는 정보는 따로 있다   356

차례

07
재무제표 분석과 주요 재무비율

1 주요 재무비율 - 실전투자를 위해 알아둬야 할 투자공식   368

● **핵심 포인트 총정리**
투자자 입장에서 재무제표 보는 법   403

1. 재무상태표 보는 법 / 2. 손익계산서 보는 법 / 3. 현금흐름표 보는 법 / 4. 반드시 체크해야할 재무제표 주석사항 / 5. 성장주 재무제표 보는 법

● **맺음말**
미래 예측보다 기업 분석에 집중하라   419

개정판을 펴내며

재무제표 분석
다시, 투자자를 위한 '선택과 집중'

『박 회계사의 재무제표 분석법』 초판이 나온 지 벌써 6년이 흘렀다. 그 사이 무려 17쇄나 찍었으니 감사한 마음이 클 수밖에 없다. 여러 독자들로부터 도움이 되었다는 피드백도 많았고, 재무제표 강의를 하러 간 여러 곳에서 책 관련 질문을 받을 때 보람이 컸다.

개인적으로 이 책은 저자에게 큰 전환점이 되었다. 책을 펴내고 저자의 삶 자체가 강의와 저술 중심으로 바뀌었기 때문이다. 국내 대부분의 시중은행과 증권사에서 강의 요청이 쇄도했다. 또 대기업은 물론 공기업과 여러 기관 등 다양한 곳에 출강을 했다.

  몸은 힘들지만 강의를 요청한 곳의 니즈에 맞게 최신 사례 위주로 준비를 하다 보니 콘텐츠는 더욱 풍성해졌다. 또 6년의 시간이 지나는 동안 회계기준이 계속 개정되었다. 수익인식, 금융자산, 리스 등 주요 회계기준이 바뀌었고, 보험업 회계기준도 개정 예정이다. 이 모두는 투자자를 포함한 회계정보 이용자들에게 중요한 내용들이다.

  이런 이유들 때문에 이 책의 개정판을 생각하게 됐다. 처음 책을 쓸 때는 물론 최선을 다했지만, 시간이 지나면서 조금 더 잘 쓸 걸 하는 아쉬움도 생겨났다. 무엇보다 개정판 작업을 더 이상 미루는 것은 이 책을 아껴준 독자들에 대한 예의가 아니라는 판단이 앞섰다. 많은 독자들이 본 이 책에 모든 것을 담아야 '마음속의 빚'을 다 갚을 것만 같았다. (그리고 개정판 작업을 모두 끝낸 지금은 솔직히 이제 그 빚을 청산한 기분이다.)

  이번 개정판의 특징은 다음과 같다.

  첫째, '1장 쉽고 재미있게 회계 배우기'를 제외하고 본문의 반 이상을 다시 썼다. 회계 개념을 잡아야 하므로 1장은 그대로 유지했다. 회계 실무 내용과 지엽적인 회계기준 등은 과감히 삭제하고, 최대한 재무제표를 분석하는 정보이용자에 맞게끔 다듬었다.

  둘째, 개정된 한국채택국제회계기준 중 회계정보 이용자에게 중요한 내용은 모두 수록했다. 단, 회계기준 내용을 일일이 거론하는 것보다 재무제표 분석을 통해 자연스럽게 이해할 수 있게끔 본문에 반영했다. 이 책의 취지가 투자자들의 재무제표에 대한 이해를 높이는 것에 있기 때문이다. 경우에 따라서는 회계기준의 문구를 함축하거나 폭넓게 해석하기도 했다. 한마디로 투자자를 위한 선택과 집중이다.

셋째, 초판에 소개됐던 사례들을 모두 최신 사례들로 교체했다. 일단 그동안 계정과목 명칭이 바뀐 것도 있고, 또 화제가 된 최신 사례를 봐야 독자들은 더 흥미롭게 재무제표 분석을 할 수 있을테니 말이다.

넷째, 새로운 내용을 추가하면서 불가피하게 저자의 다른 책들에 썼던 내용과 현재 연재 중인 신문 칼럼을 일부 인용했다.

다섯째, 전문적인 내용과 회계 처리가 많이 들어가는 계정과목은 쉽게 설명을 하는 데 한계가 있다. 이런 부분에 대해서는 해당 내용이 끝나는 대목에 별도로 '핵심 개념', '재무 분석 Key'라는 꼭지를 만들어서, 이론을 요약하고 재무제표를 검토할 때 주의할 점을 정리했다.

이 책은 우리나라에 상장되어 있는 기업의 재무제표를 분석하는 모든 회계정보 이용자 및 투자자들을 위한 것이다. 그래서 이 책 한 권에서 많은 궁금증을 해소할 수 있도록 회계 개념부터 재무비율까지 폭넓고 깊게 다루었다. 다양한 내용을 쉽게 풀어 쓰고 그에 따른 사례들을 많이 다루다보니 부득이하게 책이 두꺼워졌다.

회계를 처음 접하고 본격적으로 투자에 대한 공부를 하고 싶어 하는 독자라면 첫 장부터 마지막 장까지 정독과 다독을 권한다. 회계에 대한 기본 개념을 이미 알고 있는 독자라면 차례에서 궁금한 사항을 골라 읽는 것도 방법이 될 것이다. 또한 관심 기업들의 사업보고서와 재무제표를 전자공시시스템(http://dart.fss.or.kr)에서 찾아 본문과 같이 보면 내용을 이해하는 데 많은 도움이 될 것이다.

저자의 블로그(http://blog.naver.com/donghm)는 독자들과의 '소통의 창'이다. 회계 및 투자와 관련된 글을 지속적으로 올릴 예정이니 재무제표를 볼 때 궁금한 사항이 있으면 언제든지 질문을 올려주길 바란다.

2021년 1월, 새해를 맞이하며
박동흠

박 회계사의
재무제표 분석법

01

쉽고 재미있게
회계 배우기

회계의 개념
'숫자'는 기업의 언어

　복식부기는 기업 재무제표를 만드는 기본 틀이자 원리로 재무제표를 이해하기 위해 반드시 알아야 한다. 복식부기, 차변, 대변이라는 낯선 용어를 접하게 되면 순간 부담스러울 수도 있겠지만, 생각해 보면 복식부기의 원리는 우리의 일상생활과 매우 밀접하다.

　이 책에서는 누구나 알고 있는 '자산 = 부채 + 자본'이라는 단순한 공식 하나로 복식부기의 원리를 이해할 수 있도록 설명한다.

　모든 기업들이 일관된 정책과 정해진 기준에 따라 재무제표를 만들어야 하기 때문에 회계정보 이용자 입장에서도 역시 그 회계 원칙과 기준을 이해해야 한다.

　기업의 수익과 비용은 현금이 들어오고 나가는 시점이 아닌 거래와 사건이 발생되고 실현되는 시점에 인식이 되어 재무상태표와 손익계산서에 반영된다.

이런 원리 때문에 재무상태표와 손익계산서가 현금흐름을 제대로 반영하지 못하는 문제가 생기고, 그런 문제를 보완하는 현금흐름표가 점점 중요해지고 있다.

또한 노력을 해야 결과를 얻는 인생처럼, 기업은 비용을 투입해야만 수익을 얻을 수 있다. 이 단순한 진리가 그대로 회계에 반영되어 비용은 항상 수익과 대응된다.

단언컨대 회계는 결코 어렵지 않고 철저하게 상식적이다. 누구나 재미있게 접근할 수 있는 실용학문이며, 복잡한 수학공식이나 암기를 강요하지도 않는다. 이번 기회에 회계의 색다른 매력을 발견해 보자. 어렵다는 고정관념에서 벗어날 수 있는 좋은 계기가 될 것이다.

1) 복식부기의 원리

복식부기의 원리는 다음의 한 줄로 정리된다.

$$자산 = 부채 + 자본$$

경제활동을 곰곰이 생각해보면 자산은 부채와 자본의 합이라는 사실을 누구나 이해할 수 있다.

우리는 집이나 자동차 같이 거금이 들어가는 자산을 구입할 때는 항상 모아놓은 돈과 은행 대출을 합쳐서 구입하곤 한다. 물론 자금력이 충분하다면 굳이 대출까지 받을 필요는 없겠지만, 아무튼 '집 = 내 돈 + 은행 돈'이라는 보편적인 공식을 성립시킬 수 있다. 집은 '자산', 내 돈은 '자본', 은행 돈은 '부채'라는 것에 이견은 없을 것이다.

등식이니까 '자본 = 자산 – 부채'라는 식도 성립된다. 집에서 은행 빚을 뺀 순수한 자본을 우리는 '순자산$^{Net\ asset}$'이라고 부른다. 모아놓은 내 재산이 얼마인지 계산할 때 '자산'으로 답을 내는 사람은 없을 것이다. 대출을 뺀 내 돈만 순수 내 재산이라고 말하듯이 기업 역시 마찬가지다. 주주들이 납입한 자본금과 벌어들인 이익의 합인 이익잉여금을 합쳐 '자본', 즉 순자산이라고 한다. 이런 상식적인 생각에서 출발하면 복식부기 원리는 매우 간단하다.

'자산 = 부채 + 자본'이라는 공식이 성립되므로 [표 1-1]과 같이 나누어 보자. 아주 오래전부터 왼쪽의 이름은 '차변'이고 오른쪽의 이름은 '대변'으로 정해진 것이니 그대로 따르면 된다. 만약 서로 감소한다고 하면 [표 1-2]도 성립된다. 등식이므로 '(-부채) + (-자본) = (-자산)'도 성립되기 때문이다.

한편 자본은 이익의 누적 개념이다. 우리가 열심히 사업을 하거나 직장생활을 하면 소득이 발생되고, 그 소득 중에서 각종 사업경비나 생활비를 쓰고 남는

<표 1-1>

차변	대변
자산 증가	부채 증가
	자본 증가

<표 1-2>

차변	대변
부채 감소	자산 감소
자본 감소	

부분이 여윳돈이 되어 저금을 하게 된다. 즉 '수익'에서 '비용'을 뺀 부분을 '이익'이라고 하고, 이 부분이 누적이 되어 자본이 된다.

이제 이를 바탕으로 [표 1-3]을 만들어 설명해 보자.

<표 1-3>

차변	대변
비용의 발생	수익의 발생

차변에 비용이 발생하고, 대변에 수익이 발생한다. 수익에서 비용을 뺀 부분을 이익이라고 하니, 결국 그 이익은 대변에 남게 된다. 또한 자본의 증가로 이어진다.

역으로 수익보다 비용이 더 크면 이익이 아닌 손실이 되므로, 그 손실은 차변에 남게 된다. 자본의 감소 역시 차변에 위치해 있다.

이제 앞에서 언급한 3가지 표를 하나로 합쳐보자. [표 1-4]에서 보듯이 차변에 올 수 있는 항목은 4개, 대변에 올 수 있는 항목도 4개다. 이 8개를 합쳐서 '거래의 8요소'라고 한다.

차변에 '자산 증가'가 온다면 대변에는 '부채 증가, 자본 증가, 자산 감소, 수익 발생'이 모두 올 수가 있다. 여기에서 우리는 발생 가능한 경우의 수가 16개

<표 1-4>

차변	대변
자산 증가	부채증가
부채 감소	자본 증가
자본 감소	자산 감소
비용 발생	수익 발생

가 됨을 알 수 있는데, 그 모두를 풀어서 쓰면 다음과 같다.

1. 자산 증가, 부채 증가
2. 자산 증가, 자본 증가
3. 자산 증가, 자산 감소
4. 자산 증가, 수익 발생
5. 부채 감소, 부채 증가
6. 부채 감소, 자본 증가
7. 부채 감소, 자산 감소
8. 부채 감소, 수익 발생
9. 자본 감소, 부채 증가
10. 자본 감소, 자본 증가
11. 자본 감소, 자산 감소
12. 자본 감소, 수익 발생
13. 비용 발생, 부채 증가
14. 비용 발생, 자본 증가
15. 비용 발생, 자산 감소
16. 비용 발생, 수익 발생

이 16개 경우의 수는 앞으로 회계처리 예시에서 계속 나오게 될 것이다. 이는 '자산 = 부채 + 자본'이라는 단순한 식에서 출발한 것을 최대한 풀어쓴 것일 뿐이니 '그렇구나!' 하고 이해하고 넘어가면 된다.

하나의 경제활동이나 사건을 이렇게 차변과 대변에 기록하면 자산, 부채, 자본, 손익을 모아서 하나의 표로 쉽게 알아볼 수가 있다.

여기서 자산, 부채, 자본을 모아 만든 표가 '재무상태표'다. 예전에는 차변과 대변을 서로 대조하면서 본다는 의미로 '대차대조표'라고 불렸지만, 이 용어는 2000년 중반에 국제회계기준이 국내에 도입되면서 역사 속으로 사라졌다.

그리고 수익과 비용을 모아서 만든 표가 '손익계산서'다.

복식부기를 하면 재무상태표와 손익계산서가 자동적으로 만들어지기 때문에 회계정보 이용자뿐 아니라 회계정보 제공자 입장에서도 매우 편리하다.

우리가 평상시에 쓰는 가계부나 금전출납부는 단식부기 형태인 '기초잔액 + 입금 − 출금 = 기말잔액'의 방식으로 작성한다. 만약 기업이 이런 식으로 회계장부를 쓴다면, 자산·부채 현황이나 손익 현황을 한눈에 알아볼 수 없을 뿐 아니라 회계정보 이용자 입장에서도 보기가 불편하다.

간단한 예를 통해서 복식부기가 어떻게 작동되고, 재무상태표와 손익계산서가 어떤 방식으로 만들어지는지 확인해 보자.

[예] 김사장은 그동안 모아놓은 돈 1,000만 원으로 K회사를 창업했다. 자본금이 부족하다고 느낀 김사장은 K회사 명의로 은행에서 500만 원을 대출받아 총 1,500만 원의 사업자금을 마련했다. K회사는 1년 동안 500만 원짜리 물건 1개를 사와서 600만 원에 판매하는 거래 1건을 성사시켰다.

가계부 쓰듯이 단식부기로 한다면 장부에 [표 1-5]와 같이 기록할 것이다.

<표 1-5>

기초잔액	1,500만 원
수입	600만 원
지출	(500만 원)
기말잔액	1,600만 원

※ 괄호는 마이너스 금액을 의미한다.

한편 복식부기에서는 [표 1-6]과 같이 장부를 쓰고, 재무상태표와 손익계산서를 만든다.

하나의 거래나 경제적 사건에 대해 차변과 대변 양쪽의 각 계정과목에 모두 쓴다는 것과, 차변과 대변의 금액은 반드시 같다는 점이 눈에 띈다. 양쪽 금액이 같기 때문에 복식부기를 이용하면 금액적 오류가 발생할 가능성이 없다는 것이 가장 큰 장점이다.

<표 1-6>

	차변		대변		비고
회사 창업 시	현금	1,000만 원	자본금	1,000만 원	자산 증가, 자본 증가
은행 대출 시	현금	500만 원	차입금	500만 원	자산 증가, 부채 증가
물건 매입 시	재고자산	500만 원	현금	500만 원	자산 증가, 자산 감소
물건 판매 시	현금	600만 원	매출	600만 원	자산 증가, 수익 발생
	매출원가	500만 원	재고자산	500만 원	비용 발생, 자산 감소

계정과목은 거래나 경제적 사건을 장부에 기록할 때 모이는 항목으로 이해하면 된다. 즉 자산이 대계정이라면, 현금과 재고자산 등은 자산의 소계정에 해당된다.

복식부기로 만든 회계장부를 바탕으로 재무상태표와 손익계산서를 만들면 [표 1-7]과 같이 된다.

수익에서 비용을 뺀 부분을 이익이라고 하고, 이 부분이 누적되어 자본이 된다고 했다. 그러니까 이익은 [표 1-7]과 같이 '자본'으로 간다. 그리고 그 이익이 누적되는 자본의 계정과목을 '이익잉여금'이라고 부른다.

'자본금'은 순수하게 주주들이 사업을 위해 납입한 돈이다. 자본금이나 이익

<표 1-7> 재무상태표와 손익계산서

재무상태표				손익계산서	
자산		부채		매출액	600만 원
현금	1,600만 원	차입금	500만 원	매출원가	500만 원
		자본		매출총이익	100만 원
		자본금	1,000만 원	…	
		이익잉여금	100만 원		
자산 합계	1,600만 원	부채와 자본 합계	1,600만 원	당기순이익	100만 원

잉여금 같은 구성항목을 모두 합친 것이 자본이므로, '자본'과 '자본금'을 헷갈려서는 안 되겠다.

또한 재무상태표는 자산과 부채의 각 항목들이 서로 상계相計(채무자와 채권자가 같은 종류의 채무와 채권을 가지는 경우에 일방적 의사표시로 서로의 채무와 채권을 같은 액수만큼 소멸시키는 것)되어 잔액만 남게 된다. '현금'이란 항목을 보게 되면 '1,000만 원 + 500만 원 − 500만 원 + 600만 원 = 1,600만 원'이 됨을 알 수 있다.

그에 비해 손익계산서는 1년간의 경영성과를 보여주는 표이기 때문에 수익과 비용이 누적되어 표시된다.

복식부기에 대해서는 이 정도만 이해하면 충분하다. 회계정보 이용자 입장에서 원리만 이해하면 되지 차변(왼쪽)과 대변(오른쪽)에 무엇을 넣고 어떻게 회계처리를 하는지 지엽적으로 살펴볼 필요는 없다. 어차피 회계정보 이용자에게 제공되는 정보는 회계처리가 모두 반영된 재무제표이므로, 재무제표를 구성하는 각각의 계정과목들을 어떻게 이해하고 해석하느냐가 핵심이 되기 때문이다.

2) 발생주의와 실현주의

우리가 집에서 가계부를 쓸 때는 구입한 물품에 대해 카드로 결제하거나 현금을 지급하는 날에 보통 비용으로 인식을 한다. 월급을 받거나 사업소득이 생길 때도 입금된 날에 수입이 생겼다고 여기게 된다. 그러나 기업 활동에서 수익과 비용의 발생이 현금거래로 이루어지는 경우는 많지 않다.

쉬운 예로 편의점에 가서 아이스크림 하나를 사도 카드로 결제하는 소비자가 많이 늘었기 때문에 편의점 입장에서는 상품을 팔아도 외상거래이다 보니 실제로 현금은 나중에 만지게 된다. 현금으로 바로바로 들어오는 사업을 생각해 보면 카지노, 로또, 경마 등 사행성사업 정도로 한정될 것 같다.

대부분의 기업들은 외상거래를 한다. 제품을 거래처에 보내고 대금은 1~2개월 뒤에 받기도 한다. 서비스업을 제공하는 기업이라면 거래처에 용역을 제공하고 역시 대금은 나중에 받는다.

[예] K회사 김사장이 2020년 12월에 거래처에 물품 600만 원어치를 팔고 2021년 1월에 대금을 받기로 한다면, 김사장은 600만 원의 수입을 2020년에 인식해야 할까? 아니면 2021년에 인식해야 할까?

김사장 개인의 입장에서는 돈이 들어와야 안심이 되고, 현금을 만져야 돈을 벌었다는 생각할 것이다.

하지만 K회사는 회계원칙에 따라 물품을 거래처에 인도한 시점에 매출로 인식하는 소위 '발생주의 회계'를 따라야 한다. 즉 2020년의 수익으로 인식해야 한다.

발생주의 회계에서는 비록 현금을 수취하지는 못했지만 수익의 획득과정이 완료되었으면 수익으로 인식하고, 현금을 지출하지 않았지만 비용이 발생되면 비용으로 인식해야 한다.

이와 반대되는 개념이 '현금주의'인데, 말 그대로 현금을 수취하고 지출하는 시점에 수익과 비용으로 인식하는 것이다. 우리 마음속에는 현금주의가 깊게 박혀 있기 때문에 발생주의 회계를 처음 접하면 다소 낯설게 느껴질 수 있다.

이런 이유로 인해 회계정보 이용자에게 재무상태표나 손익계산서 못지않게 현금흐름표 또한 중요 재무제표로 인식되고 있다. 재무상태표와 손익계산서는 발생주의에 의해 만들어지므로 기업의 현금이 어떻게 돌고 있는지에 대한 정보를 알 수 없기 때문이다.

과거에는 기업의 손익계산서에는 항상 이익이 나는데 반해 막상 회사 내부에는 현금이 돌지 않아 흑자도산 하는 경우가 많았는데, 그 이유는 현금흐름표를 살펴보면 찾을 수 있다.

한편 회사가 거래처에 물품을 제공했다고 반드시 수익으로 인식하는 것은 아니다. 중요한 것은 현금에 대한 청구권, 즉 돈 받을 권리를 확실히 획득했다고 보는 시점에 인식해야 하며, 이를 '실현주의'라고 한다.

[예] K회사 김사장은 제품 홍보방안을 고심하던 차에 케이블방송 홈쇼핑에서 물건을 팔면 반응이 좋다는 소문을 듣고 홈쇼핑업체에 문의를 했다. 홈쇼핑업체에서는 100만 원의 수수료를 내면 1시간 동안 방송에서 제품을 팔 수 있다고 했고, 김사장은 흔쾌히 응했다. 김사장은 홈쇼핑업체에 600만 원어치의 제품을 보냈고, 한 달 후에 있을 방송 준비에 여념이 없다.

K회사는 홈쇼핑업체에 600만 원어치의 제품을 보냈으니, 이때 발생주의에 따라 매출 600만 원을 인식해야 할까?

정답은 '아니오'다. 홈쇼핑업체는 1시간 동안 방송에서 제품을 소개하는 대가로 수수료 100만 원을 받았을 뿐 K회사로부터 제품을 구매한 것은 아니다. 제품에 대한 구매는 방송을 보는 시청자가 해야 한다.

때문에 한 달 뒤에 시청자가 사가는 제품 수량에 제품 판매단가를 곱한 금액을 매출로 인식해야 한다. 즉 현금에 대한 청구권은 홈쇼핑업체에 제품을 인도한 시점에 생긴 것이 아니고, 고객들이 사가기로 한 시점에 발생되는 것이다. 그래서 실제로 매출이 발생되는 시점은 고객이 구매하기로 한 날이 된다.

기업환경과 거래조건이 나날이 복잡해지고 다양해지기 때문에 어느 시점에 수익과 비용을 인식할 것인가는 항상 기업 회계의 중요한 이슈 사항이다. 상장회사의 경우 기본적으로 회계원칙과 회계기준에 따라 재무제표를 만들고, 재무제표를 감사하는 외부감사인 역시 꼼꼼하게 검토하는 부분이니까 말이다.

일단 여기서는 회계정보 이용자의 경우 수익과 비용이 이런 식으로 인식된다는 정도만 명확하게 이해하고 넘어가자. 보다 구체적인 수익과 비용의 인식 방법은 뒤에 3장에서 소개하겠다.

3) 수익 비용 대응의 원칙

인생에서 노력이 없으면 결과도 없듯이, 투입In put이 없으면 산출Out put도 없다. 수익을 얻기 위해서는 반드시 비용이 투입되어야 한다.

비용은 수익을 실현시키기 위해 발생되기 때문에 비용이 발생하지 않는 수익은 없다. 모든 수익은 원가나 비용을 투입해야 얻을 수 있기 때문에 항상 수익과 비용은 대응된다. 이를 '수익 비용 대응의 원칙'이라고 한다.

회사에서 영업을 위해 자동차를 한 대 사면 유형자산으로 회계처리 한다. 그리고 감가상각비를 매년 비용으로 계상(계정과목에 금액을 올린다는 의미)한다. 자동차를 살 때 이미 현금 지출이 되었기 때문에 사실 감가상각비는 현금이 발생하지 않는 비현금성 비용이다. 그럼에도 매년 현금 지출도 없는 감가상각비를 비용으로 계상하는 이유는 무엇일까?

이 대목에서 수익 비용 대응의 원칙을 떠올리면 된다. 회사는 자동차를 이용해 열심히 영업을 해서 수익을 창출한다. 그렇기 때문에 거기에 대응시켜 비용을 인식하게 된다. 자동차가 영업에 사용되어 매출이 발생되기 때문에 자동차가 기업의 자산이 되는 것이다. 그 자동차의 감가상각비는 수익에 대응되는 비용이다.

회계에서 '감가상각'이란 취득원가를 합리적이고 체계적인 방법으로 배분하여 당기비용으로 인식하는 과정으로 정의된다. 즉 자동차를 구입하는데 들어간 취득원가를 모두 일시에 비용으로 인식하는 것이 아니라 합리적이고 체계적인 방법을 정해 그에 따라 매년 비용으로 배분하는 것이다.

또 다른 예를 생각해보자.

[예] 2020년 어려운 환경 속에서도 임직원들이 열심히 근무한 덕에 K회사의 매출액이 전기 대비 20% 증가했다. 김사장은 회계결산을 마무리하며 1억 원을 성과급으로 책정해 2021년 2월 말에 일괄 지급하기로 했다.
K회사는 성과급을 2020년과 2021년 중 언제의 비용으로 인식해야 할까?

회사가 성과급을 지급하는 시점은 2021년 2월이지만, 회계상 비용처리는 2020년이 된다. 2020년에 열심히 일을 했기 때문에 2020년의 매출이 많이 늘어난 것이다. 그러니 같은 해의 비용이 되는 것이다.

K회사는 성과급을 [표 1-8]과 같이 회계처리 한다. 2020년 말에 회사는 성과급을 비용으로 처리했으나 아직 지급을 안 했으니 미지급비용으로 부채 처리한다. 그리고 2021년 2월 말에 성과급을 지급하면서 2020년 말에 있던 부채를 털어낸다.

<표 1-8> 성과급 회계처리 예시

	차변		대변		비고
2020년	급여	1억원	미지급비용	1억원	비용 발생, 부채 증가
2021년	미지급비용	1억원	현금	1억원	부채 감소, 자산 감소

연말결산이 끝나야 회사의 정확한 성과가 나오고 이사회 결의로 성과급 지급여부가 확정된다. 따라서 대부분의 기업들은 4분기에 성과급을 비용으로 처리하고 다음 연도 초에 지급한다.

그렇기 때문에 상장기업들의 4분기 영업이익이 다른 분기에 비해 다소 악화될 수 있다. 직전 연도 4분기와 비교하면 큰 차이가 없을 수 있지만, 성과급 지급이 없는 1, 2, 3분기에 비해서는 아무래도 급여로 처리하는 비용이 늘어나니 영업이익이 작아질 수 있다.

수익 비용 대응의 원칙은 자주 언급되는 회계원칙이기 때문에 이번 장에서 확실하게 이해하지 못했더라도 뒤에서 다시 짚어볼 기회가 있으니 너무 걱정하지 않아도 된다.

4) 회계기준

유가증권시장과 코스닥시장에 상장되어 있는 기업들은 2011년부터 의무적으로 '한국채택국제회계기준K-IFRS, Korean International Financial Reporting Standards'에 따라 재무제표를 작성하고 있다. 2011년 이전에는 '기업회계기준'이라는 것을 사용했고, 현재 비상장회사들은 '일반기업회계기준'을 따르고 있다.

회계정보 이용자 입장에서는 회계기준 변천사와 각 회계기준 간의 차이점까지 공부할 필요는 없을 것 같다. 단, 이 책에서 다루는 모든 계정과목과 회계처리는 한국채택국제회계기준에 따라 설명되었다는 점은 염두에 두자.

외환위기 이후 국제통화기금IMF과 국제부흥개발은행IBRD의 요구에 따라 1998년부터 우리나라만의 독특한 회계기준을 국제회계기준에 합치시키기 시작했고, 2011년부터 상장기업에 한국채택국제회계기준이 전면 시행되었다는 정도만 이해하면 된다.

회계기준에 변화가 있었기 때문에 회계정보 이용자 입장에서 반드시 주의해야 할 점이 있다. 바로 과거 10년치 재무제표를 한 줄로 세워 분석하는 것은 비교 가능성이 대단히 떨어질 수 있다는 것이다.

2011년 이전의 재무제표는 한국채택국제회계기준이 아닌 다른 회계기준에 따라 작성했기 때문에 비교하는 작업이 별로 의미가 없다. 상장한지 얼마 안 된 기업들 역시 마찬가지다. 상장 직전에 한국채택국제회계기준을 도입하고 그 이전에는 일반기업회계기준을 적용했기 때문에 역시 10년치 자료를 줄 세우는 것은 바람직하지 않다.

다만 풀무원이나 팬오션(구 STX팬오션)을 비롯한 몇몇 기업들은 2009년부터, 삼성그룹과 LG그룹의 회사 대부분은 2010년에 한국채택국제회계기준을 도입했다.

한국채택국제회계기준과 그 이전에 적용한 기업회계기준과의 차이점을 다 나열할 수는 없지만, 가장 중요한 차이점은 한국채택국제회계기준에서 작성한 주재무제표는 '연결재무제표'이고, 그 이전에 적용한 기업회계기준에서의 주재무제표는 '별도재무제표'라는 점이다.

또 증권사에서 발행하는 각 기업의 분석보고서 역시 회계기준 변경 이후부터 연결재무제표기준으로 작성하고 있고, 기업들도 실적을 발표할 때 '연결 기준'이라는 용어를 사용하고 있다.

별도재무제표와 연결재무제표의 가장 큰 차이점은 회사의 개수가 다르다는 것이다. 즉 삼성전자의 경우를 보면 삼성전자의 별도재무제표는 반도체, 모바일기기, 백색가전 등 본연의 사업을 하는 삼성전자 1개사에 대한 재무제표만 의미한다.

그러나 연결재무제표는 삼성전자가 가지고 있는 수많은 종속기업(흔히 말하는 자회사를 의미하며, 정식 명칭은 종속기업이다. 회사가 다른 회사의 주식을 50% 초과해서 보유했다면 종속기업으로 분류한다. 만약 50%가 안 되더라도 실질적으로 지배력을 행사한다면 종속기업이 된다)들을 모두 합쳐서 만들기 때문에 별도재무제표보다 외형이 훨씬 크다.

물론 한국채택국제회계기준 도입 전에도 연결재무제표가 작성되었지만 회계기준 변경으로 인해 연결의 범위, 즉 종속회사를 어디까지 포함시킬 것인지에 대한 부분이 새롭게 정비되었다.

다시 한번 강조하지만 10년치 연결재무제표를 비교하는 것은, 연결의 범위가 다르고 또한 회계기준이 중간에 변경되면서 같은 거래나 사건에 대한 회계처리도 바뀌었기 때문에 결코 올바른 분석 방법이라고 할 수 없다. 때문에 단순히 과거의 10년치 재무제표를 한 줄로 세워서 분석하면 금액적 차이부터 일단 크기 때문에 비교 가능성이 떨어질 수밖에 없다.

이러한 환경변화를 고려해 한 회사의 재무제표를 분석할 때에는 반드시 같은 회계기준 하에 작성된 기간의 재무제표만 뽑아서 분석하는 것이 적합하다.

5) 실적 발표와 회계감사

상장기업들은 1분기, 반기, 3분기 그리고 기말 사업보고서까지 해서 총 4번의 실적 발표를 한다. 그리고 그 내용을 보고서에 담아 전자공시시스템에 공시한다. 우리나라 상장기업 대부분의 회계기간이 1월 1일부터 12월 31일까지 1년이므로, 이 기간을 기준으로 일정을 [표 1-9]와 같이 정리할 수 있다.

1분기, 반기, 3분기 보고서는 결산기간 종료 후 45일 이내에 보고서를 공시해야 한다. 1분기가 3월 31일에 결산기가 끝나니 그로부터 45일 후인 5월 14일

<표 1-9> 회계기간 1년 동안의 일정

	결산기간	누적기간	보고서 종류	보고서 공시 시점
1분기	1/1 ~ 3/31	1/1 ~ 3/31	분기보고서	5/14(5/29)
반기	4/1 ~ 6/30	1/1 ~ 6/30	반기보고서	8/14(8/29)
3분기	7/1 ~ 9/30	1/1 ~ 9/30	분기보고서	11/14(11/29)
4분기	10/1 ~ 12/31	1/1 ~ 12/31	사업보고서	3/30

까지 공시해야 한다. 만약 5월 14일이 토요일이거나 일요일이면 공시일은 하루나 이틀 뒤로 밀린다.

[표 1-9]를 보면 보고서 공시 시점에 '5/14(5/29)'로 표시되어 있다. 괄호 안에 있는 날짜는 예외를 의미한다. 예를 들어 상장한지 얼마 안 된 기업이라면 5월 14일이 아닌 5월 29일에 공시할 가능성이 크다.

앞서 살펴봤던 회계기준에서 우리는 주재무제표가 연결재무제표로 바뀌었다는 점을 확인했다. 기업 입장에서는 분기 중에 별도재무제표 만들기도 시간이 빠듯한데 연결재무제표까지 작성하려면 그야말로 정신이 없다. 어느 정도 숙달된 기업들이야 45일 내에 작성해서 공시가 가능하지만, 상장한지 얼마 안 된 기업이나 처음으로 종속기업이 생겨서 연결재무제표를 만들어야 하는 기업들은 일종의 트레이닝 기간이 필요하다.

그래서 금융당국에서는 반기, 분기 보고서를 연결 기준으로 처음 작성하기 시작하는 회사들에게 2년 동안은 분기, 반기 보고서를 60일 이내에 작성하도록 예외를 준 것이다. 단, 사업보고서는 예외 없이 모든 상장기업이 90일 이내에 제출해야 한다.

요약하자면 모든 상장기업들은 이런 4가지 보고서를 주기적으로 공시한다. 여기서 반기 보고서와 사업보고서에는 자산 규모에 상관없이 외부감사인의 반기검토보고서와 감사보고서가 첨부된다. 1분기와 3분기 보고서에는 자산 규모에 따라 외부감사인의 검토보고서가 첨부된 기업도 있고 그렇지 않은 기업도 있다.

'회계감사'와 '검토'에 대한 부분도 이번 기회에 개념을 한 번 정리하면 좋을 것 같다.

회계감사는 일정 규모 요건이 되는 주식회사라면 외부의 독립된 감사인으로부터 회사의 회계처리가 적정하게 되었는지 확인받음으로써 회계정보 이용자를 포함한 모든 이해관계인에 대한 보호와 기업의 건전한 발전을 도모하게 된다.

1년간의 경영실적에 대해 연초에 회계감사를 진행하고, 통상 사업보고서에 첨부되는 식으로 전자공시시스템에 공시된다. 상장기업은 무조건 회계감사를 받아야 하며, 비상장기업도 자산총액 120억 원 이상 등 일정 요건이 충족되면 의무적으로 받고 있다.

여기서 가장 중요한 것은 외부감사인으로부터 '적정 의견'을 받았으니 회사가 건전하다고 오해하면 절대 안 된다는 점이다.

적정 의견으로 표명된 외부감사보고서의 한 대목을 보면서 설명을 이어가도록 하자.

"우리의 의견으로는 별첨된 연결회사의 연결재무제표는 연결회사의 2019년 12월 31일과 2018년 12월 31일 현재의 연결재무상태와 동일로 종료되는 양 보고기간의 연결재무성과 및 연결현금흐름을 한국채택국제회계기준에 따라 중요성의 관점에서 공정하게 표시하고 있습니다."

핵심 키워드는 '공정하게 표시'라는 부분이다. 외부감사인은 적정 의견을 표명하면서도 결코 이 회사는 건전하거나 재무구조와 손익이 좋다라고 이야기하지 않는다. 공정하게 표시하고 있다고만 서술한다.

　우리가 주목해야할 점은 외부감사인이 회사의 복잡한 회계처리들을 감사하면서 회계기준에 따라 재무제표에 적정하게 표시되었는지 여부를 본다는 것이다. 그리고 정해진 시간 내에 규모가 상당한 회사의 모든 회계처리를 볼 수 없으니 중요성의 관점, 즉 금액적 중요성과 질적 중요성을 복합적으로 고려해 감사절차를 수행하고, 그 결과에 근거해 판단을 하게 된다는 사실이다.

　따라서 외부감사인의 보고서가 '적정'이면 회사가 회계기준에 맞게 재무제표를 만들었다는 의미다. 한정·부적정 보고서를 받으면 회사의 재무제표가 회계기준에 따라 작성되지 않고 왜곡 표시되었다고 이해하면 된다. 그 왜곡의 정도에 따라 한정·부적정 의견이 표명되는 것이다. 아예 계속기업으로서 존속할 수 없을 것으로 판단되면 부적정 의견으로 결정되는 것이다.

　또한 회사가 재무제표에 중요한 영향을 미치는 증빙자료에 대한 제출 등을 거절할 때 역시 그 미치는 영향을 고려하여 한정 의견이나 의견 거절을 표명하는 경우도 있다.

　그러므로 투명하지 않거나 재무구조가 취약하고 매년 적자가 반복되는 기업들은 계속기업에 대한 중대한 불확실성에 직면할 수 있으므로 주의해야 한다.

　감사보고서의 의견 종류에 따라 관리종목이나 상장폐지로까지 이어지면서 투자자의 막대한 재산 피해가 발생될 수 있으니 꼭 연말연시 경제뉴스를 꼼꼼히 확인해야 한다.

　가장 좋은 방법은 3분기까지 재무구조가 취약하고 적자가 반복되는 기업에 대해서는 아예 투자를 하지 않는 것이다.

　[표 1-10]은 감사 의견에 따라 관리종목으로 지정되거나 상장폐지 되는 규정이다.

<표 1-10> 관리종목 지정 또는 상장폐지 규정

관리종목 지정 (유가증권시장 상장규정 제47조)	상장폐지 기준 (유가증권시장 상장규정 제48조)
감사보고서상 감사 의견이 감사 범위 제한 한정	감사보고서상 감사 의견이 부적정 또는 의견 거절
반기 검토보고서상 검토 의견이 부적정 또는 의견 거절	2년 연속 감사보고서상 감사 의견이 범위 제한 한정

코스닥시장 퇴출 요건 (2014.6.18, 개정 규정 기준)	
관리종목	퇴출
-	감사보고서 부적정, 의견 거절, 감사 범위 제한 한정 ※ 계속기업 불확실성에 의한 경우에 사유 해소 확인 시 반기말까지 퇴출 유예

자료 : 한국거래소

감사보고서상 감사 의견이 부적정이나 의견 거절이 나오면 유가증권시장과 코스닥시장에서 퇴출된다.

단, 감사범위제한 한정을 받으면 유가증권시장에서는 관리종목으로 지정받으나 코스닥시장에서는 바로 퇴출되니 이 점은 유의할 필요가 있다. 또한 유가증권시장의 경우 감사가 아닌 반기 검토에서 부적정 또는 의견 거절이 나오면 관리종목으로 지정된다.

그 밖에 다른 여러 요인으로 인해 유가증권시장과 코스닥시장에서 관리종목으로 지정받거나 퇴출되는 경우가 있으니 반드시 한국거래소 홈페이지(www.krx.co.kr)에서 이 부분을 확인하는 것이 좋다.

한편 분기 및 반기의 검토는 감사와 많은 차이가 있다. 회계감사는 회사의 외부감사인이 회계처리의 적정성에 확신을 갖기 위해 주요 증빙을 보면서 감사하는 수준이라면, 검토는 회사 담당자에게 질문을 하고 재무제표를 분석 정도만 하는 수준이다.

물론 검토 중에 중요한 왜곡사항이나 심각한 이슈가 발견되면 감사 수준의 절차를 취하기도 한다. 검토는 감사인의 확신에 대한 강도와 절차가 회계감사에 비해 약하다고 생각하면 된다.

투자자 입장에서 중요한 것은 투명하지 않거나 재무구조가 부실한 기업에 투자할 경우 낭패를 볼 수 있다는 점이다. 따라서 감사보고서와 분기 및 반기 보고서를 모두 찾아 읽기까지는 힘들더라도 어떤 의견을 받았는지 정도는 반드시 확인하는 것이 좋다.

이 모든 복잡한 상황과 마주치기 싫다면 누구나 알고 있고 투명성과 신뢰도가 높은 기업에만 투자하는 것이 가장 안전한 방법이다.

박 회계사의
재무제표 분석법

02
재무상태표로
기업의 재무구조 파악하기

재무상태표

자산, 부채, 자본을 모아 하나로 만든 표

　전자공시시스템에 들어가면 누구나 외부감사인의 회계감사를 받은 모든 상장 및 비상장기업의 재무제표를 볼 수 있다. 상장기업의 경우 사업보고서를 통해, 비상장기업은 감사보고서를 통해 기업이 작성한 재무제표와 주석을 모두 열어볼 수 있다.

　기본적으로 모든 재무제표는 비교식 즉, 전기와 당기를 같이 보여주는 방식이고, 금액은 원 단위로 보여주는 경우가 대부분이지만 대기업의 경우에 금액단위가 워낙 크기 때문에 100만 원 또는 1,000원 단위로 줄여서 나타낸다.

　[그림 2-1]은 삼성전자의 2019년 연결재무상태표이다. '삼성전자주식회사와 그 종속기업'이라고 하여, 삼성전자 본래 기업과 삼성전자가 지배하는 241개의 모든 종속기업을 합쳐 하나의 재무제표로 보여주고 있다.

　보통 사업보고서 목차에 나오는 연결재무제표를 클릭하면 [그림 2-1]과 같이

<그림 2-1> 삼성전자의 2019년 연결재무상태표

연결 재무상태표

제 51 기　2019.12.31 현재
제 50 기　2018.12.31 현재
제 49 기　2017.12.31 현재

(단위 : 백만원)

	제 51 기	제 50 기	제 49 기
자산			
유동자산	181,385,260	174,697,424	146,982,464
현금및현금성자산	26,885,999	30,340,505	30,545,130
단기금융상품	76,252,052	65,893,797	49,447,696
단기매도가능금융자산			3,191,375
단기상각후원가금융자산	3,914,216	2,703,693	
단기당기손익-공정가치금융자산	1,727,436	2,001,948	
매출채권	35,131,343	33,867,733	27,695,995
미수금	4,179,120	3,080,733	4,108,961
선급금	1,426,833	1,361,807	1,753,673
선급비용	2,406,220	4,136,167	3,835,219
재고자산	26,766,464	28,984,704	24,983,355
기타유동자산	2,695,577	2,326,337	1,421,060
비유동자산	171,179,237	164,659,820	154,769,626
장기매도가능금융자산			7,752,180
만기보유금융자산			106,751
상각후원가금융자산		238,309	
기타포괄손익-공정가치금융자산	8,920,712	7,301,351	
당기손익-공정가치금융자산	1,049,004	775,427	
관계기업 및 공동기업 투자	7,591,612	7,313,206	6,802,351
유형자산	119,825,474	115,416,724	111,665,648
무형자산	20,703,504	14,891,598	14,760,483
순확정급여자산	589,832	562,356	825,892
이연법인세자산	4,505,049	5,468,002	5,061,687
기타비유동자산	7,994,050	12,692,847	7,794,634
자산총계	352,564,497	339,357,244	301,752,090
부채			
유동부채	63,782,764	69,081,510	67,175,114
매입채무	8,718,222	8,479,916	9,083,907
단기차입금	14,393,468	13,586,660	15,767,619
미지급금	12,002,513	10,711,536	13,899,633
선수금	1,072,062	820,265	1,249,174
예수금	897,355	951,254	793,582
미지급비용	19,359,624	20,339,687	13,996,273
당기법인세부채	1,387,773	8,720,050	7,408,348

유동성장기부채	846,090	33,386	278,619
충당부채	4,068,627	4,384,038	4,294,820
기타유동부채	1,037,030	1,054,718	403,139
비유동부채	25,901,312	22,522,557	20,085,548
사채	975,298	961,972	953,361
장기차입금	2,197,181	85,085	1,814,446
장기미지급금	2,184,249	3,194,043	2,043,729
순확정급여부채	470,780	504,064	389,922
이연법인세부채	17,053,808	15,162,523	11,710,781
장기충당부채	611,100	663,619	464,324
기타비유동부채	2,408,896	1,951,251	2,708,985
부채총계	89,684,076	91,604,067	87,260,662
자본			
지배기업 소유주지분	254,915,472	240,068,993	207,213,416
자본금	897,514	897,514	897,514
우선주자본금	119,467	119,467	119,467
보통주자본금	778,047	778,047	778,047
주식발행초과금	4,403,893	4,403,893	4,403,893
이익잉여금(결손금)	254,582,894	242,698,956	215,811,200
기타자본항목	(4,968,829)	(7,931,370)	(13,899,191)
비지배지분	7,964,949	7,684,184	7,278,012
자본총계	262,880,421	247,753,177	214,491,428
자본과부채총계	352,564,497	339,357,244	301,752,090

3년치의 연결재무상태표가 먼저 나온다.

계정과목명 옆에 나오는 '51기'가 최근 숫자이고 전기, 전전기 숫자가 오른쪽으로 나온다. '자산 = 부채 + 자본'이므로 '자산총계'와 '부채와자본총계'의 합은 당연히 같고, 자산과 부채 계정과목을 보면 유동자산(부채), 비유동자산(부채) 순으로 되어 있음을 알 수 있다.

그러나 순서가 반드시 이와 같은 것은 아니다. 현대홈쇼핑 같은 기업의 재무상태표를 보면 비유동자산, 유동자산 순으로 보여주고, 그 다음에는 자본, 부채 순인데 부채 역시 비유동부채, 유동부채 순이다.

국제회계기준을 처음 도입할 때 계정과목 배열방법에 대해서는 기업이 자발적으로 선택·적용할 수 있도록 했는데, 많은 기업들이 삼성전자와 같은 방식을 선호한다.

유동과 비유동의 구분은 크게 1년을 기준으로 한다. '유동자산'은 보고기간 종료일로부터 1년 이내 현금화가 되거나 실현될 것으로 예상되는 자산들과, 기업이 정상적인 영업주기 내에 실현할 것으로 예상되어 판매 또는 소비 목적으로 보유하고 있는 자산을 의미한다.

예를 들어 기업의 회계기간이 1월 1일부터 12월 31일이 되면 회사의 보고기간종료일은 12월 31일이 된다. 2020년 12월 31일이 보고기간종료일이라면 기업은 2021년 12월 31일까지 현금화가 되거나 실현될 것으로 예상되는 자산들을 유동자산으로 분류한다.

정상적인 영업주기는 상식적으로 생각하면 된다. 예를 들어 기업이 제품을 하나 만들었다면 분명히 빠른 기간 내에 판매하여 수익을 얻기를 원한다. 1년이 지나고 2년이 지나서 팔겠다고 지금 물건을 만드는 회사는 없다. 특히 요즘같이 급변하는 세상에서 1~2년 지난 '옛날 물건'을 팔겠다면 소위 말하는 스펙spec도 떨어지고 디자인도 촌스러워져서 팔리지 않을 것이다.

'매출채권'도 마찬가지로 생각하면 된다. 기업이 거래처에 외상으로 물건을 판매하면 빠른 시간 안에 입금 받기를 원한다. 계절이 몇 번 바뀌고 몇 년 지나서 돈을 주겠다는 거래처와 거래하는 회사는 없을 것이다. 이는 돈의 문제이기도 하지만 신용의 문제이기도 하기 때문이다.

그래서 재고자산이나 매출채권은 원칙적으로 유동자산으로 분류하지만, 이렇게 안 팔리고 입금 안 되는 자산들은 자산의 가치를 평가해 '재고자산평가손실충당금'이나 '대손충당금'을 설정해서 자산의 가치를 줄여 주게 되어 있다.

반면에 회사가 보유 중인 토지 또는 건물이나 제품을 만들기 위해 기계장치를 산다면, 최소 이런 유형자산들은 1년 이상 보유를 목적으로 한다. 대부분의 기업들은 오랜 기간 동안 유형자산을 이용해 수익을 창출하려 할 것이므로 이런 유형자산들은 '비유동자산'으로 분류된다.

차입금도 마찬가지다. 1년 이내의 짧은 기간 동안 쓸 목적으로 돈을 빌려온다면 유동부채의 '단기차입금'에 분류하고, 1년 이상 장기간 사용할 목적으로 차입을 한다면 비유동부채의 '장기차입금'으로 분류한다.

이렇게 유동과 비유동으로 구분해 놓아야 회계정보 이용자 입장에서는 기업의 유동성이 얼마나 양호한지 확인하기가 쉽다.

자산에서 부채를 차감하면 자본만 남는다. 자산과 부채의 내용이 너무 많고, '자산 - 부채 = 자본'이므로 자산과 부채를 죄다 하나씩 볼 바에는 자본만 보면 된다는 생각을 할 수도 있다. 그러나 이는 오판이다. 왜냐하면 자본계정은 정보가 너무 적어서 분석할만한 게 별로 없다.

[그림 2-1]의 삼성전자 51기(2019년) 연결재무상태표를 다시 보도록 하자. 자본에서 우리가 확인할 수 있는 내용은 연말에 자본총액이 약 263조 원이라는 것과 사업할 때 주주들로부터 투자받은 자본금과 주식발행초과금의 합이 약 5조 3,000억 원으로 51년 동안 254조 원의 이익을 거두었다는 정도다. 이 254조 원은 그동안 벌어들인 이익의 총합에서 주주들에게 배당금을 지급하고 남아있는 이익잉여금을 의미한다.

그러나 이 또한 정확한 표현은 아니다. 삼성전자의 사업보고서를 자세히 들여다보면 그동안 자기주식을 이익잉여금으로 소각한 적도 있었기 때문이다.

그냥 대략적으로 사업자본금을 약 50배 이상 불렸으니 회사가 사업을 잘해서 이익을 많이 늘렸다는 정도로 생각하면 될 것 같다.

2

자산
자산은 자산다워야 한다

    기업이 자산을 보유하는 이유는 그 자산을 사용해서 돈을 벌거나 자산을 팔아서 돈을 벌기 위함이다. 즉 자산에는 사용가치나 매각가치가 있어야 한다.

    그런 목적이나 가치 없이 보유하고 있는 자산은 자산이 아니기 때문에 손상을 인식해서 자산의 가치를 줄여야 한다.

    스마트폰 부품을 만드는 기업이 스마트폰 제조사와의 관계가 끊긴다거나 제조사의 스마트폰이 시장에서 히트를 치지 못하는 상황이라고 생각해 보라. 그러면 그 기업은 완성한 부품부터 그 부품에 투입되는 원재료, 생산라인에 있는 기계장치와 공기구들 그리고 그 기업이 보유한 특허권이나 개발비 같은 무형자산들 모두 무용지물이 될 수도 있다.

    그럼에도 그 기업의 재무제표에 재고자산, 유형자산, 무형자산을 전혀 손상처리하지 않고 전액 자산으로 계상하고 있다면 회계정보 이용자나 투자자는 이 재무제표가 정상적이라고 인정할 수 있을까?

회계정보 이용자는 기업의 재무제표를 보면서 항상 자산의 가치가 있는 것인지, 가치가 줄어드는 상황은 아닌지에 대한 의심을 하면서 재무제표를 냉철하게 분석할 수 있어야 한다.

1) 현금및현금성자산

모든 기업의 재무상태표에서 자산의 1번 타자로 나오는 계정과목이 바로 '현금및현금성자산'이다.

즉시 현금화가 되기 때문에 유동자산의 정의에 가장 부합되고, 특별히 복잡할 게 없다. 기업이 가지고 있는 현금과 수표 실물을 포함해 보통예금, 당좌예금, 양도성예금증서CD, CMA, MMF 등이 포함된다.

학문적으로 정의하자면 큰 거래비용 없이 확정된 금액의 현금으로 전환이 용이하고 이자율 변동에 따른 가치의 변동 위험이 중요하지 않은 자산을 의미한다. 취득 당시 만기가 3개월 이내에 도래하는 것을 현금성자산이라고 한다.

이는 우리가 개인적으로 가계家計의 자금을 관리할 때와 크게 다를 바 없다. 예금, CMA나 MMF는 즉시 출금될 수 있고, 금리가 급격히 오르고 내리지 않는다. 출금할 때 별도의 거래비용을 부담하지도 않기 때문에 목돈 운용 목적이 아닌 단기간으로 운용하거나 생활비 등을 넣어둘 때 주로 이용한다.

기업 역시 회사 운영자금과 투자자금 등 지출 스케줄에 따라 현금을 얼마나 보유할지, 그 외 여유자금은 어떻게 운용할지를 계획하고 그에 따라 금융상품에 배분한다. 운영자금 대부분은 자주 입출금이 되어야 하므로 현금및현금성자산에 많이 배분한다.

<그림 2-2> 삼성전자의 현금및현금성자산 주석사항

4. 현금및현금성자산:

현금및현금성자산은 보유중인 현금, 요구불예금 및 취득일 현재 확정된 금액의 현금으로 전환이 용이하고 가치변동의 위험이 경미한 매우 유동적인 단기 투자자산으로 구성되어 있습니다.

보고기간종료일 현재 현금및현금성자산의 내역은 다음과 같습니다.

(단위 : 백만원)

구 분	당기말	전기말
현금	32,861	46,929
예금 등	26,853,138	30,293,576
계	26,885,999	30,340,505

회계기준상 기업이 어떤 현금성자산을 보유하고 있는지 그 구성내역을 모두 보여주라는 규정이 없기 때문에 대부분의 기업들은 [그림 2-2]의 예처럼 주석사항에 뭉뚱그려 표시하는 편이다.

2) 단기금융상품(금융기관 예치금)

기업이 보유한 정기예금이나 정기적금 등에서 만기가 1년 이내에 도래하면 '단기금융상품'으로 분류하고, 만기가 1년 넘게 남아 있으면 비유동자산인 '장기금융상품'으로 분류한다.

기업은 여유자금을 운용할 때 대부분 안전자산을 많이 선호하는 편이라 통상 정기예금이나 정기적금 등에 가입한다.

차입금이 있는 기업들은 토지, 건물과 같은 유형자산이나 단기금융상품과

장기금융상품을 은행에 담보로 제공하기 때문에 여유자금이라고 해도 실질적으로 인출을 못하는 경우도 있다. 따라서 [그림 2-3]과 같이 주석사항에서 인출 제한 여부를 살펴봐야 한다.

<그림 2-3> 삼성전자의 사용제한금융상품 주석사항

5. 사용제한금융상품:

보고기간종료일 현재 사용제한금융상품은 다음과 같습니다.

(단위 : 백만원)

구 분	당기말	전기말
단기금융상품	54,914	63,064
기타비유동자산	633	6,325
계	55,547	69,389

현금및현금성자산은 거래비용 없이 확정된 금액의 현금으로 전환이 용이한 개념이므로 사용제한예금 자체가 아예 없다. 하지만 차입금이 많은 기업들은 장·단기금융상품이 인출 제한된 경우들이 많다.

[예] 회계정보 이용자가 기업의 여유 자금이 어느 정도인지 계산할 때는 보통 현금및현금성자산과 장·단기금융상품을 모두 더한 후에 차입금을 뺀 순현금을 계산하는 식이다. 이때 인출 제한된 부분도 빼고 계산하는 것이 맞을까?

정답은 빼지 않는 것이 맞다. 왜냐하면 차입금으로 인해 인출 제한이 걸려 있는 부분을 금융상품에서 또 뺀다면 이중으로 차감되는 효과가 생기기 때문이다.

예를 들어 어떤 기업에 현금및현금성자산 1억 원, 단기금융상품 3억 원, 차입금 2억 원이 있다고 가정해 보자. 기업은 차입금 2억 원을 위해 단기금융상품 2억 원을 담보로 제공했다.

이 기업의 순현금성자산을 계산할 때 '현금및현금성자산 1억 원 + 단기금융상품 3억 원 − 인출 제한된 단기금융상품 2억 원 − 차입금 2억 원' 하면 '0'이 나온다. 이 기업의 여유자금은 한 푼도 없다는 잘못된 결과에 도달하게 되는 것이다.

인출 제한된 금융상품은 차입을 위한 것이고, 차입금 2억 원을 빼면서 이미 반영이 되었다. 따라서 여유자금을 계산할 때 인출 제한 부분을 차감하고 계산해서는 안 된다. 다시 말해 이 기업의 순현금성자산은 '1억 원 + 3억 원 − 2억 원 = 2억 원'이다.

기업에 대한 분석을 할 때 순현금성자산을 파악하는 것은 재무 건전성과 안정성을 확인하는 데 그 목적이 있다. 특히 투자자의 입장에서는 순현금성자산이 많이 부족한데 이익도 내지 못해서 현금흐름이 좋지 못한 기업의 주식을 보유하면 항상 유상증자에 신경 쓸 수밖에 없다.

물론 유상증자가 꼭 나쁜 것만은 아니다. 대규모 투자를 하는데 초과 수익을 거둘 수 있는 확실한 사업이라면 이는 기존 주주에게 오히려 호재로 작용할 수도 있다.

그러나 운영자금 부족이나 차입금 상환여력이 없어서 해야 하는 유상증자는 분명 주주에게 큰 악재일 수밖에 없다. 기업의 가치는 그대로이거나 감소하는 중인데 주식 수와 주주 수만 늘어나면 결국 주주의 몫이 줄어드는 것은 당연한 셈법이다.

3) 매출채권

기업의 영업환경에서 매출이 발생되면 대금 결제는 대부분 외상거래로 이루어지게 된다.

매출채권은 기업의 수익 인식 요건이 충족되어 매출을 잡는 시점에 계상된다. 외상거래를 했다고 해서 반드시 어음이나 채권을 주고받지는 않고, 상호간에 세금계산서나 거래명세서 발행으로 매출채권이 생겨난다.

회계처리는 [표 2-1]과 같이 매우 간단하다.

<표 2-1> 매출채권의 회계처리 예시 (단위: 원)

	차변		대변		비고
매출 발생 시	매출채권	5,000	매출	5,000	자산 증가, 수익 발생
매출채권 회수 시	현금및현금성자산	5,000	매출채권	5,000	자산 증가, 자산 감소

매출이 발생하면 매출채권인 자산이 증가하고, 회수되는 시점에 현금이 입금되면서 매출채권이 없어지는 구조이다.

(1) 매출채권과 대손충당금

매출채권을 검토할 때 가장 중점적으로 봐야 할 것은 매출채권의 회수가 정상적으로 잘 되는가, 떼일 가능성은 없는가 하는 것이다. 거래처에 재화를 공급하거나 용역을 제공하고 수익이 발생되었지만, 막상 나중에 돈을 못 받으면 기업 입장에서는 결국 손해일 수밖에 없다.

이런 위험을 막고자 기업들은 거래처별 자금 여력 등을 고려하여 신용한도를 정하거나 담보를 잡는 등 여러 조치를 취한다. 그럼에도 거래처의 상황이 급격히 나빠지거나, 제공받은 재화나 용역에 대한 여러 가지 불만으로 인해 돈을 못 주겠다고 하는 경우도 발생하는 등 기업들은 생각보다 채권을 회수하는 데 어려움을 겪게 된다.

이런 다양한 상황들이 발생하기 때문에 기업 입장에서는 채권 회수에 총력을 기울일 수밖에 없다. 또 이와는 별도로 발생된 매출채권 중 회수가 불가능할 것으로 예상되는 채권에 대해서는 '대손충당금'을 설정해야 한다.

기업이 대손충당금을 설정하는 것은 우리가 회계원칙에서 배운 '수익 비용 대응의 원칙'에 따른 것이다. 실제로 못 받는 것으로 확정된 매출채권에 대해 대손충당금을 쌓는 것이 아니고, 당해 발생된 매출채권 중에서 못 받을 것으로 예상되는 채권에 대해 미리 대손충당금을 쌓는 개념이다.

즉 나중에 거래처가 부도가 나거나 지급불능 상태에 빠질 때까지 기다려서 손실을 인식하는 것이 아니라 그 전에 매출채권을 인식한 시점에 손실을 미리 인식하라는 것이다.

기업이 오랜 기간 영업을 하다보면 평균적으로 매출채권의 대부분이 며칠 내로 입금될 것이라는 것과 매출채권의 몇 퍼센트는 회수가 되지 않을 것이라는 정보가 쌓이게 된다. 그렇기 때문에 대손충당금에 대한 설정 또한 과거 경험을 바탕으로 합리적인 추정이 가능하다.

대손충당금은 매출채권 외에 회사가 받아야 하는 채권의 성격인 미수금, 대여금, 미수수익 등 자산의 대부분 계정에서 나온다. 각각의 대손충당금은 해당 계정과목에서 살펴보기로 한다.

기업의 대손충당금은 당해 매출액 또는 매출채권 기준으로 기업 고유의 회계정책과 합리적인 추정에 따라 잡고 있다. 과거의 경험에서 구해지는 대손실적률로 쌓는 경우가 대부분이고, 기간으로 끊어서 3개월 이상 채권은 1%, 6개월 이상 채권은 10% 이런 식으로 쌓는 방법도 있다. 물론 그 기간과 비율 역시 기업에서 정해 놓은 논리와 근거가 있기 때문에 가능한 것이다.

   기업마다 쌓는 방법과 비율이 서로 제각각이긴 하지만 합리적인 설정방법이 한번 정해지면 기업은 그 원칙에 따라 일관성 있게 쌓아야 한다. 그렇지 않으면 기업의 손익을 왜곡시키는 방법으로 악용될 수 있다. 이익이 많이 발생한 해에 많이 쌓고, 이익이 조금 발생한 해에 조금 쌓는 식으로 대손상각비와 대손충당금을 잡는다면 투자자의 신뢰를 얻을 수 없을 것이다.

   대손상각비는 판매비와관리비에 들어가는 당기의 비용이고, 대손충당금은 매출채권 금액을 차감하는 식으로 표시한다. 즉 매출채권을 바로 차감하는 것은 아니고 매출채권 밑에 대손충당금이라고 하여 '(-)' 표시를 하는 것이다.

   대손충당금이 설정되면 기업의 재무상태표와 손익계산서는 [그림 2-4]와 같은 모양이 된다.

   대손 즉 채권 회수를 못해서 손실이 발생될 것으로 예상된다고 재무상태표에서 바로 매출채권을 없애지는 않고, 대손충당금을 잡아서 매출채권의 금액을 줄여준다.

   왜냐하면 기업의 적극적인 회수 노력으로 추후에 회수될 수도 있는 것이고,

<그림 2-4> 대손충당금 설정 시 재무상태표와 손익계산서 예시 (단위: 원)

<재무상태표>		<손익계산서>	
자산		IV. 판매비와 관리비	
		...	
매출채권	10,000,000	대손상각비	100,000
대손충당금	(100,000)	...	
		V. 영업이익	

결국에는 법률적으로 '못 받는 돈'으로 확정이 되어야만 매출채권을 삭제할 수 있기 때문이다.

대손충당금을 설정했던 채권이 기업의 회수 노력으로 인해 회수가 된다면 대손충당금을 감소시키고, 대손상각비 또한 감소시키는 식으로 회계처리를 한다.

대손충당금 설정, 대손충당금이 설정된 채권의 회수 시의 회계처리는 [표 2-2]와 같다.

기업 입장에서는 채권 회수의 불확실성이 있다고 해서 비현금성 비용인 대손상각비를 발생시키고, 자산을 줄이기는 싫을 것이다. 그렇게 되면 손익도 나빠지고, 유동자산도 감소하기 때문에 투자자(주주)나 채권자(은행)에게 재무제표가 좋게 보이지 않을 것이기 때문이다. 그래서 가능하면 대손충당금을 과소 설정하거나 아예 잡지 않는 식으로 하고 싶을지도 모른다.

하지만 회계처리를 이렇게 하면 안 된다. 이런 식으로 회계처리를 하다가 막상 기업이 부실화되고 더 이상 버티기 힘들어져 그때 가서 또 대손충당금을 엄청나게 설정하고 한다면, 기업의 재무구조는 한순간에 악화될 게 자명하다. 또 매출은 이미 몇 년 전에 일어났는데, 비용인 대손상각비를 한참 후에 인식하게 되면 수익과 비용을 인식하는 해가 달라지기 때문에 결론적으로 수익 비용 대응의 원칙도 어기게 된다.

기업이 합리적으로 충당금을 설정했지만 기업환경이나 경제 사정으로 추정

<표 2-2> 대손충당금 설정 및 대손충당금이 설정된 채권의 회수 시의 회계처리 예시 (단위: 원)

	차변		대변		비고
대손충당금 설정 시	대손상각비	100,000	대손충당금	100,000	비용 발생, 자산 감소
대손채권의 회수 시	대손충당금	100,000	대손상각비	100,000	자산 증가, 수익 발생

치가 변경되는 경우야 어쩔 수 없겠지만, 고의적으로 과소 계상하는 경우는 이야기가 다르다. 이는 투자자에게 대단히 큰 신뢰를 잃어버리는 행위가 된다. 투자자라면 그런 기업들은 반드시 조심해야 한다.

(2) 매출채권 주석사항

재무상태표에서는 매출채권 총액에서 대손충당금을 차감한 순액만큼만 표시하기 때문에 회사가 얼마나 대손충당금을 쌓았는지 확인하기가 어렵다. 회계정보 이용자 입장에서 회사의 매출채권 분석, 더 나아가 기업 투명성과 신뢰도에 대한 판단을 하려면 관련 주석사항을 꼭 검토해야 한다.

실제 기업 사례를 통해 살펴보자. [그림 2-5]는 코스닥 상장기업인 S사의 매출채권 관련 주석사항이다.

2019년 12월 말 현재 회수해야 하는 매출채권(유동) 잔액이 135억 7,567만 원이다. 그런데 손실충당금, 즉 대손충당금이 무려 63억 7,816만 7,000원이나 된다.

재무상태표에는 매출채권(순액)인 71억 9,687만 원이 표시되어 있기 때문에

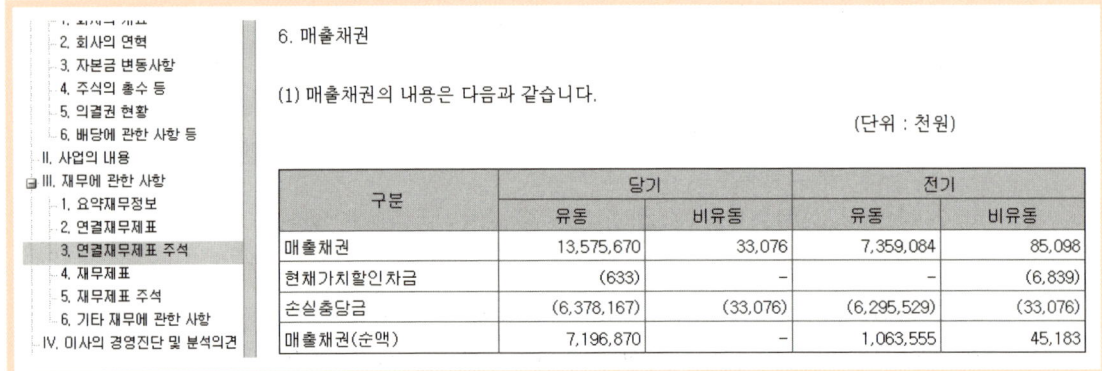

<그림 2-5> S사의 매출채권 주석사항

그냥 무심히 지나칠 수 있다. 그러나 이렇게 주석사항을 보면 대손충당금이 놀 랄 정도로 너무 많다는 사실을 알 수 있다. 채권 원금 대비 무려 47%나 된다.

S사는 반도체 관련 장비를 만들어 파는 회사인데, 힘들게 영업을 해서 135억 원어치 장비를 외상으로 판매했었다. 이제 거래처로부터 대금을 잘 회수하면 영업사이클이 종료되는데, 약 64억 원은 못 받을 것으로 예상하고 대손충당금을 쌓은 것이다. 과연 이게 정상적인 상황일까?

거래처의 재정이 악화되거나 납품한 장비의 품질에 문제가 생겨서 대금 지급이 지연되었을 수도 있을 것이다. 그러나 그런 상황을 회계정보 이용자가 알 길이 없다. 원인이 무엇이든 간에 중요한 것은 숫자가 상식적이지 않다는 것이다.

매출채권은 매출액이 발생되었기 때문에 생긴 것이니 회사 매출액과 같이 놓고 보면 이해가 더 빨라진다. 이 회사의 손익계산서에서 2019년 매출액을 찾아보니 101억 원을 달성한 것으로 나온다.

정리해보자. 2019년 1월 1일부터 2019년 12월 31일까지 101억 원어치를 팔았다. 그런데 2019년 12월 31일 현재 받아야 하는 매출채권이 135억 원이다. 한 달에 8.4억 원어치(101억 원 ÷ 12개월)를 파는데 135억 원의 매출채권이 남았으니, 약 16개월치(135억 원 ÷ 8.4억 원)의 채권이 회수가 안 되었다는 얘기이다. 작년 봄에 팔았는데 올해 여름까지 돈이 안 들어오고 있으니 납득하기 어렵다.

이런 계산내역을 정리한 표가 [표 2-3]이다. 여기서 보면 2018년 상황 역시 마찬가지다. 월평균 4억 원어치를 판매하는데 12월 말 매출채권 잔액이 73억 원이다. 그러니까 매출채권 회수가 약 18개월치 밀린다는 이야기다.

이 S사는 계속기업가정에 대한 불확실성, 회계 및 자금 관련 내부통제 운용 미비 등 여러 사유로 인해 감사의견 거절을 받았고, 상장폐지를 앞두고 있다.

<표 2-3> S사의 매출채권과 매출액 비교 (단위: 천원)

	2019년 말	2018년 말
매출채권 잔액(A)	13,575,670	7,359,084

	2019년	2018년
매출액(B)	10,075,086	4,861,421
월평균매출액(C=B÷12)	839,591	405,118
매출채권 평균 연령(A÷C)	16	18

사업보고서 몇 군데를 훑어보니 무자본 기업사냥꾼이 이 회사를 인수해서 횡령, 배임을 일삼은 것으로 추정된다.

사연이 어떻든 간에 투자자나 채권자는 이런 기업을 멀리해야 한다. 특히 주식투자자라면 이미 2018년 숫자상으로도 부실조짐을 보이고 있음을 알 수 있다. 주식시장에서 이슈나 재료로 주가가 급등락을 하다보니 펀더멘털(기초체력)에 대한 판단 없이 투자를 했다가 갑자기 횡령, 배임이 발각되어 주식거래가 정지되고 상장폐지를 당하는 일은 없어야 하겠다.

[그림 2-5]와 [표 2-3]에서 살펴본 것처럼, 전기 말 매출채권과 손실충당금을 보면 이미 과거부터 숫자가 엉망이었다는 것을 알 수 있었다. 그리고 범위를 넓혀서 과거 재무제표를 찾아보면 4년 전부터 대손충당금이 과도하게 쌓여 있었다.

회사가 외상으로 물건을 판매하고 채권 회수를 못하면 당연히 현금흐름이 악화될 수밖에 없다. 제품 생산하느라 즉, 원가 투입에 돈을 썼고, 물건을 팔아도 또 돈을 받지 못했으니, 이는 당연한 결과이다. 계속기업가정에 대한 불확실성이 있는 것도 당연히 돈이 마르기 때문에 발생한다.

물론 이 회사는 횡령, 배임으로 큰돈이 사라졌기 때문에 매출채권 미회수가 직접적인 원인은 아니다. 그러나 앞서 언급했듯이 회계정보 이용자는 회사 내부에 어떤 일이 벌어지는지 알지 못하기 때문에 숫자가 상식적이지 않은 기업은 아예 멀리하는 게 좋다.

4년 전부터 매출채권의 큰 금액이 미회수였다는 것은 어쩌면 가공매출이었을지도 모른다. 있지도 않은 매출이 발생한 것처럼 꾸며 놨으니 채권 회수를 할 상대방도 없다는 얘기일 수 있다. 보통 횡령, 배임을 일삼는 경우에 기업이 외형적으로 이상 없다는 것을 주주와 채권자들에게 보여주기 위해 분식회계를 저지르는데, 기본적으로 실적이 어느 정도 나오는 모습을 보여줘야 하니 이런 식의 가공매출을 일삼는 경우가 많았다.

(3) 매출채권회전율과 매출채권회수기간

매출액과 매출채권을 비교하는 것도 좋은 분석 방법이다. 원칙적으로 1년간의 매출액보다 기말 시점의 매출채권이 훨씬 적어야 한다. 그래야 연간 발생된 매출액 대부분이 현금으로 회수가 되고 기말에 조금의 매출채권이 남아있구나 라고 해석할 수 있다.

하지만 만약 기말 시점의 매출채권과 연간 매출액의 차이가 크지 않거나 오히려 매출채권 잔액이 더 크다면 분식회계와 현금흐름까지도 한번 의심해야 할 상황이 될 수 있다.

[표 2-4]는 또 다른 코스닥 상장기업 G사의 매출액과 매출채권 잔액을 비교한 표이다.

이 기업 역시 매출채권 잔액과 매출액을 비교해보면 전혀 상식적이지 않다. 무자본 기업사냥꾼이 인수해서 횡령, 배임을 일삼은 것으로 추정되는데, 2019년 재무제표 감사의견 거절을 받고 상장폐지 대상이 되었다.

감사의견 거절의 근거는 계속기업에 대한 불확실성과 회계처리와 자금거래

<표 2-4> G사의 매출채권 잔액과 매출액 비교 (단위: 천원)

	2019년 말	2018년 말	2017년 말
매출채권 잔액	65,836,604	50,140,650	52,319,737

	2019년	2018년	2017년
매출액	12,350,188	31,560,874	98,155,431

관련된 내부통제 운용 미비 등 그 사유가 총 6가지나 된다. 한마디로 회사가 정상적으로 관리되지 않고, 숫자 또한 믿을 수 없다는 것이다.

회계정보 이용자는 회사 내부의 이런 사정을 전혀 알 수 없기 때문에 외부로 공시되는 숫자를 갖고 판단해야 한다. 그런데 [표 2-4]에서 보는 것처럼 매출채권 잔액이 정상적이지 않다는 것은 이미 2017년, 2018년에서도 확인이 가능하다.

앞서 살펴봤듯이 월평균 매출액을 계산해서 매출채권 회수가 몇 달이나 밀렸는지 보는 방법이 가장 빠른데, 이번에는 공식을 써서 살펴보도록 하겠다.

'매출채권회전율'의 공식은 다음과 같다. 한 회계기간 동안 평균 매출채권 금액이 현금으로 회수되는 횟수를 측정하는 공식이다.

$$매출채권회전율 = \frac{매출액}{평균매출채권((기초+기말)/2)}$$

간단히 예를 들어보자. 2019년 말에 회수하지 못하고 넘어온 기초 매출채권이 600만 원, 2020년 말에 매출채권 잔액이 400만 원이고, 2020년에 발생한 연간 매출액은 2,500만 원이다. 모두 국내 채권이고, 대손이 없었다고 가정하면 1년간 이 회사는 [표 2-5]처럼 2,700만 원의 채권을 회수했을 것이다.

<표 2-5> 매출채권 회수 관련 예시   (단위: 만원)

기초	600	기말	400
매출	2,500	회수	2,700
합계	3,100	합계	3,100

평균 매출채권은 500만 원(= (600만 원 + 400만 원) ÷ 2)이고 연간 매출액이 2,500만 원이니, 이 회사의 매출채권회전율은 '5'(= 2,500만 원 ÷ 500만 원)가 된다.

또 1년 365일을 매출채권회전율 5로 나누면 '73일'이 나온다. 그러니까 이 회사의 평균 매출채권은 73일마다 회수되는 것으로 추정할 수 있다. 1년에 5번씩 73일마다 회수된다는 의미이다. 이를 가리켜 '매출채권회수기간'이라고 한다. 이를 공식으로 정리하면 다음과 같다.

$$매출채권회수기간 = \frac{365}{매출채권회전율}$$

실무적으로는 여러 거래처들에게 물건을 판매하고 그들로부터 대금 회수하는 기간이 서로 다르기 때문에 정확한 채권 회수기간은 이 추정치와 맞지는 않을 것이다.

그러나 회계정보 이용자 입장에서는 현금이 잘 돌고 있는지에 대한 확인을 해야 되기 때문에 이렇게 추정치를 구해보는 게 의미가 있다.

이 공식을 활용해서 앞에서 살펴본 코스닥 상장기업 G사의 매출채권회전율 및 매출채권회수기간을 계산해보면 다음과 같다.

<표 2-6> G사의 매출채권회전율 및 회수기간

	2019년	2018년
매출채권회전율	0.21	0.62
매출채권회수기간	1,714일	592일

　G사의 경우 이처럼 상식적이지 않은 숫자로 계산이 된다. 2018년 매출채권 회수기간은 1년이 훨씬 넘어가는데, 2019년에는 무려 4년이 넘는다. 실제로 외상매출을 하고 1년 뒤에 갚으라고 하는 경영자는 없을 것이다. 이 회사의 재무제표 주석사항에서 매출채권을 찾아보면 [그림 2-6]과 같이 큰 금액의 대손충당금을 쌓았음을 알 수 있다.

　G사의 경우 이미 전기 말인 2018년 대손충당금이 70억 9,689만 5,000원이다. 매출채권 총액 501억 4,065만 원(매출채권 196억 9,235만 8,000원 + 장기매출채권 304억 4,829만 2,000원)에 대비해보면 14%나 되는 수치다.

　당기 말인 2019년에는 당연히 더 많은 대손충당금이 쌓일 수밖에 없다. 무려 563억 1,598만 6,000원에 이른다. 매출채권 총액 658억 3,660만 4,000원(225억 3,491만 9,000원 + 433억 168만 5,000원) 대비 86%에 육박한다.

　이렇게 거액의 대손충당금을 쌓아놨으니 과거 매출액에 대한 신뢰 역시 하

<그림 2-6> G사의 매출채권 주석사항

(단위:천원)

구 분	당기말	전기말
(매출채권)		
매출채권	22,534,919	19,692,358
장기매출채권(유동)(*)	43,301,685	30,448,292
차감: 대손충당금	(56,315,986)	(7,096,895)
소　계	9,520,618	43,043,755

기 어려운 상황임을 짐작하고도 남는다.

　물론 이러한 공식을 사용하지 않더라도 연간 매출액 대비 매출채권 잔액이 크다는 것은 채권 회수에 어려움이 많다는 것을 의미하고, 당연히 현금흐름도 좋지 않다는 것을 예상할 수 있다.

　그럼에도 이런 공식을 쓰는 이유는 회사 간, 업종 간 비교할 때 도움이 되기 때문이다. 상반된 비교이기는 하지만 매일유업과 한미약품 사례를 살펴보도록 하자. 이 두 회사는 각각 식음료산업과 제약산업의 대표 기업이다. 시장에 대한 높은 지배력을 가지고 있고 안정적인 사업을 하고 있다.

　식음료산업 특성상 제품을 만들어 팔면 시장에서 빨리 소비가 되고 채권 회수도 잘 될 것이다. 반면 제약산업은 환자 위주로 매출이 발생되기 때문에 시장에 제품을 내어놓으면 소비 속도와 채권 회수 모두 식음료산업에 비해 많이 느릴 것이라고 예상할 수 있다.

　두 회사의 2019년과 2018년의 매출액 및 매출채권 잔액을 비교해 보자.

　매일유업의 매출액 대비 매출채권 잔액은 별로 높지 않아 보인다. 이에 반해 매일유업보다 매출규모가 작은 한미약품의 매출채권 잔액은 매일유업보다 오히려 큰 편이다. 매출액을 매출채권으로 나눈 비율을 보면 매일유업이 한미약품보다 3 이상 크다.

　두 회사의 매출액을 매출채권으로 나눈 수치가 매년 비슷하기 때문에 매출채권회전율 공식에 대입한 결과치(각각 9.2, 6.0으로 계산됨)와 큰 차이가 없

<표 2-7> 매출액과 매출채권 잔액비교 (매일유업과 한미약품)　　　　　　　　　(단위: 억원)

매일유업	2019년	2018년	한미약품	2019년	2018년
매출액	13,932	13,006	매출액	11,136	10,159
매출채권	1,541	1,489	매출채권	1,916	1,818
매출액/매출채권	9.0	8.7	매출액/매출채권	5.8	5.6

다. 365일로 회전율을 나눈 매출채권회수기간은 각각 40일, 61일로 매일유업이 당연히 짧게 나온다.

만약 잘 모르는 중소기업의 매출채권이 정상적으로 회수가 되는지 알고 싶다면 이와 같이 매출채권회수기간을 계산해서 동종업계 다른 회사 수치와 비교해 보는 게 좋다. 그 회사만의 문제인지 업계 전반적으로 채권회수기간이 느린지 (또는 빠른지) 판단이 가능할 것이다.

매출채권의 원활한 회수는 기업의 현금흐름과 존속에 있어서 매우 중요하므로 생소한 기업일수록 꼭 확인하기 바란다.

핵심 개념

① 상거래가 대부분 외상으로 이루어지므로 회사의 유동자산에는 매출채권 잔액이 큰 금액으로 표시되어 있다.

② 대손충당금은 매출채권에서 차감 표시되며, 돈을 못 받는 시점이 아닌 매출채권이 발생된 시점에 대손예상액을 추정하여 비용을 잡는 것이다.

③ 매출채권이 정상적으로 회수되는지 확인하기 위해 연간 매출액과 비교하거나 매출채권회전율을 계산하여 과거 및 동종기업과 비교한다.

재무 분석 Key

① 손익계산서상 연간 매출액 대비 재무상태표의 매출채권 잔액이 큰 편이라면 채권 회수에 어려움이 있을 것으로 추정할 수 있다.

② 매출채권 주석사항에서 매출채권 대비 대손충당금 설정률이 높다면 과거 매출액에 대한 신뢰가 떨어질뿐더러 현금흐름이 악화되었음을 추정할 수 있다.

③ 매출채권회전율(= 매출액 ÷ 평균매출채권)과 매출채권회수기간(= 365 ÷ 매출채권회전율)을 계산하여 현금화 시기를 추정해 본다. 현금화 시기와 연령이 예년보다 길어지고, 동종업계에 대비해 봐도 길다면 거래 투명성을 의심해봐야 한다. 회사의 자금 사정이 나빠질 가능성이 있다.

4) 재고자산

도·소매업이나 제조업을 영위하는 기업의 재무제표에서 가장 많은 비중을 차지하는 계정과목 중의 하나가 바로 '재고자산'이다.

재무상태표에는 재고자산이 한 줄로 들어가지만 주석사항의 재고자산 세부 내역을 보면 종류가 생각보다 굉장히 많음을 알 수 있다.

삼성전자의 재고자산에 대한 주석사항인 [그림 2-7]을 보면 7가지(제품, 상품, 반제품, 재공품, 원재료, 저장품, 미착품)를 2개씩 묶어서 보여줄 정도로 많은데, 상품과 제품을 파는 대부분 기업들의 재고자산 분류는 이와 거의 유사하다.

<그림 2-7> 삼성전자의 재고자산 주석사항

(단위 : 백만원)

구 분	당기말			전기말		
	평가전금액	평가충당금	장부금액	평가전금액	평가충당금	장부금액
제품 및 상품	8,460,621	(345,505)	8,115,116	9,206,754	(370,656)	8,836,098
반제품 및 재공품	10,424,880	(538,246)	9,886,634	11,862,033	(795,522)	11,066,511
원재료 및 저장품	8,288,265	(541,155)	7,747,110	8,658,212	(610,073)	8,048,139
미착품	1,017,604	–	1,017,604	1,033,956	–	1,033,956
계	28,191,370	(1,424,906)	26,766,464	30,760,955	(1,776,251)	28,984,704

기업이 재화를 직접 만들어서 팔면 '제품', 다른 곳에서 사와서 팔면 '상품', 제품을 반 정도 만든 상황에서 추가 가공을 하거나 다른 거래처에 팔수 있으면 '반제품'이라고 한다. '재공품'은 생산라인에서 제조과정 중 work in process인 상태를 말한다. 기업들이 연말 결산을 위해 12월 31일에 재고조사를 할 때 그 시점에 생산라인에 투입되어 있는 재료들로 만들다 멈춘 상태를 원가 계산하여 재

공품으로 계상한다.

　제품 생산을 위해 투입되는 원료와 재료를 합쳐 '원재료'라고 하고, '저장품'은 소모품이나 수선용 부품으로 보관하는 것들을 가리킨다. '미착품'은 소유권은 기업에 넘어왔지만 실물이 아직 입고되지 않은 상태를 의미한다.

　기업이 제품을 만들기 위해 보유하는 원재료이건 외부에 팔아서 이익을 남기기 위해 보유한 상품이건 간에 여기서 중요한 것은 자산이 자산다워야 한다는 것이다. 즉 생산원가보다 높은 가격에 시장에서 잘 팔려야 한다는 뜻이며, 그렇지 않은 재고자산은 가치를 상실했으므로 재고자산으로 인정할 수 없다는 이야기다.

　회사는 제품을 생산하는 시점에 이미 원재료비, 인건비, 경비 등을 다 써버렸다. 돈이 지출되면 비용처리를 해야 하는데, 판매해서 돈을 벌기 위한 재고이므로 자산으로 처리해줬다.

　회계학에서 자산을 '미래 경제적 효익이 기업에 유입될 것으로 기대되는 경제적 자원'이라고 정의한다. 즉 재고는 미래에 돈을 벌어 주는 자원이므로 자산 개념에 부합한다.

　만약 유행이 훨씬 지나 팔리지도 않는 재고자산을 수북하게 쌓아놓은 경우, 또는 만들어낸 원가에 비해 판매가가 더 낮아져서 팔면 팔수록 손해인 재고자산이 있다면 어떨까?

　그것들은 자산으로서의 가치를 상실한 것이다. 생산원가 이상으로 회사에 돈을 벌어주지 못하기 때문이다.

　물리적으로 재고관리를 제대로 하지 못해서 팔지 못하는 재고자산도 마찬가지이다.

　기업 경영에서 가장 어려운 부분 중의 하나가 적정 재고를 어느 정도로 잡고 생산이나 매입을 할 것인가 의사 결정하는 것이다. 유통기간이 짧은 식품이나 유행기간이 짧은 전자기기를 만드는 업종 등은 특히 재고관리가 중요하다. 때문에 판매 예측이 적정 재고 수준의 중요한 열쇠가 된다.

전작前作에 이은 다음 제품도 대박이 날 것으로 예상해서 초도물량을 많이 만들어냈지만 시장의 반응이 없다면 그 제품을 만드는 업체뿐 아니라 그 제품에 들어가는 온갖 부품을 만드는 회사들 역시 막대한 타격을 입게 된다.

우리는 자동차나 스마트기기의 흥행 실패로 자동차 부품회사 또는 스마트기기 부품회사들의 실적이 급격하게 줄어드는 기사들을 뉴스에서 수없이 접할 수 있다.

국제 시세에 민감한 원재료를 구매하는 기업들도 재고관리에 어려움을 겪는다. 반도체, 천연자원, 원유 등 국제 시세가 급변하는 세상에서 예측 실패는 기업에 치명타를 입히기도 한다.

예를 들어 스마트기기 부품을 만드는 A기업이 국제 반도체 시세가 바닥임을 감지하고 앞으로 있을 S전자의 스마트기기 새 모델에 들어가는 부품 생산을 위해 메모리를 대량으로 사들였다고 가정하자.

A기업의 예측대로 원재료도 싸게 사고 S전자의 새 모델도 시장에서 잘 팔려서, A기업의 부품과 그것을 구성하는 원재료를 모두 소진하면서 높은 이익을 챙긴다면 더할 나위 없이 좋을 것이다. 그러나 예측대로 흘러가지 않아서 원재료 값은 계속 떨어지고 S전자의 새 모델도 시장에서 생각보다 안 팔린다면 어떻게 될까?

A기업은 더 싸게 살 수 있는 기회를 놓쳤기 때문에 장부상 기록되지 않는 기회비용이 발생되겠지만, 국제 반도체 시세를 꿰뚫고 있는 S전자에서 과연 부품을 A기업이 생각하는 '원가 + 마진'으로 사갈까? 절대 그렇지 않다. 아무리 새 모델에 대한 납품 초기라고해도 이미 시작부터 납품가는 떨어지게 되고, 심하면 원가 이하로 판매될 수 있다.

또한 S전자의 새 모델이 시장에서 예상보다 적게 팔린다면 A기업이 사다놓은 원재료는 자산으로서의 가치를 잃어버릴 가능성이 크다. 시장과 트렌드는 계속 급변하기 때문에 지금 사놓은 메모리는 S전자의 그 다음 모델에서 채택될 가능성이 매우 낮기 때문이다.

불과 1년만 지나도 소위 스펙이 떨어지는 부품으로 치부될 수밖에 없는 것이 현실이다. 결론적으로 이미 만들어 놓은 부품들과 더불어 원재료 모두 불용(不用)재고가 될 가능성이 높아진다. 그래서 기업에게는 오래된 재고와 과다한 재고는 죄악시된다. 때문에 적시재고 시스템 JIT, Just In Time(적시에 필요한 부품을 생산에 공급하도록 하는 생산 및 재고관리 시스템)같은 방식들이 적용되어 재고관리에 만전을 기하게 된다.

기업들은 이런 여러 사유로 인해 재고자산이 자산으로서의 가치가 떨어지는 상황에 처하면 '재고자산평가손실'을 인식하게 된다. 손실분은 손익계산서의 매출원가에 가산되고, 같은 금액만큼 재고자산 총액에서 평가충당금을 쌓아서 차감 표시한다.

앞서 살펴본 [그림 2-7]과 같이 전 세계적으로 재고관리를 잘 하기로 유명한 삼성전자조차도 재고자산 총액의 5%에 해당하는 금액만큼 평가충당금을 쌓고 재고자산의 가치를 줄일 정도이니 재고관리가 얼마나 어려운 일인지는 충분히 미루어 짐작할 수 있다.

재고자산평가손실을 인식하는 경우를 정리하자면 통상 3가지 정도로 요약할 수 있다.

첫 번째, 물리적으로 손상된 경우이다. (요즘에는 기업들이 창고를 잘 짓기 때문에 예전처럼 손상되는 경우는 많지 않은 것 같다.)

예를 들면 창고 화재나 침수, 온도 및 습도 조절 실패에 따른 변질, 이동 중의 파손 등 여러 이유로 인해 시장에 내놓을 수 없는 상황이 생기는 경우 등이 여기에 속한다.

이런 일이 생기면 해당 재고자산 전부를 폐기해야 하고, 당해의 손실로 인식해야 한다.

두 번째, 완전히 또는 부분적으로 진부陳腐화 되는 경우이다.

이미 언급했지만 급속히 바뀌는 트렌드는 관련 제품을 만드는 기업에게는 가장 민감한 사안이다. 예를 들어 갤럭시 S20이 주로 팔리는 시장에서 아직도 창고에 갤럭시 S9에 들어가는 원재료들이 수북하게 쌓여있다면 이는 당연히 진부화 자산으로 평가손실 대상이다.

갤럭시 S9에 들어가는 부품들을 해체해 S20에 새로 납품하려해도 이미 스펙이 바뀌었기 때문에 시장에서 요구하는 수준에 못 미치니 팔리지 않을 것임에 분명하다.

세 번째, 판매가격이 하락한 경우에도 재고자산평가손실을 인식해야 한다.

제품 1개당 원가 100원을 투입했고 판매가격은 130원이어서 30원씩 남는 장사를 했지만, 경쟁사가 유사한 제품을 80원에 내놓는다면 어떻게 될까? 당연히 시장 판매가를 같은 80원으로 낮출 수밖에 없다.

기업이 획기적인 원가 절감을 하지 않는 이상 현재의 재고는 파는 족족 손실을 입을 수밖에 없는 상황이 발생할 수 있다. 그러니 평가손실을 인식해야 한다.

즉 기업의 재고자산은 이미 자산으로서의 가치를 상실했기 때문에 제품 1개당 100원에서 80원으로 낮추고, 20원은 재고자산평가손실로 미리 인식을 해야 한다. 그렇게 해야 실제로 판매될 때 매출 80원, 매출원가 80원이 되어 마진이 없는 것으로 계산된다.

기업은 매 결산기마다 재고자산 관련 손실 상황을 검토하여 [표 2-8]과 같이 재고자산평가손실을 회계처리 한다.

<표 2-8> 재고자산평가손실 회계처리 예시 (단위: 원)

	차변		대변		비고
재고자산 평가	매출원가 (재고자산평가손실)	20	재고자산평가충당금	20	비용 발생, 자산 감소

재고자산평가손실은 매출원가에 포함되면서 기업의 원가율을 상승시키는 효과를 나타내고, 재고자산평가충당금은 매출채권의 대손충당금과 같이 재고자산 밑에 들어가서 재고자산의 금액을 줄이게 된다.

'어차피 손실이 발생되는 것이면 결산기에 미리 인식하지 말고 다음에 시장에서 재고가 팔리거나 폐기하는 시점에 손실로 인식하면 되지 않나'라고 생각할 수도 있다.

그러나 앞에서 언급했듯이 자산은 '미래 경제적 효익이 기업에 유입될 것으로 기대되는 경제적 자원'이라고 정의했다. 시장에서 80원에 팔리는 재고를 재무제표에 100원으로 표시하면 회계정보 이용자들은 이 회사는 재고를 판매해서 최소 100원 이상 회수할 수 있을 것으로 생각한다. 그런데 실제로 회수 가능한 금액은 80원 밖에 안 되니 보유한 재고자산에 대하여 80원으로 표시를 해야 하는 것이다.

한편 회사가 물리적 손상, 진부화, 판매가격 하락 등으로 인해 보유한 재고자산에 대해서는 손실을 분명히 인식해야 하는데 그렇지 않고 그냥 지나치는 경우도 있다.

역시 분식회계 상황이다. 분식회계도 문제지만 이렇게 안 팔리거나 팔아봤자 손실이 나는 재고를 많이 갖고 있다는 것은 기업의 현금흐름 또한 좋지 않다는 것을 의미한다.

따라서 회계정보 이용자들은 이런 기업들을 조심해야 한다. 찾아내는 방법 또한 그렇게 어렵지 않다. 우리가 매출채권이 원활히 회수되고 있는지 여부를 판단하기 위해 매출액과 비교했듯이 재고자산이 잘 팔리는지 여부를 확인하려면 매출원가와 비교하면 된다.

회사가 생산해서 갖고 있는 게 재고자산이고, 그 재고자산이 팔리면 매출원가로 대체되어 회사 창고에서 사라진다. 즉 재고자산도 원가 개념이니 원가 대 원가로 분석하는 게 타당하다.

원칙적으로 1년간의 매출액보다 기말 시점의 매출채권이 훨씬 적어야 하듯이 1년간의 매출원가 보다 기말 시점의 재고자산이 훨씬 적어야 한다. 그래야 연간 생산한 재고자산이 다 팔리고 연말에 재고자산이 조금 남아있구나라고 해석할 수 있다.

만약 기말 시점의 재고자산과 매출원가의 차이가 크지 않거나 오히려 재고자산 잔액이 더 크다면 분식회계와 현금흐름까지도 의심해야 한다.

(1) 재고자산회전율과 재고자산회전기간

매출채권 분석 때 살펴봤던 코스닥 상장기업 G사를 다시 소환하자. [표 2-9]는 G사의 매출원가와 재고자산 잔액을 비교한 표이다.

G사의 재고자산 잔액과 매출원가를 비교해보면 매출채권이 그랬던 것처럼 역시 상식적이지 않다. (2019년 재무제표 감사의견 거절을 받고 상장폐지 대상이 되기 1년 전인) 2018년 매출원가는 202억 5,969만 원이다. 월 매출원가는 대략 16억 8,830만 8,000원으로 계산되는데, 2018년 말 재고자산 잔액이 156억 5,968만 9,000원이나 된다.

이는 약 9개월치 이상의 재고를 갖고 있다는 것을 의미한다.

G사는 건축 재료와 반도체부품을 생산해서 판매하는데 내년 3월에 판매할 제품을 올해 6월에 만들 이유는 없다. 그 사이에 경쟁사가 더 업그레이드된 제품을 시장에 내놓게 되면 G사의 제품은 진부화 될 위험이 커지기 때문이다.

<표 2-9> G사의 재고자산 잔액 및 매출원가 비교 (단위: 천원)

	2019년 말	2018년 말	2017년 말
재고자산 잔액	12,729,600	15,659,689	6,198,913

	2019년	2018년	2017년
매출원가	16,990,483	20,259,690	58,076,484

어쩌면 이 재고자산은 이미 진부화 되었을지도 모른다. 재고자산의 주석사항을 살펴보면 진부화 여부가 명확해진다.

G사는 이미 전기 말(2018년)에 평가충당금을 50억 7,798만 3,000원이나 쌓았다. 총 재고자산 156억 5,968만 9,000원 대비 32%가 넘는 수치다. 1,000원의 원가를 투입해서 만들어놓고는 그중 320원은 버린다는 것인데, 그렇게 사업을 하는 사람은 없을 것이다.

G사는 감사의견 거절을 받는 2019년에 평가충당금이 더 늘어서 99억 355만

<그림 2-8> G사의 재고자산 주석사항

(단위:천원)

구 분	당기말			전기말		
	취득금액	평가충당금	장부금액	취득금액	평가충당금	장부금액
CIS사업부						
제품	718,348	(503,140)	215,208	118,776	(64,395)	54,380
원재료	1,646,630	(1,638,801)	7,829	4,526,781	(4,266,220)	260,562
소 계	2,364,978	(2,141,941)	223,037	4,645,557	(4,330,615)	314,942
SG사업부						
상품	10,364,622	(7,761,610)	2,603,012	11,014,132	(747,368)	10,266,763
소 계	10,364,622	(7,761,610)	2,603,012	11,014,132	(747,368)	10,266,763
합 계	12,729,600	(9,903,551)	2,826,049	15,659,689	(5,077,983)	10,581,705

1,000원이 되었다. 총 재고자산 127억 2,960만 원 대비 78%나 된다. 전혀 상식적이지 않은 숫자로 바뀌었다. 127억 원어치 돈을 투입해서 재고자산을 보유했는데 그중 99억 원은 버리게 생겼다.

주식투자자는 이 기업이 거래정지 되기 1년 전의 재고자산 숫자도 상식적이지 않았기 때문에 충분히 위험을 피할 기회가 있다. 펀더멘털과 관련 없는 소문과 재료로 주가가 급등락을 하면서 좋아 보일 수 있지만 속으로 곪고 있는 기업은 언젠가 탈이 날 수밖에 없다. 그게 언제인지 모르기 때문에 우리는 늘 조심해야 한다.

사실 이 회사보다 재고자산평가충당금을 더 쌓은 기업도 어렵지 않게 찾아볼 수 있다.

2018년에 상장폐지 대상에 오른, LED부품을 생산해 판매하는 코스닥 상장기업 P사의 재고자산 주석사항을 보자.

168억 1,227만 2,500원어치 재고자산 생산을 위해 원가를 투입했는데, 시장에서 판매해서 회수할 수 있는 돈은 단 2억 9,101만 225원 밖에 안 된다. 안타깝지만 생산원가 거의 대부분은 회수할 수 없다는 의미이다.

재무상태표에는 재고자산 취득원가에서 평가충당금이 차감된 잔액만 표시하기 때문에 재무상태표만 보면 재고자산 진부화에 대한 판단이 어렵다. 잘 모

<그림 2-9> P사의 재고자산 주석사항

(단위 : 원)

구 분	평가전금액	평가충당금	재무상태표가액
원/부재료	262,544,988	(151,071,936)	111,473,052
재 공 품	71,363,261	(57,090,609)	14,272,652
제 품	4,979,112,647	(4,873,463,727)	105,648,920
저 장 품	11,499,251,604	(11,439,636,003)	59,615,601
합 계	16,812,272,500	(16,521,262,275)	291,010,225

르는 중견기업이나 중소기업에 대한 분석을 할 때에는 반드시 꼼꼼히 분석하기를 권한다.

월 평균 매출원가를 계산해서 재고자산이 몇 달치 쌓였는지 보는 방법이 가장 빠른데, 이번에는 공식을 써서 살펴보도록 하겠다.

다음은 '재고자산회전율' 공식이다. 한 회계기간 동안 평균 재고자산이 팔리는 속도를 측정하는 공식이다.

$$재고자산회전율 = \frac{매출원가}{평균재고자산((기초+기말)/2)}$$

간단히 예를 들어보자. 2019년 말 재고자산이 600만 원, 2020년 말에 재고자산 잔액이 400만 원이다. 2020년에 생산한 재고가 2,300만원이다. 재고자산평가손실이 없었다고 가정하면, 1년간 이 회사는 [표 2-10]처럼 원가 기준으로 2,500만 원어치를 팔았을 것이다.

평균 재고자산은 500만 원(= (600만 원 + 400만 원) ÷ 2)이고, 연간 매출원가가 2,500만 원이다. 그렇다면 이 회사의 재고자산회전율은 '5'(= 2,500만 원 ÷ 500만 원)가 된다.

또 1년 365일을 5로 나누면 '73일'이 된다. 즉 이 회사의 재고자산은 생산 후 평균 73일만에 대부분 판매되는 것으로 추정할 수 있다. 이를 가리켜 '재고자산

<표 2-10> 재고자산 잔액 및 매출원가 관련 예시 (단위: 만원)

기초	600	매출원가	2,500
생산	2,300	기말	400
합계	2,900	합계	2,900

회전기간'이라고 한다. 공식을 정리하면 다음과 같다.

$$재고자산회전기간 = \frac{365}{재고자산회전율}$$

실무적으로는 원재료를 투입해서 제품을 생산하고 판매할 때까지 기간이 서로 다르기 때문에 정확한 재고자산회전기간은 이 추정치와 맞지는 않을 것이다.

그러나 회계정보 이용자 입장에서는 재고자산이 진부화 되지 않고 잘 돌고 있는지에 대한 확인을 해야 되기 때문에 이렇게 추정치를 구해보는 게 의미가 있다.

이 공식을 활용해 앞에서 살펴봤던 G사의 재고자산회전율과 회전기간을 계산해보면 [표 2-11]과 같다.

상식적이지 않은 숫자로 계산이 된다. 2018년 재고자산회전기간이 6개월이 넘어가는데 2019년에는 무려 10개월에 이른다. 원재료 사와서 생산하고 판매할 때까지 10개월이 걸리는 식으로 사업을 하는 경영자는 없을 것이다.

G사의 재고자산 주석사항([그림 2-8] 참조)에서 이미 살펴봤던 대로 회사는 거액의 재고자산평가충당금을 쌓을 수밖에 없었다. 더욱이 전기 말부터 큰 금액의 평가충당금을 쌓아놨으니 회사의 상황이 매우 좋지 않음을 짐작하고도

<표 2-11> G사의 재고자산회전율 및 회수기간

	2019년	2018년
재고자산회전율	1.2	1.8
재고자산회전기간	305일	197일

남는다.

그리고 굳이 이러한 공식을 쓰지 않더라도 알 수 있는 방법이 있다. G사의 경우처럼 연간 매출원가에 비해 재고자산 잔액이 많다면 창고에 재고자산이 쌓여 진부화되었다는 것을 의미하니까 말이다. 당연히 현금흐름도 좋지 않다는 것을 예상할 수 있다.

그럼에도 이런 공식을 쓰는 이유는 회사 간, 업종 간 비교할 때 도움이 되기 때문이다.

앞서 매출채권을 살펴보면서 사례로 들었던 매일유업과 한미약품을 다시 한 번 더 보도록 하자.

재고자산회전율과 회전기간 계산에 앞서 두 회사의 업종 특성으로 인해 이번에도 큰 차이가 발생할 것이란 점은 충분히 예상가능하다.

그렇다면 두 기업의 2019년과 2018년의 매출원가와 재고자산 잔액을 비교해 보자.

매일유업은 매출원가에 비해 재고자산 잔액이 그다지 많아 보이지 않는다. 반면 한미약품은 매출원가에 비해 재고자산 잔액이 너무 많다. 그러니까 한미약품은 재고자산 잔액이 매출원가의 절반 혹은 그 이상이다. 게다가 한미약품은 매일유업보다 매출규모가 작음에도 불구하고 재고자산 잔액은 매일유업보다 오히려 더 큰 편이다.

매출원가를 재고자산으로 나눈 비율을 보면 매일유업이 한미약품보다 6 이

<표 2-12> 매출원가와 재고자산 잔액 비교 (매일유업과 한미약품) (단위: 억원)

매일유업	2019년	2018년	한미약품	2019년	2018년
매출원가	9,838	9,335	매출원가	4,812	4,750
재고자산	1,164	1,117	재고자산	3,450	2,705
매출원가/재고자산	8.5	8.4	매출원가/재고자산	1.4	1.8

상 크다. 두 회사의 매출원가를 재고자산으로 나눈 수치가 매년 비슷하기 때문에 재고자산회전율 공식에 대입한 결과치(각각 8.6, 1.6으로 계산됨)와 큰 차이가 없다.

365일로 회전율을 나눈 재고자산회전기간은 각각 42일, 233일로 매일유업이 짧게 나온다. 매일유업은 유통기한이 짧은 식음료를 생산하여 판매하는 기업이므로 재고자산회전기간은 당연히 짧아야 한다. 하지만 한미약품은 약을 생산하여 약국에 납품을 하고 환자가 발생해야 판매가 이루어지는 업종 특성상 재고자산회전기간이 길수밖에 없다.

약의 유통기한은 종류에 따라 다 다르지만 보통 몇 년이 넘는 경우도 많다. 회전기간이 느리다보니 재고자산평가충당금을 비교적 많이 쌓은 편이다. 주석사항을 보면 한미약품은 2019년 말에 3,450억 원 대비 5.3%인 183억 원을 쌓았다. 이에 반해 매일유업의 재고자산평가충당금은 재고자산 총액 대비 0.1%에 불과하다.

이런 식으로 매출원가와 재고자산을 비교하면 기업의 원재료 입고부터 제품 출고까지 정상적으로 잘 되고 있는지 판단할 수 있다. 이처럼 현금흐름에 문제가 없는지 살펴보는 과정은 회계정보 이용자 입장에서 매우 의미 있는 분석 작업이 된다.

평소에 잘 접하지 못했던 기업에 대한 분석을 할 때에는 최소한 연간 매출원가와 연말 재고자산 잔액을 비교해서 정상적인 기업인지를 꼭 살펴보기를 권한다.

가장 좋은 방법은 재고자산회전기간을 계산해서 동종업계 다른 회사의 수치와 비교해 보는 것이다. 그 회사만 느린 것인지 업계 전반적으로 느린지 판단이 가능할 것이다.

핵심 개념

① 사와서 파는 재화를 '상품', 만들어서 파는 재화를 '제품'이라고 한다.

② '물리적 손상', '진부화', '판매가격 하락' 등의 원인으로 재고자산 가치가 줄어드는 상황이 발생된다. 이럴 때 재고자산평가손실분은 매출원가로 계상되어 원가율을 상승시키고, 재고자산평가충당금이 쌓여서 자산금액이 줄어든다.

재무 분석 Key

① 유행에 민감한 제품을 생산하거나 그런 제품의 부품을 생산하는 기업 모두는 재고자산 진부화 문제로 인해 재고자산에 대한 평가 이슈가 항상 제기될 수 있다. 이런 기업들의 재고자산 금액이 매출원가 대비 과다하다면 진부화 여부를 의심해 봐야 한다.

② 사회적 이슈로 불매운동에 들어가거나 제품을 전량 폐기해야 하는 경우에는 매출원가가 급증하여 이익률이 감소한다.

③ 시장에서 판매가격 하락 압력이 심하거나, 가격경쟁이 치열할수록 재고자산평가손실 발생 가능성이 커진다. 역시 이익률이 감소할 수밖에 없다.

④ 재고자산 주석사항에서 재고자산 취득원가 대비 평가손실충당금이 크다면 정상적인 영업상태의 기업이 아님을 짐작할 수 있다.

5) 기타유동자산

회계정보 이용자들이 가장 헷갈리는 것 중의 하나가 기업마다 재무상태표의 계정 분류가 같지 않다는 것이다.

매출채권만 별도의 계정과목으로 하는 기업들도 많지만, 매출채권과기타채권 또는 매출채권과기타수취채권으로 묶는 기업들도 있다. 미수금을 별도의 계정과목으로 하는 기업도 있고, 기타채권이나 기타수취채권으로 묶는 경우도 있다.

대여금과 미수수익은 기타금융자산, 기타채권, 기타수취채권에 묶는 등 계정분류와 명칭이 서로 제각각이다. 그나마 선급금과 선급비용은 대부분 기타유동자산으로 분류되어 혼란이 덜한 편이다.

[표 2-13]은 유가증권시장과 코스닥시장에 상장되어 있는 대표적 기업들의 주요 계정과목에 대한 분류이다.

기타채권, 기타금융자산, 기타유동자산에 묶여있는 계정과목의 범위가 어디까지인지는 주석사항을 보면 알 수 있지만, 어쨌든 한국채택국제회계기준이 도입된 후로 회계정보 이용자들이 불편해진 것은 사실이다.

미수금이나 미수수익 등 회계기준에 맞게 회계처리한 후, 계정의 분류나 계

<표 2-13> 주요 기업들의 재무상태표 계정과목 분류

	POSCO(포스코)	SK하이닉스	아모레퍼시픽	카카오	서울반도체
미수금	기타채권	기타수취채권	기타수취채권	기타유동금융자산	기타채권
대여금	기타채권	기타수취채권	기타수취채권	기타유동금융자산	기타금융자산
미수수익	기타채권	기타수취채권	기타유동자산	기타유동금융자산	기타채권
선급금	기타유동자산	기타유동자산	기타유동자산	기타유동자산	기타유동자산
선급비용	기타유동자산	기타유동자산	기타유동자산	기타유동자산	기타유동자산

정의 이름은 해당 기업 스스로 특성에 맞게 정하고 일관성 있게 유지하면 된다.

따라서 회계정보 이용자는 각각의 계정에 대한 개념과 주요 이슈 사항들 위주로 살펴보고 분석을 하면 될 것이다.

(1) 미수금

매출채권이 외상으로 물건을 판매하거나 서비스를 제공하고 인식하는 채권이라면, 미수금은 그 외의 채권을 의미한다.

예를 들어 기업이 유형자산이나 유가증권 등을 매각하는 투자활동을 하거나 세무서로부터 환급 받을 세액 등이 발생한다면 입금될 때까지 그 금액들을 미수금으로 처리한다.

기업이 4,000만 원에 매입한 자동차를 3년간 타면서 감가상각을 2,000만 원 정도 했는데, 중고차시장에서 3,000만 원에 매각하기로 했다. 차량 대금은 한 달 뒤에 입금될 예정이라고 할 때, 각각의 회계처리는 [표 2-14]와 같다.

미수금은 매출채권과 마찬가지로 대손에 대한 이슈가 가장 중요하다. 받아야 할 돈을 못 받으면 결국 매출채권과 마찬가지로 대손충당금을 설정하게 된다. 대손에 대한 부분 역시 매출채권처럼 주석에 나와 있는 부분을 참고하면 된다.

<표 2-14> 미수금 회계처리 예시

(단위: 원)

	차변		대변		비고
차량 매각 시점	미수금	30,000,000	차량운반구	40,000,000	자산 증가, 자산 감소
	감가상각누계액	20,000,000	유형자산처분이익	10,000,000	자산 증가, 수익 발생
입금 시점	현금	30,000,000	미수금	30,000,000	자산 증가, 자산 감소

(2) 대여금

대여금은 말 그대로 빌려준 돈이다. 빌려준 대상은 주주, 임원, 종업원 또는 최대주주가 만든 회사나 계열사 등 다양할 수 있다.

종업원에게 빌려준 돈은 복지의 성격이 짙다. 주택자금, 전세자금 등으로 오랜 기간 낮은 금리로 빌려주고 갚을 때는 급여에서 차감하는 방식이다. 종업원이 다 갚아야 퇴사가 가능하기 때문에 대손 처리될 가능성은 거의 없다.

종업원을 제외한 다른 대상에게 빌려줄 때 문제가 발생할 가능성이 높다. 물론 빌려주고 잘 받으면 다행이다. 하지만 자금 사정도 별로 좋지 않고 영업이익도 많이 나지 않거나 적자임에도 불구하고 대주주나 임원 등에게 빌려주고 받지 못하는 경우가 발생될 때가 있다. 특히 코스닥 기업 중에 대주주나 주요 임원이 자주 바뀌는 경우가 있는데, 이 경우 눈여겨 살펴봐야 한다.

[예] 코스닥에 상장되어 있는 H사의 3분기 재무상태표를 찾아보면 자산총액이 682억 원인데, 대여금만 250억 원이다. 이 회사는 연말 결산 때 대여금 총액의 78%에 대하여 대손충당금을 설정했다. 한편 이 회사는 3년째 계속 영업적자인 상황이다.

H기업의 대여금은 최대주주가 설립한 회사에 대한 대여금이었고, 돈을 빌려준 지 1년도 안 되서 80% 가까이 대손충당금을 쌓았다. 한편 그 최대주주는 횡령 및 배임혐의로 구속되었고, H기업은 상장폐지 대상이 되었다.

대여금 관련 주석사항을 보면 어디에 빌려줬는지에 대한 정보가 나오지 않는다. 일반 기업이 불특정 다수에게 돈을 빌려줄 리가 없기 때문에 특수관계자 주석사항에 나올 수밖에 없다.

경영진이 정상적인 마인드를 갖고 있다면 적자 해소를 위해 총력을 기울일 것이다. 그러나 딴 생각을 하는 경영진은 특수관계자를 활용해 어떻게 하면 돈을 빼먹을 수 있을까만 생각한다. 주식투자자 입장에서 과연 H사 같은 기업의 주식을 사고 싶을까?

영업이익도 안 나면서 특수관계자에 대한 대여금이 지나치게 많은 경우에는 특히 주의해야 한다. 더욱이 그렇게 거액을 빌려주고 대손충당금까지 많이 쌓는다면 그것은 회계처리만의 문제가 아니라 십중팔구 횡령이나 배임사건으로 이어지는 경우가 많다. 그렇게 되면 기업은 더 이상 존속이 불가능해지고 상장폐지 수순으로 접어든다.

최대주주가 자주 바뀌는 기업들에서 이런 모습들이 자주 나타났다. 새롭게 기업을 인수한 기업사냥꾼들의 목적이 그런 경우가 많았다.

빼먹는 자금 마련은 (뒤에 나오는 부채 편에서 언급할) 전환사채 발행 등을 이용한다. 횡령 및 배임과 관련해서는 6장 주석사항에서 알짜정보 얻기 편에서 자세히 살펴보도록 하겠다.

(3) 미수수익

미수수익은 아직 돈으로 받지는 않았지만 발생주의 회계에 따라 수익으로 인식하는 부분을 말한다. 기간이 도래하지 않은 이자수익 등에 대한 미수이자가 미수수익의 대부분을 차지한다.

2020년 7월 1일에 가입한 원금 100만 원, 금리 3%의 예금상품의 이자 지급일이 2021년 6월 30일인 경우 각각의 회계처리는 [표 2-15]와 같다.

2020년 12월 31일 결산기에 이자수익이 아직 입금되지는 않았지만, 이자를 수취할 권리가 있고 수익의 획득과정이 완료되었다고 보는 것이다. 그리고 2021년 6월 30일에 3만 원이 입금되지만, 2021년에 수익으로 인식하는 부분은 3만 원이 아닌 6개월치에 해당하는 1만 5,000원이다. 미수수익으로 잡혀 있던 자산은 이 시점에 입금과 동시에 소멸된다.

<표 2-15> 미수수익 회계처리 예시   (단위: 원)

	차변		대변		비고
2020년 12월 31일	미수수익(*)	15,000	이자수익(금융수익)	15,000	자산 증가, 수익 발생
2021년 6월 30일	현금	30,000	이자수익(금융수익)	15,000	자산 증가, 수익 발생
			미수수익	15,000	자산 감소

(*) 1,000,000 x 3% x 6 ÷ 12 = 15,000

금융기관 등으로부터 받는 이자수익에 대한 미수수익분은 대손의 위험이 없다. 반면에 앞에서 살펴본 대여금에서 발생되는 이자수익은 대손 가능성을 염두에 두어야 한다.

앞서 예로 들었던 H기업의 경우 미수수익 5억 6,000만 원 전액에 대해 대손충당금이 설정되어 있다. 이렇게 대여금이 부실해지면 거기서 발생되는 미수수익까지 같이 부실화되는 문제가 발생한다. 때문에 작은 기업들을 분석할 때는 반드시 대여금과 특수관계자와의 거래 주석을 꼼꼼히 살펴볼 필요가 있다.

(4) 선급금

선급금은 말 그대로 상대방에게 돈을 미리 주었다는 의미이다. 즉 상대방이 선금을 받아야 재화를 주든가 용역을 제공하겠다고 했다는 의미다.

기업 상거래 관행상 재화와 용역을 먼저 제공하고, 그에 상응하는 대가는 서로 매출채권과 매입채무로 잡은 후에 대금은 나중에 결제하는 것이 대부분이다. 그럼에도 미리 돈부터 요구할 때에는 재화와 용역을 제공하는 기업의 위치가 매우 높을 수 있고, 시장지배력이 있거나 독점기업일 확률이 크다.

한두 가지 예를 들어보면, 모바일게임을 만드는 기업의 경우 개발 프로그램을 외국의 프로그램 개발사에게 1년치의 로열티를 선급해야만 이용할 수 있다. 영화제작사의 경우에도 유명 배우들과 유명 감독에게 개런티를 선지급한 후에 영화 제작을 의뢰할 수 있다.

　영세한 소기업의 경우 대기업으로부터 물건을 사와야 하는데 대기업에서 이 소기업에 외상을 주었다가 나중에 돈으로 받지 못할 가능성을 염려해 선급금을 요구할 수 있다. 또 수행기간이 긴 용역을 제공받기로 했는데 용역업체의 자금 사정으로 용역이 지연되는 문제가 생길 수도 있어 일정 금액을 먼저 선급하는 경우도 있다.

　선급금은 이런 다양한 상황 속에서 발생되며, 선급금을 지급한 기업 입장에서 가장 중요한 것은 대가에 상응하는 재화와 용역을 신속히 제공 받는 것이다.

　재무제표를 분석할 때 중요하게 봐야 할 사항은 기업의 자산 규모 대비 선급금의 비중이 큰 편인가, 선급금을 미리 지급하고 제때 재화와 용역을 공급받지 못해 대손충당금을 쌓았는가 하는 정도이다.

　업계 관행상 선급금을 많이 지급하고 시간이 흘러도 대가를 못 받게 되는 경우 대손충당금은 쌓이게 될 것이고, 그렇게 되면 아무래도 회계정보 이용자의 입장에서는 그 순수성을 의심할 수밖에 없을 것이다. 정말 재화와 용역을 못 받아서 쌓인 것인지, 아니면 가공의 경비를 사용하고 회계처리 할 곳이 마땅치 않아서 선급금에 올려놓고 시간이 지나 대손처리 하는 것은 아닌지 말이다.

　시장지배력이 매우 높은 삼성전자나 네이버 같은 기업들도 선급금이라는 계정과목이 존재하지만, 자산 규모 대비 매우 미미한 수준이다. 그러나 [표 2-16]과 같이 엔터테인먼트 업종을 영위하는 기업들의 경우에는 선급금의 비중이 굉장히 큰 편이다.

　영화나 드라마 제작을 위해 선투자를 해야 하기 때문에 업종 특성상 선급금이 클 수밖에 없다. 선급금의 내용에 대해 주석사항에 반드시 공시해야 할 의무가 없기 때문에 회계정보 이용자의 입장에서는 그 내용을 알 수 없다. 그러

<표 2-16> 엔터테인먼트 기업의 선급금 비중 (단위: 억원)

	CJ ENM	스튜디오드래곤	쇼박스	NEW
선급금	2,336	411	761	777
자산총액	54,349	5,816	1,653	3,133
선급금/자산총액	4%	7%	46%	25%

나 이들 기업의 사업보고서를 찾아보면 힌트를 얻을 수 있다.

예를 들어 쇼박스의 사업보고서 목차에서 Ⅱ. 사업의 내용 중 '6. 경영상의 주요 계약'을 찾아보면 「국제수사」, 「야차」 등의 영화 투자 관련 내용이 나온다. 쇼박스가 영화 투자를 위해 선급금을 지급한 것으로 추정할 수 있다.

(5) 선급비용

특정 기간 동안 발생될 비용을 미리 선지급하는 경우에 선급비용이 발생되며, 보통 보험료가 여기에 해당된다.

2020년 7월 1일부터 2021년 6월 30일까지 1년간의 보험에 가입하면서 보험료로 2020년 7월 1일에 50만 원을 선납한 경우라면 각각의 회계처리는 [표 2-17]과 같다.

현금이 2020년 7월 1일에 모두 빠져나갔지만, 보험 가입 기간이 1년이므로 결산 시점인 2020년 12월 31일에 6개월치에 해당하는 보험료를 비용으로 인식

<표 2-17> 선급비용 회계처리 예시 (단위: 원)

	차변		대변		비고
2020년 7월 1일	선급비용	500,000	현금	500,000	자산 증가, 자산 감소
2020년 12월 31일	보험료(*)	250,000	선급비용	250,000	비용 발생, 자산 감소
2021년 6월 30일	보험료	250,000	선급비용	250,000	비용 발생, 자산 감소

(*) 500,000 × 6 ÷ 12 = 250,000

하는 것이다.

　선급금과 선급비용 모두 돈을 먼저 주고 관련 용역을 뒤에 제공받는다는 점에서 공통점이 있다. 하지만 선급금은 기업의 영업을 위해 제공하기 때문에 주로 매출원가와 대응되는 반면 선급비용은 관리비 같은 비용 성격에 사용된다. 따라서 선급비용과 관련해서는 중요하게 볼 사항이나 이슈 사항은 별로 없다.

재무 분석 Key

1. 미수금, 대여금, 미수수익, 선급금 모두 대손이 발생 가능한 채권이므로 관련 주석 사항을 검토해야 한다.

2. 특히 특수관계자에 대여금이 많고, 자금 사정과 실적이 좋지 않은 기업은 조심해야 한다.

3. 선급금이 자산 규모에 비해 과도하고, 대손충당금 역시 많이 쌓인다면 선급금의 진정성을 의심해 볼 수 있다.

6) 금융자산

기업은 영업활동과 시설투자 등에 대비해 통상 돈의 일정부분을 보통예금에 넣어둔다. 보통예금은 현금및현금성자산 계정과목에 포함되어 있다. 그 외의 여유자금은 기업의 위험 선호 여부에 따라 정기예금과 정기적금 같은 무위험자산(장·단기 금융상품), 주식과 채권 같은 위험자산 등에 예치한다.

여기에서는 이 위험자산에 투자하는 경우에 대해 살펴보도록 하자.

기업은 목적과 운용 시기에 따라 채권과 주식 또는 각종 파생상품 등을 매입해 보유한다. 주식을 오랜 기간 보유할 수도 있고 단기간에 빈번하게 사고팔 수도 있다. 채권 또한 만기까지 보유하거나 중도에 매각해 버릴 수도 있다. 이런 보유 목적과 운용 시기는 결국 경영진의 의도와 기업의 보유 능력 등에 좌우되므로 계정 분류 역시 그 잣대에 따라 '상각후원가측정금융자산', '공정가치측정금융자산'으로 갈린다. 2018년도에 금융자산 관련 회계기준이 개정되면서 명칭이 다소 길어졌다.

상각후원가측정금융자산은 만기까지 보유하려는 채권을 의미한다. 채권도 매일매일 거래가 되기 때문에 취득가액 대비 가격이 오르면 파는 게 나을 수 있지만 회사 입장에서 그냥 만기까지 보유하기로 했다면 공정가치를 굳이 측정할 필요가 없다. 주식은 만기가 없기 때문에 상각후원가측정금융자산 계정과목을 쓸 수 없다.

반대로 만기까지 보유하지 않고 중도에 언제든지 매각할 수 있는 채권과 모든 주식은 공정가치측정금융자산으로 분류한다. 회사가 보유한 주식과 채권의 공정가치가 얼마인지 알려줘야 회계정보 이용자도 이 회사의 자산가치가 얼마인지 측정할 수 있다.

우리가 투자한 상장기업의 주식가치가 매일매일 변동되듯이 회사가 보유한

<표 2-18> KCC의 금융자산 잔액과 평가손익 (단위: 억원)

	2017년 말	2018년 말	2019년 말	2020년 1분기 말	2020년 반기 말
금융자산 잔액	33,031	26,556	25,994	20,234	25,403
평가손익	940	(2,973)	(172)	(5,891)	5,098

주식과 채권의 공정가치도 결산기마다 다른 금액으로 되어 있을 것이다. 평가이익이 발생해서 자산가치가 커졌을 수도 있고 평가손실이 나서 자산가치가 작아질 수도 있다.

상장주식을 많이 보유한 것으로 유명한 KCC의 경우를 살펴보도록 하자.

KCC의 총자산에서 금융자산이 차지하는 비중은 많을 때는 30%대, 적어도 20%가 넘을 정도로 채권과 주식을 많이 보유하고 있는데, 특히 상장주식 보유 비중이 높다. 2018년 하반기와 2020년 1분기 때 주식시장 폭락이 찾아왔을 때 이 회사도 손실을 피할 수 없었다. [표 2-18]에서 보는 것처럼 2018년에 보유한 금융자산 평가손실만 2,973억 원, 2020년 1분기는 무려 5,891억 원이나 발생했다.

그렇다면 여기서 말하는 '평가손익'은 당기손익일까? 아닐까? 가령 삼성전자 주식을 6만원에 샀는데 5만원으로 떨어졌다면 1만원은 손실일까?

주식을 판 게 아니고 보유한 상황에서 미실현손익 상태이므로 당연히 손실이 아니라고 주장하는 사람이 있을 것이다. 반면 주식을 팔지는 않았지만 지금 자산가치가 줄었으니 손실이라고 생각하는 사람도 있을 것이다. 사람마다 각자 다르게 판단한다.

회계도 그렇다. 기업마다 생각이 다를 것이기 때문에 평가손익에 대하여 어떻게 회계처리 할지 딱히 정해 놓지 않았다. 그것은 회사가 정하게끔 했다.

회사가 주식과 채권의 평가손익에 대하여 당기손익이 아니라고 판단하면,

'기타포괄손익'으로 처리하면 된다. 그리고 주식과 채권도 '기타포괄손익-공정가치측정금융자산'이란 계정과목으로 분류한다.

또 회사가 주식과 채권의 평가손익에 대하여 당기손익이라고 판단하면, 손익계산서상 금융수익(비용)으로 처리하면 된다. 그리고 주식과 채권도 '당기손익-공정가치측정금융자산'이란 계정과목으로 분류한다.

손익 인식과 분류방식에 대하여 기업에게 자율성을 주었다. 그렇다고 회사가 임의로 방식을 바꿀 수는 없다. 한 번 정해 놓고 일관성 있게 적용해야 회계정보 이용자들도 혼란이 없을 것이다. 주가가 오른다고 평가손익을 당기손익으로 분류하고 주가가 떨어진다고 포괄손익으로 분류해서는 안 된다.

단, 회사가 일부는 '당기손익-공정가치측정금융자산', 일부는 '기타포괄손익-공정가치측정금융자산'으로 분류하는 것은 가능하다.

다음은 태광산업의 연결재무상태표 중 일부이다.

<그림 2-10> 태광산업의 59기(2019년) 연결재무상태표

(단위 : 원)

	제 59 기	제 58 기	제 57 기
자산			
Ⅰ.유동자산	1,945,845,489,928	2,072,441,400,495	1,661,379,108,251
(1)현금및현금성자산	465,859,671,362	295,717,904,423	353,859,554,202
(2)단기금융상품	11,526,566,965	102,387,475,890	142,252,447,995
(3)당기손익-공정가치금융자산	851,314,472,919	954,961,531,724	521,052,814,790
(4)매출채권	364,794,494,264	444,441,718,142	419,692,065,932
(5)대여금및기타채권	5,796,487,811	10,172,989,082	5,611,342,089
(6)재고자산	179,174,956,115	198,826,284,634	178,788,302,499
(7)기타유동자산	67,377,486,948	65,933,496,600	40,092,509,768
(8)미수법인세	1,353,544	0	30,070,976
Ⅱ.비유동자산	2,411,279,992,070	2,430,215,101,203	2,448,137,025,667
(1)기타포괄손익-공정가치금융자산	196,686,632,677	250,392,502,515	0
(2)매도가능금융자산	0	0	214,135,908,947
(3)당기손익-공정가치금융자산	27,553,000,000	25,441,900,000	24,874,675,000

[그림 2-10]에서 보는 것처럼 태광산업은 '당기손익-공정가치금융자산', '기타포괄손익-공정가치금융자산'을 모두 갖고 있다. 관련 주석사항을 살펴보면 당기손익-공정가치측정금융자산에는 채권상품이 포함되어 있고, 상장주식과 비상장주식은 기타포괄손익-공정가치금융자산으로 분류했다.

2019년 1년 동안 발생한 주식 평가손익은 약 431억 원인데, 회사는 이를 [그림 2-11]에서 보는 것처럼 포괄손익으로 분류했다. 당기순이익 아랫단에 위치한다. 당기손익에 반영하지 않는다는 의미이다. 매년 발생되는 이 기타포괄손익은 자본의 기타포괄손익누계액에 쌓인다.

회계정보 이용자의 입장에서는 금융자산 관련 분류와 손익처리 방법에 대한 개념만 이해하면 된다. 재무제표를 분석하는 입장에서는 세세한 회계처리 방법이 중요한 게 아니다.

어떻게 분류하든 간에 중요한 것은 이 금융자산은 회사의 매출액과 영업이익 창출에 전혀 기여하지 않는다는 점이다. 지금 살펴본 태광산업은 SK텔레콤과 LG유플러스의 주식을 약 1,369억 원어치를 갖고 있다. 태광산업이 주요 사업인 화학, 섬유 관련 제품을 생산하여 판매하는데 이 주식을 활용하지 않는다는 것이다. 즉 SK텔레콤과 LG유플러스 주식의 주가가 올라서 평가이익이 발생한다고 해도 회사 영업이익은 늘어나지 않는다.

태광산업의 매출액, 매출원가, 판매비와관리비 등 영업이익 발생을 위해 사

<그림 2-11> 태광산업의 59기(2019년) 연결포괄손익계산서

XIII.당기순이익	167,539,648,105	249,125,392,132	179,184,350,375
XIV.기타포괄이익(손실)	(23,645,934,984)	19,350,837,711	31,094,913,461
(1)후속적으로 당기손익으로 재분류되지 않는 항목	(43,099,089,435)	20,998,780,490	(3,306,647,591)
1.확정급여제도의 재측정요소	(2,473,768,857)	1,518,987,195	(3,306,647,591)
2.기타포괄손익-공정가치금융자산 평가이익(손실)	(40,625,320,578)	19,479,793,295	0

용하는 자산은 유형자산, 무형자산, 재고자산 등이다. 우리는 이를 '영업자산'이라고 한다. 이에 반해 금융자산은 영업활동에 투입되지 않으니 '비영업자산'으로 분류할 수 있다.

우리가 기업을 평가할 때 얼마를 갖고 있고, 또 얼마를 벌고 있는가로 접근을 하는데 여기서 비영업자산은 전자에 해당된다. 그리고 손익계산서상 매출액부터 영업이익은 후자가 된다. 금융자산에서 발생하는 손익은 영업이익 아랫단에 표시되므로 손익분석은 원칙적으로 영업이익 윗단이 중요할 수밖에 없다. 이에 대한 자세한 설명은 뒤에 손익계산서 관련 장에서 다시 이어가도록 하자.

핵심 개념

① '상각후원가측정금융자산'은 만기까지 보유하는 채권을 의미한다.

② '공정가치측정금융자산'은 회사가 언제든지 매도할 수 있는 채권과 주식을 의미한다.

③ 공정가치측정금융자산은 결산기에 평가손익이 발생한다. 당기손익에 반영하기로 결정한 기업은 '당기손익-공정가치측정금융자산', 당기손익에 반영하지 않기로 결정한 기업은 '포괄손익-공정가치측정금융자산'으로 분류한다.

④ 당기손익-공정가치측정금융자산으로 분류하면 결산기에 발생하는 평가손익으로 인해 당기손익에 영향을 미친다.

⑤ 포괄손익-공정가치측정금융자산으로 분류하면 결산기에 평가손익이 큰 폭으로 발생해도 당기손익에 미치는 영향은 없다.

재무 분석 Key

❶ 기업이 보유한 주식과 채권을 '당기손익-공정가치측정금융자산'과 '포괄손익-공정가치측정금융자산' 중 어디에 분류하든 간에 기업의 자산가치는 차이가 없다. 결국 공정가치만큼 재무상태표에 반영하기 때문에 어떻게 분류하든 간에 숫자는 같다.

❷ 회계정보 이용자 입장에서는 회사의 자산가치를 평가할 때 재무상태표에 표시된 공정가치측정금융자산의 금액만 확인하면 된다.

❸ 당기손익-공정가치측정금융자산으로 분류한 기업의 주식과 채권 관련, 평가손실이 크게 발생해서 당기순손실이 나와도 기업 펀더멘털에 미치는 영향은 없다. 금융자산은 비영업자산 성격이기 때문에 회사의 매출액과 영업이익 창출에는 기여하지 않는다. 기업은 본업에서 돈을 잘 버는 게 중요하다. 비영업활동에서 이익을 많이 내는 게 핵심이 아니다.

7) 유형자산과 투자부동산

'유형자산'은 재화나 용역의 생산이나 제공, 타인에 대한 임대 또는 관리활동에 사용할 목적으로 보유하는 물리적 형태가 있는 자산이다. 한 회계 기간을 초과하여 사용할 것으로 예상되는 자산으로 정의된다.

기업이 유형자산에 투자하는 목적은 그 자산을 이용해 재화를 만들거나 용역을 제공해 수익을 창출하기 위함이다. 그렇기 때문에 유형자산 취득시점에 돈이 지출되었다고 비용으로 처리하는 것이 아니라 자산으로 분류한다. 자산의 정의가 '미래 경제적 효익이 기업에 유입될 것으로 기대되는 경제적 자원'임을 다시 한 번 상기하자.

재무상태표에 나오는 유형자산의 종류 역시 재고자산처럼 많지만, 대부분 상식선에서 이해할 수 있다.

'토지', '건물', '구축물', '기계장치', '공구와기구', '비품', '건설중인자산'으로 흔히 분류되며, 구축물과 건설중인자산 외에는 특별히 어려운 용어는 없을 것이다.

구축물은 교량, 궤도, 갱도, 토목설비나 공작물을 일컫고, 건설중인자산은 기업이 건물을 짓는 중이거나 기계장치를 들여오는 과정일 때를 의미한다. 아직 자산으로 사용이 가능하지 않기 때문에 건설중인자산이라고 하며, 사용 전이니 감가상각 역시 하지 않는다.

유형자산이라고 하면 가장 먼저 떠오르는 것이 토지와 건물이다. 기업이 어떤 일을 하느냐에 따라 토지와 건물의 분류 또한 달라진다.

예를 들어 부동산사업을 영위하는 기업이 부동산 개발과 매매라는 기업 본래의 영업 목적을 위해 토지와 건물을 소유한다면, 이는 재고자산으로 분류된다. 이 기업은 토지와 건물을 사고파는 일이 주업이기 때문에 재화로 보는 것이다.

하지만 기업이 사옥이나 공장으로 쓰기 위해 토지를 매입하고 건물을 지으면 유형자산으로 분류된다. 사옥과 공장에서 임직원이 열심히 영업활동을 하여 수익을 창출하기 때문에 유형자산 요건에 충족한다.

기업이 임대업을 주요 사업 중의 하나로 영위하고 있고, 임대업을 위해 토지와 건물을 매입하거나 지은 경우에는 그 토지와 건물은 '투자부동산'이라는 계정과목에 들어간다.

유가증권시장에 상장되어 있는 신송홀딩스는 신송식품, 신송산업 등을 100% 보유한 지주회사다. 전분, 장류 및 곡물사업을 주로 하고 있지만, 서울 여의도 중심지에 건물을 3개씩이나 보유하고 있는 기업이다. 이 기업의 2019년도 사업보고서에 첨부된 정관을 보면 사업의 목적에 부동산임대업이 포함되어 있으며, 매출액 2,630억 원 중에 부동산임대수익이 92억 원이 됨을 알 수 있다. 이 기업은 투자부동산에 토지와 건물을 982억 원 계상했으며, 이는 자산 총계 1,999억 원의 49%에 해당될 만큼 중요한 자산이다.

한편 정관에 임대업이 사업 목적에 들어가 있지는 않지만 사옥의 1~2층을 커피전문점이나 은행에 임대해 주는 경우도 있다. 이럴 때 발생하는 임대수익은 매출이 아닌 기타수익(영업외수익)으로 잡으며, 건물 전체는 유형자산으로 분류된다. 임대를 주목적으로 하지 않고, 건물의 일부만 임대해 주기 때문에 건물을 나눠서 유형자산과 투자부동산으로 쪼개지 않고 전체를 다 유형자산으로 잡는 것이다.

토지와 건물은 취득하고 나서 오랜 기간이 흘렀다면 가치가 많이 올라갈 가능성이 크다. 특히 수도권 요지에 위치하고 있다면 더더욱 그럴 것이다. 그렇다면 재무제표에 시세에 맞게 금액을 표시해야 할까? 아니면 옛날에 취득한 가액 기준으로 해야 할까?

정답은 둘 다 가능하다. 회사가 선택할 수 있다. 그렇기 때문에 회계정보 이용자 입장에서 찾아봐야 한다.

유형자산은 회사가 사업을 하기 위해 취득한 자산이지 매각 목적이 아니다. 인건비 절감을 위해 베트남이나 인도네시아로 공장을 이전하지 않는 이상 땅 값이 오른다고 공장을 매각하지는 않을 것이다. 그래서 대부분의 회사들은 유형자산을 취득원가 기준으로 평가한다.

그러나 회계기준에서 선택권을 줬기 때문에 그렇지 않은 경우도 있으니 주석사항을 참고하기 바란다.

[그림 2-12]는 대한방직의 유형자산 관련 주석사항이다. 2016년에 재평가를 해서 669억 원을 재무상태표에 토지 가액을 표시했다. 취득원가는 320억 원이니 약 2배 올랐다. 재평가를 하지 않는 기업은 유형자산에 이런 문구가 없다.

투자부동산은 임대사업을 하다가 가격이 많이 오르면 매각할 수 있다. 부동산 투자 목적 자체가 그렇기 때문에 공정가치 평가가 중요하다.

<그림 2-12> 대한방직의 유형자산 주석사항

(3) 유형자산재평가

연결실체는 2014년부터 토지를 재평가모형으로 평가하고 있으며, 2016년 12월 31일을 기준으로 토지에 대해 독립적인 평가기관에 의해 산출된 공정가치를 장부금액으로 적용하였습니다.

1) 재평가기준일 : 2016년 12월 31일

4) 재평가된 유형자산이 원가모형으로 평가되었을 경우의 장부가액

(단위:원)

분류별 유형자산	재평가 금액	원가모형으로 평가하는 경우 장부가액
토 지	66,918,351,592	32,034,141,587

그렇다고 회사가 투자부동산을 반드시 공정가치로 평가해서 재무제표에 계상할 의무는 없다. 대부분의 회사들 역시 취득원가 기준으로 재무제표에 표시하고 있다.

그러나 주식투자자나 채권자 입장에서는 투자대상 회사가 시가 기준으로 부동산을 얼마나 갖고 있는지 관심이 많다. 그 궁금증은 투자부동산 주석사항 검색으로 해소할 수 있다.

<그림 2-13> 신송홀딩스의 투자부동산 주석사항

> 나. 2019년 12월 31일 현재 투자부동산의 공정가치는 184,523백만원 입니다. 투자부동산에서 발생한 임대수익은 9,219백만원(전기: 11,965백만원)이며, 임대수익이 발생한 투자부동산과 직접 관련된 운영비용(유지와 보수비용 포함)은 8,621백만원(전기: 7,791백만원)입니다.

앞서 살펴본 신송홀딩스의 투자부동산 주석사항을 살펴보면 다음과 같다.

재무상태표에는 투자부동산이 982억 원으로 되어 있지만 공정가치는 2배 가까이 오른 1,845억 원이나 된다. 이 숫자는 회계정보 이용자에게 의미 있는 정보이니 꼭 주석사항을 찾아보기 바란다.

(1) 감가상각

'토지'와 '건설중인자산'을 제외한 대부분의 유형자산은 감가상각 과정을 거친다. 감가상각은 자산의 내용연수(유형자산의 효용이 지속되는 기간) 동안 취득가액을 체계적으로 배분하는 것이라고 회계상 정의되어 있다.

기업이 기계장치를 샀는데, 기계장치가 너무 튼튼해서 10년은 쓸 수 있기 때문에 감가상각을 10년 하겠다는 개념이 아니다. 물리적으로 10년을 쓸 수 있지만 기계를 돌려서 나오는 제품을 팔아서 이익을 낼 수 있는 기간이 5년 정도이면, 이 기계장치의 내용연수는 10년이 아니고 5년이 되어야 한다.

반대로 유형자산을 취득하고 경제적 내용연수(돈을 벌 수 있는 기간)는 길 것으로 판단되는데 물리적으로 사용할 수 있는 기간이 짧다면 물리적 내용연수를 적용하는 게 맞다.

그래서 감가상각기간은 MIN(경제적 내용연수, 물리적 내용연수)으로 결정한다. 예를 들어 새롭게 버스를 취득한 고속버스회사는 감가상각기간을 정할 때 물리적 내용연수를 주로 고려할 것이다. 버스사업으로 돈을 벌 수 있는 기간은 정의하기 어려울 정도로 긴데 반해 버스는 몇 년 타면 언젠가는 폐차를 시켜야 할 것이기 때문이다.

[그림 2-14]를 보자. A고속버스회사가 2020년 1월에 버스를 8,000만 원을 주고 샀다고 가정해 보자. 취득한 시점에 지급한 대가를 회계상 취득가액 또는 취득원가라고 부른다. 여기에는 유형자산을 구입할 때 들어가는 각종 부대비용이 다 들어간다. 우리가 승용차를 살 때 추가적으로 들어가는 옵션가격, 채권할인액, 취득세 같은 세금을 모두 포함하여 승용차 취득가액을 계산하는 것과 같은 맥락이다.

<그림 2-14> 감가상각 예시 (A고속버스회사) (단위: 천원)

현금 유출은 첫해에 다 발생이 되지만 그렇다고 비용도 2020년에 8,000만 원이 발생되는 것은 아니다. A고속버스회사는 8,000만 원을 주고 취득한 버스를 영업활동에 투입하면 8년간 많은 매출을 발생시킬 것으로 기대한다.

그렇기 때문에 매출이 발생하는 8년의 기간 동안에 대응하여 현금이 유출되지 않지만 감가상각비를 비용으로 배분하는 것이다. 즉 수익에 대응하여 비용을 인식시킨다는 '수익 비용 대응의 원칙'이 여기에서도 적용된다.

2차 연도 말이 되었을 때 이 기업의 재무상태표와 손익계산서는 [그림 2-15]와 같다.

감가상각누계액이 매년 1,000만 원씩 쌓이면서 자산의 취득원가를 줄여준다. 취득원가 8,000만 원에서 감가상각누계액 2,000만 원을 뺀 6,000만 원을 가리켜 장부가액이라고 한다. 감가상각비는 매년 비용으로 인식된다.

감가상각을 하는 방법은 매년 똑같은 금액을 인식하는 정액법이 주로 쓰인다. 회계기준상 체감잔액법과 생산량비례법도 인정하지만 사용하는 기업이 거의 없기 때문에 개념 설명은 생략한다.

한편 투자자나 회계정보 이용자의 입장에서는 감가상각에 대해 좀 더 생각

<그림 2-15> 감가상각 예시 (2차 연도 말의 재무상태표와 손익계산서)   (단위: 원)

<재무상태표>		<손익계산서>	
유형자산		II. 매출원가	10,000,000
		III. 매출총이익	
차량운반구	80,000,000	IV. 판매비와 관리비	
감가상각누계액	(20,000,000)	감가상각비	
		...	
		V. 영업이익	

해볼 것이 있다. 과연 기업이 회계처리를 제대로 하고 있는지에 대한 판단을 이 대목에서 한번 해볼 수 있기 때문이다.

고속버스를 8년 동안 감가상각을 하는 것이 상식적인지부터 판단해 보자. 서울에서 부산까지 거리가 왕복 800km 정도이니 하루에 한 번씩 한 달 동안 운행하면 주행거리는 2만 4,000km가 된다. 1년이면 28만 8,000km이고, 8년이면 200만km가 넘는다.

고속버스를 8년 동안 운행하는 것이 정상인지에 대한 궁금증이 들 수도 있다. 관련 법규를 뒤지거나 차량전문가에게 물어보는 방법도 있지만 현실적으로 힘들고 저자 또한 이 부분은 잘 모르기 때문에 상식적으로 판단할 수밖에 없다. 왜냐하면 다른 기업을 분석할 때 그 수많은 유형자산 내용연수의 적정성을 회계정보 이용자가 일일이 확인하는 것이 거의 불가능하기 때문이다.

8년 동안 고속버스를 운행한다면 중간에 대규모의 수선이 필요할 것이다. 그 수선으로 인해 차량이 계속 굴러가고 수익 창출에 기여한다면 자산의 취득가액에 추가로 포함시켜서 생각할 수 있지만, 기업 입장에서 수선에 많은 돈을 들일지 아니면 버스를 중간에 적당한 가격에 팔고 새 차를 사는 것이 유리한지에 대한 의사결정을 할 것이다.

회계정보 이용자가 이런 복잡한 상황을 다 고민하고 판단할 수 없기 때문에 여러 대안을 생각해 봐야 한다. 동종업계끼리 내용연수를 비교해 보는 것도 좋고, 기업이 중간에 유형자산을 계속 매각하는지도 검토하는 것이 좋다.

내용연수도 안 끝난 유형자산을 빈번하게 매각을 한다는 것은 유형자산의 내용연수가 길다는 것에 대한 반증일 수도 있다. 예를 들어 내용연수가 8년으로 되어 있어서 좀 길다고 생각하던 차에 동종기업들의 재무제표에 대한 주석을 확인해 보니 평균 4~6년으로 확인이 되면 이 기업만 너무 긴 것이 아닌가라고 의심을 해 볼 수 있다. 또한 기업이 통상 4~6년차에 매각을 많이 한다면 실질적인 내용연수가 4~6년이라는 이야기인데, 이것은 중요한 사안이다.

감가상각비는 매출원가 또는 판매비와관리비로 배분된다. 유형자산이 생산·제조 활동에 사용되면 매출원가, 판매와 관리 목적으로 사용되면 판매비와관리비다. 둘 다 영업이익 계산을 위한 비용에 포함된다.

기업 입장에서는 투자자를 비롯한 회계정보 이용자들에게 영업이익이 많이 나오는 것을 보여주고 싶어 한다. 그렇기 때문에 의도적으로 내용연수를 길게 잡아서 감가상각비를 줄이고자 할 것이다. 내용연수를 길게 하여 감가상각을 조금씩 하다가 중간에 유형자산을 매각해 유형자산처분손실이 발생되어도 그 부분은 기타비용(영업외비용)에 잡히기 때문에 영업이익을 훼손시키지 않는다. 기업이 유형자산을 매각하는 것이 기업 고유의 영업활동에 해당되지 않으므로 처분이익(손실)은 매출과 매출원가가 아닌 기타수익(비용)으로 분류된다.

모바일기기와 같이 유행이 비교적 짧은 산업군에 투자하는 투자자의 경우에 기업의 기계장치나 공구와기구의 내용연수가 생각보다 길다면 고민을 해볼 만하다. 갤럭시 S9부터 S20까지 모든 부품을 다 만들 수 있는 범용성 있는 유형자산이라면 5년 이상의 내용연수에 대해 합리적이라고 인정할 수 있다. 그러나 갤럭시 S20만 만들 수 있는 전용성이 있는 유형자산이라면 내용연수는 길어야 2년 정도일 것이다.

(2) 유형자산손상차손

감가상각이 한창 진행 중인 유형자산으로 돈을 벌 수 없게 되는 상황을 생각해보자.

스마트폰 부품을 생산하는 코스닥 상장기업 E사의 최근 3년간 영업실적은 다음과 같다.

<그림 2-16> E사의 최근 3년 영업실적(연결손익계산서)

(단위 : 원)

	제 20 기	제 19 기	제 18 기
매출액	196,033,457,798	250,977,625,598	174,550,541,762
매출원가	197,479,598,507	237,442,226,923	206,689,259,504
매출총이익	(1,446,140,709)	13,535,398,675	(32,138,717,742)
판매비와관리비	15,027,077,453	15,753,407,472	18,763,192,157
영업이익(손실)	(16,473,218,162)	(2,218,008,797)	(50,901,909,899)

[그림 2-16]에서 보는 것처럼 E사는 최근 3년간 영업적자를 기록했다. 즉 유형자산으로 재고자산을 생산해서 판매를 했는데 매출원가와 판매비와관리비를 건지지 못할 정도라는 의미이다.

이쯤 되면 회사 경영자 입장에서도 사업을 접어야할지 고민을 할 수밖에 없다. 생산을 위해 투입한 유형자산 투자액 회수도 어려워졌고, 제품을 생산해서 팔아봤자 적자이기 때문이다.

그렇다고 회계기준이 경영자에게 지금 사업을 계속할지 그만할지 빨리 결정하라고 강요할 수는 없는 노릇이다. 하지만 유형자산의 가치는 다시 판단하도록 요구한다.

유형자산을 5,000만 원에 취득해서 감가상각을 3,000만 원어치 했고 장부가액으로 2,000만 원이 남았다고 가정해보자. 앞으로 제품 생산을 해서 물건을 팔아서 이익이 잘 나면 2,000만 원 잔액에 대해 충분히 회수가 가능하다. 그런데 만약 사업이 어려워져서 적자가 발생한다면 운영자금은 물론이고 유형자산 투자액 회수도 불가능하다는 얘기가 된다. 그렇기 때문에 재무상태표에 유형자산 2,000만 원을 달아놓을 수 없다.

다시 자산의 정의를 상기해보자. 미래에 돈을 벌어 주는 역할을 하는 게 자산인데 영업적자가 발생하고 계속 그럴 것 같다면 결국 자산 자격이 상실된 것이다. 경영자 입장에서 이 유형자산을 갖고 꾸역꾸역 사업을 했을 때 최대 200만 원 정도는 회수할 것으로 예상된다. 감정평가를 받아본 유형자산의 공정가치는 500만 원이라고 한다. 그렇다면 이 유형자산의 가치는 최대 500만 원이 된다. 회수가능액은 MAX(사용가치, 매각가치)로 결정한다.

당장 사업을 정리할지 계속할지 결정하지 못하는 상황이라고 해도 재무상태표에는 유형자산으로 500만 원을 계상해야 한다. 그리고 2,000만 원과 500만 원의 차액인 1,500만 원은 손실로 처리한다. 이 1,500만 원은 기타비용에 유형자산손상차손으로 표시한다. 회계처리는 다음과 같다.

<표 2-19> 유형자산손상차손 회계처리 예시 (단위: 만원)

차변		대변		비고
유형자산손상차손 (기타비용)	1,500	유형자산손상차손누계액 (유형자산차감표시)	1,500	비용 발생, 자산 감소

자 그렇다면 이제 E사의 기타비용 주석사항에서 유형자산손상차손을 확인하도록 하자.

[그림 2-16]에서 이미 살펴봤듯이 E사는 20기(당기)에 영업손실이 약 165억 원인데 영업이익 아랫단인 기타비용에서 유형자산손상차손이 91억 원 가까이 합산되면서 당기순손실은 더 커진다. 당기순손실이 커지니 회사의 자본도 줄어들게 된다.

결국 이 회사는 21기인 2019년에 646억 원의 당기순손실이 발생하며 완전자본잠식에 빠지게 되었다. 그리고 2020년 상반기에 결국 상장폐지 되고 말았다.

기업 입장에서는 영업적자가 계속 지속되면 유형자산에 투자한 돈을 회수하기 어렵다. 미래에 돈을 벌어줄 것으로 기대했던 자산의 자격을 상실하니 비용으로 처리해야 한다. 그렇게 되면 갑자기 큰 폭의 손실이 추가되며 기업의

<그림 2-17> E사의 기타비용 주석사항

(2) 당기 및 전기 중 기타비용의 세부내역은 다음과 같습니다.

(단위 : 천원)

구 분	당기	전기
유형자산처분손실	1,245,260	1,942,401
유형자산손상차손	9,125,538	-
무형자산손상차손	157,800	-
기부금	-	99,333
잡손실	324,871	260,155
합 계	10,853,469	2,301,889

재무구조를 악화시키게 된다.

실적이 악화되는 기업의 주가는 이미 주식시장에서 내리막길로 접어들기 일쑤인데 재무구조까지 나빠지기 때문에 투자자 입장에서는 반드시 조심해야 한다. 어느 날 갑자기 완전자본잠식에 빠질 수 있기 때문이다.

다음은 제조업이 적자에 빠졌을 때 얼마나 빨리 자본잠식이 가속화 되는지를 단적으로 보여주는 표이다.

[표 2-20]은 유가증권시장에 상장되었던 태양광에너지 관련 제조업체 W사의 요약재무제표다.

12기에 영업이익 38억 원에 1,094억 원의 자본을 갖고 있었는데 적자가 발생한지 불과 2년만인 14기에 완전자본잠식에 빠지고 말았다. 매년 500억 원 이상의 영업적자가 발생한 것도 문제지만, 영업이익 아랫단에 나오는 유형자산손상차손도 2년 합산 1,100억 원이 넘게 발생하니 자본이 더 빨리 잠식될 수밖에 없었다. 결국 이 회사는 계속기업 불확실성으로 감사인 의견거절을 받고 거래정지가 되었으며, 그로부터 2개월 후인 2020년 5월에 상장폐지 되었다.

E사와 W사의 경우처럼 제조업의 실적이 악화되면 유형자산손상차손까지

<표 2-20> W사의 요약재무제표
(단위: 원)

	14기	13기	12기
매출액	41,751,332,453	165,837,900,559	243,057,422,867
영업이익(손실)	-59,318,457,169	-56,067,335,716	3,773,422,016
유형자산손상차손	72,819,613,599	41,961,380,654	-
당기순이익(손실)	-155,749,067,726	-111,761,171,830	1,361,853,013
자본	-93,138,089,736	41,200,866,188	109,442,908,740

더해져 자본잠식 속도가 빨라지게 된다. 이미 시설투자에 돈은 다 쓴 상황이고, 그럼에도 비용 지출이 아닌 자산으로 회계처리 한 이유는 미래에 돈을 벌어줄 것이란 기대감 때문이었다. 하지만 실적이 악화되면서 그 기대가 깨지고 말았으니, 계속 자산으로 표시할 수도 없게 된 것이다. 이제라도 모두 비용처리 해야 하니 순손실은 큰 폭으로 더 커지고, 결국 완전자본잠식에 빠지게 된 것이다.

그렇기 때문에 주식투자자는 성장성이 없거나 실적이 미미한 기업에 대한 투자를 조심해야 한다. 갑자기 손상차손이 크게 잡히면서 손쓰기 어려울 수 있기 때문이다. 은행 역시 유형자산 규모는 큰데 반해 실적이 미미한 기업에 대한 심사의 경우 손상 가능성을 생각해서 신중한 판단을 해야 할 것이다. 실적 악화로 인해 자산의 자격이 이미 상실되었을 수 있기 때문이다.

핵심 개념

① 기업이 보유한 유형자산에 대한 자산재평가는 기업의 선택사항이므로, 주석사항을 통해 평가 유무를 확인해야 한다.

② 투자부동산의 공정가치는 주석사항으로 확인 가능하나 유형자산은 필수 공시사항이 아니다.

③ 감가상각 기간은 물리적 내용연수와 경제적 내용연수를 고려하여 산정한다. 감가상각은 '수익 비용 대응의 원칙'에 따라 돈을 벌 수 있는 기간 동안 상각해야 한다.

④ 유형자산으로 수익을 창출할 수 있는 사용가치와 매각가치(장부가액보다 비싸게 처분)가 모두 없다면 '유형자산손상차손 [기타비용(기타영업외비용)]'으로 인식해야 한다.

재무 분석 Key

① 여러 투자부동산을 오랜 시간 보유한 기업은 취득원가 대비 부동산가치가 많이 상승했을 가능성이 크다. 재무제표 주석사항에 공시된 투자부동산의 공정가치를 활용하면 회사의 자산가치 측정에 효과적이다.

② 유형자산은 영업활동에 투입되기 위해 취득한 자산으로 매각 목적이 아니다. 즉 부동산 가격이 오른다고 회사 자산가치에 영향을 주는 것은 아니다. 유형자산은 생산 및 판매활동에 기여하며 회사의 매출액부터 영업이익 창출 역할을 한다.

③ 유형자산을 많이 보유한 기업의 영업실적이 악화되고 계속 적자가 지속될 것으로 예상된다면 결국 자산 자격을 상실하게 된다. 불가피하게 유형자산손상차손을 인식해야 하는데, 이로 인해 순손실이 크게 발생하고 자본잠식을 가속화시키는 원인이 된다. 실적이 미미하거나 적자전환한 기업은 특히 조심해야 한다.

8) 사용권자산

2019년 리스회계기준 개정에 따라 이전에 없던 '사용권자산'이라는 계정과목이 갑자기 생겼다. 임차 비중이 높은 항공사, 해운사, 유통 관련 기업들의 재무제표에서 이 계정과목이 목격되고 숫자 또한 큰 편이다.

기본 개념 이해를 위해 간단히 예를 들어보자.

대학에서 경영학을 전공한 김모씨는 2020년 2월에 졸업을 하고 취업에 성공했다. 부산 출신인 그는 첫 직장이 있는 여의도에서 지하철 9호선 급행으로 출퇴근이 가능한 마곡지구에 오피스텔을 얻기로 결정했다. 신축 오피스텔 공실이 많은 지역이라 김모씨는 마음에 드는 집을 골라 보증금 1,000만 원에 월세 50만 원으로 2년 계약을 맺었다.

보증금을 집주인에게 입금하고 김모씨는 가계부에 자산 1,000만 원을 기록했다. 갖고 있던 현금이 통장에서 빠져나갔지만 2년 뒤에 돌려받을 돈이므로 비용이 아닌 자산으로 처리한 것이다.

문제는 월세에 대한 회계처리이다. 매달 월세를 송금할 때마다 가계부에 임차료로 비용처리 하면 될 것 같지만, 대학에서 2019년부터는 그렇게 하면 안 된다고 배웠다. 즉 월세 계약을 하면서 2년 동안 부동산 사용권을 획득했고, 2년 동안 지불해야 하는 부채도 생긴 것으로 봐야 한다는 것이다.

그렇기 때문에 자산(부동산 사용권자산) 1,200만 원(= 50만 원 × 24개월)을 인식하고, 부채(24개월치 월세)에 같은 금액을 올려야 한다. 매달 월세를 송금할 때 부채에서 50만 원씩 차감하고, 비용은 부동산 사용권자산 감가상각비로 50만 원씩 처리한다. 물론 미래의 현금흐름을 현재가치로 할인해서 정확한 금액을 산정해야 하는데 이 부분은 복잡해서 생략했다.

김모씨는 2019년 1월부터 새롭게 도입된 리스회계기준에 따라 [그림 2-18]과

<그림 2-18> 새로 도입된 리스회계기준 사용권자산 관련 예시

	기존 회계처리	
부동산 계약시점	자산증가: 보증금 1000만원	자산감소: 현금 1000만원
매월	비용발생: 임차료 50만원	자산감소: 현금 50만원

	새 회계기준에 따른 회계처리	
부동산 계약시점	자산증가: 보증금 1000만원	자산감소: 현금 1000만원
	자산증가: 사용권자산 1200만원	부채증가: 리스부채 1200만원
매월	비용발생: 감가상각비 50만원	자산감소: 사용권자산 50만원
	부채감소: 리스부채 50만원	자산감소: 현금 50만원

같이 가계부를 작성한다.

현금 지출액만 놓고 본다면 기존 회계처리와 새로운 회계처리 간에 차이는 없다. 매달 비용으로 처리하든 부채를 줄이면서 돈이 빠져나가든 지출되는 것은 똑같다. 손익효과도 마찬가지이다. 김모씨의 자산과 부채가 크게 늘어난다는 것과 임차료 대신 감가상각비 금액이 커진다는 것이 과거와 달라진 사실이다.

모든 기업이 지켜야 하는 회계기준이 이렇게 바뀌었으니 리스를 많이 하는 기업들은 따를 수밖에 없다.

항공기 리스계약이 많은 아시아나항공은 2019년 재무상태표에 사용권자산 5조 444억 원을 계상했다. 같은 금액만큼 부채도 늘어났다. 아시아나항공의 최근 3년간 자산, 부채, 자본의 변화추이는 [표 2-21]과 같다.

32기에 갑자기 자산과 부채가 5조 원 이상 급증했다. 양쪽 모두 증가했기 때문에 자산에서 부채를 뺀 자본은 증감이 덜한 편이다. 그러나 부채비율이

<표 2-21> 아시아나항공의 최근 3년 자산·부채·자본 (단위: 원)

	제 32 기	제 31 기	제 30 기
자산총계	13,503,422,879,145	8,191,104,570,201	8,656,482,208,176
부채총계	12,595,134,363,313	7,097,915,381,755	7,356,538,357,842
자본총계	908,288,515,832	1,093,189,188,446	1,299,943,850,334
부채비율(부채/자본)	1,387%	649%	566%

1,387%로 전년도 대비 2배 이상 늘어났기 때문에 부담스러운 모습이다. 물론 갑자기 차입금이 늘어나서 갚아야 하는 부채가 아니고 미래에 발생할 임차료를 당겨서 잡은 부채이므로 심각하다고 볼 수는 없을 것이다.

롯데쇼핑도 2019년에 갑자기 6조 원이 넘는 사용권자산과 리스부채가 추가되었다. 사용권자산을 매년 감가상각비로 털어내야 하므로 갑자기 2019년에 감가상각비가 7,400억 원 이상 증가했는데 대신 임차료는 8,000억 원 이상 감소했다.

임차자산은 내가 소유한 자산이 아니기 때문에 감가상각을 하지 않고 임차료와 관리비만 내면 된다. 그러나 회계는 정반대다. 임차자산이 많을수록 손익계산서에서 임차료는 안 보이고 감가상각비만 늘어난다. 현금흐름상 변동은 없고 회계만 복잡하게 바뀐 것뿐이다. 임차자산 비중이 높다고 손익이 악화되거나 갑자기 갚아야 하는 빚이 늘어난 것은 아니다.

9) 무형자산

'무형자산'은 말 그대로 물리적 실체가 없지만 식별이 가능한 자산을 의미한다. 상표권, 특허권, 라이선스, 회원권, 소프트웨어, 개발비, 영업권 등 여러 종류가 있다.

특허권과 상표권은 취득한 후에 계속 회사 매출 발생하는데 기여하므로 무형자산으로서의 요건을 충족한다. 또한 라이선스를 보유하고 있고 여기서 수익이 발생된다면 역시 자산으로서의 요건이 된다. 기업이 사용하는 소프트웨어 역시 기업활동에 중요한 자원이고, 모든 영업활동에 없어서는 안 되므로 무형자산으로 인정을 받는다.

무형자산 중 가장 어렵고 복잡한 이슈는 개발비, 영업권 같은 자산이 과연 자산으로서의 가치가 있는 것인가이다. 특히 재무상태표의 무형자산 계정에 '개발비'가 보인다면 일단 의심부터 하고 자세히 살펴봐야 할 필요가 있을 정도로 매우 중요한 계정과목이다.

(1) 연구개발

연구개발을 흔히 R&D Research and Development 라고 하는데, 한국채택국제회계기준에는 연구활동의 예와 개발활동의 예를 다음과 같이 설명하고 있다.

[연구활동의 예]

1. 새로운 지식을 얻고자 하는 활동
2. 연구 결과나 기타 지식을 탐색, 평가, 최종 선택, 응용하는 활동
3. 재료, 장치, 제품, 공정, 시스템이나 용역에 대한 여러 가지 대체안을 탐색하는 활동
4. 새롭거나 개선된 재료, 장치, 제품, 공정, 시스템이나 용역에 대한 여러 가지 대체안을 제안, 설계, 평가, 최종 선택하는 활동

[**개발활동의 예**]

1. 생산이나 사용 전의 시제품과 모형을 설계, 제작, 시험하는 활동
2. 새로운 기술과 관련된 공구, 지그(jig), 주형, 금형 등을 설계하는 활동
3. 상업적 생산 목적으로 실현 가능한 경제적 규모가 아닌 시험공장을 설계, 건설, 가동하는 활동
4. 신규 또는 개선된 재료, 장치, 제품, 공정, 시스템이나 용역에 대해 최종적으로 선정된 안을 설계, 제작, 시험하는 활동

어떤 제품을 만들지 연구 및 시장조사하고 여러 대안을 모색해 그중 최선책을 결정하는 과정인 연구활동은 기업에서 일상적으로 일어나고, 그런 비용들은 자산의 인식 요건을 충족하지 않으므로 모두 비용 처리한다.

그러나 구체적인 안(案)이 결정된 후 그 제품을 만들기 위해 벌어지는 모든 개발활동에서는 대규모 투자가 발생될 수 있다. 시제품을 만들기 위해 유형자산을 구입해야 하고, 많은 원재료가 투입되어 제작이 된다. 또 수많은 시험을 해야 하며, 경우에 따라 설계 변경도 일어나는 등 무한반복 같은 과정을 거치며 비용은 계속 늘어만 갈 것이고, 그러다가 종국에는 하나의 제품이 탄생된다.

이렇게 힘든 개발활동을 끝내고 양산 채비를 갖추었지만 사실 경영자의 입장에서는 이 제품을 시장에 내놨을 때 과연 잘 될지 안 될지 확신은 할 수 없다. 거액의 개발비를 지출한 기업의 입장에서는 어떻게 해서든 투입된 개발비는 물론이고, 신규 투자된 생산라인의 원가 등을 모두 뽑고도 남을 만큼의 이익창출을 강력히 희망하겠지만, 그 결과는 오롯이 시장에서 결판날 것이다.

이런 상황일 때 기업은 그동안 투입된 개발비의 부담이 크기 때문에 발생한 해에 모두 비용으로 잡아서 손익이 감소되는 것보다는 자산으로 잡고 싶어 한다. 자산으로 잡았다가 매출이 발생되는 해부터 무형자산상각비로 비용을 잡

으면서 수익 비용 대응을 시키겠다는 취지이다. 맞는 논리이기는 하지만 문제는 바로 개발비가 미래에 경제적 효익을 창출할 수 있는지에 대한 불확실성이다.

예상대로 투자비를 모두 회수할 만큼 신제품이 잘 팔리면 회계처리에 전혀 문제가 없지만, 투입 대비 매출이 미미하다면 자산으로 계상한 개발비에 대해 자산성을 의심할 수밖에 없다. 그러면 기업 입장에서는 일단 무형자산으로 해 놓고 무형자산상각비로 비용화 시키다가 자산성이 의심되면 그때 가서 유형자산처럼 손상차손을 인식하겠다고 주장할 수 있다.

그러나 이런 식으로 회계처리를 하다보면 또 다시 영업이익을 왜곡시킬 소지가 다분하다. 유형자산에서 이미 살펴봤다시피 손상차손은 영업이익 아랫단인 기타비용(영업외비용)에 계상되기 때문에 손익을 조작할 가능성이 있다.

(2) 개발비 자산 인식 요건

한국채택국제회계기준을 보면 다음 6가지 사항을 모두 제시할 수 있는 경우에 한해 개발비를 무형자산으로 인식할 수 있도록 했는데, 그 요건이 매우 까다롭다.

1. 무형자산을 사용하거나 판매하기 위해 그 자산을 완성할 수 있는 기술적 실현 가능성
2. 무형자산을 완성해 사용하거나 판매하려는 기업의 의도
3. 무형자산을 사용하거나 판매할 수 있는 기업의 능력
4. 무형자산이 미래 경제적 효익을 창출하는 방법 (그중에서도 특히 무형자산의 산출물이나 무형자산 자체를 거래하는 시장이 존재함을 제시할 수 있거나 또는 무형자산을 내부적으로 사용할 것이라면 그 유용성을 제시할 수 있다)

5. 무형자산의 개발을 완료하고 그것을 판매하거나 사용하는 데 필요한 기술적, 재정적 자원 등의 입수 가능성

6. 개발 과정에서 발생한 무형자산 관련 지출을 신뢰성 있게 측정할 수 있는 기업의 능력

1~2개만 만족해서는 안 되며 6가지를 모두 충족해야 하니 시장지배력이 높거나 업력이 오래된 기업이 아니라면 입증하기가 사실상 쉽지 않다. 특히 어떻게 미래 경제적 효익을 창출해 낼지가 관건이다. 고정 거래처에서 대규모 수주를 이미 받고 시작하는 개발활동이라면 모르겠지만, 시장에 내놓고 일단 팔아봐야 안다면 그 어느 누가 4번의 요건을 충족했다고 인정할 수 있겠는가?

그동안 바이오기업들 위주로 개발비를 자산으로 처리해왔었다. 그러다가 2018년에 도이체방크가 셀트리온이 연구개발비를 비용이 아닌 자산으로 처리해서 영업이익이 부풀려졌다는 보고서를 내놔 이슈가 크게 되었다. 금융당국에서 셀트리온을 포함한 바이오기업들의 연구개발비 회계처리를 조사해보니 많은 기업들이 자산으로 회계처리를 했다. 금융당국은 대대적인 회계감리에 착수했고 2018년 9월에 '제약·바이오 기업의 연구개발비 회계처리 관련 감독지침'을 발표했는데 여기서 약품유형별 연구개발비 자산화 가능 단계를 명시했다.

금융당국의 지침은 자산처리를 할 수 있다는 것이지 반드시 해야 한다는 것은 아니다. 왜냐하면 임상 3상 개시승인을 받아도 3상 통과 및 FDA 판매승인, 그리고 판매승인 후 상업적 성공가능성 모두 불확실하기 때문이다. 즉 자산의 정의에 완벽히 부합하기가 어렵다.

따라서 기업 스스로 판단하고 결정해야 하며, 투자자나 회계정보 이용자 역시 판단을 잘 해야 한다. 기대 이상의 성과를 낼 수도 있고, 기대 이하의 결과로

<그림 2-19> 약품유형별 연구개발비 자산화 가능 단계

유형	자산화 가능 단계	설정근거
신약	임상 3상 개시 승인	■ 장기간 다수의 환자를 대상으로 시험약의 안전성·약효에 대한 검증을 거치지 않은 상태(임상 3상 개시 승인 이전)에는 일반적으로 자산가치의 객관적 입증이 어려울 것으로 판단됨 ■ 美 제약바이오 업계 통계에 따르면 최근 10년간 임상 3상 개시 승인 이후 정부 최종 승인율이 약 50%
바이오시밀러	임상 1상 개시 승인	■ 정부가 오리지널약과의 유사성 검증자료를 확인하지 않은 상태 (임상 1상 개시 승인 이전)에서는 일반적으로 자산가치의 객관적 입증이 어려울 것으로 판단됨 ■ 美 연구결과, 임상 1상 개시 승인 이후 최종 승인율 약 60%
제네릭	생동성시험* 계획 승인 * 오리지널 약품과 생체이용률이 통계적으로 동등한지 검증	■ 정부가 오리지널약과의 화학적 동등성 검증자료를 확인하지 않은 상태에서는 일반적으로 자산가치의 객관적 입증이 어려울 것으로 판단됨
진단시약	제품 검증 (허가신청, 외부임상신청 등)	■ 외부의 객관적인 제품검증이 없는 상태에서는 일반적으로 자산가치의 객관적 입증이 어려울 것으로 판단됨

자료 : 금융위원회, 금융감독원

낭패를 볼 수도 있다.

2개의 신약에 대한 미국 FDA 승인을 받은 SK바이오팜이 2020년에 화려하게 상장했다. 이 회사의 재무제표를 보면 개발비에 대하여 단 한 푼도 무형자산으로 회계처리하지 않았다. 전액 비용으로 처리해서 누적결손금이 5,000억 원 이상 쌓일 정도이다. 대기업 계열사이므로 그럴 수 있다고 생각되지만 FDA 승인 실적이 없고 계속 연구개발만 하는 중소 바이오기업들이 거액의 연구개발비를 자산처리 하는 것을 목격할 때면 아찔하기 그지없다. 임상실패 또는 FDA 통과를 못하면 결국 자산처리 해놓은 무형자산은 전액 손실로 떨어낼 수밖에 없기 때문이다.

연구개발비는 제약·바이오업종만의 이슈는 아니다. 네이버는 연구개발비로 매출액의 26%인 1조 7,000억 원 이상을 쓰고 있는데 역시 자산으로 처리하지 않고 전액 비용처리 한다. 네이버의 영업이익률이 왜 10%에 불과한지 설명이 되는 부분이다. 만약 네이버도 연구개발비를 자산으로 처리했으면 영업이익률이 36%가 넘을 것이다. 당장 보이는 실적보다는 미래를 위해 계속 투자하고 있고, 그 결과 매년 매출액의 앞 단위가 바뀔 정도로 성장하고 있으니 주식시장에서 기업가치가 높게 평가될 수밖에 없을 것이다.

(3) 무형자산손상차손

[그림 2-20]은 코스닥시장에 상장되어 있는 모바일게임 기업의 재무제표 주석사항 중 무형자산 부분을 발췌한 것이다.

3년째 영업적자에 빠져 있는 이 기업은 매년 개발비를 자산으로 인식하고 상당금액을 손상차손으로 처리하고 있다. 최근 4년간 86억 원의 개발비를 자산으로 올렸고, 같은 기간 동안 114억 원을 손상차손으로 떨어냈다. 일단 게임 개발과정에서 발생하는 개발비는 자산으로 잡았다가 흥행에 실패해서 투자금 회수가 불가능할 것 같으면 손실로 처리하는 구조로 추정된다.

<그림 2-20> 모바일게임 기업의 무형자산 주석사항

① 당기

구 분	개발비
기초	619,037
취득	62,008
처분	–
손상	(420,802)
대체(*)	–
상각	(260,243)
기말	–

② 전기

구 분	개발비
기초	2,381,320
취득	619,037
손상	(1,918,286)
상각	(463,034)
기말	619,037

처음부터 당기 영업비용으로 회계처리하면 깔끔할텐데 회사는 자산처리 후 손상처리함으로써 영업손실이 커지는 것을 막기 위함이 아니었을까 하는 의심까지 드는 대목이다.

이렇게 매년 손상 회계처리 하는 것은 정상적이지 않아 보인다. 손상차손은 비반복적이고 비경상적으로 일어나기 때문에 영업활동 아랫단인 기타비용에 인식하라는 것인데, 매년 반복적으로 과다한 금액을 손실처리 한다면 이것을 과연 정상이라고 인정할 수 있겠는가? 한 치 앞도 내다보기 힘든 불확실한 상황 하에서 개발비는 원칙적으로 비용으로 처리하는 것이 타당하다.

(4) 기타무형자산

개발비 외의 대표적인 무형자산으로는 회원권, 영업권, 특허권, 상표권, 소프트웨어 등 다양하다.

기업은 접대 또는 복리후생 등 여러 목적으로 골프장 회원권과 콘도 회원권을 다수 보유하고 있다. 취득 목적 자체가 회사의 영업이익 극대화를 위한 접대, 복리후생 목적이다. 시세차익을 노린 투자성격은 아니다.

영업권은 우리가 흔히 말하는 인수합병 즉 M&A$^{Merger\ \&\ Acquisition}$에서 발생된다. A기업이 B기업의 대주주로부터 주식을 사들여서 B기업의 최대주주가 되면 '인수'라고 한다. 만약 A기업과 B기업이 합쳐서 B기업이 소멸되고 A기업만 남게 되면 이를 '합병'이라고 한다. 인수나 합병은 기업의 구조 자체가 다르기 때문에 투자자 입장에서는 개념을 혼동하면 안 되겠다.

인수나 합병을 위해서는 상대기업의 가치를 평가하는 것부터 시작하는데 보통은 재무제표상 금액 이상의 가격에서 거래가 성사될 가능성이 크다. 상대기업이 갖고 있는 기술력, 브랜드, 인지도, 확보된 고객 등으로 미래에 성장할 가능성이 있기 때문에 프리미엄이 추가된다.

A기업이 B기업의 최대주주로부터 발행주식 100%를 인수하는데 100만 원의 인수대가를 지불했다고 가정해 보자. 이 경우 B기업의 자산에서 부채를 차감한 순자산(자본)이 60만 원이라면 경영권 프리미엄 40만 원을 얹어준 것이 된다.

이때 경영권 프리미엄 40만 원이 A기업의 재무상태표에 영업권으로 들어오게 된다. 예전에 회계공부를 한 이들은 영업권도 정해진 내용연수 동안 상각을 하는 것으로 배웠지만, 한국채택국제회계기준에서는 상각하지 않는다. 합병을 하건 인수를 하건 B기업에서 가져온 사업에서 수익이 창출될 것이냐 그렇지 않느냐로 영업권을 손상처리 할 것인지 그냥 자산으로 가지고 있을 것인지만 결정한다.

M&A로 외형이 커지는 기업들이 많은데, M&A 과정에서 비용을 싸게 지불했다거나 비싸게 지불했다는 등의 논란이 항상 나오게 된다. 투자자를 비롯한 회계정보 이용자 입장에서는 M&A로 추가된 영업권과 관련된 주석사항을 잘 읽어봐야 한다. 그 사업에서 수익 창출을 못하게 되면 무형자산으로 처리한 영업권은 손상처리 돼 기업의 자산과 손익이 줄어들게 될 것이다.

카카오 역시 M&A로 성장했다. 다음커뮤니케이션과의 합병을 거쳐 멜론 사업자인 로엔을 합병했고, 기타 수많은 회사들을 인수합병하며 성장했다.

[그림 2-21]은 카카오의 2019년 연결재무제표 주석사항 중 무형자산 부분이다. 영업권의 기초 순장부금액(2018년 말 재무제표상 금액)이 3조 1,756억 원인데 무형자산상각비는 0원이고, 손상차손만 3,746억 원이다. 그리고 기말 순장부금액(2019년 말 재무제표상 금액)은 2조 9,151억 원이 되었다. 이 수치는 카카오의 총자산 8조 7,372억 원 대비 1/3이 넘을 정도로 비중이 매우 크다.

카카오가 인수 및 합병한 회사들이 카카오의 종속기업 또는 새로운 사업부가 되어 이익창출에 기여하고 있다. 그렇기 때문에 인수 및 합병 과정에서 발생한 영업권은 자산 자격이 있다. 만약 그 사업으로 현금 창출할 능력이 없을 것 같으면 자산 자격이 상실되므로 손상차손으로 떨어내야 한다.

카카오는 [그림 2-21]에서 보는 것처럼 3,746억 원을 무형자산손상차손으로 처리했다. 관련 계산근거는 무형자산 주석사항에 자세히 수록되어 있다. 회계정보 이용자 입장에서 만약 회사가 인수합병후 이익을 달성하지 못하고 있다면 영업권 손상가능성이 있을 것이라는 예상을 해야 한다.

그 밖에 특허권, 상표권 등 출원을 위한 지출비용과 회사의 소프트웨어 등도 눈에 보이지 않는 무형자산이다.

전통 제조업보다 플랫폼, 바이오, 정보통신, 2차전지, 전기차 등과 관련된 기업들의 가치가 시장에서 높게 인정받고 있다. 이들 기업의 비즈니스 모델에 대한 이해와 파악도 중요한데, 그 전에 재무제표를 활용하여 연간 연구개발비 지출액과 무형자산 지출액 등을 조사해 실적과 비교해보면 기업가치에 대한 예상도 어느 정도 가능할 수 있다.

<그림 2-21> 카카오의 무형자산 주석사항 (단위: 천원)

과목	영업권(주1)
<장부금액의 변동>	
기초 순장부금액	3,175,610,437
취득	-
대체	-
연결범위변동	114,192,954
처분	-
무형자산상각비	-
무형자산손상차손	(374,638,764)
기타	-
기말 순장부금액	2,915,164,627

예를 들어 네이버는 2014년에 연구개발비와 무형자산을 합쳐서 1조 1,594억 원을 투자했는데 2019년에는 1조 7,831억 원이나 투자했다. 연평균 증가율이 9%에 달한다. 그리고 매출액은 그 기간 동안 19% 성장했고, 시가총액도 연평균 9% 성장했다. 투자한 만큼 실적을 보였고, 주식시장에서는 주가상승으로 화답한 셈이다. 창출한 이익의 많은 부분을 연구개발과 무형자산에 재투자해서 더 많은 이익을 만들어낸 셈이다.

이렇게 무형자산과 관련하여 투명하게 회계처리를 하고 있고, 투자한 만큼 성과를 내고 있는 기업인지 검토하는 게 중요하다고 하겠다.

핵심 개념

① 개발비는 한국채택국제회계기준에서 제시하는 6가지 조건을 모두 충족해야만 자산으로서 계상이 가능하다. 그렇지 않다면 전액 당기비용으로 처리해야 한다.

② 무형자산으로 더 이상 경제적 효익을 창출할 수 없다면 무형자산손상차손을 인식하여 기타비용(영업외비용)에 계상해야 한다.

③ M&A 과정에서 발생하는 영업권은 상각하지 않는다. 단, 매년 현금 창출 능력을 평가하여 손상 여부를 결정한다.

재무 분석 Key

① 개발비는 비용처리가 원칙이다. 만약 무형자산에 개발비가 큰 금액으로 자리 잡고 있다면 보수적으로 접근하는 게 좋다. 과연 기업이 높은 기술력과 시장지배력을 가지고 신제품 출시 때마다 성과를 냈는지 살펴보면 좀 더 확신을 가질 수 있다.

② M&A로 성장한 기업은 새로 시작한 사업으로 이익을 잘 창출하고 있는 지 살펴봐야 한다. 만약 그렇지 못하다면 총자산에서 큰 비중을 차지하는 영업권이 손상차손으로 손실처리 될 수 있기 때문이다.

③ 많은 연구개발비 지출로 인해 영업이익이 작거나 무형자산 지출에 큰돈을 쓰는 기업은 실적과 주가가 비례해서 상승하는지 살펴볼 필요가 있다. 시가총액 20위권의 제조 및 서비스업의 매출액 대비 R&D비용 지출액을 살펴보면 10%는 기본이고, 25% 이상씩 쓰는 기업도 있다. 이들 기업은 매년 실적과 기업가치가 상승했다.

박 회계사의 생각

연구·개발 투자가 뒷받침한 이유 있는 주가 상승, '선순환'은 계속돼야

　SK바이오팜의 공모주 청약에 31조 원 가까이 몰리며 기업공개(IPO) 역사를 새로 써냈다. 2001년부터 연구·개발을 시작한 뇌전증약이 미국 식품의약국(FDA)으로부터 판매허가를 받았고, 2009년부터 진행한 수면장애약 개발도 성공리에 마무리해서 미국과 유럽에서 판매할 수 있게 되었다. 신약 개발 후 국내 식품의약품안전처에서 판매 승인을 받는 것도 매우 어려운 일인데 해외에서 무려 2개 품목에 대한 판매 허가를 받았으니 투자자가 몰릴 수밖에 없었을 것이다.

　후보물질에서 미국 FDA 승인을 받을 때까지 최소 15년의 시간과 1조원의 연구·개발비가 필요하다는 통계가 있고, 성공 확률이 1만분의 1에 불과할 정도로 극히 낮음에도 불구하고 두 번이나 바늘구멍을 통과해냈으니 SK바이오팜에 그 어떤 찬사를 보내도 부족할 것이다.

　최근 주식시장에서 이런 바이오 기업과 정보기술(IT) 기업들의 주가가 유독 치솟는 분위기라 거품 논란이 일기도 하지만 그 기업들의 사업보고서를 훑어보면 많은 연구·개발비를 지출해 성과를 내는 경우가 많기 때문에 주가 급등은 수긍이 간다.

　한미약품이나 셀트리온같이 이미 상장되어 있는 대형 제약사나 바이오 기업들의 사업보고서를 전자공시시스템(DART)에서 찾아보면 연간 연구·개발비가 각각 2098억 원, 3301억 원이나 된다. 각각 매출액의 19%, 29%를 차지한다. 15년 동안 매년 같은 금액을 연구·개발에 투자한다면 한미약품과 셀트리온은 글로벌 신약을 각각 3개, 5개 이상 만들어 낼 수 있다는 계산이 나온다.

주식시장에서 가장 뜨거운 기업 중 하나인 네이버 역시 마찬가지이다. 연간 매출액 6조 6000억 원 중 26%인 1조 7000억 원을 연구·개발에 재투자했다. 수익구조가 탄탄하고 우월적인 시장 지위에 있지만 여기서 안주하지 않고 더 큰 그림을 그리고 있는 것 같다.

매년 안정적으로 이익을 잘 내는 기업들은 번 돈을 다시 연구·개발에 재투자하므로 재무적 부담이 덜하지만 비상장기업이나 신생 기업들은 투자할 돈이 많지 않아서 자본부터 조달해야 한다. SK바이오팜도 이번 기업공개를 통해 6500억 원 이상을 조달했다.

작은 기업들이 투자를 받는 데 현실적으로 어려움을 많이 겪기 때문에 한국거래소에서는 실적을 내지 못해도 기술력과 성장성만 있으면 주식시장에 상장해서 자본조달을 할 수 있도록 다양한 제도를 마련해 놓았다. 이익 미실현기업 상장요건, 기술성장기업 상장특례, 성장성 특례상장제도, 기술상장특례 등 규정에 따라 일정 요건만 부합하면 작은 규모의 기업 누구나 상장이 가능하다.

그동안 이런 제도를 통해 중소 비상장기업들이 많이 상장을 했고 성공적으로 자본조달을 했다. 이렇게 상장한 기업들 중에는 갑자기 들어온 큰돈에 정신을 못 차려서 연구·개발은 뒷전이고 엉뚱한 곳에 돈을 쓰다가 몰락하는 경우도 있었다. 하지만 대부분 기업들은 꿋꿋이 사업에 매진하여 한층 더 성장했으니 시장에서는 숨은 강소기업들을 계속 지원하는 것이 바람직하다.

우리나라는 땅이 좁고 천연자원도 부족해서 오로지 우수한 인적자원 육성만이 살길이라고 배워왔다. 그리고 그 결과 불가능해 보였던 글로벌 신약도 만

들어 해외시장에서 판매도 하게 되었고 전 세계를 아우르는 IT 기기와 플랫폼으로 정보통신기술의 강국이 되었다.

코로나19로 경제상황이 날로 악화되고 있지만 기업들의 연구·개발 활동이 멈추지 않아야 후일도 도모할 수 있다. 기업이 지치지 않고 계속 성장 동력을 이어 가게끔 모두 힘을 모아야 할 때다.

* 이 글은 저자가 〈경향신문〉 2020년 6월 29일자에 쓴 칼럼이다. 기업의 연구·개발 활동이 갖는 의미에 대해 다시 한 번 짚어본 글이다.

10) 이연법인세자산(부채)

이연법인세자산과 이연법인세부채는 투자자를 비롯한 회계정보 이용자들이 가장 어려워하는 계정과목 중의 하나다. 사실 이 부분은 회계정보 제공자는 물론이고 회계사들도 계산 및 검증과정에서 많은 시간을 투입해야할 만큼 굉장히 복잡하다.

선택과 집중 차원에서 실무자가 아닌 회계정보 이용자 입장에서는 마지막에 나오는 '핵심 개념'과 '재무 분석 Key'만 체크하고 과감히 넘겨도 된다고 말하고 싶다.

이연법인세란 회계와 세법 간의 차이에 의해 발생한 세금 효과를 이연하는 것을 의미한다. 즉 세법에서 계산한 납부할 세금과 회계상 계산된 법인세비용이 서로 다르기 때문에 이런 개념이 도입되었다. 회계에서 수익과 비용을 인식할 때 발생주의와 수익 비용 대응의 원칙 등에 따라 처리하지만, 세법에서는 '권리의무확정주의', 즉 수취할 권리가 확정된 시점에 수익을, 지급할 의무가 확정된 시점에 비용을 인식한다. 이렇게 회계와 세법상 기준이 서로 다르기 때문에 발생하는 부분을 조정하게 되는데 이를 '세무조정'이라고 한다.

2020년 7월 1일에 가입한 원금 100만 원, 금리 3%의 예금상품 이자 지급일이 2021년 6월 30일인 경우 2020년 12월 31일의 회계처리는 [표 2-22]와 같다.

현금으로 직접 받지는 않았지만, 회계상 회계 기간 내에 수익이 발생되었다고 회계처리한다. 이 부분은 5) 기타유동자산 (3) 미수수익 편에서 이미 살펴

<표 2-22> 2020년 12월 31일 미수수익 회계처리

(단위: 원)

	차변		대변		비고
2020년 12월 31일	미수수익(*)	15,000	이자수익(금융수익)	15,000	자산 증가, 수익 발생

(*) 1,000,000 x 3% x 6 ÷ 12 = 15,000

보았다. 그러나 세법에서는 수취할 권리가 아직 확정되지 않았기 때문에 1만 5,000원을 올해의 수익이 아닌 내년에 이자를 받는 수익으로 본다. 회계와 세법 간의 차이로 인해 발생하는 이 1만 5,000원을 '일시적인 차이'라고 한다.

올해 법인세차감전순이익이 11만 5,000원, 내년도 법인세차감전순이익이 8만 5,000원이고, 세무조정 사항은 이 이자수익 1만 5,000원 1건만 있다고 가정해보자. 그렇다면 과세소득(세무상 순이익)은 올해 '11만 5,000원 − 1만 5,000원 = 10만 원', 내년 '8만 5,000원 + 1만 5,000원 = 10만 원'이 된다. 세무상 1만 5,000원이 올해의 수익이 아닌 내년의 수익이라고 했으므로 올해는 차감하고, 내년에 가산한 것이다.

세무조정에서 올해는 〈익금불산입〉 미수수익 15,000(△유보)이라고 하고, 내년에는 〈익금산입〉 미수수익 15,000(유보)이라고 한다.

익금불산입益金不算入은 세무상 용어인데, 회계에서 나온 1만 5,000원을 익금 즉 수익으로 보지 않겠다는 의미이다. 1만 5,000원은 내년의 수익이므로 내년 세무조정 할 때 익금산입益金算入으로 처리한다. '유보', '△유보'는 일시적인 차이라는 것을 의미하며, 각각 가산하고 차감했다는 표시이다. 우리가 흔히 이익잉여금 중 배당하지 않는 부분을 기업 내부에 유보한다고 하는데, 이때의 유보와는 다른 개념이니 혼동하지 말고 세무상 용어로만 이해하면 된다.

이 1만 5,000원은 내년의 세금을 증가시키는 효과가 있는 일시적 차이이므로 우리는 이것을 '가산할 일시적 차이'라고 한다. 이연법인세는 바로 이 △유보, 유보에 세율을 곱해서 나오는 숫자이다.

법인세율이 20%라면, 회계상 법인세비용은 '11만 5,000원 × 20% = 2만 3,000원'이지만, 세무상 납부할 세금은 '10만 원 × 20% = 2만 원'이 된다. 회사는 실제로 세무서에 2만 원을 납부하지만, 손익계산서의 법인세비용에는 2만 3,000원이 된다.

<표 2-23> 2020년 법인세비용 회계처리(이연법인세부채)　　　　　　　　　　　　　　(단위: 원)

	차변		대변		비고
법인세회계	법인세비용	23,000	미지급법인세(납부할 세금)	20,000	비용 발생, 부채 증가
			이연법인세부채(*)	3,000	부채 증가

(*) 15,000(일시적 차이) x 20% = 3,000

이 내용을 회계처리하면 [표 2-23]과 같다.

세무서에 낼 돈이 2만 원이므로 비용도 2만 원만 잡으면 되지만, 이연법인세부채가 생기면서 비용이 3,000원이나 증가되는 효과가 나타났다.

다음 해에는 법인세차감전순이익이 8만 5,000원이지만, 세무상 과세소득은 10만 원이 된다. 익금불산입이었던 1만 5,000원을 다음 해에 이자수익으로 수취하면서 일시적인 차이가 없어지므로 익금산입 1만 5,000원이 된다. 이렇게 하면서 유보금액들도 다 없어진다. 회계상 법인세비용은 '8만 5,000원 × 20% = 1만 7,000원'이지만, 세무상 납부할 세금은 '10만 원 × 20% = 2만 원'이 된다. 회사는 실제로 세무서에 2만 원을 납부하지만, 손익계산서의 법인세비용에는 1만 7,000원이 된다.

이 내용을 회계처리하면 [표 2-24]와 같다.

<표 2-24> 2021년 법인세비용 회계처리(이연법인세부채)　　　　　　　　　　　　　　(단위: 원)

	차변		대변		비고
법인세회계	법인세비용	17,000	미지급법인세(납부할 세금)	20,000	비용 발생, 부채 증가
	이연법인세부채	3,000			부채 감소

다음 해에 보면 세무서에 낼 돈은 2만 원이지만, 이연법인세부채가 감소되면서 법인세비용도 3,000원이 감소된 꼴이 되었다. 즉 이연법인세부채가 발생하면 비용을 증가시키고, 이연법인세부채가 감소하면서 비용도 감소된다.

두 해에 걸쳐 일어나는 회계와 세무조정을 그림으로 표현하면 [그림 2-22]와 같다.

이제까지 이연법인세부채에 대해 알아봤는데, 지금부터는 그 반대의 경우인 이연법인세자산의 예를 보도록 하자.

회사는 올해 성과급으로 2만 원을 책정하고, 내년 초에 성과급을 지급하기

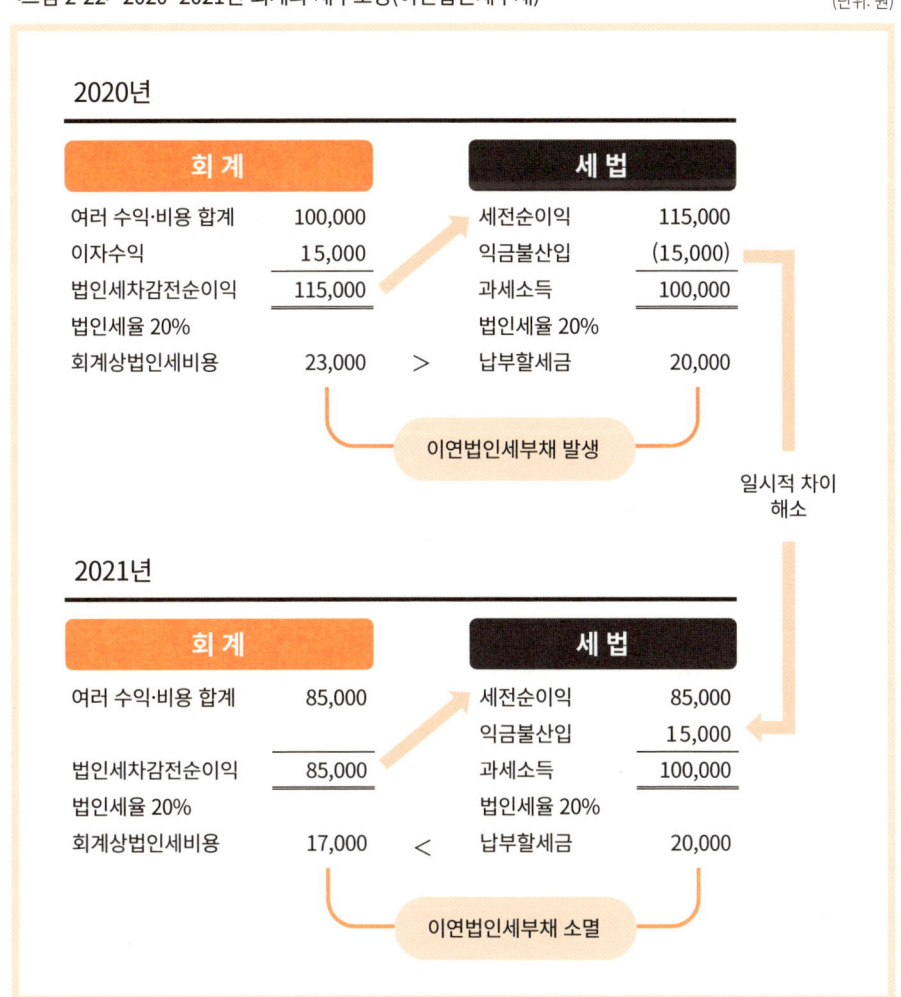

<그림 2-22> 2020~2021년 회계와 세무조정(이연법인세부채) (단위: 원)

로 했다. 회사의 회계상 법인세차감전순이익이 10만 원이라면, 과세소득(세무상이익)은 12만 원이 된다(다른 조정사항이 없다고 가정함).

회사는 수익 비용 대응의 원칙에 따라 올해 수익을 발생시킨 성과에 대한 비용으로 잡기 때문에 법인세차감전순이익에는 비용 2만 원이 반영되어 있다. 그러나 세법에서는 내년도에 지급하는 금액이기 때문에 이를 손금불산입시킨다. 즉 세무상으로는 내년의 비용이고, 올해 이익에서는 빼면 안 된다는 논리다. 역시 여기서도 일시적인 차이가 발생했다.

세무조정에서 올해는 〈손금불산입〉 성과급 20,000(유보)이라고 하고, 내년에는 〈손금산입〉 성과급 20,000(△유보)로 처리한다.

법인세율이 20%라면, 회계상 법인세비용은 '10만 원 × 20% = 2만 원'이지만, 세무상 납부할 세금은 '12만 원 × 20% = 2만 4,000원'이 된다. 회사는 실제로 법인세로 2만 4,000원을 납부하지만, 손익계산서에 나타난 법인세비용에는 2만 원이 된다.

이 내용을 회계 처리하면 [표 2-25]와 같다.

법인세로 낼 돈이 2만 4,000원이므로 비용도 2만 4,000원으로 잡으면 되지만, 이연법인세자산이 생기면서 비용을 4,000원이나 줄여 주는 효과가 나타나게 되었다.

다음 해에는 법인세차감전순이익이 10만 원이라면, 세무상 과세소득은 8만 원이 된다. 올해의 손금불산입 2만 원이 성과급을 지급하면서 일시적인 차이

<표 2-25> 2020년 법인세비용 회계처리(이연법인세자산)

(단위: 원)

	차변		대변		비고
법인세회계	법인세비용	20,000	미지급법인세(납부할 세금)	24,000	비용 발생, 부채 증가
	이연법인세자산(*)	4,000			자산 증가

(*) 20,000(일시적 차이) × 20% = 4,000

가 없어지므로 손금산입 2만 원이 된다. 이렇게 하면서 유보금액들도 다 없어진다. 회계상 법인세비용은 '10만 원 × 20% = 2만 원'이지만, 세무상 납부할 세금은 '8만 원 × 20% = 1만 6,000원'이 된다. 회사는 실제로 세무서에 1만 6,000원을 납부하지만, 손익계산서의 법인세비용은 2만 원이 된다.

이 내용을 회계 처리하면 [표 2-26]과 같다.

<표 2-26> 2021년 법인세비용 회계처리(이연법인세자산)   (단위: 원)

	차변		대변		비고
법인세회계	법인세비용	20,000	미지급법인세(납부할 세금)	16,000	비용 발생, 부채 증가
			이연법인세자산	4,000	자산 감소

[표 2-26]에서 보면 세무서에 낼 돈은 1만 6,000원이지만, 이연법인세자산이 감소되면서 법인세비용이 4,000원 늘어나게 되었다. 이를 보면 이연법인세자산이 발생하면 비용을 감소시키고, 이연법인세자산이 감소하면 비용이 증가하게 됨을 알 수 있다.

두 해에 걸쳐 일어나는 회계와 세무조정을 그림으로 표현하면 [그림 2-23]과 같다.

손금산입 또는 익금불산입으로 인해 이연법인세부채가 증가하면 손익계산서상 법인세비용은 증가한다. 즉 손금이라는 일시적인 차이는 내년이나 그 이후에 손금불산입을 가져온다. 손금불산입이 되면 납부할 세금이 커진다. 따라서 미래 경제적 효익이 유출되므로 이는 부채 요건에 충족된다.

손금불산입 또는 익금산입으로 인해 이연법인세자산이 증가하면 손익계산서상 법인세비용이 감소한다. 손금불산입이라는 일시적인 차이는 내년이나 그 이후에 손금산입을 가져온다. 손금산입이 되면 납부할 세금이 적어진다. 따라서 미래 경제적 효익의 유출을 줄이게 되므로 이는 자산 요건에 충족된다.

<그림 2-23> 2020~2021년 회계와 세무조정(이연법인세자산)　　(단위: 원)

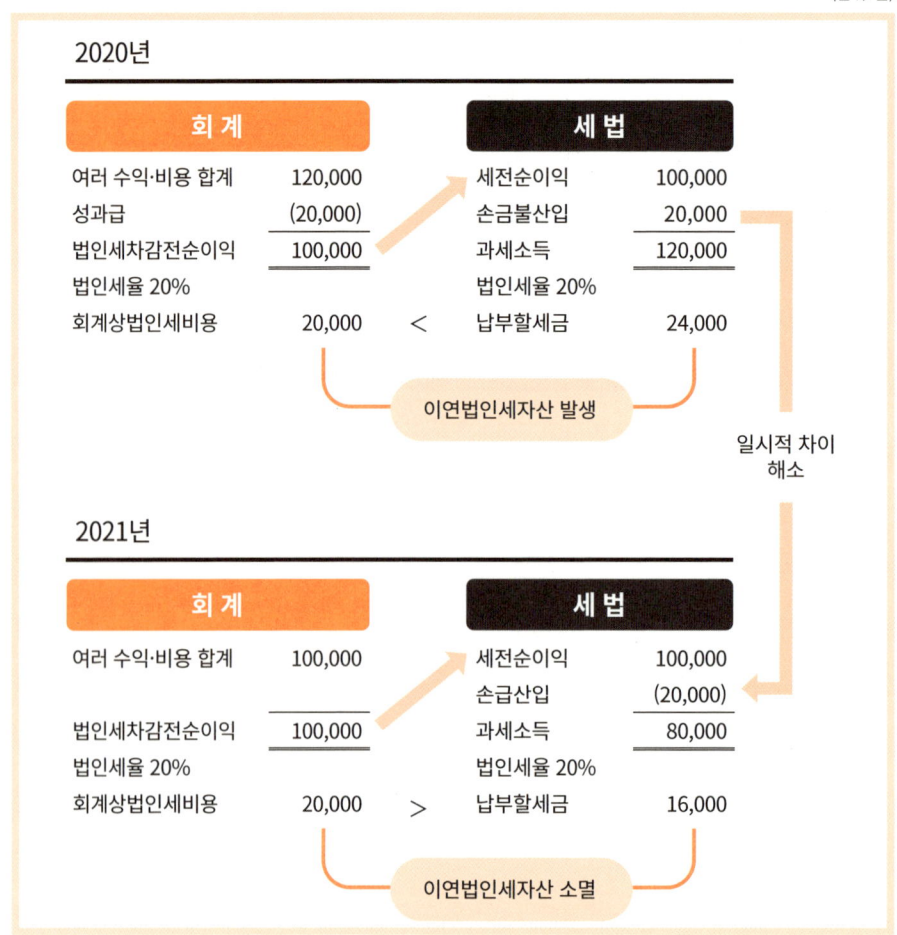

이렇게 풀어서 설명하면 이해가 쉬울 것이다. 물론 굉장히 복잡한 세무조정 사항들이 많고 계산 과정에서 고려해야 할 부분도 다양하므로 앞의 설명이 이연법인세의 전부를 이야기한 것은 아니다. 이연법인세에 대한 독자들의 개념 정립을 위한 것이니 이 정도 흐름만 파악해도 충분하다.

[예] 그런데 손금불산입, 익금산입으로 발생한 일시적 차이는 내년이나 그 이후에

<그림 2-24> 손실기업의 손금산입 (단위: 원)

```
손실기업

          회계                              세법
여러 수익·비용 합계    (100,000)      세전순이익         (100,000)
                                    손금산입           (20,000)   - 가능?
법인세차감전순이익    (100,000)      과세소득          (120,000)
법인세율 20%                         법인세율 20%
회계상법인세비용      (20,000)       납부할세금         (24,000)   - 환급?
```

손금산입, 익금불산입 시킨다고 했다. 이익이 있어야 손금산입(−)을 할 수 있는데, 이익을 못 내는 기업도 손금산입(−)이 가능할까?

손실에 손금산입을 시켜서 (−)금액을 늘린 다음에 여기에 세율을 곱해 나온 (−)세금을 환급받겠다고 생각하면 안 된다. 이익이 없으면 세금을 안 내고, 낸 세금이 없으니 돌려받을 세금도 없다. 그런데 매년 이렇게 손실이 많아서 세금을 안 내는 회사라면 과연 손금불산입, 익금산입을 써먹을 수 있을까?

정답은 '아니오'다. 이연법인세자산은 세무상 납부액을 줄여 주는 역할을 하기 때문에 자산인데, 과세소득이 없을 정도로 회사가 이익을 못 내는 상황에서 손금산입은 의미가 없다.

반대로 손금산입, 익금불산입으로 발생한 일시적인 차이는 내년이나 그 이후에 손금불산입, 익금산입시킨다. 즉 과세소득을 증가시키는 효과가 생기므로 이 유보는 언제든지 사용가능하다.

따라서 계속 손실이 나는 회사는 이연법인세자산을 계상하면 안 된다. 또한

올해 이익이 발생해도 내년 이후에 계속 손실이 발생할 것으로 예상되는 기업은 이연법인세자산을 쌓을 수 없다. 이연법인세자산을 쌓아봤자 일시적 차이인 손금불산입과 익금산입을 내년 이후의 손금산입과 익금불산입으로 써먹을 수가 없기 때문이다.

그런데 문제는 이연법인세자산을 쌓으면 '자산'도 커지고, '비용'도 작아지므로 재무제표를 '예쁘게' 만드는 효과가 있다는 것이다. 이런 이유로 손실이 계속 발생되는 기업들이 이연법인세자산을 손상처리하지 않고 계속 자산에 남겨 두고 싶어 한다. 투자자 입장에서는 이런 기업의 이연법인세자산의 자산성을 의심해야 한다.

투자자는 복잡하고 어려운 이연법인세 계산과정을 이해하지 못해도 상관없다. 그러나 적자가 계속 나는 기업에 투자한다면, 이연법인세자산의 자산성 만큼은 반드시 의심해야 한다. 회사는 내년 이후에 흑자가 난다는 논리로 이연법인세자산을 계상하겠지만, 이는 현재 시점에서는 불확실성이 큰 자산일 뿐이다.

대우조선해양 분식회계 사건이 터진 후 2017년에 대우조선해양의 재무제표를 보면 특이점이 하나 있다. 바로 이연법인세자산이 급격히 감소한다는 것이다.

[표 2-27]은 대우조선해양의 18기(2017년) 연결손익계산서 중 주요 손익과 연결재무상태표 중 이연법인세자산을 요약한 표이다.

2조원대의 영업적자에 빠진 2015년에 회사는 이연법인세자산을 1조 3,355억 원으로 계상했었다. 적자에 빠져있지만 이연법인세자산을 인식한 이유는 나중에 이익이 발생할 것으로 예상한 것이다. 즉 미래에 이익 창출로 인해 발생할 세금을 이연법인세자산으로 줄일 수 있다고 본 것이다. 그러나 2016년에 다시 1조 5,000억원대의 영업적자에 빠지면서 회사는 이연법인세자산을 8,209

<표 2-27> 대우조선해양의 재무제표 요약 (단위: 억원)

	2017년	2016년	2015년
영업이익(손실)	7,330	-15,308	-21,245
법인세비용차감전순이익(손실)	11,890	-19,617	-31,244
법인세비용(수익)	5,433	8,278	-9,506
당기순이익(손실)	6,458	-27,895	-22,092
이연법인세자산	14	5,146	13,355

억 원 손실처리하고 5,146억 원만 남겨놓았다. 이 손실분은 법인세비용에 포함되었고 당기순손실이 더 커지는 원인이 되었다.

회사의 법인세비용 관련 주석사항에는 다음과 같은 문구가 포함되어 있다.

"연결회사는 차감할 일시적 차이와 미사용세무상결손금의 사용될 수 있는 미래과세소득의 발생가능성이 높은 경우에 이연법인세자산을 인식하고 있으나, 국제유가의 하락과 이에 따른 수주 감소 등으로 인하여 미래과세소득의 발생이 불확실하다고 판단하여 전기 말 인식하였던 이연법인세자산 중 일부를 법인세비용으로 반영하였습니다."

즉 미래과세소득의 발생이 불확실, 이익이 안 나올 수 있는 상황에서 자산을 인식하기 어렵다는 취지이다. 대우조선해양은 2017년에 영업이익 7,330억 원을 달성했지만 다시 이연법인세자산을 거의 손실처리하고 14억 원만 남겨놓았다.

불과 2년 만에 조 단위의 이연법인세자산이 14억 원만 남고 사라진 것이다. 만약 대우조선해양이 2016년에 대규모 자본확충을 하지 않았더라면 영업손실과 이연법인세자산 손상부분까지 합쳐서 자본잠식에 빠졌을 것이다.

매년 적자에 빠져서 계속기업가정의 불확실성으로 인해 2020년 반기까지 검토 의견거절을 받은 쌍용자동차의 재무상태표를 보면 당연히 이연법인세자산이 없다. 금액 계산은 되지만 전액 자산으로 처리하지 않은 것이다.

쌍용자동차의 2019년 연결재무제표 주석사항에서 법인세비용 관련 주석을 찾아보면 다음과 같은 문구가 나온다.

"일시적 차이, 이월결손금 및 이월세액공제에 대하여 미래과세소득의 발생으로 인한 법인세효과를 예측할 수 없어 이연법인세자산을 인식하지 않았습니다."

대우조선해양의 법인세비용 관련 주석사항과 맥락이 일맥상통한다. 앞으로 이익이 발생할 것에 대한 예상이 불확실하기 때문에 이연법인세자산을 잡지 않는다는 것이다.

최근 몇 년간 적자를 기록한 기업에 투자한 투자자라면 이연법인세자산의 규모를 체크해 보는 것이 좋다. 기업이 더 이상 자산으로서의 가치가 없다고 판단되는 순간 자산의 규모는 급격하게 줄고, 법인세비용은 급증하게 된다. 심한 경우에는 대우조선해양처럼 이연법인세자산 손실처리가 자본잠식에 영향을 줄 수도 있다.

이연법인세자산까지 포함해서 자산의 중요 계정들을 두루 살펴보았다. 각 계정을 설명하고 기업의 사례를 들면서 항상 강조한 부분이 바로 '자산성'이다. 자산이 자산다워야 하는데 그렇지 못할 수도 있다는 점을 인지하고, 부실화될 수 있는 자산은 없는지 재무상태표와 주석을 통해 꼼꼼히 살펴보아야 한다.

핵심 개념

① 회계기준과 세법의 수익 비용 인식 기준이 서로 다르기 때문에 이연법인세가 생겨났다.

② 손익계산서의 법인세비용은 회계상 계산된 숫자이며, 실제 세무서에 납부할 법인세 금액과 다르다.

③ 이연법인세부채가 증가하면 손익계산서상 법인세비용도 증가한다. 이연법인세자산이 증가하면 손익계산서상 법인세비용은 감소한다.

④ 실적 악화로 계속 세법상 과세소득이 적거나 적자가 예상되는 경우 이연법인세자산의 자산성에 의심을 해야 한다.

재무 분석 Key

① 이연법인세부채가 과다한 기업은 다음 연도 이후에 이연법인세부채가 감소하면서 법인세비용이 감소할 가능성이 높다.

② 이연법인세자산이 과다한 기업은 다음 연도 이후에 이연법인세자산이 감소하면서 법인세비용이 증가될 가능성이 높다.

③ 적자기업이 큰 금액의 이연법인세자산을 가지고 있다면 자산성이 의심된다. 만약 다음 연도에도 적자가 지속될 것으로 예상된다면 이연법인세자산의 손상 가능성이 커지고, 이는 곧 법인세비용 급증과 당기순이익 감소라는 결과를 가져올 것이다.

3

부채

눈에 잘 보이지 않는 것을 잘 찾아야 한다

부채 규모가 작으면 작을수록 좋다는 것에 이의를 달 사람은 없을 것이다. 자산은 많고 부채는 적어야 기업의 재무구조가 안정적으로 보이고, 자산에서 부채를 차감한 순자산(자본)이 많아야 주주 몫도 커지기 때문이다.

부채는 경제적 효익이 내재된 자원이 기업으로부터 유출됨으로써 이행할 것으로 기대되는 현재 의무라고 정의된다. 즉 현금이나 다른 자산을 이용해서 현재 기업이 갚아야 할 의무가 있는 것인데, 이왕이면 적게 보이거나 숨기는 게 좋을 것이다.

예를 들어 민사소송에 피소되어 1, 2심에 다 졌음에도 불구하고 대법원에서 역전할 수 있을 것이라는 기대 때문에 배상금액을 부채로 잡지 않는다거나 수익 비용 대응의 원칙에 따라 매출이 발생한 해에 예상되는 A/S비용을 부채로 잡아야 하는데 적게 잡거나 아예 안 잡게 되는 경우가 발생할 수 있다.

또한 회계정보 이용자가 투자한 기업에서 복잡한 전환사채^{CB}나 신주인수권부사채^{BW}를 발행했는데, 이 사채가 장차 기업에 어떤 영향을 줄지 예상하지 못한다면 추후에 주주가치가 희석되는 일까지 발생하므로 이번 기회에 확실히 짚고 넘어가면 좋을 것이다.

이렇게 회계정보 이용자는 기업의 재무제표를 보면서 숨겨진 부채가 있는지, 아니면 추가로 더 잡아야 하는 부채가 있는지, 이 부채가 어떤 영향을 미치는지 예리하게 분석하는 능력을 키워야 한다.

1) 차입금

차입 당시의 만기가 1년을 초과하지 않는 경우 유동부채의 단기차입금, 1년을 초과하는 경우 비유동부채의 장기차입금으로 분류한다. 또한 비유동부채의 장기차입금 가운데 일부 또는 전부의 지급 기간이 1년 이내로 다가오면 유동부채의 유동성장기부채라는 계정과목으로 대체한다.

재무상태표에서 차입금 계정과목을 보는 순간 은행 빚으로 바로 인식 가능한데 유동성장기부채는 얼핏 보면 차입금 계정이 아닌 것으로 오해할 수 있다. 유동성장기부채도 차입금임을 명심하자. 이에 일부 기업은 회계정보 이용자들의 편의를 위해 유동성장기차입금이라는 계정으로 쓰는 경우도 있다.

누구나 빚을 싫어하지만, 기업활동에서 반드시 빚이 나쁘다고 말할 수는 없다. 학계와 업계에서도 무차입 경영을 좋다 나쁘다의 이분법으로 답하지 않는다. 차입을 하면 이자를 내야 하지만 금리가 계속 낮아지는 상황이고, 이자비용은 세법상 비용으로 인정되기 때문에 법인세 절세효과도 있다. 주주에 대한 자본비용보다는 채권자에 대한 이자비용이 낮다는 게 정설이다. 물론 기업마다 상황이 다르기 때문에 반드시 그렇지는 않다.

(1) 재무건전성 평가

안정성을 중요하게 생각하는 회계정보 이용자는 재무상태표에서 여러 재무비율을 계산해 기업의 재무건전성을 평가해야 한다. 재무지표 중 안정성을 확인하는 방법은 여러 가지가 있으며, 기업 역시 다양한 방법으로 주석사항으로 공시하고 있다.

[그림 2-25]는 아시아나항공의 2019년 연결재무제표에 대한 주석 중 자본관리에 대한 사항으로 가장 좋은 사례가 될 것이다.

기업마다 중요하게 생각하는 측정지표가 다 다르기 때문에 부채비율만 보여주는 곳도 있고, 순차입금 비율만 보여주는 곳도 있다. 그런데 아시아나항공처럼 수치를 자세히 보여주면 한 번에 재무구조 분석이 가능하다. 만약 자본관

<그림 2-25> 아시아나항공의 자본관리 주석사항

(단위: 천원)

구분	당기말	전기말
부채 비율:		
부채	12,595,134,363	7,097,915,382
자본	908,288,516	1,093,189,188
부채 비율	1,386.69%	649.29%
순차입금 비율:		
이자부 부채(*1)	7,810,301,525	3,440,174,244
차감: 현금및현금성자산 및 단기금융상품	(591,093,299)	(450,839,327)
순차입금	7,219,208,226	2,989,334,917
자본(*2)	908,288,516	1,093,189,188
순차입금 비율	794.81%	273.45%

(*1) 이자부 부채는 차입금, 사채 및 리스부채로 구성되어 있습니다.
(*2) 당기말 자본에는 신종자본증권으로 인식한 자본잉여금 583,257,075천원이 포함되어 있습니다.

리 주석에서 보여주는 수치로 분석이 어렵다면 회계정보 이용자가 직접 재무상태표에서 수치를 뽑아 스스로 계산해 봐야 한다.

2019년도 수치를 보면 우선 이자부 부채가 현금및현금성자산 및 단기금융상품보다 13배 이상 많은 것으로 확인되니 재무구조가 좋다고 말하기는 어렵다.

부채비율은 '부채 ÷ 자본'이라는 식으로 구해지므로 아시아나항공의 부채비율은 [그림 2-25]에서 보는 것처럼 1,386.69%로, 전년도 649.29% 대비 2배 이상 증가하며 더 악화되었다. 당연히 부채비율이 낮을수록 안정성이 높고, 높을수록 채무 상환의 불확실성이 커진다고 해석할 수 있다.

비율에 대한 해석을 하는 것은 순전히 회계정보 이용자의 몫이다. 높게 보일 수도 있고 낮게 보일 수도 있다. 이 비율이 의미하는 바를 정확히 이해하려면 결국 이 기업의 과거 비율은 어느 정도였는지, 갑자기 높아진 것은 아닌지 살펴봐야 한다. 또 산업 특성상 그럴 수 있으니 다른 동종기업들과도 비교해 봐야 한다. 부채비율이 높더라도 손익이 좋고 많은 영업현금흐름을 창출할 수 있는 능력이 있는 기업이라면 충분히 개선될 여지가 있으므로 문제가 심각하다고 단정 지을 수는 없다.

아시아나항공을 포함한 항공업계는 재무구조가 좋지 않은 편인데 설상가상으로 코로나19 사태로 최악의 상황을 맞고 있으니, 더 어려워질 것이라는 예측이 가능하다.

차입금이 많은 기업에 대한 재무비율을 볼 때 가장 많이 보는 것이 이자보상비율이다. 이자보상비율은 '영업이익 ÷ 이자비용'으로 계산된다. 즉 기업 고유의 영업활동으로 벌어들인 이익으로 이자를 지급할 능력이 있는지를 측정하는 것이다. 당연히 1 이상이 되어야 안정적이라고 이야기한다.

은행 즉 채권자의 입장에서는 1 이상이 되어야 안심하지만, 주주의 입장에서는 1을 겨우 넘어서는 안심할 수 없다. 1년 동안 열심히 영업활동을 해서 나온 영업이익으로 이자비용만 지급하면 주주에 대한 몫은 없는 것이나 마찬가지다. 당연히 주주 입장에서는 이자비용보다 영업이익이 훨씬 큰 기업을 찾게 될 것이다.

하지만 영업이익과 이자비용 모두 비현금성을 포함하고 있기 때문에 의미를 부여하기가 어려울 수도 있다. 또한 기업이 보유한 금융상품으로 이자수익도 발생하기 때문에 이자비용의 일정 부분은 이자수익으로도 커버가 가능하다.

아시아나항공의 2019년도 연결손익계산서를 찾아보면 영업적자가 발생해서 이자비용을 감당할 수 없었다. 2018년도, 2017년도를 보더라도 영업이익은 각각 282억 원, 2,456억 원인데 순이자비용(= 이자비용 - 이자수익)이 각각 1,561억 원, 1,646억 원이라 이자보상비율이 1을 넘긴 해는 2017년이 유일하다. 3년간 누적 영업적자가 1,698억 원이고, 누적 순이자비용이 6,604억 원이다.

때문에 사업을 해서 이자비용 갚는 것은 고사하고 차입금이 계속 늘어날 수밖에 없는 구조임을 알 수 있다. 대상 기간을 더 넓혀서 똑같은 방법으로 분석해도 숫자가 여전히 좋지 않다. 우리는 기업의 펀더멘털에 대한 평가를 하려면 1, 2년의 실적이 아닌, 장기간 사업을 해서 이자비용도 갚고 돈을 충분히 불릴 수 있는지 살펴봐야 한다. 워런 버핏이 기업의 기초체력 분석을 위해 10년치 이상의 재무제표를 보는 것과 같은 맥락이다.

연말 현금및현금성자산과 금융상품의 합계를 다음 연도에 상환기일이 도래하는 차입금의 액수와 비교해 기업의 자금 여력이 충분히 있는지를 확인하는 것도 한 방법이다. 물론 기업과 금융기관이 협의하여 만기를 연장시키기도 하므로 반드시 다음 연도에 모두 상환하지 않을 수도 있고, 상환한 후에 다시 차입할 수도 있다. 어떻게 될지는 회계정보 이용자가 알 수 있는 방법이 없으므로 보수적인 입장에서 한번 계산해 보는 것도 좋다.

(2) 차입금 상환 스케줄

차입금 상환과 관련해 연도별로 상환 스케줄을 주석으로 공시하는 기업도 있고 그렇지 않은 기업들도 있다. 그렇지만 단기차입금과 유동성장기부채가 다음 연도 상환 대상이므로, 이 두 계정과목을 더해 보면 상환 대상 금액을 뽑을 수 있다. 단, 단기차입금은 기업과 은행과의 약정이나 협의를 통해 연장이 되는 경우도 있으므로 반드시 상환 대상이 아닐 수도 있다.

[그림 2-26]은 아시아나항공의 2019년도 말 차입금 관련 주석사항이다.

2020년에 1,324억 원을 상환할 예정인데, 이 금액은 유동성장기부채 금액과 일치한다. 한편 아시아나항공의 2020년 반기보고서를 보면 이 금액 중 만기가 도래한 231억 원을 상환했다고 표시했고, 단기차입금은 오히려 1조 원 이상이 순증가 했다. 즉 대부분 연장을 했고, 추가로 차입했을 것으로 추정된다.

2019년도 말의 단기차입금은 9,133억 원이고 유동성으로 대체된 장기차입금, 즉 유동성장기부채는 1,322억 원으로, 이 두 금액을 합치면 1조 원이 넘는

<그림 2-26> 아시아나항공의 차입금 주석사항

(3) 당기말 현재 장기차입금의 상환계획은 다음과 같습니다.

(단위: 천원)

구분	금액
2020.1.1~2020.12.31	132,437,133
2021.1.1~2021.12.31	39,686,617
2022.1.1~2022.12.31	10,061,627
2023.1.1 이후	1,355,800
합계	183,541,177

다. 이 외에 비행기 할부대금 성격인 리스부채가 6,907억 원, 사채 상환분 5,147억 원까지 합치면 2조 원 이상의 돈이 필요하다. 기업의 2019년 연결현금흐름표를 찾아보면 영업활동 현금흐름은 5,589억 원이고, 기말 현재 보유한 현금성 자산 및 금융상품은 [그림 2-25]에서 살펴본 것처럼 5,910억 원 수준이다.

1년간 영업활동으로 5,589억 원을 벌고 있지만, 보유한 현금이 많이 부족하고, 당장 만기가 돌아오는 차입금, 사채 등이 2조 원이 넘으니 회계정보 이용자 입장에서는 자금이 엄청나게 많이 부족한 기업으로 분석할 수 있다. 그렇기 때문에 앞서 언급한대로 2020년 상반기에 1조 원 이상의 단기차입금이 순증가 했을 것이다.

차입금이 많을수록 원금 상환과 이자를 꼬박꼬박 지급해야 하므로 분명히 기업의 재무구조에 부담을 줄 수밖에 없다. 특히 실적이 악화될수록 그 부담감은 가중될 것이다. 회계정보 이용자나 투자자는 앞에서 살펴본 대로 재무 건전성 비율과 상환 스케줄 등을 이용해 기업의 자금 여력과 안정성을 반드시 체크해 봐야 한다.

2) 사채, 전환사채, 신주인수권부사채

사채^{Bond}는 차입금처럼 기업의 주요 자금조달 수단 중 하나다. 사채권자를 공개 모집하는 경우에는 공모, 특정 금융기관이나 전주錢主를 상대로 하면 사모, 지급 보증 여부에 따라 무보증 또는 보증 등 다양한 조건으로 발행된다.

사채는 당연히 기업이 발행하여 자본조달을 받고 다시 미래에 사채권자에게 상환해야 하므로 부채로 분류하고, 이자비용도 주기적으로 지급해야 한다.

사채는 액면금액이나 액면금액 이하로 발행되는 것이 보통이다. 발행가액에서 사채발행비(신용평가, 수수료, 등록비용 등)를 차감하여 순수하게 기업에 들어온 돈과 액면금액의 차이는 사채할인발행차금이라는 계정과목을 쓴다. 미리 선이자를 뗀 것으로 생각하면 되고, 그 선이자는 매년 비용으로 인식된다.

간단한 예를 살펴보도록 하자. 기업이 액면금액 1만 원짜리 사채를 9,500원에 할인발행하기로 했고, 500원의 사채발행비가 발생되어 결국 기업에 9,000원이 들어 왔다. 이 경우 회계처리는 다음과 같다.

<표 2-28> 사채 발행 및 이자 지급 시의 회계처리 예시 (단위: 원)

	차변		대변		비고
사채 발행시	현금	9,000	사채	10,000	자산 증가, 부채 증가
	사채할인발행차금	1,000			부채 감소
이자 지급시	이자비용	400	사채할인발행차금	200	비용 발생, 부채 증가
			현금	200	자산 감소

사채 발행 시점에 기업의 재무상태표에는 [표 2-29]와 같이 표시가 된다.

<표 2-29> 사채 발행 시 재무상태표 예시 (단위: 원)

II. 비유동부채		
1. 사채		10,000
사채할인발행차금		(1,000)
		9,000

이자비용 금액은 이해의 편의를 위해 임의로 집어넣은 숫자이며, 회계처리 구조만 한 번 훑어보기 바란다. 사채권자는 9,500원의 돈을 기업에 주었고, 액면이자는 별도로 받으면서 만기에 1만 원을 회수할 것이다. 사채를 발행한 기

업에서는 선이자 성격의 사채할인발행차금을 당기 비용으로 인식하는 것이 아니라 만기까지 이자비용으로 인식하면서 사채할인발행차금을 줄여 나가는데, 만기가 되면 사채는 1만 원이 된다.

만기까지 사채할인발행차금을 이자비용화 시키는 방법은 유효이자율법에 의해 기계적으로 숫자를 뽑아내는데 실무적 내용이라 생략하도록 한다.

사채는 차입금과 발행 방식만 다를 뿐 기중에 이자를 지급하고 만기에 상환을 하는 성격은 유사하므로 기업의 빚이 얼마나 많은지 확인할 때 차입금과 합쳐서 봐야 한다.

일반사채는 이 정도만 확인하면 된다. 문제는 투자자들이 많이 궁금해 하고 어렵게 느끼는 전환사채CB, 신주인수권부사채BW 같은 복합금융상품이다.

왜 기업은 차입금이나 일반사채로 자금조달이 가능한데도 불구하고 전환사채나 신주인수권부사채를 발행할까? 회계정보 이용자, 특히 투자자 입장에서는 일단 전환사채나 신주인수권부사채가 발행된 기업에 대해서는 더더욱 철저하게 분석할 필요가 있다.

(1) 전환사채의 희석화 효과와 오버행 이슈

전환사채Convertible Bond는 일반사채에 주식으로 전환할 수 있는 권리가 부여된 사채, 즉 보통주로 전환 가능한 사채이다.

기업 입장에서는 전환사채에 이런 권리를 주기 때문에 일반사채보다 낮은 이자율을 적용해 자금을 조달할 수 있다. 또 전환사채가 주식으로 전환되면 만기에 상환할 금액이 없어지므로 부채가 감소되고 자본이 증가되는 장점이 있다.

그러나 주식투자자 입장에서는 이야기가 다르다. 기업의 전환사채에서 대규모로 주식 전환이 일어나면 희석화 효과가 나타나고 반갑지 않은 오버행

overhang 이슈와 맞닥뜨리는 상황에 놓이게 된다.

희석화 효과는 신주가 발행되어 주식수가 늘어나게 되고, 그로 인해 주주 몫이 줄어드는 것을 의미한다. 오버행은 주식시장에 매물로 쏟아질 수 있는 대량의 대기 매물을 뜻한다. 만약 전환사채의 대부분을 대주주가 경영권 강화를 위해 매입하고, 전환권을 행사하여 시장에 주식을 내다 팔지 않고 보유한 경우라면 오버행 이슈는 수그러들 수 있다. 하지만 희석화 효과까지는 피할 수 있는 방법이 없다.

매년 당기순이익이 15억 원씩 나는 기업의 발행주식수가 1,000만 주라면 이 기업의 주당이익은 150원이다. 전환사채에서 전환권이 전부 행사되어 발행주식수가 1,000만 주에서 1,200만 주가 된다면 주당이익은 125원으로 감소되면서 주주 몫은 줄어들게 된다. 주당이익 대비 주가가 10배 정도에서 형성된다고 가정하면 이 회사의 주가는 1,500원(150원 × 10배)이 적정선이었는데, 주당이익이 125원으로 줄었으니 적정 주가도 1,250원(125원 × 10배)로 떨어질 가능성이 크다. 실제로 대량의 전환권이 행사될 때 주가는 큰 폭으로 조정을 받곤 한다.

전환권 행사에 따라 사채의 이자비용을 절감하는 효과야 있지만 전환사채는 이자비용이 부담스럽지 않은 수준이므로 영향이 없다. 그것보다 주식수가 증가되어 이익을 나누어야 하는 주주들이 많아져서 결국 주주의 몫이 줄어들게 되는, 즉 주당 이익의 감소 효과가 더 큰 이슈다.

[그림 2-27]은 자동차용 조명 부품 제조를 하는 코스피 상장기업 금호에이치티의 2019년 사업보고서 자본금 변동사항 중 전환사채 관련 사항이다.

이 전환사채를 갖고 있는 사채권자는 각각의 전환청구기간 동안 정해진 전환가액으로 주식 전환이 가능하다. 예를 들어 주식시장에서 금호에이치티의 주가가 5,000원 이상에서 거래가 된다면 대부분의 전환권이 행사될 가능성이 크다.

<그림 2-27> 금호에이치티의 2019년 사업보고서 중 전환사채 관련 사항

(단위 : 원, 주)

전환청구가능기간	전환조건		미상환사채		비고
	전환비율(%)	전환가액	권면(전자등록)총액	전환가능주식수	
2019.12.14. ~ 2021.11.14.	100	4,030	6,485,000,000	1,609,181	-
2020.01.15. ~ 2021.12.15.	100	4,533	7,000,000,000	1,544,231	-
2020.01.30. ~ 2021.12.30.	100	4,795	7,000,000,000	1,459,854	-
2020.02.15. ~ 2022.01.15	100	3,863	7,000,000,000	1,812,063	-
2020.04.08. ~ 2022.03.08	100	3,937	7,000,000,000	1,778,003	-
-	-	-	34,485,000,000	8,203,332	-

그렇게 되면 [그림 2-27]에서 보는 것처럼 820만 3,332주의 주식이 새롭게 발행된다. 회사의 기존 발행주식수는 총 2,360만 8,582주이므로 약 35% 가까이 물량이 더 늘어나게 되는 것이다.

2019년은 2018년과 2017년에 비해 영업이익이 반토막도 더 나면서 역성장을 겪고 있는데 주식수마저 늘어나면서 1주당 순이익까지 줄게 생긴 것이다. 게다가 배당금도 영향을 받는다. 이 회사는 2년 전 약 7억 3,000만 원을 배당금으로 지급했었다. 그러니까 기존 2,360만 8,582주일 때는 1주당 31원씩 배당금을 받을 수 있었다. 하지만 이제 주식수가 늘어나면 배당금은 23원으로 줄어든다. 기존 주주 입장에서는 당연히 '나쁜 뉴스'다.

물론 회사가 전환사채 발행을 통해 조달한 자금으로 큰 폭의 성장을 한다면 1주당 순이익과 1주당 배당금 모두 늘어날 것이다. 그럴만한 기업인지는 여러 양적분석과 질적분석을 통해서 신중하게 판단을 해야 할 것이다.

(2) 리픽싱 조항

대부분의 전환사채가 발행될 때 약정사항으로 리픽싱Re-fixing 조항을 삽입한다. 전환사채 발행자인 기업과 전환사채를 인수하는 채권자 간의 약정으로, 주가가 낮아질 경우에 전환가격도 같이 낮추어서 가격을 재조정할 수 있도록 하는 것이다.

아무래도 기업 입장에서는 사채권자들이 최대한 주식으로 전환해서 만기 상환의무 없이 조달한 돈이 회사에 그대로 남아있기를 원할 것이다. 따라서 이 조항을 두면, 주가가 떨어져도 언제든지 낮아진 전환가격으로 전환권을 행사해 보통주식수가 늘어날 수 있는 것이다.

그러므로 전환사채를 발행했지만 전환권 행사가 많이 되지 않아 잠재적인 주주가치 희석 가능성이 있는 기업에 투자한 주식투자자의 경우에는 이 점을

<그림 2-28> 금호에이치티의 주요사항보고서(전환사채권발행결정)

라. 위 가. 내지다. 와는 별도로 본 사채 발행 후 매 3개월이 경과한날(2019년 07월 08일, 2019년 10월 08일, 2020년 01월 08일, 2020년 04월 08일, 2020년 07월 08일, 2020년 10월 08일, 2021년 01월 08일, 2021년 04월 08일, 2021년 07월 08일, 2021년 10월 08일, 2022년 01월 08일) 전환가격 조정일로 하고, 각 전환가격 조정일 전일을 기산일로 하여 그기산일로부터 소급한 1개월 가중산술평균주가, 1주일 가중산술평균주가 및 기산일 가중산술평균주가를 산술평균한 가액과 기산일 가중산술평균주가 중 높은 가격이 해당 조정일 직전일 현재의 전환가격보다 낮은 경우 동 낮은 가격을 새로운 전환가격으로한다. 단, 새로운 전환가격은 발행 당시 전환가격(조정일 전에 신주의 할인발행 등의 사유로 전환가격을 이미 조정한 경우에는 이를 감안하여 산정한 가격)의 70% 이상이어야 된다.

계속 모니터링 하는 것이 좋다.

물론 리픽싱이 한없이 될 수 있는 것은 아니고, 최초 전환가액 대비 70% 한도 내에서 정한다. 이 내용은 전자공시시스템에서 전환사채 발행일의 주요사항보고서(전환사채권발행결정)에서 확인하면 된다.

[그림2-28]에서 보는 것처럼 회사는 3개월마다 특정 날짜를 전환가격 조정일로 하고, 주가와 비교해 전환가격을 조정할지 결정한다고 밝히고 있다. 또 전환가격 조정 한도가 70% 이상이라는 것도 나와 있다.

(3) 보장수익률

사채권자 입장에서 전환가격보다 주가가 높아야 주식으로 전환을 할 것이고, 주주로 전환된 후 주가가 계속 올라야 이익을 챙길 수 있다.

채권자에게 이런 혜택을 부여하기 때문에 액면이자가 매우 낮은 편이고, 아예 0%인 경우도 흔하다. 반대로 주가가 계속 떨어져서 전환가액보다 낮다면 사채권자는 전환권 행사를 포기할 것이다. 전환권은 선택사항이지 강제사항이 아니다.

액면이자가 매우 낮거나 없는데 주가마저 폭락해서 주식으로 전환할 기회가 사라진다면 사채권자는 채권 보유기간 동안 허송세월을 보내게 된다. 만약 그럴 가능성이 있다면 회사도 전환사채 투자자를 구하기 힘들어질 수 있다. 이런 경우를 대비하여 회사는 수익률을 약속한다.

[그림 2-29]에 보면 '보장수익률'이 명시되어 있다. 이 회사는 4%를 제시했고 3개월 단위로 복리계산 한다고 밝히고 있다. 상환방법을 보면 만기일에 액면가액의 106.3413%를 일시 상환한다고 되어 있다. 즉 2년 동안 수익률 치고 아주 많은 편은 아니지만 사채권자는 안전판이라고 여길 수 있다. 주가가 오르면 주식으로 전환해서 나가면 되고 주가가 오르지 않으면 6%대 수익을 거둘 수

<그림 2-29> 금호에이치티의 전환사채 주석사항

구 분	제5회 무기명식 이권부 무보증 사모 전환사채	제6회 무기명식 이권부 무보증 사모 전환사채
액면금액	7,000,000,000원	7,000,000,000원
발행가액	7,000,000,000원	7,000,000,000원
이자지급조건	매 3개월마다 연이자율의 1/4씩 분할 후급	매 3개월마다 연이자율의 1/4씩 분할 후급
보장수익률	상환기일 전일까지 4.0%(3개월 단위 복리계산)	상환기일 전일까지 4.0%(3개월 단위 복리계산)
상환방법	전환되지 않거나 조기상환되지 않을 경우 만기일에 액면가액의 106.3413%를 일시 상환	전환되지 않거나 조기상환되지 않을 경우 만기일에 액면가액의 106.3413%를 일시 상환
전환시 발행할 주식의 종류 및 주식수	기명식보통주 1,448,975주(액면가액 500원)	기명식보통주 1,448,975주(액면가액 500원)
전환권 행사기간	2020-02-15 ~ 2022-01-15	2020-04-08 ~ 2022-03-08
전환권 행사가격	4,831원(단, 시가를 하회하는 발행가액으로 유상증자를 하는 경우 등 기타 사채발행계약서에 정한 기준에 따라 전환가격 조정)	4,831원(단, 시가를 하회하는 발행가액으로 유상증자를 하는 경우 등 기타 사채발행계약서에 정한 기준에 따라 전환가격 조정)
발행자의 Call Option	사채권자는 발행자의 요청이 있는 경우 발행일 이후 12개월이 되는 날부터 발행일 이후 18개월이 되는 날까지 사채권면을 최소단위로 사채원금의 50% 내에서 발행회사의 이사회가 지정하는 자에게 매도	사채권자는 발행자의 요청이 있는 경우 발행일 이후 12개월이 되는 날부터 발행일 이후 18개월이 되는 날까지 사채권면을 최소단위로 사채원금의 50% 내에서 발행회사의 이사회가 지정하는 자에게 매도
사채권자에 의한 조기상환청구권	발행자는 발행 후 18개월이 되는 시점 및 이후 매 3개월마다 사채권자의 요청이 있는 경우 원금과 보장수익률 4.0%(3개월 단위 복리계산)을 가산한 금액을 일시 상환	발행자는 발행 후 18개월이 되는 시점 및 이후 매 3개월마다 사채권자의 요청이 있는 경우 원금과 보장수익률 4.0%(3개월 단위 복리계산)을 가산한 금액을 일시 상환

있다.

회사는 상환을 염두에 둬야하기 때문에 이 보장수익률에 해당하는 부분을 사채상환할증금이라는 계정과목으로 부채에 표시한다.

(4) 조기상환청구권

[그림 2-29] 전환사채 주석사항에서 맨 하단을 보면 '사채권자에 의한 조기상환청구권'이 나온다. 세부내용을 보면, 사채 발행 후 18개월 후부터 사채권자가 회사에 대하여 원금과 보장수익률을 가산한 금액을 조기 상환해달라고 청구할 수 있다는 것이다.

조기상환권은 회사와 사채권자 간의 약정에 따라 정할 수 있는데, 회사들 마다 상이하다. [그림 2-29]에서 보는 것처럼 조기상환청구권을 사채권자가 갖는 경우도 있지만 오히려 회사가 갖고 있는 경우도 있다. 회사가 실적이 개선되면 빨리 상환부터 하겠다는 조항을 넣는 것이다. 이런 경우는 대규모의 전환사채를 공개모집 형식으로 발행해서 기존 주주들의 주주가치가 희석될 것을 우려한 때문이다.

2019년 9월에 700억 원 규모의 전환사채를 공개모집 형식으로 발행한 풀무원이나 2020년 6월에 2,400억 원의 전환사채를 발행한 현대로템 같은 경우 회사가 조기상환청구권을 행사할 수 있다는 조항을 삽입했다.

해당 기업의 주가가 조건에 충족이 되면 아직 주식으로 전환되지 않은 사채의 잔액에 대해 기업이 조기상환청구권을 행사할 수 있다고 명시되어 있다. 이때 상환청구권이 기업에 있으므로 사채권자의 의사와 상관없이 행사를 결정하면 잔액 전부를 조기 상환한다.

이렇게 되면 주식으로 전환되어 발생할 수 있는 희석화 효과와 오버행 이슈가 사라지고 부채 비중도 낮아지기 때문에 기존의 주식투자자 입장에서는 긍정적인 신호로 해석할 수 있다.

(5) 전환사채와 신주인수권부사채의 차이점

전환사채가 주식으로 전환이 되면 부채에 있는 전환사채가 감소하고, 자본이 증가된다. 이에 반해 신주인수권부사채 Bond with Warrant는 주식 취득을 위해 신주인수권을 행사하면 자본이 증가되는 것은 전환사채와 같지만 부채가 감소하지는 않는다. 대신 현금이 기업으로 들어온다.

왜냐하면 신주인수권부사채는 채권자가 신주인수권을 행사해도 사채는 계속 존재하기 때문이다. 즉 채권자가 주식을 살 수 있는 신주인수권을 행사하면

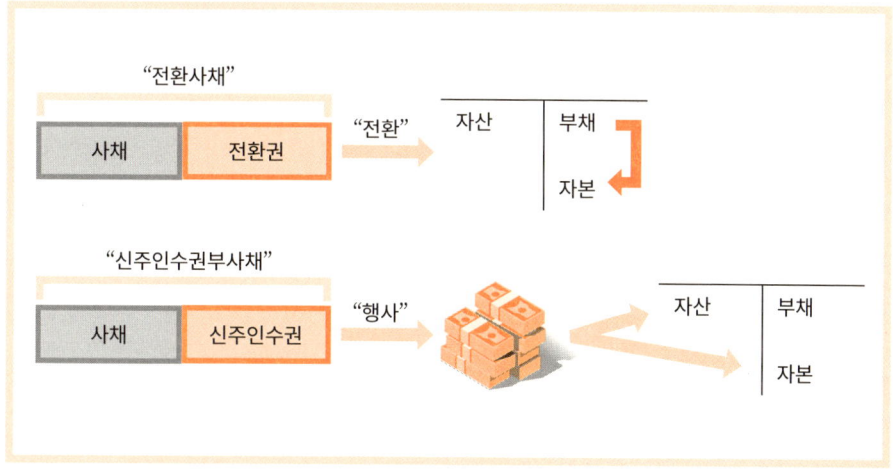

<그림 2-30> 전환사채(CB)와 신주인수권부사채(BW)의 차이점

'주식수 × 행사가액'만큼 돈을 내야하고, 사채는 만기에 정상적으로 상환되는 구조이다.

전환사채가 주식으로 전환될 때와 신주인수권부사채에서 신주인수권을 행사할 때 회계처리는 [표 2-30]과 같다.

실제로는 상환할증금, 전환권 조정 등 복잡한 내용이 있지만 회계정보 이용자가 이해하기 편하도록 회계처리 예시를 단순화했다. 차변에서 전환사채와 신주인수권부사채의 가장 큰 차이점이 나타나며, 그 외 발행 시점부터의 회계처리는 대동소이하다.

<표 2-30> CB의 주식 전환과 BW의 신주인수권 행사시 회계처리 예시

(단위: 원)

	차변		대변		비고	
주식 전환	전환사채	10,000	자본금	5,000	부채 감소,	자본 증가
			주식발행초과금	5,000		자본 증가
신주인수권 행사	현금	10,000	자본금	5,000	자산 증가,	자본 증가
			주식발행초과금	5,000		자본 증가

만약 신주인수권부사채 인수인과 회사와의 약정에 따라 '대용납입', 즉 신주 인수를 위해 회사에 현금을 납입하는 대신 그 금액만큼 채권으로 납입하겠다는 것도 가능하다. 주식 인수를 위해 현금 말고 채권으로 대신하겠다는 이야기다. 그렇게 되면 회사는 만기에 원금을 상환하지 않아도 된다. [표 2-30]에서 전환사채의 주식 전환과 흐름이 같아진다.

(6) 신주인수권

신주인수권부사채는 분리형과 비분리형으로 나뉜다. 분리형은 신주인수권Warrant을 떼어내서 따로 사고팔 수 있는 것이고, 비분리형은 떼어낼 수 없는 것을 의미한다.

분리형 특히 사모분리형신주인수권부사채의 경우 그 폐해가 굉장히 심했다. 사모사채이므로 사채권자가 단독으로 혹은 소수 사모펀드가 사채를 인수하는데, 신주인수권을 다시 사채를 발행한 기업의 최대주주에게 되팔았다.

사채권자는 사채에서 이자수익과 더불어 신주인수권을 최대주주에게 팔면서 이익을 챙길 수 있고, 최대주주는 신주인수권을 싸게 매입하여 적당한 시기에 신주인수권을 행사해 지분율을 높일 수 있다. 한마디로 사채권자와 최대주주 서로 윈-윈 할 수 있는 구조다. 하지만 주식투자자 입장에서는 대규모 주식이 새로 발행되다보니 역시 오버행 이슈와 희석화 효과를 피해갈 수 없게 된다.

이렇게 최대주주 배불리는 사모분리형신주인수권부사채 악용 사례가 너무 많아지자 금융당국은 급기야 2013년 8월 분리형신주인수권부사채 발행을 금지시켰다. 이에 따라 오너 2세에게 편법으로 기업을 승계하거나 최대주주가 적은 대가를 지불해서 지배력을 끌어올리기 힘들어졌다.

하지만 기업 채권발행 건수가 급격히 줄어 자본시장이 침체되는 문제가 생겨서 2015년에 분리형신주인수권부사채 발행을 다시 허용했다. 단, 단서조항을 달았다. 상장된 기업이 발행할 때는 반드시 사모가 아닌 공모를 통해서 발행하게끔 한 것이다. 즉 사채권자를 분산시켜서 신주인수권이 최대주주의 손에 들어가는 것을 원천 봉쇄했다.

이렇게 됨으로써 신주인수권부사채는 많이 보기가 힘들어졌다. 2020년 하반기 현재 공모형신주인수권부사채를 발행한 상장기업은 40개가 채 안될 정도로 매우 적다.

그리고 기업과 오너 입장에서 큰 이익이 없기 때문에 신주인수권부사채를 굳이 공개모집으로 발행하려 하지 않는다. 만약 발행한다면, 정말 회사가 자금사정이 안 좋고 은행에서 차입금을 끌어올 형편이 안 되서 부득이하게 사채를 발행하는 경우가 더 많을 것이다.

비분리형신주인수권부사채를 발행해서 자본조달을 하면 좋겠지만 그것은 채권자 입장에서 전혀 장점이 없는 금융상품이다. 채권자는 신주인수권만 분리해서 따로 시장에서 매각해서 수익을 내고 이자와 원금 상환을 받는 구조가 훨씬 낫기 때문이다. 상장사 중에 비분리형신주인수권부사채를 발행한 기업은 찾아보기 매우 어렵다.

상황이 이렇기 때문에 신주인수권부사채는 전환사채보다 중요성이 다소 떨어진다고 볼 수 있다. 일반사채는 차입금과 큰 차이가 없지만, 전환사채와 신주인수권부사채는 살펴봐야 하는 내용이 굉장히 많다.

금융상품이 날로 발전해 가기 때문에 약정사항 또한 다양하고 복잡하다. 하지만 이에 대한 모든 분석 자료는 누구나 접할 수 있는 전자공시시스템 안에 들어 있음을 잊지 말아야겠다.

핵심 개념

① 전환사채는 보통주 전환권이, 신주인수권부사채는 신주를 인수할 수 있는 권리가 부여된 사채이다. 전환사채가 보통주로 전환되면 부채인 사채가 감소하고, 자본이 증가된다. 반면 신주인수권을 행사하면 신주인수권부사채가 감소하는 것이 아니라 현금이 유입되며, 사채 부분은 별도로 전액 기업이 상환해야 한다.

② 기업이 전환사채를 조기에 상환하면 부채비율이 감소하고 희석화 효과와 오버행 이슈가 종결된다. 하지만 신주인수권부사채를 만기 전에 취득하면 부채비율만 감소할 뿐 신주인수권은 유지되므로 희석화 효과와 오버행 이슈로부터 자유로울 수 없다.

재무 분석 Key

① 과거 몇 년간의 재무제표를 검토하면 기업이 희석증권을 자주 발행했는지, 희석증권 자체를 싫어하는지와 같은 성향을 알 수 있다. 참고로 사업보고서의 '자본금 변동사항'에서 최근 5년간 유상증자, 희석증권 발행여부를 한 눈에 파악할 수 있다.

② 전환사채를 발행한 기업이라면 전환 가능 주식수, 신주인수권부사채를 발행한 기업이라면 행사 가능 주식의 수량부터 파악해 앞으로 있을 오버행 이슈와 희석화 효과를 확인해야 한다.

③ 성장하지 않는 기업의 대규모 물량은 부담이 될 수 있지만, 성장하는 기업이라면 물량 부담을 이겨낼 수도 있다. 또한 대부분이 전환 및 행사가 되었다면 불확실성의 해소로 해석할 수 있다.

박 회계사의 생각

신주인수권 이상 급등 현상
분위기 휩쓸려 '폭탄 돌리기'에 뛰어들지 마라

영혼까지 끌어 모아 투자한다는 '영끌', 빚내서 투자한다는 '빚투'라는 신조어가 유행할 정도로 자본시장이 많이 과열된 느낌이다. 수익이 나올 수 있는 곳이라면 돈이 쏟아지는 상황이다 보니 어느덧 '폭탄 돌리기'까지 하는 경우도 목격된다. 신주인수권 시장이 그중 하나다.

약 37개 정도의 신주인수권이 거래되고 있는데 누구나 증권사 매매 시스템을 통해 사고팔 수 있다. 신주인수권의 가격이 낮게는 몇십원, 높아도 몇천원 정도다 보니 거래가 몰리면서 최근에 급등세를 보였다.

그저 값이 싸다는 이유로, 잘하면 큰돈 벌 수 있다는 기대감인데, 만약에 신주인수권이 어떤 상품인지를 정확히 알게 된다면 그렇게 큰돈을 쉽게 붓지는 못할 것이다.

신주인수권Warrant은 신주인수권부사채Bond with Warrant에서 분리된 일종의 옵션이다. 기업이 자본조달을 위해 채권을 발행하면서 그 회사의 신주를 인수할 수 있는 권리를 하나 주었다.

즉 채권을 발행한 회사의 주식을 정해진 가격에 살 수 있다. 그리고 주가가 오를 때쯤 주식시장에서 주식을 매도해서 수익을 올릴 수 있다. 사채권자는 직접 신주인수권을 행사해도 되고, 신주인수권만 따로 떼서 팔 수 있다.

예를 들어 상장기업 K사는 3년 전에 신주인수권부사채를 발행하여 300억 원을 조달했다. 채권자들에게 3개월에 한 번씩 액면이자를 지급하고, 이 K사의 주식 1주를 2,192원에 살 수 있는 신주인수권도 주었다.

채권자 중 일부는 이 신주인수권을 직접 행사할 것이고, 또 일부는 자본시장을 통해 매도할 것이다. 현재 이 K사의 신주인수권은 138원에 거래 중이다. 20원대에 거래되던 신주인수권이 한 달 만에 230원까지 급등하더니 최근에 많이 내려온 편이다.

만약 자본시장에서 K사의 신주인수권을 138원에 산다면, 2,192원 내고 K사의 주식을 살 수 있는 권리도 갖게 된다. 결과적으로 투자자는 K사의 주식을 2,330원에 사게 되는 셈이다.

그렇다면 이 K사의 주식은 시장에서 얼마에 거래 중일까? 놀랍겠지만 800원에 거래되고 있다. 즉 신주인수권을 사서 K사의 주식을 사는 것보다 그냥 주식시장에서 K사의 주식을 800원에 매수하는 게 더 낫다.

기업의 주가가 오를 것으로 기대했겠지만 그럴 가능성은 커 보이지 않는다. 이 회사는 8년째 영업적자에 빠졌고 자금사정이 좋지 않다. 실적이 잘 나오고 은행거래가 원활한 회사라면 굳이 이런 복잡한 자본조달 방법을 선택하지 않을 것이다. 앞서 언급했듯이 자본시장에서 거래되고 있는 신주인수권은 37개 정도밖에 되지 않고, 우량 기업과는 다소 거리가 있다.

한때 수많은 기업들이 신주인수권부사채를 발행해서 사모펀드가 전액 인수하고, 신주인수권만 떼서 다시 대주주에게 매도하는 거래가 빈번했다. 대주주 지배력 강화 또는 2세 승계 목적으로 악용되다보니 결국 금융당국이 5년 전에 상장기업은 신주인수권부사채를 공개모집을 통해서만 발행할 수 있게 했다.

즉 최대주주한테 신주인수권이 흘러 들어가는 것을 원천 봉쇄한 것이다. 그러다보니 신주인수권부사채 발행건수도 급격히 줄었고, 자본조달이 절실하지 않은 이상 회사들이 굳이 발행할 이유도 없었다. 자연스럽게 투자자들의 관심에서도 멀어졌는데, 최근 신주인수권이 10배씩 상승하는 이상현상이 생기다보니 다시 주목을 받은 것 같다. 그러나 앞서 살펴봤듯이 신주인수권 가격이 급등하면 결국 배보다 배꼽이 더 커지게 된다.

잘 모르고 과열된 분위기에 휩쓸려 투자에 뛰어들면 투자가 아닌 도박판의 폭탄 돌리기 참여자가 될 가능성이 높다. 베팅에 앞서 금융상품의 내용을 완벽히 이해하고, 수익이 날 수 있는 구조일 때만 참여하는 투자자가 되길 바란다.

* 이 글은 저자가 〈경향신문〉 2020년 9월 21일자에 쓴 칼럼이다. 신주인수권이 10배씩 상승하는 '이상현상'에 대한 나름의 생각을 정리한 것이다.

3) 매입채무

도·소매업을 하는 기업은 상품이, 제조업을 하는 경우는 원재료의 외상 매입과 관련된 금액이 매입채무로 잡힌다. 외주가공비가 있는 경우에도 나중에 지급해야 하는 금액을 역시 매입채무로 잡힌다.

즉 기업의 고유 영업활동과 관련하여 지급해야 하는 외상대를 매입채무로 분류한다. 매입채무와 관련된 회계처리는 [표 2-31]과 같이 간단하다.

<표 2-31> 매입채무 회계처리 예시 (단위: 원)

	차변		대변		비고
재고자산 매입	재고자산	1,000	매입채무	1,000	자산 증가, 부채 증가
용역 제공 받음	외주용역비	1,000	매입채무	1,000	비용 발생, 부채 증가

매입채무와 관련해 체크해볼만한 사항은 매입채무가 정상적으로 잘 결제되고 있는지, 즉 자금 운영에 어려움이 없는지 정도일 것이다.

대부분의 기업들은 '세금계산서를 받은 날로부터 n일 이내', 아니면 '매월 2, 4주차 금요일에 입금'과 같은 식으로 저마다의 지급 정책을 가지고 있다. 매입한 원재료에 하자가 있거나 제공받은 용역에 문제가 생겨서 지급을 미루는 경우가 발생할 수도 있지만, 지급일이 많이 늦어져서 매입채무가 쌓인다면 아무래도 기업의 운영자금 부족을 의심할 수밖에 없다.

이런 때는 재무제표에서 여러 가지 분석을 통해 간접적인 확인이 가능한데, 가장 손쉬운 방법은 주석사항에 나오는 매입채무 연령을 확인해 보는 것이다.

[그림 2-31]은 SK하이닉스의 2019년 말 연결재무제표 주석 중 금융부채 관련 사항이다.

<그림 2-31> SK하이닉스의 금융부채 주석사항

당기말과 전기말 현재 연결실체가 보유한 금융부채의 계약상 만기는 다음과 같습니다.

(가) 당기말

(단위: 백만원)

구 분	1년이하	1년에서 2년이하	2년에서 5년이하	5년초과	합 계
차입금(*)	2,988,176	2,974,910	4,535,800	794,687	11,293,573
리스부채	207,501	171,420	279,691	717,080	1,375,692
매입채무	1,042,542	-	-	-	1,042,542
미지급금	2,367,673	-	-	-	2,367,673
기타지급채무	1,257,895	15,611	2,655	-	1,276,161
기타금융부채	(15,826)	(13,862)	(16,732)	5,522	(40,898)
금융보증계약	69,468	-	-	-	69,468
합 계	7,917,429	3,148,079	4,801,414	1,517,289	17,384,211

다른 부채들과 같이 지급 스케줄을 하나의 표에서 보여주느라 기간이 1년 단위로 나뉘어져 있는데, SK하이닉스 같은 대기업들은 중소기업과 상생을 위해 매입채무 지급기간이 매우 짧은 편이다. 이는 평균 매입채무회전일수 계산으로 확인 가능하다.

1년 동안 매입채무가 현금화되는 속도를 측정하는 매입채무회전율을 먼저 구한 다음에 회전일수를 계산하는 것이다(앞서 자산 편에서 살펴봤던 매출채권회수기간과 논리가 같다). 1년간의 평균 회전율을 계산하므로 1년의 매입채무와 관련된 비용을 분자에 넣고, 분모에 평균매입채무〔(전기 말 매입채무 + 당기 말 매입채무) ÷ 2〕를 대입한다. 다시 말해 '매입 관련 비용 ÷ 평균매입채무'로 계산한다.

다른 책이나 인터넷 상의 정보들을 보면 간혹 분자에 매출원가로 표기한 경우가 있는데 저자는 이에 반대하는 입장이다. 왜냐하면 제조업을 하는 기업의 매출원가에는 인건비, 감가상각비 등 매입채무와 관련 없는 비용들이 많이 포함되기 때문에 단순히 '매출원가 ÷ 평균매입채무'로 계산하는 것은 실무상 전혀 적절하지 않다.

매입 관련 비용은 '비용의 성격별 분류' 주석에서 매입채무와 관련 있을 것으로 추정되는 재료비 구입액, 외주가공비 등을 대입한다. 사실 더 정확하게 하려면 기업 내부의 데이터를 받아야 하지만, 원가계산 자료는 외부로 공개되지 않는 기업의 비밀문서다. 때문에 회계정보 이용자 입장에서 평균매입채무회전일수를 구해 봐야겠다고 생각한다면 이런 식으로 추정을 하되 논리를 잘 세워서 계산해 보는 것이 최선책이다.

[그림 2-32]는 SK하이닉스의 비용의 성격별 분류에 관한 주석사항이다. 원재료, 저장품 및 소모품 사용액과 외주가공비가 보통 매입채무와 대응되는 비용이므로 분자에 이 두 값을 대입하도록 한다.

<그림 2-32> SK하이닉스의 비용의 성격별 분류에 관한 주석사항

29. 비용의 성격별 분류
당기와 전기 중 발생한 비용의 성격별 분류는 다음과 같습니다.

(단위: 백만원)

구 분	당기	전기
제품 및 재공품의 변동	(523,777)	(1,473,125)
원재료, 저장품 및 소모품 사용	6,746,715	5,659,357
종업원급여	3,411,234	3,669,809
감가상각비 등	8,493,295	6,309,070
기술료	137,157	172,615
지급수수료	2,078,900	1,675,122
동력 및 수도광열비	1,355,547	1,131,394
수선비	1,071,976	1,023,685
외주가공비	1,201,938	1,072,241
기타	305,030	361,148
합 계(*)	24,278,015	19,601,316

(*) 연결포괄손익계산서상의 매출원가와 판매비와관리비를 합산한 금액입니다.

참고적으로 종업원급여, 감가상각비 등 12조 원에 달하는 이 비용들은 매입채무를 거치지 않는 비용이므로 앞서 언급한대로 매출원가 전체를 분자에 대입해서는 안 된다.

2019년과 2018년의 매입채무 평균은 1조 694억 6,100만 원이고, [그림 2-32]에서 확인되는 매입 관련 비용은 7조 9,486억 5,300만 원(= 6조 7,467억 1,500만 원 + 1조 2,019억 3,800만 원)이니 매입채무회전율은 '7.4' 정도 나온다. 그리고 '365일 ÷ 7.4' 하면 평균매입채무회전일수는 '49일' 정도로 계산된다.

7.4와 49일이 어느 정도인지는 답을 내기 어렵기 때문에 전기에는 며칠 정도 계산되는지, 다른 동종기업들은 어떠한지를 비교하는 것이 적절하다. 계산과정은 생략하지만 이 기업의 2018년 평균매입채무회전일수는 약 50일 정도 나오는 것으로 봐서 매입채무 지급에 대해 일관성이 있음을 확인할 수 있다.

기업이 영업활동을 정상적으로 영위하기 위해서는 거래처와의 관계 또한 매우 중요하기 때문에 특별한 경우가 아니면 매입채무 결제를 늦게 하여 신뢰성을 떨어뜨리지는 않을 것이다.

기업의 재무제표를 분석하면서 매입채무가 예년에 비해 너무 많이 쌓인다면, 운영자금이 부족한 것도 문제가 될 수 있지만 이런 문제로 인해 추후의 영업활동에도 지장을 줄 수 있다는 점을 고려해야 한다.

4) 충당부채

기업은 복잡한 영업환경 하에서 시기가 확정되지는 않았지만 지출될 것이 예상되는 부채가 존재한다.

기업이 제품을 판매한 후에 품질보증기간 동안 제품에 하자가 생기면 무료로 A/S도 해주고, 경우에 따라서는 반품도 받아준다. 사옥을 임차한 기업은 영업 특성에 맞게 인테리어도 새로 하고 공간 배치도 변경하여 사무실을 쓰다가 나중에 임차계약이 만료되어 건물을 비워 줄 때가 되면 최초 계약 시점의 상황으로 건물 내부를 모두 원상복구해 주고 나가야 한다.

이런 상황들은 대부분의 기업들이 겪고 있으므로, 지금 당장은 아무 일도 없지만 가까운 미래에 경제적 자원이 유출될 것은 누구나 알 수 있다. 그러면 이런 발생 가능한 비용들은 언제 인식하는 것이 맞을까?

여기서 다시 수익 비용 대응의 원칙이 등장한다. 제품을 판매한 후에 품질보증을 위해 A/S를 하거나 반품을 해 줄 때 비용이 발생하지만, 대응되는 수익이 없기 때문에 기업은 A/S나 반품 제공 시점이 아닌 매출이 최초 발생한 시점에 판매보증 관련 비용을 잡고 발생될 부채를 미리 인식한다.

즉 매출이 발생될 때 A/S나 반품비용을 미리 추정해서 비용과 부채로 잡는 것이다. 기업은 오랜 기간 영업활동을 해오면서 매출당 A/S나 반품비용이 어느 정도 필요한지에 대한 데이터가 축적되어 있기 때문에 추정해서 비용과 부채를 인식하는 것이 어렵지 않다.

원상복구를 위해 들어가는 비용도 결국 영업을 위한 것이므로 사무실 임차 기간 동안 고르게 비용으로 배분하고 복구충당부채를 차곡차곡 쌓아가다가 건물을 비워주는 시점에 복구충당부채가 감소되면서 현금이 빠져나가게 된다. 임차한 기간 동안 수익이 창출되기 때문에 대응되는 비용으로 들어가는 것이고, 임차한 기간이 끝나면 원상복구비용에 대응되는 매출이 없으므로 비용을 잡을 수가 없는 것이다.

A/S 발생 관련 회계처리를 정리하면 [표 2-32]와 같다.

기업은 매출이 발생한 시점에 예상되는 수리비 추정치를 계산하므로 현금이 직접 유출되지는 않지만 비용으로 인식하고 부채를 잡는다. 그리고 제품이

<표 2-32> A/S 발생 관련 회계처리 예시

(단위: 원)

	차변		대변		비고
매출 발생 시점	판매보증비	5,000	판매보증충당부채	5,000	비용 발생, 부채 증가
A/S 제공 시점	판매보증충당부채	5,000	현금	4,000	부채 감소, 자산 감소
			저장품	1,000	자산 감소

판매된 후 A/S가 제공되는 시점에 부채가 감소되면서 현금이나 저장품(A/S용 부품)을 내보내게 된다.

건물복구비용도 마찬가지 논리로 회계처리가 된다. 민사 소송이 발생되어 변상해줄 것이 확실시되는 시점에도 배상액 관련 비용과 소송충당부채를 미리 잡아놓고, 최종 확정 판결되어 배상해야 하는 시점이 오면 부채를 줄이면서 현금이 나가게 되는 것이다.

[그림 2-33]은 LG전자의 충당부채 관련 주석사항이다. 매출이 증가하면 판매보증이나 반품도 같이 증가하는 경향이 있다. 복구충당부채나 소송충당부채는

<그림 2-33> LG전자의 충당부채 주석사항

21. 충당부채 :

(1) 충당부채의 변동내역

(단위: 백만원)

구 분	2019년			
	판매보증 충당부채	복구 충당부채	소송 충당부채 등	합 계
기초 장부금액(*1)(*2)	740,839	39,013	214,374	994,226
충당부채 순전입액(*3)	971,391	4,005	12,399	987,795
사용액	(840,837)	(3,137)	(62,886)	(906,860)
사업양도로 인한 감소	(3,516)	(1,942)	(1,400)	(6,858)
환산외환차이	10,678	505	3,514	14,697
기말 장부금액	878,555	38,444	166,001	1,083,000
유동항목	797,877	18,947	7,655	824,479
비유동항목	80,678	19,497	158,346	258,521

상황에 따라 증가할 수도 있고 감소할 수도 있다. 상장기업들은 회계원칙에 따라 발생 가능한 자원 유출에 대해 합리적으로 충당부채를 설정하는 편이므로 회계정보 이용자들은 개념에 대한 이해만 하면 된다.

5) 전환상환우선주부채

국제회계기준이 도입되기 전에 우선주는 여지없이 자본의 구성항목이었다. 하지만 한국채택국제회계기준에서는 상환우선주 중에 부채의 요건에 충족되면 발행주식이어도 자본이 아닌 부채에 올리도록 했다.

만기가 없는 보통주나 일반 우선주와 다르게 전환상환우선주는 만기가 정해져 있으며, 만기까지 보통주로 전환되거나 현금으로 상환 받을 수 있는 주식이다. 중요한 것은 현금으로 상환 받을 수 있는 권리와 의무가 누구에게 있는가에 따라 자본으로 갈 수도 있고 부채로 갈 수도 있다는 점이다.

전환상환우선주^{RCPS}를 발행한 기업이 주주에게 확정되었거나 확정 가능한 미래의 어느 시점에 의무적으로 상환해야 하거나 주주가 기업에게 특정일이나 그 이후에 상환을 청구할 수 있는 권리를 보유한 경우에 전환상환우선주는 자본이 아닌 부채로 분류된다.

기업에게 상환 의무가 있거나 주주에게 상환청구권이 있으면 기업은 이 상환을 회피할 방법이 없으므로 금융부채로 분류하는 것이다. 물론 주주가 상환을 청구하지 않고 보통주 주주로 전환하겠다고 결정하면 그 시점에 부채는 없어지고 자본이 증가하게 된다.

예전에는 이런 사항을 따지지 않고 기업이 발행한 모든 주식은 자본으로 분류했기 때문에 이슈가 없었으나 한국채택국제회계기준이 도입되면서 부채로 가야 하는 전환상환우선주들이 생겨나기 시작했다.

이런 이유로 최근에 기업들은 주주의 상환청구권과 기업의 상환 의무를 삭제하고 발행하기도 한다.

이렇게 하면 부채비율이 올라가지 않는 상황에서 자본비율이 증가하기 때문에 기업 입장에서는 좋다. 그러나 기존의 보통 주주 입장에서는 우선주의 주주가 보통주로 전환하면 역시 주주가치가 희석되기 때문에 그다지 반가운 일이 아니다.

[그림 2-34]는 2019년에 코스닥시장에 상장한 수젠텍의 전환상환우선주부채 관련 주석사항이다.

전환상환우선주 주주에게 상환권과 전환권이 모두 있으니 우선주 주주는 시장 환경에 따라 전략적인 선택이 가능하다. 주가가 많이 오르면 우선주 주주

<그림 2-34> 수젠텍의 전환상환우선주 주석사항

구분	내용
주식의 종류	전환상환우선주
발행주식의 총수	297,028 주
인수자	데일리 임파워링 바이오 헬스케어 펀드 1호
발행가액	주당 20,200 원 (총 발행가액: 2,999,982,800 원)
발행일	2018년 9월 4일
만기일	신주발행일로부터 10년
전환가능기간	신주발행일 익일로부터 10년 이내의 기간
상환청구가능기간	신주발행일로부터 24개월 경과한 날로부터 존속기간 만료일
보장이자율	연복리 2% (기지급된 배당금이 있는 경우 이를 차감 지급)

입장에서는 보통주로 전환해서 주식시장에서 매도하고 나갈 수 있다. 주가가 오르지 않으면 만기 때 원리금을 상환 받으면 된다. 상환권이 주주에게 주어졌으므로 이 기업은 전환상환우선주를 부채로 분류했다.

[그림 2-34]에서 보는 것처럼 주가가 많이 올라서 보통주로 전환해도 나올 수 있는 물량이 29만 7,028주에 불과하므로 기존 보통주 주주 입장에서는 크게 부담스럽지 않다. 이 회사의 발행주식수가 1,300만주가 넘기 때문에 이 수치는 2% 수준에 불과하다.

전환상환우선주는 사업초기에 투자자를 모으기 위해 많이 발행하는 편이다. 스타트업에서 '유니콘기업'이 된 유명 기업들(우아한형제들, 야놀자, 크래프톤, 비바리퍼블리카 등)의 재무제표를 보면 거액의 전환상환우선주가 포함되어 있다.

단, 한 가지 주의해야 할 점은 한국채택국제회계기준이 적용되지 않는 비상장기업들은 일반기업회계기준을 적용하는데, 일반기업회계기준에선 전환상환우선주는 자본으로 분류된다. 상환권이 주주에게 있어서 회사가 상환의무가 있음에도 불구하고 자본에 분류하기 때문에 회계정보 이용자의 각별한 주의가 요구된다. 자본에 포진되어 있지만 실질은 부채이기 때문이다.

배달의민족을 운영하는 우아한형제들의 2018년 재무제표 주석사항을 보면 주주들로부터 거액의 전환상환우선주 형태로 투자를 받았음을 알 수 있다.

[그림 2-35]는 우아한형제들의 전환상환우선주 관련 주석사항이다. 보통주와 달리 우선주는 주주총회 의결권이 없는 게 특징임에도 불구하고 이 회사는 우선주 주주에게 의결권도 부여했다. 배당권, 상환권, 전환권 모두 주주에게 있는데, 회사는 전환상환우선주 전액을 일반기업회계기준에 따라 자본으로 분류한 것이다.

2019년 결산부터 우아한형제들은 한국채택국제회계기준을 적용했다. 독일

<그림 2-35> 우아한형제들의 전환상환우선주 주석사항

구 분	전환상환우선주 A	전환상환우선주 B
의결권	1주당 1개	1주당 1개
배당	- 참가적, 비누적적 - 액면가의 1%	- 참가적, 비누적적 - 인수가액의 1%
상환 (*1)	- 상환청구: 발행일로부터 4년 경과 후부터 - 상환액: 인수가액+인수가액의 연 8% 복리 이자 - 기지급우선주배당액	- 상환청구: 발행일로부터 3년 경과 후부터 - 상환액: 인수가액+인수가액의 연 8% 단리 이자 - 기지급우선주배당액
전환 (*2)	- 전환기간: 발행일로부터 12년이 경과하거나, 그 이전기간 내에 전환청구한 날 - 전환비율: 우선주 대 보통주 1:1	- 전환기간: 발행일로부터 10년이 되는 날까지 - 전환비율: 우선주 대 보통주 1:1

의 딜리버리히어로가 인수한 영향인지 상장을 준비 중인지는 모르지만 아무튼 회계기준이 변경되었으니 전환상환우선주도 자본에 있으면 안 된다.

2019년 재무제표를 작성하면서 과거 재무제표까지 모두 한국채택국제회계기준하의 숫자로 조정을 했다. 일반기업회계기준 때 2018년 말의 우아한형제들 자본총계가 2,755억 원이었는데 한국채택국제회계기준으로 변경되니 전환상환우선주 3,576억 원이 부채로 가면서 회사는 자본잠식 상태가 되어 버렸다.

이런 모습은 갓 상장한 기업들의 재무제표에서 자주 목격된다. 전환상환우선주로 투자 받아서 자본으로 분류하다가 상장을 진행하면서 회계기준을 한국채택국제회계기준으로 변경하니 자본잠식이 되어 버리는 것이다.

비상장기업 관련 업무나 투자를 하는 회계정보 이용자는 이 점을 주의하기 바란다. 자본 숫자가 크니까 안정적일 것으로 생각했는데 자본의 대부분이 전환상환우선주라면 실질이 부채이므로 재무구조가 좋다고 결론 내리기 어려울 것이다.

6) 고객충성제도(포인트)

항공사, 커피전문점, 레스토랑, 패스트푸드, 미용실, 각종 카드사 등의 마일리지와 포인트는 이미 우리 생활 곳곳에 자리 잡고 있다. 소비자 입장에서 포인트는 잘 이용하면 합리적인 소비가 가능하다. 그러나 기업 입장에서 포인트는 고객을 잡아두기 위한 방법이면서 재무제표에 부담도 주는 존재라 마치 양날의 검 같다.

2만 원짜리 케이크를 주문하면 5%의 포인트를 지급하는 빵집의 포인트 관련 회계처리는 [표 2-33]처럼 간단하다.

<표 2-33> 포인트 관련 회계처리 예시 (단위: 원)

	차변		대변		비고
제품 구매 시	현금	20,000	매출	19,000	자산 증가, 수익 발생
			이연수익	1,000	부채 증가
포인트 사용 시	이연수익	1,000	매출	1,000	부채 감소, 수익 발생
포인트 소멸 시	이연수익	1,000	매출	1,000	부채 감소, 수익 발생

현금 2만 원이 들어와도 인식되는 매출은 1만 9,000원이고 포인트에 해당하는 1,000원은 부채가 된다. 고객이 미래에 포인트를 행사할 때 기업 입장에서는 재화나 서비스를 제공해야 하는 의무가 있기 때문이다. 포인트로 인해 수익이 먼 미래로 이연되었다는 의미로 이연수익이라는 부채계정을 쓴다. 이 이연수익은 고객이 포인트를 사용하거나 소멸시효가 되어 저절로 사라지게 되는 시점에 매출이 된다.

[그림 2-36]은 신세계의 2019년도 연결재무제표에 대한 주석사항 중 이연수익 관련 부분이다. 전기 말에 이연수익 잔액이 371억 7,500만 원이었는데, 당기

<그림 2-36> 신세계의 이연수익 주석사항

27. 이연수익

(1) 당기말 및 전기말 현재 이연수익의 구성내역은 다음과 같습니다.

(단위: 백만원)

구 분	당기말	전기말
포인트이연수익(주1)	41,820	37,175

(주1) 연결실체는 구매고객에게 구매액의 일정액 또는 비율을 부여하는 고객충성제도를 운영하고 있으며, 동 적립금 부여에 따라 예상되는 지출예상액을 이연수익(기타유동부채)으로 계상하고 있습니다.

(2) 당기 및 전기 중 이연수익의 변동내역은 다음과 같습니다.

(당기)

(단위: 백만원)

구 분	기초금액	증가	감소	연결범위변동	기말금액
포인트이연수익	37,175	516,462	(511,138)	(679)	41,820

말에는 418억 2,000만 원으로 소폭 증가했다.

당기에 고객들로부터 매출이 발생되면서 이연수익이 증가했고, 고객들이 포인트를 사용하거나 포인트가 소멸되면서 이연수익이 감소했다. 포인트는 미래에 매출로 실현되고 계속 고객을 모을 수 있는 효과가 있지만 재무상태표의 부채비율을 높이는 주범이 되기도 한다. 그렇기 때문에 기업은 부채 부담은 줄이고 매출은 늘리기 위해 포인트 사용을 적극적으로 독려하거나 유효기간을 줄이는 등의 정책을 취할 수밖에 없다.

신세계는 전체 부채 규모 7조 5,000억 원 대비 이연수익 규모가 미미하기 때문에 괜찮지만, 항공사는 그렇지 않다. 대한항공의 2019년도 연결재무제표를 보면 누적되어 있는 이연수익 잔액만 2조 3,000억 원에 달할 정도다.

원체 차입금이 큰 기업이기 때문에 마일리지인 이연수익은 전체 부채 24조

원 대비 9% 수준이지만, 금액 자체가 웬만한 기업 규모 보다 크다. 마일리지 사용 독려를 위해 항공권 외에 여러 제휴처에서 사용 가능하게 하고, 10년이 지나면 소멸시키는 이유도 결국은 부채 부담 때문일 것이다.

7) 기타부채

(1) 미지급금

미지급금은 고유 영업활동 외에 발생하는 채무를 계상하는데, 보통 유형자산 구입 시 외상대금이나 세무서에 납부해야할 세금 등이 여기에 해당된다.

매입채무와 같이 주석사항에 만기 분석 정도만 확인하면 되고, 부채 규모 또는 자산 규모 대비 금액이 너무 크다면 유형자산 증가 쪽을 확인하는 식으로 맞춰 보면 된다.

미지급금이 갑작스럽게 증가하는 것은 기업의 자금결제 스케줄에 따른 일시적인 현상일 수 있으니 다음 분기 때 분기보고서에서 미지급금이 정상적으로 감소하여 평년 수준인지 확인하면 된다.

(2) 미지급비용

기중에 발생했으나 보고 기간 종료일까지 지급하지 않은 상황일 때 미지급비용을 부채로 계상한다. 보통 지급 기간이 도래하지 않은 이자비용이 대표적인 경우다.

예를 들어 2020년 7월 1일 차입한 원금 100만 원, 이자율 3%의 차입금의 이자 지급일이 2021년 6월 30일인 경우에 각각의 회계처리는 [표 2-34]와 같다.

보고 기간 종료일인 2020년 12월 31일에 현금이 나가지는 않지만, 비용 인

<표 2-34> 미지급비용 회계처리 예시 (단위: 원)

	차변		대변		비고
2020년 12월 31일	이자비용	15,000	미지급비용	(*) 15,000	비용 발생, 부채 증가
2021년 6월 30일	이자비용	15,000	현금	30,000	비용 발생, 자산 감소
	미지급비용	15,000			부채 감소

(*) 1,000,000 x 3% x 6 ÷ 12 = 15,000

식 요건이 충족되어 비용을 계상하고 지급해야 할 이자비용을 부채로 잡았다. 2021년 6월 30일이 되면 나머지 6개월치의 비용이 인식되고, 이자는 현금으로 전액 지출되면서 전기 말에 잡아 놓은 부채가 감소한다.

기업은 지급해야 할 돈이 있는데 연말까지 자금집행이 안되면 보통 미지급비용에 집어넣는 경향이 있다. 특히 연말 결산 때 이런 경우가 많은데, 성과급이 대표적인 사례다. 그래서 기말 재무상태표를 보면 다른 분기에 비해 미지급비용이 많이 잡혀 있음을 확인할 수 있다.

통상 기업들은 각자의 정책에 따라 결산이 완료된 후 순이익의 일정 범위 내에서 임직원의 성과에 따라 성과급을 지급하는데, 삼성그룹의 초과이익분배금 PS, Profit Sharing이 대표적이다.

회계기간이 2020년 1월 1일부터 2020년 12월 31일까지라면 결산은 2021년 1~2월에 끝나지만, 2020년 성과에 대한 보상이므로 수익 비용 대응의 원칙에 따라 2020년 말에 예상되는 성과급 금액을 비용과 부채로 잡는다. 그리고 2021년 1~2월에 실제 지급일이 되면 임직원들에게 입금하면서 부채가 사라지는데, 간략한 회계처리 예시는 [표 2-35]와 같다.

성과급 외에 연차수당이나 그 외 기업이 외부로 지급해야 하는 비용의 자금집행을 연초에 하면 아무래도 연말에 미지급비용이 일시에 증가된다. 그리고 1분기때 모두 지급되면서 많이 감소한다. 삼성전자의 사례를 보면 2019년 3분

<표 2-35> 성과급 회계처리 예시 (단위: 원)

	차변		대변		비고
2020년 12월 31일	급여	10,000	미지급비용	10,000	비용 발생, 부채 증가
2021년 성과급 지급	미지급비용	10,000	현금	10,000	부채 감소, 자산 감소

기에서 연말로 가면서 미지급비용이 2조 원 이상 증가했다가 2020년 1분기에 1조 원 가까이 감소되는데, 매년 패턴이 비슷했다.

(3) 선수금

선수금은 선급금과 반대되는 개념이다. 기업이 재화와 용역을 제공하기 전에 거래처로부터 대금의 일부 또는 전부를 미리 받는 경우로, 선수금은 부채 계정에 들어간다.

기업이 돈을 먼저 받았으나 재화나 용역을 제공해야 할 의무가 있으므로 부채가 된다. 재화와 용역의 제공이 완료되는 시점에 부채는 소멸되고 매출이 인식된다. 각 시점별 회계처리는 [표 2-36]과 같다.

<표 2-36> 선수금 회계처리 예시 (단위: 원)

	차변		대변		비고
선수금 수취 시	현금	10,000	선수금	10,000	자산 증가, 부채 증가
재화·용역 제공 시	선수금	10,000	매출	10,000	부채 감소, 수익 발생

(4) 예수금

직장인은 월급날이 되면 총급여에서 소득세, 주민세, 4대 보험료를 제한 금액을 수령하게 된다. 세금과 4대 보험료를 임직원 개인이 세무서와 보험공단을 돌아다니며 일일이 납부할 수 없으니 기업이 급여에서 차감한 후 보관하다

<표 2-37> 예수금 회계처리 예시 (단위: 원)

	차변		대변		비고
임직원 급여일	급여	10,000	현금	9,000	비용 발생, 자산 감소
			예수금	1,000	부채 증가
세무서 납부일	예수금	1,000	현금	1,000	부채 감소, 자산 감소

가 나중에 대신 납부한다.

임직원의 급여에서 빠지는 시점부터 납부하는 시점까지 기업은 예수금이라는 부채에 이 금액을 올려놓는다. [표 2-37]과 같이 회계처리는 간단하다.

(5) 퇴직급여채무

근로기준법과 기업 내규에 의해 모든 임직원은 퇴직할 때 근속연수에 따라 누적 계산된 퇴직금을 받는다. 이 퇴직금은 임직원이 기업에 근로를 제공하는 기간 동안 비용으로 인식되고 같은 금액이 부채로 쌓이다가, 임직원이 실제로 퇴직하는 날에 쌓여 있던 부채가 감소된다.

기업이 미래에 임직원에게 지급할 퇴직금이 얼마나 되는지는 현재 시점에서 측정하기 어려운 면이 있으므로 인건비 상승률, 종업원 근무기간, 물가상승률 등 다양한 변수들을 고려한 보험수리적 기법으로 퇴직급여를 산출한다. 또한 퇴직연금제도를 시행하면서 종업원에게 지급해야 하는 퇴직금 일정 부분을 외부에 적립하기도 한다.

재무상태표에 표시되는 퇴직급여채무는 보험수리적으로 계산된 임직원에 대한 확정급여채무 총액에서 금융기관에 적립한 사외적립자산을 차감한 순액으로 표시된다. 기업에서 회계를 하거나 외부감사인 입장에서 볼 때는 퇴직급여채무 계산 및 검증이 중요한 부분이지만, 회계정보 이용자나 투자자는 이 정도의 개념만 이해하면 되므로 계산 과정이나 회계처리는 과감히 생략한다.

<그림 2-37> 신한지주의 퇴직급여채무 주석사항

당기말과 전기말 현재 확정급여제도하의 자산 및 부채의 내역은 다음과 같습니다.

(단위: 백만원)

구 분	제 19(당) 기말	제 18(전) 기말
확정급여채무의 현재가치	2,063,102	1,841,982
사외적립자산의 공정가치	(1,943,644)	(1,714,634)
확정급여제도의 부채 인식액(*)	119,458	127,348

[그림 2-37]은 신한지주의 2019년도 연결재무제표에 대한 주석사항 중 퇴직급여채무 부분을 발췌한 것이다.

확정급여채무의 현재가치는 미래에 임직원에게 지급해야 하는 퇴직금을 보험수리적 기법으로 산출하여 현재가치로 계상한 것이다. 사외적립자산의 공정가치는 퇴직금과 관련해 외부 금융기관에 예치된 금융상품을 의미한다. 사외적립자산은 기업이 함부로 쓸 수 없는 임직원의 몫이므로 자산이 아닌 부채의 차감 표시로 나타낸다.

실제로 임직원이 퇴직하면 회사가 확정급여채무만큼 부담해야 하지만, 퇴직금 대부분이 이미 외부 금융기관에 예치되어 있기 때문에 임직원 퇴직 시 기업의 부담이 갑자기 늘어나지 않는다.

8) 눈에 보이지 않는 우발부채(우발채무)

우발부채는 발생 가능성이 불확실하고, 금액에 대한 추정을 신뢰성 있게 할 수 없기 때문에 재무상태표의 부채로는 올릴 수 없다. 그러나 발생 가능성이 확실해지고 금액에 대해서도 추정이 가능해지면 재무상태표의 부채로 올라가게 된다.

　기업의 내부 사정을 모르고 재무제표를 분석해야 하는 회계정보 이용자의 입장에서 그 영향이 어느 정도인지를 파악하는 것은 사실상 어렵다. 하지만 우발부채로 주석사항에 기재되어 불확실성이 있다고 판단되면 일단 보수적으로 접근하는 것이 맞지 않을까 생각한다.

　[그림 2-38]은 SBS의 2019년도 말 연결재무제표에 대한 주석에서 우발부채와 관련된 내용 중 중요한 사항을 발췌했다.

<그림 2-38> SBS의 우발부채 관련 주석사항

(7) 계류중인 소송사건
당기 보고기간종료일 현재 손해배상청구소송 등 연결기업이 피소된 30건(소송가액은 원고소가 기준 6,954백만원)의 소송사건이 계류중에 있습니다.

(8) 연결기업은 해외출장시 반출되는 방송장비의 손실 및 계약이행에 대한 보증 등에 대비하여 서울보증보험에 부보금액 16,029백만원의 보증보험에 가입하고 있습니다.

(9) 보고기간 종료일 현재 연결기업은 세무당국으로부터 세무조사가 진행중에 있으며, 세무조사 결과가 재무제표에 미칠 영향을 현재로서는 합리적으로 예측할 수 없습니다.

　주석사항에서 검색해보면 [그림 2-38]과 같은 내용을 찾아볼 수 있다. (7)의 문구처럼 SBS는 현재 소송 30건에 피소되었고, 소송가액만 거의 70억 원에 달한다. 물론 SBS도 적극 대응해서 일부 승소할 수 있겠지만 만약 모두 패소한다고 가정하면 70억 원의 금전적 손실이 발생한다.

　지금 상황에서 예측이 불가능하기 때문에 SBS는 이 70억 원을 주석사항으로만 공시를 했다. 향후 진행상황에 따라서 70억 원을 물어줄 수도 있고 아닐 수도 있는데, 회사도 확실하지 않아서 재무상태표에 부채로 못 올리고 주석사항에만 표시하는 것이다.

SBS의 최근 3년간 순이익이 적을 때는 49억 원, 많을 때는 197억 원이라 70억 원이라는 숫자가 작다고 보기는 어려울 것이다. 또 [그림 2-38]의 (9)에 나오는 것처럼 세무조사가 진행 중인데, 여기서 발생되는 추징액에 따라 순이익은 더 줄어들 가능성도 있다.

우발부채가 중요하기 때문에 M&A를 위한 기업 실사나 회계감사 현장에서도 실무적으로 많은 시간을 투입해 기업의 내부 자료를 검토하지만 완전성에 대한 확신은 하기가 어렵다.

우발부채의 불확실성이 제거되어 확정부채가 되면 바로 재무제표로 옮겨지면서 부채가 증가하고 손실이 발생한다. 회계정보 이용자, 특히 투자자는 대상 기업의 재무제표 주석사항에서 우발부채 내용과 금액이 너무 많다면 아무래도 보수적으로 접근하는 것이 좋다.

핵심 개념

① 전환상환우선주는 만기가 정해져 있으며, 만기까지 보통주로 전환되거나 현금으로 상환 받을 수 있는 주식이다. 상환권이 주주에게 있고 기업이 상환의무가 있다면 전환상환우선주는 부채로 분류한다. 단, 국제회계기준을 적용 받지 않는 비상장기업은 모두 자본으로 분류한다.

② 포인트와 선수금은 미리 대가를 받고 추후 용역이나 상품공급을 해야 하는 의무가 있으므로 부채로 분류한다. 고객이 포인트를 사용하거나 의무가 이행되는 시점에 매출액으로 대체된다.

③ 원재료나 상품매입, 외주가공용역을 받고 추후 지급해야 하는 채무는 매입채무로 계상한다. 기타 영업활동 외에서 발생하는 채무는 미지급금으로 표시한다.

④ 우발부채가 추후에 확정부채로 되는 경우도 많기 때문에 우발부채 주석사항을 반드시 확인해야 한다.

재무 분석 Key

① 상장 전에 전환상환우선주를 발행해서 자본조달을 하는 경우가 많다. 상장 초기 기업은 전환상환우선주 주주의 전환권 행사로 많은 주식이 발행될 수 있다. 주석사항에서 전환가능 주식수를 확인해서 총발행 주식수 대비 얼마나 많은 물량이 나올 수 있는지 확인해야 한다.

② 비상장기업은 전환상환우선주를 자본으로 분류한다. 명목상 자본이지만 실질상 부채이므로, 재무구조가 좋아 보이는 착시효과를 불러일으킬 수 있다.

③ 부채에서 포인트와 선수금 비중이 높아도 큰 부담은 없다. 추후에 매출액으로 대체될 것이기 때문이다.

④ 우발부채가 확정부채로 바뀌는 순간 예상치 못한 부채가 갑자기 늘어날 수 있으니 우발부채 주석사항을 반드시 읽어야 할 것이다

4

자본과 자본변동표

굵직한 이벤트만 체크하면 OK!

    재무상태표상 자본 내역은 자본변동표와 같이 펴놓고 보면 효율적이다. 자본변동표에서는 전기 말 자본잔액이 당기 말 자본잔액으로 어떻게 변동되었는지를 보여주므로 그 흐름을 읽을 수 있다.

    자산에서 부채를 차감한 게 자본이므로 사실 자본 자체를 열심히 분석할 필요는 없다. 투자자들 역시 자본이나 자본변동표가 중요한 검토대상이 아니므로 유상증자, 무상증자, 자기주식의 취득과 처분 등 굵직한 이벤트가 있었는지 정도만 확인하고 넘어가면 될 것이다.

1) 자본금

재무상태표의 자본금은 회사가 발행한 '주식수 × 액면가액'이고, 이를 납입자본금이라고 한다. 상법상 액면가액은 100원 이상이면 되지만, 많은 상장기업들의 액면가액은 5,000원과 500원으로 구성되어 있다.

액면가액 5,000원으로 발행한 기업의 가치가 너무 커져서 한 주당 주가가 수백만 원에 달하면, 액면가액을 낮춤으로서 주가를 내리고 주식수를 늘리기도 한다.

삼성전자의 경우 2018년에 액면가액 5,000원이던 주식을 100원으로 내렸다. 액면가액이 1/50로 작아졌기 때문에 주식시장에서 거래되던 주식도 250만 원에서 5만 원대로 내려왔고, 그 대신 주식수는 50배 늘어났다. 즉 액면분할을 하면 유통되는 주식수만 많아질 뿐 기업가치는 변함이 없다.

참고로 삼성전자, 삼성물산, 네이버, 넷마블 등 크게 성장한 기업들 주식의 액면가액이 100원이다.

자본금은 크게 보통주 자본금과 우선주 자본금으로 나누어진다. 대부분의 기업들이 보통주를 많이 발행하는 편이지만, 경우에 따라서는 우선주를 발행하기도 한다. 저자 역시 우선주 배당에 대한 관심이 꽤 높기 때문에 우리나라에 상장된 우선주 개수와 시가배당률을 한번 조사해 본 적이 있는데, 대략 120개 내외로 집계되어서 생각보다 많은 기업들이 발행했다는 사실을 알게 되었다.

보통주와 우선주의 큰 차이는 '의결권의 유무'로 구분할 수 있다. 즉 주주총회에서 의결권이 있으면 보통주이고, 없으면 우선주이다. 우리나라 같이 주주에게 친화적이지 않은 주주총회 환경 하에서는 대주주가 아닌 이상 의결권은 소액주주에게 큰 메리트는 없는 것 같다. 보통주는 우선주와 달리 배당이나 잔여 재산 분배 등 특별한 권리 내용이 정해지지 않은 일반주식Common stock을 의미한다.

회사가 보통주와 우선주를 얼마나 발행했는지는 사업보고서에서 주식의 총수를 살펴보면 된다.

[그림 2-39]는 현대자동차의 2019년 사업보고서에서 'I. 회사의 개요 4. 주식의 총수 등' 부분을 발췌한 것이다.

<그림 2-39> 현대자동차의 사업보고서 중 주식의 총수 관련 사항

주식의 총수 현황
(기준일: 2019년 12월 31일)   (단위: 주)

구 분		주식의 종류			비고
		보통주	우선주	합계	
I. 발행할 주식의 총수		450,000,000	150,000,000	600,000,000	-
II. 현재까지 발행한 주식의 총수		231,596,479	66,202,146	297,798,625	-
III. 현재까지 감소한 주식의 총수		17,928,292	2,931,275	20,859,567	-
	1. 감자	-	-	-	-
	2. 이익소각	17,928,292	2,931,275	20,859,567	자기주식 소각
	3. 상환주식의 상환	-	-	-	-
	4. 기타	-	-	-	-
IV. 발행주식의 총수 (II-III)		213,668,187	63,270,871	276,939,058	-
V. 자기주식수		11,815,151	3,217,444	15,032,595	
VI. 유통주식수 (IV-V)		201,853,036	60,053,427	261,906,463	

※ 상기 주식의 종류에서 보통주는 의결권이 있으며, 우선주는 의결권이 없음
※ 상기 우선주는 기명식 우선주, 2우선주, 3우선주로 구성됨

발행주식의 총수를 보면 현대차는 보통주 2억 1,366만 8,187주와 우선주 6,327만 871주를 발행했고, 자기주식으로 각각 1,181만 5,151주, 321만 7,444주 등을 취득했다.

자기주식은 추후 설명하겠지만, 회사가 회사의 돈으로 취득한 회사의 주식이다. 회사가 회사의 주식을 취득했기 때문에 주주가 없는 주식이다. 이 자기

주식은 회사가 보관하고 있으니 발행주식수의 총수에서 자기주식수를 빼면 실제 유통되는 주식수가 된다.

단, 보통주와 우선주를 합친 2억 6,190만 6,463주가 다 유통되지는 않을 것이다. 최대주주인 현대모비스와 특수관계인 등이 보유한 지분 29.11%가 유통될 리 없고 장기적 투자자인 국민연금이 보유한 10.45%, 기타 운용사 등도 갑자기 주식을 전량 매각할 가능성이 낮기 때문에 실제 유통주식수는 훨씬 적을 것이다.

참고로 주주구성은 사업보고서 'Ⅶ. 주주에 관한 사항'을 보면 된다. 현대차는 3개의 우선주를 발행했는데 각각 우선주에 대한 권리는 사업보고서에서 '4. 주식의 총수 등'을 자세히 읽어보면 된다.

[그림 2-40]에서 보듯이 현대자동차는 우선주의 경우 보통주 대비 연 1% 추가 배당(액면가 기준)한다. 현대자동차는 5년째 보통주 1주당 4,000원의 배당금을 지급했는데, 우선주 주주에게는 4,050원[= 4,000원 + (액면가 5,000원 × 1%)]을 배당했다.

'비참가적, 비누적적'이라는 표현은 다소 생소하기는 한데, 개념 정도만 알아

<그림 2-40> 현대자동차의 사업보고서 중 우선주 관련 사항

종류주식 발행현황

(1) 우선주 (기준일: 2019. 12. 31)

(단위 : 원)

발행일자	-	
주당 발행가액(액면가액)	-	5,000
발행총액(발행주식수)	560,055,700,196	25,109,982
현재 잔액(현재 주식수)	543,254,084,058	24,356,685
이익배당에 관한 사항	-보통주 대비 연1% 추가 배당(액면가 기준) -비참가적, 비누적적	

두면 된다. 우선 개념의 이해를 위해 '참가적'과 '누적적'의 의미부터 알아보자.

참가적의 의미는 보통주식의 배당률이 우선주식의 배당률을 초과하는 경우에는 그 초과분에 대하여 보통주식과 동일한 비율로 참가시켜 배당하는 것이다. 그런데 이미 보통주 배당금에 50원을 더해 지급하기로 되어 있는 우선주이므로 참가적 상황이 나올 게 없다.

누적적의 의미는 어느 사업연도에 배당을 하지 못한 경우에는 누적된 미배당 분을 다음 사업연도의 배당 시에 우선하여 배당하는 개념이다. 그러니까 비누적적인 경우라면, 현대자동차의 실적이 악화되어 2020년에 배당금을 못 주는 일이 발생한다고 2021년에 두 배로 더 주지는 않는다는 의미다.

우선주 또는 배당주 위주로 투자하는 투자자라면 사업보고서의 '4. 주식의 총수 등'과 '6. 배당에 관한 사항 등'의 정보를 반드시 확인하기 바란다.

2) 자본잉여금

자본잉여금은 유상증자, 감자 및 기타 자본 거래에서 발생되는 잉여금으로, 크게 주식발행초과금과 기타자본잉여금으로 나누어 공시된다.

(1) 주식발행초과금

액면가액을 초과해 주식을 할증 발행하는 경우에 액면가액을 초과한 부분을 '주식발행초과금'이라고 한다.

기업은 운영자금 부족, 대규모 투자계획 등 여러 이유로 인해 유상증자를 단행하곤 한다. 유상증자는 결국 기업이 주주들에게 손을 벌리는 행위인데, 유상증자를 하면 기업에 자금이 유입되고 자본이 증가된다.

유상증자를 하면 주당 얼마에 몇 주를 발행할 것인지를 결정하게 된다.

[예] 만약 기업 가치평가에 의해 주당 1만 5,000원으로 책정되어서 1,000주를 발행한다고 가정해 보자. 기업의 주당 액면가액은 5,000원이고, 주식 발행 관련 증권사 수수료와 등기비용 등 각종 제비용으로 200만 원이 발생된다고 한다. 그렇다면 회계처리는 [표 2-38]과 같다.

<표 2-38> 유상증자 시 회계처리 예시

(단위: 원)

	차변		대변		비고
유상증자 대금	현금	15,000,000	자본금	5,000,000	자산 증가, 자본 증가
			주식발행초과금	10,000,000	자본 증가
제비용 발생	주식발행초과금	2,000,000	현금	2,000,000	자본 감소, 자산 감소

유상증자 대금이 들어오면서 자산이 증가하고 자본도 증가한다. 유상증자 대금은 자본금과 주식발행초과금으로 나누어진다. 자본금은 '주식수 × 액면가액'이므로 '1,000주 × 5,000원 = 500만 원'이 되고, 주식을 발행하면서 액면가를 초과한 '(1만 5,000원 − 5,000원) × 1,000주 = 1,000만 원'이 바로 주식발행초과금이다.

유상증자를 하면 각종 제비용이 발생하는데, 어떤 이들은 판매비와관리비로 생각하기도 하지만, 이 부분은 주식발행초과금에서 차감한다. 따라서 유상증자를 하면 실제로 납입되는 자금은 1,300만 원이다.

[그림 2-41]은 2017년 5월에 상장한 넷마블의 2019년 연결재무상태표 중 자본만 발췌한 것이다.

자본금은 85억 원에 불과한데 반해 자본잉여금은 3조 원이 넘는다. 자본잉

<그림 2-41> 넷마블의 연결재무상태표 중 자본 관련 사항 (단위: 원)

자본			
지배기업의 소유주 지분	4,451,801,172,079	4,374,422,593,203	4,329,497,285,767
자본금	8,574,456,400	8,526,586,500	8,502,638,500
자본잉여금	3,030,557,020,742	2,999,421,389,987	2,992,070,299,394
이익잉여금	914,496,222,716	760,998,351,022	602,922,538,504
기타자본항목	498,173,472,221	605,476,265,694	726,001,809,369
비지배지분	196,539,782,813	177,113,097,822	135,771,711,927
자본총계	4,648,340,954,892	4,551,535,691,025	4,465,268,997,694
부채 및 자본총계	5,806,087,951,025	5,433,046,593,422	5,347,705,409,970

여금에 다른 항목도 일부 있지만 주식발행초과금이 대부분을 차지한다. 이 회사가 2017년에 기업공개IPO를 하면서 주식을 1주당 15만 7,000원에 발행을 했다. 주식 액면가액이 100원에 불과하지만 기업가치가 1주당 15만 7,000원으로 평가되었으니 자본금에는 '100원 × 주식수'만큼 들어가고, 자본잉여금에 주식발행초과금이 '15만 6,900원 × 주식수'만큼 들어가니 숫자가 클 수밖에 없을 것이다.

(2) 기타자본잉여금

기타자본잉여금에는 흔히 감자차익, 자기주식처분이익, 전환권대가 및 신주인수권부대가 등으로 구성된다. 관련 자본 거래 활동이 없는 기업은 아예 기타자본잉여금이 없다. 유·무상감자, 자기주식처분, 전환사채와 신주인수권부사채 발행 같은 이벤트가 발생되어야 생기는 계정과목이다.

(3) 유상감자와 무상감자

유상감자는 기업이 주주들에게 돈을 주고 주식을 회수하는 행위다. 돈을 주기 때문에 자산인 현금이 빠져나가고, 주식을 회수하므로 자본금이 감소한다. 이때 주주한테 회수하는 자본금보다 돈을 더 주면 기업으로서는 손실이 발생할 것이고, 자본금보다 돈을 덜 주면 기업으로서는 이익이 발생할 것이다.

<표 2-39> 유상감자 시 회계처리 예시 (단위: 원)

	차변		대변		비고
유상감자	자본금	5,000	현금	6,000	자본 감소, 자산 감소
자본금 < 지급액	감자차손	1,000			자본 감소
유상감자	자본금	5,000	현금	4,000	자본 감소, 자산 감소
자본금 > 지급액			감자차익	1,000	자본 증가

기업과 주주간의 자본 거래에서 발생되는 이익과 손실은 당기손익으로 인식하지 않고, 자본에서 차익과 차손으로 정리된다.

먼저 자본금보다 지급액이 많은 경우(자본금 < 지급액)다. 최초에 주주들로부터 납입 받은 자본금 5,000원보다 많은 6,000원을 지급하므로 손실이 발생하는데, 이를 감자차손이라고 하며 기타자본으로 분류한다.

이번에는 자본금보다 지급액이 적은 경우(자본금 > 지급액)다. 최초에 주주들로부터 납입 받은 자본금 5,000원보다 적은 4,000원만 지급하므로 기업 입장에서는 이익이 발생하는데, 이를 감자차익이라고 하며 기타자본잉여금으로 분류한다.

무상감자는 주식투자자들 사이에서 '감자탕'으로 불린다. 망해가는 기업에 투자했다가 30대 1 무상감자를 했다는 끔찍한 뉴스가 나오면 주주들은 "감자탕 끓여 먹었다"는 자조 섞인 농담을 하기 때문이다.

무상감자는 주주들이 납입한 자본금을 줄이지만 대가를 전혀 주지 않기 때문에 '무상'이라는 표현을 쓴다. 또 '30대 1'은 내가 가진 주식 30주가 하루아침에 1주로 변했다는 의미다.

감소하는 자본금 상대계정에 감자차익이라는 기타자본잉여금이 나오기 때문에 결국 같은 금액의 자본 증가와 감소가 동시에 발생되어 자본의 합계는 변동이 없고 납입된 자본금만 줄어든다. 그러니까 주주들의 주식만 휴지조각이 되어 버린 것이다.

<표 2-40> 무상감자 시 회계처리 예시 (단위: 원)

	차변		대변		비고
무상감자	자본금	5,000	감자차익	5,000	자본 감소, 자본 증가

순자산에 변동이 없는데도 불구하고 왜 기존 주주들의 주식을 휴지조각으로 만드는 일을 감행하는 것일까? 기업마다 여러 복잡한 상황이 존재하지만, 통상 다음 두 가지 상황일 때 무상감자를 많이 하게 된다.

첫 번째, 자본잠식률을 줄이기 위해 무상감자를 한다.

자본잠식률은 '(자본금 - 자기자본) ÷ 자본금'이라는 식으로 정리된다. (자본잠식률이 높아져서 관리종목으로 지정되거나 상장폐지 되는 규정은 다음에 이어지는 이익잉여금 편을 참고하면 된다.)

자본금 1,000만 원인 기업이 있는데 이익을 못 내고 계속 결손을 기록한다고 가정해 보자. 이 기업의 결손금은 -700만 원으로 자본이 300만 원에 불과한 상황에서 관리종목 지정 위기에 처해 있다.

감자를 하기 전에는 납입자본금 1,000만 원 대비 자본이 300만 원만 남아 있으므로 자본잠식률이 70%나 되었다. 하지만 감자를 하면 납입자본금 500만 원 대비 자본이 300만 원이나 남아 있어 자본잠식률이 40% 밖에 되지 않는다.

무상감자를 하면 자본합계에는 변동이 없지만, 자본금을 낮춤으로 인해 관

<표 2-41> 감자 전후의 비교 (단위: 원)

	감자 전	감자 후
자본금	10,000,000	5,000,000
자본잉여금	-	5,000,000
결손금	(7,000,000)	(7,000,000)
자본합계(자기자본)	3,000,000	3,000,000
자본잠식률	70%	40%
비고	관리종목 위기	관리종목 해소

리종목 위기에서 벗어날 수 있다. 주주들 입장에서는 보유한 주식의 반이 휴지 조각이 되어 버렸지만, 상장을 유지한다는 취지에 동감할 수밖에 없으니 울며 겨자 먹기로 주주총회 때 무상감자를 승인할 것이다.

무상감자를 하는 두 번째 이유는 출자전환으로 인한 경우이다.

기업이 망가질 대로 망가져서 더 이상 대출도 안 되고 기존 주주들로부터 유상증자를 받을 수 없는 상황까지 직면했지만 워크아웃이나 회생절차 등을 거쳐 기업이 다시 정상궤도에 올라갈 수 있다고 판단될 때, 무상감자부터 단행한다.

출자전환은 대출이나 외상대금을 받지 못한 채권자들이 주주로 바뀌는 것으로 이해하면 된다. 즉 대출을 해줬다면 기업으로부터 원금과 이자를 상환 받아야 하지만 기업에 자금이 없어서 그럴 수 없게 되자 아예 주주로 신분을 바꾸는 것이다.

복잡한 출자전환 절차와 회계처리를 거쳐야 하지만 단순화시키면 [표 2-42]와 같은 회계처리 방식으로 요약할 수 있다. 기업은 부채가 감소하고, 자본이 증가되므로 재무구조가 개선되는 효과가 있다.

그렇다면 채권자들이 출자전환을 해주고 신규 주주로 등장하면 되는데, 왜

<표 2-42> 출자전환 시 회계처리 예시 (단위: 원)

	차변		대변		비고
출자전환	차입금	5,000	자본금	5,000	부채 감소, 자본 증가

무상감자를 할까?

그 이유는 자본금과 기존 주주들의 몫을 최대한 줄여서 가볍게 한 다음에 채권자가 주주로 들어가야 지분율을 높일 수 있고, 기업 경영에 참여할 수 있기 때문이다.

3,000만 주를 발행한 기업에서 30대 1의 무상감자를 단행하면 주식수는 100만 주로 줄어들게 된다. 여기에 채권자들이 출자전환을 해서 주식 200만 주를 받는다고 하면 최대주주가 단번에 바뀌게 되는 것이다.

한진중공업의 사례를 보면 2019년에 주채권단인 산업은행 외 5개 은행으로 대주주가 변경되기 전에, 최대주주인 한진중공업홀딩스의 주식을 전량 소각하고 기타 주주들의 주식도 5대 1 무상감자를 했다. 6개 은행은 받을 돈인 회사 차입금 5,200억 원을 주식으로 전환하는 출자전환을 하며 회사 지분 약 60%를 획득했다.

이렇게 함으로써 기존 최대주주는 회사를 잃었지만 차입금을 감면받으면서 재무구조가 개선되었다. 그리고 기타 주주들 역시 손해를 입었지만 상장을 유지시킬 수 있었다.

결국 무상감자는 기업을 정상화시키기 위해 기존 주주들이 손해를 감수하게 되는 절차라고 보면 된다. 그러므로 재무구조가 좋지 않은 기업에는 처음부터 투자를 하지 않는 것이 현명하다.

(4) 자기주식

자기주식처분이익은 자기주식을 취득한 가격보다 더 높은 가격에 매각했을 때 발생한 차액을 의미한다.

기업이 자기주식을 취득하고 처분하는 이유는 여러 가지다. 통상 우리가 많이 접하는 것은, 기업이 주가 부양 목적으로 하는 경우다. 주가가 낙폭 과대라고 인지할 때 매수하고, 많이 오르면 처분하는 것이다.

그 외에 우선주가 보통주로 전환될 때나 임직원이 주식매수선택권을 행사하는 상황에서 주식을 새롭게 발행하기보다는 기업이 보유하고 있는 자기주식을 지급(처분)하기도 한다.

회계정보 이용자는 이런 상황별 회계처리까지 세세하게 학습할 필요까지는 없다. 자기주식의 취득과 처분 때 재무제표가 어떻게 되는지 정도만 알면 된다.

[표 2-43]에서 자기주식을 취득하면 취득 금액만큼 현금이 빠져나가므로 자산이 감소하는 것은 당연한데, 자본이 감소한다고 되어 있어서 의아할 것이다. 기업이 돈을 주고 자기주식을 샀으니까 기업 입장에서는 자산 취득이나 자본 증가로 봐야 한다고 생각할 만하다. 그러나 자기주식이란 결국 기업이 발행한 주식인 자본금으로 이루어진 것이고, 그 주식의 일부가 시장에서 정상적으로

<표 2-43> 자기주식 취득과 처분 시 회계처리 예시 (단위: 원)

	차변		대변		비고
자기주식 취득	자기주식	5,000	현금	5,000	자본 감소, 자산 감소
자기주식 처분 매도가 > 매수가	현금	7,000	자기주식 자기주식처분이익	5,000 2,000	자산 증가, 자본 증가 자본 증가
자기주식 처분 매도가 < 매수가	현금 자기주식처분손실	3,000 2,000	자기주식	5,000	자산 증가, 자본 증가 자본 감소

유통되지 않고 기업 내부에서 잠시 보관되는 것으로 생각해야 한다.

기업이 여유 자금으로 다른 회사의 주식을 투자 목적으로 샀다면 당연히 자산이지만, 회사가 회사의 돈으로 회사의 주식을 산 형태이므로, 이는 자산이 아니고 유상증자로 들어왔던 돈과 주식을 없앴다고 생각하면 된다. 단 주식을 완전히 없앤 게 아니므로 자본금을 줄이지 않고 [표 2-44]와 같이 기타자본계정에 '(−)'로 표시한다.

자기주식을 취득했다고 자본금이나 자본잉여금이 줄어든 것이 아니므로 기타자본에 자기주식으로 표시하고, 매각할 때 없어지게 된다.

매수 시점보다 비싸게 매각하면 처분이익이 발생하는데, 이 자기주식처분이익 역시 주주와 기업 간 자본 거래이므로 처분이익은 자본잉여금에 반영된다. 어쩔 수 없이 매수 시점보다 싸게 매각하면 처분손실이 발생하는데, 이 자기주식처분손실은 기타자본으로 들어간다. 자본잉여금은 결국 자본 거래에서 발생하는 잉여금의 합이기 때문에 감자나 자기주식에서 이익이 발생하는 부분만 들어가는 것이다. 그 외 나머지 자본 거래에서 발생하는 손실이나 기타사항은 모두 기타자본에 몰아넣게 된다.

<표 2-44> 자기주식 취득 시 기타자본 계정 (단위: 원)

자본금		50,000,000
자본잉여금		150,000,000
주식발행초과금	100,000,000	
감자차익	40,000,000	
자기주식처분이익	10,000,000	
기타자본		(55,000,000)
감자차손	(10,000,000)	
자기주식	(40,000,000)	
자기주식처분손실	(5,000,000)	

회계정보 이용자 입장에서는 개념 정도만 이해하고 자세한 회계처리까지 숙지할 필요는 없다. 실제 자본시장에서 기업이 자기주식을 매수하거나 매각하는 것은 주가에 대한 일종의 중요한 신호Signal로 인식된다. 기업이 왜 자기주식을 매수하고 매도하는지 그 취지를 빨리 파악하는 것이 더 중요할 수 있다

3) 신종자본증권

일반기업들 뿐만 아니라 은행 및 보험사들도 최근에 신종자본증권을 많이 발행해서 자본조달을 한다. 신종자본증권의 내용을 보면 부채 같기도 하고 자본 같기도 해서 처음 도입될 때 큰 이슈가 되었다.

결국 회계기준에서 신종자본증권은 자본이라고 결론을 냈기 때문에 기업들 입장에서 부담이 덜한 면이 있다. 그러나 회계분류상 자본일 뿐 속성은 부채에 더 가깝기 때문에 관련 기업을 분석할 때에는 주의할 필요가 있다.

한화생명의 연결재무상태표에서 자본을 살펴보면 신종자본증권 비중이 큰 편이다. [그림 2-42]에서 보듯이 2조 원이 넘는 액수다. 한화생명처럼 신종자본증권으로 재무상태표에 보이는 경우도 있고, SK텔레콤이나 풀무원처럼 기타불입자본으로 표시하기도 한다.

분석 대상의 재무상태표에서 관련 계정과목이 보인다면 주석사항을 확인해서 신종자본증권의 내역을 꼭 체크하기 바란다. 금리가 몇 퍼센트인지, 언제 가산금리가 적용되는지, 조기상환요건이 있는지 등 살펴봐야 하는 부분이 많다. 이런 사항들이 기업에 어느 정도 부담되는지 또는 주주 입장에서 어떤 불이익이 있는지도 챙겨봐야 한다.

[그림 2-43]에서 보는 것과 같이 한화생명의 신종자본증권은 만기가 30년이

<그림 2-42> 한화생명의 연결재무상태표 중 자본 관련 사항 (단위: 원)

자 본			
지배기업의 소유주에게 귀속되는 자본			
I. 자본금	24	4,342,650,000,000	4,342,650,000,000
II. 기타불입자본	24	(457,886,936,004)	(458,006,536,981)
III. 신종자본증권	25	2,056,297,477,526	1,558,000,197,526
IV. 기타자본구성요소	26	2,820,597,421,914	878,705,504,134
V. 이익잉여금	27	3,924,201,158,687	3,985,549,304,135
비지배지분		1,307,416,095,811	1,122,758,599,561
자 본 총 계		13,993,275,217,934	11,429,657,068,375

고, 만기를 계속해서 연장할 수 있다. 즉 만기가 없거나 반영구적(통상 30년 이상이며 재연장 가능)이므로 자본의 성격이 있다.

그러나 확정된 금리로 이자를 지급하고 만기에 상환해야 하므로 부채의 성격도 있는 편이다. 그래서 신종자본증권은 만기가 정해져 있는 않은 채권의 의미로 '영구채'라고도 불린다.

한화생명의 신종자본증권은 이자율이 생각보다 센 편이다. 차입금 관련 주석사항을 살펴보면 차입금 금리는 3.24%~3.8%, 사채는 4.35%, 4.5%로 발행했는데 신종자본증권은 그보다 조금 더 높다.

신종자본증권에서 발생하는 이자비용만 연간 900억 원이 넘을 것으로 추정된다. 그런데 회사는 손익계산서에 이자비용으로 처리하지 않는다. 자본으로 분류되었기 때문에 배당금이라는 표현을 쓴다. 배당금은 뒤에 나오는 이익잉여금에서 지급한다. 배당금 지급내역은 현금흐름표나 자본변동표에서 확인 가능한데, 보통주 주주들에게 지급한 배당금 총액보다 많다.

즉 주식이 발행되지는 않았지만 일종의 주주가치가 희석되는 효과가 있는

<그림 2-43> 한화생명의 신종자본증권 주석사항

25. 신종자본증권

당기말과 전기말 현재 신종자본증권의 내역은 다음과 같습니다(단위: 백만원).

구 분	발행일	만기일	이자율	당기말	전기말
무기명식 이권부 무보증 신종자본증권	2017.04.13	2047.04.13	4.582%	500,000	500,000
외화신종자본증권	2018.04.23	2048.04.23	4.700%	1,067,300	1,067,300
무기명식 이권부 무보증 신종자본증권	2019-07-04	2049-07-04	3.690%	500,000	-
발행비용				(11,003)	(9,300)
합 계				2,056,297	1,558,000

상기 신종자본증권은 발행 후 5년 시점 부터 당사가 조기상환을 할 수 있으며, 발행일로부터 10년 경과 후 1회에 한하여 이자율이 조정됩니다. 한편, 만기일이 도래한 경우, 당사의 선택에 따라 동일한 발행조건으로 본 신종자본증권의 만기를 계속하여 연장할 수 있습니다.

셈이다. 만약 회사가 신종자본증권을 발행하지 않았다면 주주들에게 더 많은 배당금을 지급할 수 있었을 것이다.

만약 회사가 청산을 하거나 파산을 하게 될 때 잔여재산에 대하여 신종자본증권 투자자는 주주보다 우선 변제 받을 권리도 갖고 있다.

주주 입장에서는 신종자본증권의 장점이 없어 보인다. 그럼에도 은행 및 보험사를 비롯한 많은 대기업들이 신종자본증권을 발행하는 이유는 아무래도 재무구조에 부담을 주지 않기 때문으로 보인다.

부채로 분류되지 않으니 부채비율이 올라가지 않는다. 하지만 [그림 2-43]에 보면 발행일로부터 10년 경과 후 1회에 한하여 이자율이 조정된다는 문구가 있다. 자세한 내용이 나오지는 않았지만 이자율은 더 올라갈 것이다. 지금껏 발행했던 모든 신종자본증권이 그러했다. 5년 경과 후에 5년마다 이자율을 올린 사례도 있었다.

회사마다 약정 내용이 다르니 주석사항을 살펴봐야 한다. 그리고 이자율 부담과 주주가치 훼손 우려가 있기 때문에 회사는 자금사정이 나아지면 조기상환 결정을 하기도 한다. 한화생명 역시 발행 후 5년 시점부터 조기상환을 할 수 있다고 단서를 달아 놓았다. 그리고 그동안 많은 기업들이 배당(이자) 부담으로 인해 대부분 조기상환을 했다.

4) 이익잉여금

이익잉여금은 매년 당기순이익이 누적되면서 만들어진다.

가끔씩 '회계 변경과 오류 수정' 같은 이슈로 조정되는 경우가 있지만 몇 년에 한 번 발생할까 말까한 이벤트다. 기업의 회계정책이 변경되거나 중요한 회계 오류가 발견되면 과거의 것까지 수정을 해서 재무제표를 다시 만들고, 조정되는 이익들을 이익잉여금에 반영하게 된다. 정말 어쩌다가 발생하는 일이므로 회계정보 이용자의 입장에서는 크게 신경 쓸 부분이 아니다.

[그림 2-44]는 삼성전자 연결재무상태표의 이익잉여금 구성내역이다.

회사가 이익이 쌓이면 주주들에게 배당도 하고, 내부에 적립금이나 준비금

<그림 2-44> 삼성전자의 이익잉여금 주석사항

21. 연결이익잉여금:

가. 보고기간종료일 현재 연결이익잉여금의 내역은 다음과 같습니다.

(단위 : 백만원)

구 분	당기말	전기말
임의적립금 등	168,322,868	151,519,651
연결미처분이익잉여금	86,260,026	91,179,305
계	254,582,894	242,698,956

명목으로 쌓기도 한다. 그 외 나머지 부분은 '미처분이익잉여금'으로 표기한다. 그냥 이익잉여금이 아니고 앞에 '미처분'이라는 표현이 왜 들어가는지는 기업의 시점별 활동을 이해하면 쉽게 수긍이 간다.

삼성전자의 예를 들면, 2019년 1월 1일부터 2019년 12월 31일까지 1년의 회계기간 동안 영업을 하고 종료했다. 이 기업은 2020년 초에 2019년도에 대한 결산을 했고, 2020년 1월 30일에 결산이 완료되어 이사회에서 재무제표를 승인하고 배당금도 정했으며, 같은 날에 잠정실적과 배당 관련 사항을 공시했다. 그리고 2월 21일 이사회에서 주주총회 소집을 결정해 공시했고, 주주총회는 3월 18일에 열렸다.

이사회에서 이미 배당금을 결정했지만, 이익잉여금은 주주들의 몫이기 때문에 주주총회에서 주주들의 승인을 받고 의사봉을 세 번 두드려야 확정되므로 배당금을 포함한 이익잉여금 처분은 주주총회에서 결정된다.

주주총회는 3월 18일에 열렸지만 회사의 재무제표는 1월 30일에 작성이 완료되어 이사회의 승인을 받았고, 외부감사인은 2월 21일에 재무제표에 대한 적정의견을 제시해 2월 24일에 감사보고서를 제출했다. 이 일련의 과정을 그림으로 만들어 보면 [그림 2-45]와 같다.

재무제표에 대한 숫자는 1월 30일에 완료되었고, 감사인은 2월 21일에 재무제표에 대한 회계감사를 마무리했으며, 2월 24일에 확정된 재무제표에 대한 감사보고서를 제출하면서 결산과정이 마무리되었다. 그러나 잉여금처분에 대한 최종 결정은 3월 18일 주주총회에서 이루어진다.

즉 확정된 재무제표에서 이익잉여금에 대한 처분은 그 이후에 이루어지기 때문에 재무상태표의 이익잉여금을 미처분이익잉여금이라고 하는 것이다.

주주의 동의도 없이 이사회에서 마음대로 잉여금처분을 확정 시켜 버릴 수는 없는 것이고, 주주의 동의는 재무제표가 확정된 이후에 주주총회에서 이루

<그림 2-45> 이익잉여금 처분 관련 진행과정

어지는 상황이니 어쩔 수 없이 미처분 상태가 되는 것이다.

따라서 2019년 말 재무상태표의 이익잉여금은 '전기의 미처분이익잉여금 − 2019년 3월 주총에서 처분된 이익잉여금(2018년 분) + 2019년 당기순이익'으로 표현할 수 있다. 기말 재무상태표의 이익잉여금에는 아직 배당금이 빠지지 않은 상황임을 꼭 기억하기 바란다.

한편 기업은 이익잉여금에서 여러 적립금이나 준비금을 쌓는다. 이 적립금이나 준비금은 법에서 요구하는 사항도 있고, 기업이 추후에 사용할 목적으로 임의로 쌓는 것도 있다. 법에서 요구하는 적립금은 법정적립금, 기업이 임의로 쌓는 것은 임의적립금이라고 한다.

총배당금액의 10%를 자본금의 50%가 될 때까지 이익준비금으로 쌓으라고 상법에 정해져 있는데, 대표적인 법정적립금 사례이다. 임의적립금은 기업의 다양한 목적과 용도에 따라 사업확장적립금, 재해손실적립금 등으로 이름 붙여 적립한다.

이익잉여금에서 적립금, 준비금 용도로 별도로 빼놨으니 나중에 이 돈을 사

<표 2-45> (단위: 억 원)

	차변		대변		비고
유형자산 취득	이익잉여금	1,000	현금	1,000	자본 감소, 자산 감소

용할 예정인가보다 라고 생각할 수 있다. 예를 들어 이익잉여금에 사업확장적립금 1,000억 원을 별도로 빼놓았으니, 내년도에 사업 확장을 위해 유형자산을 1,000억 원어치 사면 회계처리는 [표 2-45]와 같이 될까?

아니다. 당연히 차변에 유형자산이 오게 되고, 이익잉여금은 변동이 없다. 이익잉여금은 배당으로 감소한 부분을 제외하고는 계속 이익이 쌓이는 숫자에 불과하다. 기업이 이렇게 이익잉여금에서 사업확장적립금을 빼놓아야 주주들에게 배당할 수 있는 금액을 줄이면서 유형자산 등에 투자를 할 수 있는 것이다.

이러한 행동은 이익잉여금을 이런저런 준비금이나 적립금으로 빼놓으면서 배당 가능 재원을 줄이는 모습으로 비춰질 수도 있다. 하지만 그렇게 하지 않으면 주주들로부터 회사가 이익잉여금 전액이 배당 가능하다는 오해를 살 수도 있다. 이익잉여금이 많다고 해서 기업이 돈이 많거나 배당을 많이 준다고 말할 수 없는 이유가 여기에 있다.

고배당 압박에 시달린 기업이 주주들에게 배당을 많이 해야 하는 처지에 놓이게 되면 배당 자원을 마련하기 위해 은행에서 차입해야 하는 상황에까지 놓일 수 있다. 이는 결코 기업가치에 좋은 영향을 끼치는 것이 아니다.

2019년 말 포스코의 연결이익잉여금은 무려 45조 원이다. 그러나 [그림 2-46]을 보면 알겠지만 보유한 현금보다 외부에서 차입한 빚이 더 많다. 현금및현금성자산 외에 포스코가 보유한 여러 금융상품, 금융자산 등을 다 합쳐도 갚아야 하는 차입금보다 훨씬 적다.

<그림 2-46> 포스코의 자본위험관리 주석사항

(단위: 백만원)

구 분	제 52(당) 기	제 51(전) 기
차입금 총계	20,441,613	20,209,270
차감: 현금및현금성자산	3,514,872	2,643,865
순차입금	16,926,741	17,565,405
자본총계	47,794,707	46,759,551
총자본차입금비율	35.42%	37.57%

매년 적자 없이 수조 원의 이익을 냈지만, 또한 매년 수조 원을 유형자산 등에 투자하기 때문에 돈이 없다. 유형자산에 투자할 때는 기업의 보유 현금이 감소하는 것이지, 사업확장적립금의 예처럼 이익잉여금만 감소하는 것이 아니기 때문이다.

(1) 사내유보금

포털사이트의 지식백과에서 사내유보금을 검색하면 다음과 같이 나온다. "기업이 벌어들인 이익에서 배당 등을 지급하고 남은 이익잉여금과 자본잉여금을 합쳐 사내유보금이라고 함. 회계상 개념일 뿐 기업이 쌓아 둔 현금은 아님."

마지막 문장이 핵심이다. 사내유보금은 회계상 개념일 뿐 쌓아둔 돈은 아니라는 것이다. 즉, 사업연도 초기부터 최근까지 이익의 합계인 이익잉여금과 주식을 발행할 때 액면가액을 초과해서 들어온 돈인 자본잉여금이 사내에 유보되는 것은 맞지만 그렇다고 그 돈이 고스란히 회사에 쌓여 있지 않을 것이다.

조금 더 쉽게 우리 가계경제에 대입해서 생각해보자.

직장인 K씨는 10년 동안 평균 연봉 7,000만 원을 받고 3,000만 원을 소비해 매년 4,000만 원씩 모은다고 가정해보자. 10년의 이익의 누계인 4억 원이 K씨에게 이익잉여금이 된다. 직장에 10년 근속한 기념으로 은행의 통장을 열었을 때 과연 4억 원이 고스란히 있을까?

당연히 아닐 것이다. 그 동안 결혼해서 가정을 꾸리느라 집도 여러 번 이사했을 것이고, 유형자산인 승용차나 가전제품도 구매해야 하며, 재테크를 잘못해 손실이 났을 수도 있기 때문이다. 보유 현금이 누적소득인 이익잉여금과 같지는 않다.

만약 K씨가 아파트를 9억 원에 구입하고 승용차나 가전제품 등을 총 1억 원 어치를 보유하고 있다면, K씨의 재무상태표는 [표 2-46]과 같을 것이다.

그동안 번 돈인 이익잉여금과 은행 대출까지 합쳐서 자산을 마련했기 때문에 수중에 가진 돈은 없고 오히려 빚만 잔뜩 있다.

어느 날 K씨의 삼촌이 K씨에게 사업자금으로 5,000만 원만 빌려줄 수 있는지 묻는 전화를 했다. 삼촌 입장에서는 조카가 안정적인 직장생활로 매년 7,000만 원씩 벌고 있으니 그동안 모은 돈 5,000만 원 정도는 있을 것으로 생각했다.

잘 거절하지 못하는 성격의 K씨 입장에서 난감할 것이다. 이럴 때 가장 좋은 방법은 재무상태표를 보여주는 것이다. "제가 그동안 평균 4,000만 원씩 저축한 것은 맞는데 지금은 돈이 하나도 없어요. 은행에서 큰돈을 빌려 집 사고 차 사느라 오히려 돈을 벌면 은행에 갚기 바빠요. 도와드릴 수 없어서 죄송해요."

<표 2-46> K씨의 재무상태표

자산		부채	
유형자산	10억원	은행 대출	6억원
		자본	
		이익잉여금	4억원

우리가 흔히 얘기하는 하우스푸어 house-poor 와 같은 맥락이다.

사내유보금, 즉 이익잉여금이 많다고 반드시 돈이 많다거나 재무 건전성이 좋다고 확신할 수 없다. 과거에 이익을 많이 냈다는 의미이지 지금 돈이 많다는 의미가 아니다. 정말 돈이 많은지 빚이 많은지는 자산과 부채를 살펴봐야만 알 수 있다.

(2) 자본잠식에 따른 시장 퇴출 요건

이익이 잘 나고 배당도 잘 주는 좋은 기업이 있는 반면 그렇지 않고 계속 손실이 쌓이기만 하는 기업도 있다.

손실이 누적되는 기업에는 이익잉여금은 보이지 않고 결손금만 쌓인다. 결손금이 쌓이기 시작하면 자본이 줄어들기 시작하므로 부분자본잠식 상태에 빠진다. 그러다가 결손금이 너무 커져서 자본금까지 다 갉아먹게 되면 소위 완전자본잠식 상태에 빠지게 된다.

유가증권시장과 코스닥시장의 자본잠식 요건에 따른 관리종목과 퇴출 규정이 다르므로 [표 2-47]을 참고하기 바란다.

만약 투자자가 조금 위험한 기업에 투자했다면 분기·반기 중에 수시로 규정에 정해진 공식대로 숫자를 집어넣어서 관리종목이나 퇴출 요건에 근접하는지 체크해봐야 한다.

결손금이 많이 쌓였지만 턴어라운드해서 좋아질 것이라는 소문만 믿고 투자했다가 막상 연말 재무제표가 그렇게 되지 않아서 관리종목과 상장폐지의 길로 접어든다면, 그 손해는 고스란히 투자자가 떠안을 수밖에 없다.

적자기업에 투자해 '희망 고문'을 당할 바에는 재무구조가 좋은 수많은 기업 가운데 투자처를 고르는 게 정신건강에도 좋다. 물론 급격하게 턴어라운드해서 기업의 가치가 좋아질 수도 있지만 미래는 아무도 모르는 일이다.

<표 2-47> 유가증권시장과 코스닥시장의 자본잠식 요건에 따른 관리종목과 퇴출 규정

구분	관리종목 지정 (유가증권시장 상장 규정 제47조)	상장폐지 기준 (유가증권시장 상장 규정 제48조)
자본잠식	• 최근 사업연도 사업보고서상 자본금 50% 이상 잠식 • 자본잠식률 = (자본금 - 자본총계) / 자본금 ※ 종속회사가 있는 경우 연결재무제표상 자본금, 자본총계(외부주주자본 제외)를 기준으로 함	• 최근 사업연도 사업보고서상 자본금 전액 잠식 • 자본금 50% 이상 잠식 2년 연속

코스닥시장 퇴출 요건 (2014.6.18 개정 규정 기준)		
구분	관리종목	퇴출
** 자본잠식 / 자기자본	• Ⓐ 사업연도(반기) 말 자본잠식률* 50% 이상 • Ⓑ 사업연도(반기) 말 자기자본 10억 원 미만 • Ⓒ 반기보고서 제출 기한 경과 후 10일 내 반기 검토(감사)보고서 미제출 또는 검토(감사)의견 부적정, 의견 거절, 범위 제한 한정	• 최근 연말 완전자본잠식 • Ⓐ 또는 Ⓒ 후 사업연도(반기) 말 자본잠식률 50% 이상 • Ⓑ 또는 Ⓒ 후 사업연도(반기) 말 자기자본 10억 원 미만 • Ⓐ 또는 Ⓑ 또는 Ⓒ 후 반기 말 반기보고서 기한 경과 후 10일 내 미제출 또는 감사의견 부적정, 의견 거절, 범위 제한 한정

* 자본잠식률 = (자본금-자기자본) / 자본금 x 100
** 연결재무제표 작성 대상 법인의 경우, 연결재무제표를 기준으로 하되 자기자본에서 비지배 지분을 제외
자료 : 한국거래소

3분기, 4분기에 턴어라운드를 기대했다가 실적이 나아지지 않는다면 오히려 회사는 자산 편에서 살펴봤듯이 재고자산평가손실, 유형자산손상차손, 무형자산손상차손 등을 추가로 인식하며 손익이 더 악화되어 갑자기 자본잠식에 빠질 수 있다. 상장기업들 중에 그런 사례가 부지기수로 많았기 때문에 적자기업은 항상 조심해야 한다.

5) 기타자본항목

기타자본항목에는 자본잉여금에서 설명한 바와 같이 감자나 자기주식 처분에서 발생하는 손실인 감자차손과 자기주식처분손실, 자기주식 등이 들어간다. 즉 자본잉여금, 이익잉여금, 기타포괄손익이 아닌 자본 거래에서 발생하는 항목들은 모두 기타자본항목으로 보면 된다.

6) 기타포괄손익누계액

당기순이익이 쌓이는 곳이 자본의 이익잉여금이라면 기타포괄손익이 쌓이는 곳은 기타포괄손익누계액이다. 회계정보 이용자에게 크게 중요한 부분은 아니므로 내용 설명은 생략한다.

핵심 개념

① 자본금은 '액면가 x 발행주식수'로 표시한다.

② 기업이 주식을 발행할 때 액면가를 초과해서 발행하는 부분은 자본잉여금에 표시한다.

③ 신종자본증권은 만기가 없거나 반영구적이므로 자본에 해당한다. 그러나 확정된 금리로 이자를 지급하고, 만기에 상환해야 하므로 부채에도 해당된다. 이렇게 두 가지 성격이 상존하는데 현행 회계기준에서는 신종자본증권을 자본으로 분류하고 있다.

④ 이익잉여금은 연간 발생한 순이익의 누계치에서 주주에게 지급한 배당금 누계 등을 차감한 것으로 기업이 이만큼 돈이 있음을 의미하지 않는다.

재무 분석 Key

① 자본잉여금과 이익잉여금을 사내유보금이라고 하는데, 회사가 보유한 돈을 의미하지 않는다. 회사가 보유한 돈은 현금, 금융상품, 금융자산에서 차입금, 사채 등을 차감해봐야 알 수 있다.

② 신종자본증권은 자본으로 분류한다. 명목상 자본이지만 실질상 부채이므로 재무구조가 좋아 보이는 착시효과를 불러일으킬 수 있다. 고금리로 매년 이자를 지급하고, 일정시간 경과 후 금리도 가산되므로 기업 입장에서는 부담스러울 수밖에 없다.

③ 자기주식 취득과 매각은 주식시장에서 일종의 시그널로 작용한다. 자본 주석사항이나 사업보고서의 주식의 총수 편에서 자기주식 취득과 처분 관련 정보를 확인해봐야 한다.

03

손익계산서로
경영 성과 엿보기

손익계산서

1년간의 경영 성과를 한 눈에 본다

    손익계산서는 1년간 발생된 경영 성과를 보여준다. 매출, 영업이익, 당기순이익 등 기업의 수익 규모와 수익성 등을 보여주는 중요한 재무보고서이다.

    산업이 다양하고 매출 인식 방법도 제각각이기 때문에 산업별로 매출 인식 방법을 살펴보고, 매출원가의 구조와 원가의 성격에 대해 알아보고자 한다. 또한 기업의 손익을 어떤 관점에서 어떻게 분석해야 할지 사례를 통해 살펴보기로 하자.

    기업은 고유의 사업으로 많은 수익을 창출해내야 지속 가능하기 때문에 영업이익이 중요할 수밖에 없다. 영업이익 아랫단의 기타 및 금융수익·비용은 영업 외적인 요인이지만 손익계산서에서 큰 금액을 차지할 만큼의 숫자가 나오는 기업도 있으므로 간과할 수는 없다. 그리고 어떤 원리로 그 숫자들이 찍히는지도 알아야 할 것이다.

기업의 실적과 성장을 중요 요소로 판단하는 투자자의 입장에서는 손익계산서 분석이 특히 중요하므로 그 관점에 맞춰 살펴보도록 하자.

[그림 3-1]과 [그림 3-2], [그림 3-3]은 삼성전자와 엔씨소프트의 연결손익계산서이다. 삼성전자는 손익계산서와 포괄손익계산서를 각각 하나씩 만드는 반면, 엔씨소프트는 포괄손익계산서 하나만 작성하니 여기에서부터 회계정보 이용자들이 헷갈릴 수 있는 상황이다.

<그림 3-1> 삼성전자의 2019년 연결손익계산서

연결 손익계산서
제 51 기 2019.01.01 부터 2019.12.31 까지
제 50 기 2018.01.01 부터 2018.12.31 까지
제 49 기 2017.01.01 부터 2017.12.31 까지

(단위 : 백만원)

	제 51 기	제 50 기	제 49 기
수익(매출액)	230,400,881	243,771,415	239,575,376
매출원가	147,239,549	132,394,411	129,290,661
매출총이익	83,161,332	111,377,004	110,284,715
판매비와관리비	55,392,823	52,490,335	56,639,677
영업이익(손실)	27,768,509	58,886,669	53,645,038
기타수익	1,778,666	1,485,037	3,010,657
기타비용	1,414,707	1,142,018	1,419,648
지분법이익	412,960	539,845	201,442
금융수익	10,161,632	9,999,321	9,737,391
금융비용	8,274,871	8,608,896	8,978,913
법인세비용차감전순이익(손실)	30,432,189	61,159,958	56,195,967
법인세비용	8,693,324	16,815,101	14,009,220
계속영업이익(손실)	21,738,865	44,344,857	42,186,747
당기순이익(손실)	21,738,865	44,344,857	42,186,747
당기순이익(손실)의 귀속			
지배기업의 소유주에게 귀속되는 당기순이익(손실)	21,505,054	43,890,877	41,344,569
비지배지분에 귀속되는 당기순이익(손실)	233,811	453,980	842,178
주당이익			
기본주당이익(손실) (단위 : 원)	3,166	6,461	5,997
희석주당이익(손실) (단위 : 원)	3,166	6,461	5,997

<그림 3-2> 삼성전자의 2019년 연결포괄손익계산서

연결 포괄손익계산서

제 51 기 2019.01.01 부터 2019.12.31 까지
제 50 기 2018.01.01 부터 2018.12.31 까지
제 49 기 2017.01.01 부터 2017.12.31 까지

(단위 : 백만원)

	제 51 기	제 50 기	제 49 기
당기순이익(손실)	21,738,865	44,344,857	42,186,747
기타포괄손익	3,016,194	(12,242)	(5,502,257)
후속적으로 당기손익으로 재분류되지 않는 포괄손익	(50,765)	(656,647)	407,900
기타포괄손익-공정가치금융자산평가손익	1,146,599	(235,865)	
관계기업 및 공동기업의 기타포괄손익에 대한 지분	(16,896)	(10,631)	(6,347)
순확정급여부채 재측정요소	(1,180,468)	(410,151)	414,247
후속적으로 당기손익으로 재분류되는 포괄손익	3,066,959	644,405	(5,910,157)
매도가능금융자산평가손익			511,207
관계기업 및 공동기업의 기타포괄손익에 대한 지분	48,649	6,688	(49,256)
해외사업장환산외환차이	3,016,499	590,638	(6,334,987)
현금흐름위험회피파생상품평가손익	1,811	47,079	(37,121)
총포괄손익	24,755,059	44,332,615	36,684,490
포괄손익의 귀속			
지배기업 소유주지분	24,466,985	43,882,473	35,887,505
비지배지분	288,074	450,142	796,985

한국채택국제회계기준이 도입되던 첫해에 손익계산서와 포괄손익계산서를 각각 만들어 공시하는 방식과 포괄손익계산서를 하나로 만드는 방식 중에서 기업이 선택할 수 있도록 했다. 둘 중 하나의 방식을 선택한 기업은 변동 없이 일관성 있게 같은 양식을 계속 적용해야 한다.

각각의 손익계산서와 포괄손익계산서를 만들건, 하나의 포괄손익계산서를 만들건 간에 구성되는 정보들은 같기 때문에 손익계산서 개수의 차이 외에는 다른 점이 없다.

<그림 3-3> 엔씨소프트의 2019년 연결포괄손익계산서

연결 포괄손익계산서

제 23 기 2019.01.01 부터 2019.12.31 까지
제 22 기 2018.01.01 부터 2018.12.31 까지
제 21 기 2017.01.01 부터 2017.12.31 까지

(단위 : 원)

	제 23 기	제 22 기	제 21 기
영업수익 (주22,26,33,37)	1,701,185,422,583	1,715,115,508,236	1,758,721,721,721
영업비용 (주27,33)	1,222,193,003,790	1,100,186,195,863	1,173,702,759,999
영업이익(손실)	478,992,418,793	614,929,312,373	585,018,961,722
영업외손익	17,161,155,706	22,420,606,287	25,223,849,506
금융수익 (주28,33)	69,663,193,296	50,249,720,185	26,908,469,317
금융비용 (주28)	(31,480,148,601)	(24,670,691,924)	(15,480,678,670)
관계기업투자손익 (주11,30)	(19,288,764,039)	(2,435,188,402)	(1,550,407,319)
영업외수익 (주29)	43,930,476,308	40,119,276,845	48,120,047,152
영업외비용 (주29)	(45,663,601,258)	(40,842,510,417)	(32,773,580,974)
법인세비용차감전순이익(손실)	496,153,574,499	637,349,918,660	610,242,811,228
법인세비용 (주31)	136,998,851,991	215,882,267,950	166,199,699,332
당기순이익(손실)	359,154,722,508	421,467,650,710	444,043,111,896
지배기업소유주지분	358,174,054,800	418,185,417,757	440,967,021,067
비지배주주지분	980,667,708	3,282,232,953	3,076,090,829
기타포괄손익	(94,694,459,968)	(341,406,041,036)	474,931,709,855
당기손익으로 재분류되지 않는항목(세후기타포괄손익)	(99,589,622,848)	(340,256,320,535)	2,245,708,682
확정급여제도의 재측정요소	(15,211,927,658)	(6,221,836,839)	2,245,708,682
기타포괄손익-공정가치 측정 금융자산 평가손익	(84,377,695,190)	(334,034,483,696)	0
당기손익으로 재분류될 수 있는 항목(세후기타포괄손익)	4,895,162,880	(1,149,720,501)	472,686,001,173
관계기업자본변동	2,003,471,936	195,641,262	34,260,718
해외사업환산손익	2,891,690,944	(1,345,361,763)	(3,225,269,306)
매도가능금융자산평가손익(세후기타포괄손익)	0	0	475,877,009,761
총포괄손익	264,460,262,540	80,061,609,674	918,974,821,751
지배기업소유주지분포괄손익	262,726,827,126	76,843,592,952	916,367,030,382
비지배주주지분포괄손익	1,733,435,414	3,218,016,722	2,607,791,369
주당이익 (주32)			
기본주당이익(손실) (단위 : 원)	17,387	19,831	20,756
희석주당이익(손실) (단위 : 원)	17,381	19,806	20,728

그러나 오랜 기간 재무제표를 봐오던 정보 이용자 입장에서는 삼성전자와 같이 각각 만드는 방식이 편할 수 있다. 옛날에는 당기순이익과 주당이익까지 작성하고 손익계산서가 끝이 났지만, 이제는 기타포괄손익이라는 것까지 등장해서 손익계산서가 길어진 관계로 정보 이용자로서는 보기가 꽤 부담스러워졌다.

회계정보 이용자의 입장에서는 당기순이익까지 1년간의 실현이익으로 이해하고 포괄손익은 당기순이익에, 미실현손익인 기타포괄손익까지 더한 숫자라고 개념 정리하면 된다.

회계정보 이용자 입장에서는 당기에 실현된 이익이 더 중요하므로 당기순이익까지 보는 것이 좋고, 포괄손익은 중요한 부분 위주로만 체크하면 된다.

한편 서비스업은 제조업, 도·소매업과 손익계산서 모양이 다르다. 제조업이나 도·소매업은 재화를 판매하기 때문에 매출액에 대응되는 매출원가가 있지만, 서비스업은 재화의 판매가 아닌 용역을 제공하므로 원가 개념이 없다.

[그림 3-1]의 삼성전자 손익계산서에서 보듯이 제조업은 '매출액 − 매출원가 = 매출총이익', '매출총이익 − 판매비와관리비 = 영업이익'으로 구성되지만, 서비스업을 영위하는 엔씨소프트는 [그림 3-3]에서 보는 것처럼 '영업수익 − 영업비용 = 영업이익'으로 비교적 간단하다.

수익에서 비용을 빼면 이익이고, 회사의 주된 영업활동과 관련된 이익이므로 영업이익이라고 한다. 매출액과 영업수익은 같은 개념, 즉 주된 영업활동에서 벌어들인 총수익을 의미하고, 영업비용은 매출원가와 판매비와관리비를 합쳤다고 이해하면 된다.

주된 영업활동은 모든 기업의 정관에 포함된 사업 목적에 기재가 되어 있으므로 [그림 3-4]와 같이 사업보고서에 첨부된 정관에서 확인 가능하다.

정관에서 보는 것처럼 엔씨소프트는 기본적으로 게임개발 및 유통 관련 사

<그림 3-4> 엔씨소프트의 정관

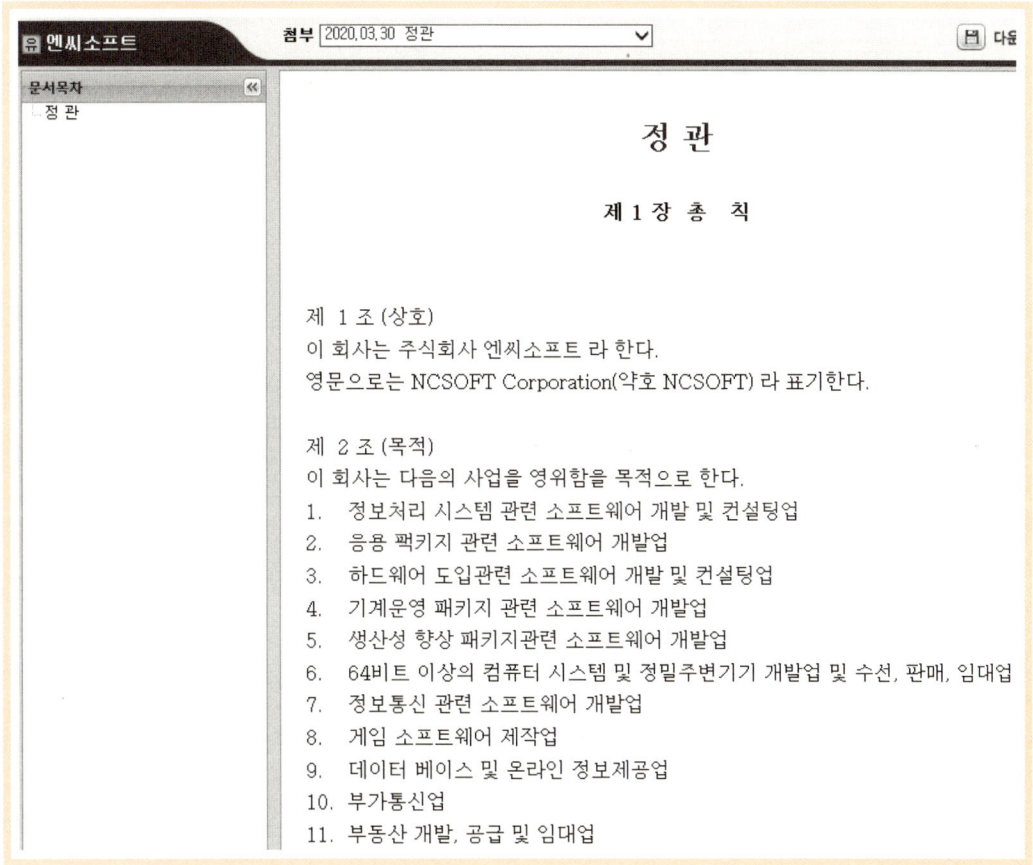

업을 영위한다고 되어 있는데, 제2조(목적) 11항에 나온 대로 부동산 개발, 공급 및 임대업도 하고 있다. 엔씨소프트의 연결재무제표 주석사항에서 투자부동산 관련 내용을 찾아보면 토지와 건물 등 부동산을 937억 원어치(공정가치 2,676억 원)를 갖고 있고, 임대수익으로 연간 118억 원을 벌고 있음을 확인할 수 있다.

상품을 사와서 판매하는 도·소매업이나 제품을 직접 제조하는 제조업의 경우에 800원의 재화를 1,000원에 판매한다면 매출 1,000원, 매출원가 800원으

<그림 3-5> 엔씨소프트의 투자부동산 주석사항

(3) 당기 및 전기 중 투자부동산에서 발생한 손익의 내역은 다음과 같습니다.

(단위: 천원)

구 분	당 기	전 기
임대관련수익	11,849,352	11,410,939
임대관련비용	(4,845,020)	(4,970,052)
합 계	7,004,332	6,440,887

(4) 당기말 및 전기말 현재 투자부동산의 공정가치는 다음과 같습니다.

(단위: 천원)

구 분	당기말		전기말	
	장부금액	공정가치	장부금액	공정가치
토지와건물	93,689,707	267,600,000	94,992,358	212,761,326
건물부속설비	4,951	평가 제외	13,310	평가 제외

로 손익계산서가 작성된다.

그러나 용역을 제공하는 서비스업의 경우에는 매출 발생을 위한 투입비용의 대부분이 인건비와 제반 경비이므로 매출원가라는 표현이 어색하다. [그림 3-3]의 엔씨소프트는 우리나라 최고의 게임기업으로 게임 관련 서비스 매출이 수익의 대부분을 차지하고 있으므로 매출원가의 여지가 없다. 이동통신사나 금융, 정보통신업종 등의 서비스업 대부분은 엔씨소프트와 같은 손익계산서 양식을 따른다.

단, 모든 서비스업이 '영업수익 − 영업비용 = 영업이익' 방식의 손익계산서를 사용하는 것은 아니다. 서비스업 중에서도 '매출액 − 매출원가' 방식의 손익계산서를 사용하는 곳이 아직 많다.

이런 기업들의 매출원가는 기업의 상황에 따라 들쭉날쭉한 경우가 많기 때문에 매출원가율을 구해서 작년보다 얼마나 좋아지고, 얼마나 악화되었는지를 분석하는 것은 효과적이지 않다. 왜냐하면 조직의 변동과 인원 변경 등 기업 특성상 수시로 달라지는 기업 환경을 고려하면 용역에 투입되는 인원들에 대한 인건비와 제반 경비가 매출원가와 판매비와관리비에서 수시로 이동되기 때문이다. 그래서 서비스업의 경우에는 이익률이 개선되었는지, 악화되었는지를

<표 3-1> 도·소매업 및 제조업과 서비스업의 포괄손익계산서 비교

도·소매업, 제조업의 포괄손익계산서		서비스업의 포괄손익계산서
(1) 매출액		영업수익(=매출액)
(2) 매출원가		
(3) **매출총이익**	(1)-(2)	영업비용(=매출원가+판매비와관리비)
(4) 판매비와관리비		
(5) **영업이익**	(3)-(4)	영업이익 (영업수익-영업비용)
(6) 금융수익		이하 좌동
(7) 금융비용		
(8) 관계기업투자손익(지분법손익)		
(9) 기타수익		
(10) 기타비용		
(11) **법인세비용차감전순이익**	(5)+(6)-(7)+(8)+(9)-(10)	
(12) 법인세비용		
(13) **당기순이익**	(11)-(12)	
지배기업 소유주지분		
비지배지분		
(14) 기타포괄손익		
후속기간에 당기손익으로 재분류되는 항목		
후속기간에 당기손익으로 재분류되지 않는 항목		
(15) **총포괄이익**	(13)+(14)	
지배기업 소유주지분		
비지배지분		
(16) 주당이익		
기본주당이익		
희석주당이익		

분석할 때 영업이익률(= 영업이익 ÷ 매출액)을 분석하는 것이 더 나은 방법이다.

결론적으로 회계정보 이용자 입장에서는 엔씨소프트의 손익계산서처럼 '영업수익 − 영업비용' 방식이 보기가 더 편하다.

도·소매업 및 제조업과 같이 재화를 제공하는 업종과 용역을 제공하는 서비스업의 포괄손익계산서 양식을 요약하면 [표 3-1]과 같다.

일단 여기서는 계정과목들의 대략적인 개념과 흐름 정도만 먼저 이해하도록 하자.

(1) 매출액

매출액은 기업의 주요 영업활동에서 얻는 1년간의 총수익이다.

상품 판매나 제품 판매의 경우에는 'P(가격) × Q(수량)'로 계산되고, 서비스업의 경우에는 용역 대가들의 합으로 집계된다. 매출이 증가하려면 판매량(Q)이 늘어나거나 판매가격(P)이 올라가야 한다.

판매가격을 올리는 것은 경쟁구조보다는 독과점 구조일 때 가능하다. 점유율이 낮은 기업보다는 높은 기업들에게서 가능하다. 고객 충성도가 높아서 판매가격을 올려도 제품이 잘 팔리는 기업들은 매출액이 저절로 증가할 것이다.

(2) 매출원가

도·소매업의 경우 이월된 기초상품재고액에서 당기매입액을 더하고 기말상품재고액을 뺀 금액이 매출원가로 결정된다.

예를 들면 1월 1일 창고에 상품 1,000만 원어치가 있었고, 1년간 매입한 총 수량이 4,000만 원어치다. 12월 31일 창고에서 재고조사를 했더니 2,000만 원어치가 남아 있다고 해보자. 그렇다면 이 회사는 1년간 3,000만 원어치(= 1,000

만 원 + 4,000만 원 − 2,000만 원) 매출원가가 발생했다는 이야기가 된다.

같은 논리로 제조업은 기초제품재고액에서 당기제품제조원가를 더하고 기말제품재고액을 뺀 금액이 매출원가로 결정된다. 도·소매업은 상품을 매입해서 팔지만 제조업은 직접 만들기 때문에 매입액이 아닌 제품제조원가가 들어가는 것이다.

회사가 1월 1일 창고에 제품 1,000만 원어치를 보관하고 있었고, 1년간 생산라인에서 만든 제품이 총 4,000만 원어치다. 12월 31일 창고를 조사했더니 2,000만 원어치만 남아 있다면 해보자. 이 회사 역시 3,000만 원어치가 팔린 것이다.

이런 예들을 바탕으로 식을 정리하면 다음과 같다.

- 도·소매업:
  매출원가 = 기초상품재고액 + 당기매입액 − 기말상품재고액
- 제조업:
  매출원가 = 기초제품재고액 + 당기제품제조원가 − 기말제품재고액

회사가 판매하는 제품이 다양하고, 제품당 원가도 제각각이다. 때문에 매일같이 판매가 이루어지는 부분을 정확하게 매출원가로 집계해서 일정에 맞게 결산을 끝내는 것에 한계가 있다. 그래서 실무적으로는 이런 식을 사용해 계산한다.

(3) 매출총이익

매출총이익은 매출액과 매출원가의 차이로, 상품을 매입하거나 제품을 만

들어서 팔면 어느 정도의 마진이 남는지 알 수 있다.

보통 매출총이익률(= 매출총이익 ÷ 매출액)을 구해서 동종업계와 비교하면 회사가 경쟁력이 있는지 확인할 수 있다. 또한 회사의 전기와 당기를 비교하면 악화되었는지, 개선되었는지도 판단할 수 있다.

그러나 상품과 제품을 팔기 위해서는 판매비와관리비가 필수적이기 때문에 영업이익률을 같이 분석하는 것이 더 효과적이다.

(4) 판매비와관리비

판매비와관리비는 판매와 관리를 위해 들어가는 비용들을 의미한다.

제조업의 경우 제조와 관련된 비용은 매출원가의 당기제품제조원가에 모두 집계가 된다. 도·소매업의 경우에는 순수 재화 구입가격만 매출원가이고, 판매와 관리 목적을 위해 지출되는 비용은 모두 판매비와관리비에 잡힌다.

예를 들어 기업이 임직원에게 1년간 지급하는 급여 총액이 1억 원이다. 이 가운데 제조활동과 관련된 인원에게 지급하는 급여가 6,000만 원이고, 영업과 사무직 인원에게 지급하는 급여가 4,000만 원이라고 해보자. 그렇다면 6,000만 원은 당기제품제조원가로 들어가서 매출원가에 잡히게 되고, 4,000만원은 판매비와관리비에 들어가게 된다.

기업의 인건비, 감가상각비 및 일반 경비들이 모두 이런 논리로 매출원가와 판매비와관리비로 나뉜다.

(5) 영업이익

영업이익은 매출총이익에서 판매비와관리비를 차감한 금액이다. 영업이익 이야말로 순수 기업의 영업활동에서 벌어들인 이익을 의미한다.

흔히 증권사 보고서에서 말하는 OP마진 Operating Profit Margin은 영업이익을 매출액으로 나눈 영업이익률을 의미한다. 영업이익률이 전년도보다 나아졌는지, 동종기업들보다 높은지 확인하는 것은 매우 의미 있는 분석이다.

기업의 고유한 영업활동에서 벌어들이는 이익이므로 적자가 나면 안 되고 매년 성장해야 좋다. 그리고 영업이익을 매출액으로 나눈 영업이익률도 일정 수준 이상에서 유지되거나 개선되어야 좋은 기업이라고 할 수 있을 것이다.

(6) 금융수익

금융수익은 금융상품에 투자한 후 수취하는 이자수익, 배당수익, 처분이익, 평가이익 그리고 회사가 보유한 외화자산·부채에서 발생하는 환산이익과 차익 등으로 구성된다.

기업마다 분류하는 방식이 다르기 때문에 외화환산이익과 외환차익을 기타수익에 분류하는 경우도 있다. 중요한 것은 금융수익과 기타수익 모두 영업이익 아랫단에 있는 영업외수익에 해당된다는 것이다.

(7) 금융비용

금융비용은 차입금에 대한 이자비용과 금융상품 처분손실, 평가손실 그리고 외화자산·부채에서 발생하는 환산손실과 차손 등으로 구성된다.

당연히 금융수익이 금융비용보다 많으면 좋다. 이자비용 역시 영업이익보다 적어야 한다. 기업이 1년 동안 사업을 해서 벌어들인 영업이익을 이자비용으로 고스란히 채권자에게 줘버리면 주주들에게 돌아갈 몫이 없기 때문이다.

외환위기 때부터 유명해진 이자보상비율(= 영업이익 ÷ 이자비용)은 영업이익으로 이자비용을 감당할 능력이 있는지를 측정하는 지표로 지금도 많이 쓰이고 있다. 적정 수준의 이자보상비율을 유지해야 안정적인 것으로 평가되며, 최소한 1 이상을 권고하는 편이다.

(8) 관계기업투자손익(지분법손익)

관계기업투자손익 또는 지분법손익은 기업마다 명칭을 다르게 사용하다보니 회계정보 이용자들이 헷갈릴 수 있는 계정이다. 결론적으로 모두 같은 의미이고, 기업이 정책적으로 지분법이익·지분법손실, 관계기업투자이익·관계기업투자손실이라는 이름 중에서 골라 쓴다고 이해하면 된다.

한국채택국제회계기준은 모든 기업이 하나의 룰을 따라야 한다는 식의 강제성보다는 기업들이 회계기준과 원칙 내에서 자발적으로 정책을 정하고, 그 정책을 일관성 있게 지킬 것을 요구한다. 때문에 이런 상황들이 종종 발생된다.

관계기업투자손익은 관계기업의 이익을 지분율만큼 당기의 손익으로 인식한다는 의미이다. 가령 삼성전자가 삼성전기의 주식 23.7%를 가졌으므로 삼성전기는 삼성전자의 관계기업에 해당되며, 삼성전기의 당기순이익 5,143억 원 가운데 23.7%는 삼성전자의 것에 해당된다. 물론 단순히 순이익에 지분율만큼 곱하는 것이 아니라 복잡한 가감 과정이 있다.

여기서는 계산과정은 생략하고 개념만 이해하기로 하자. 회계정보 이용자 입장에서 중요한 것은 기업이 우수한 관계기업을 가져서 관계기업투자손실보다는 관계기업투자이익이 나는 것이 좋다. 영업이익이 잘 나와도 부실한 관계기업 때문에 관계기업투자손실이 막대하다면 당기순이익을 갉아먹는 주범이 될 테니 그 기업은 결코 좋은 상황이라고 판단할 수 없다.

[그림 3-6]의 동서는 동서식품이라는 실적 잘 내는 좋은 관계기업을 갖고 있어서 영업이익보다 관계기업투자이익(지분법이익)이 많이 나는 경우다. 반면 [그림 3-7]의 세원셀론텍은 관계기업투자손실(지분법손실)로 인해 순이익이 줄거나 순손실이 더 커지는 경우에 속한다.

<그림 3-6> 동서의 2019년 연결포괄손익계산서

연결 포괄손익계산서

제 45 기 2019.01.01 부터 2019.12.31 까지
제 44 기 2018.01.01 부터 2018.12.31 까지
제 43 기 2017.01.01 부터 2017.12.31 까지

(단위 : 원)

	제 45 기	제 44 기	제 43 기
매출액	502,235,935,419	563,524,574,106	559,080,361,343
매출원가	418,423,975,726	473,205,260,621	464,476,485,116
매출총이익	83,811,959,693	90,319,313,485	94,603,876,227
판매비와관리비	45,339,973,955	47,101,706,678	46,930,413,297
영업이익	38,471,985,738	43,217,606,807	47,673,462,930
기타영업외수익	9,650,430,605	6,920,551,010	8,815,790,031
기타영업외비용	4,127,146,965	2,521,375,268	3,680,697,494
지분법이익	96,145,307,786	93,886,481,644	94,993,266,164

<그림 3-7> 세원셀론텍의 2019년 연결손익계산서

연결 손익계산서

제 14 기 2019.01.01 부터 2019.12.31 까지
제 13 기 2018.01.01 부터 2018.12.31 까지
제 12 기 2017.01.01 부터 2017.12.31 까지

(단위 : 원)

	제 14 기	제 13 기	제 12 기
수익(매출액)	181,937,239,128	133,830,066,096	158,138,172,485
매출원가	162,486,847,022	125,152,444,276	144,927,904,732
매출총이익	19,450,392,106	8,677,621,820	13,210,267,753
판매비와관리비	15,149,145,024	16,823,906,694	8,113,985,715
경상연구개발비	2,713,339,777	1,577,423,744	1,315,142,869
영업이익(손실)	1,587,907,305	(9,723,708,618)	3,781,139,169
기타이익	5,052,847,691	4,990,367,116	4,771,255,931
기타손실	4,746,132,108	7,288,526,412	8,473,700,665
금융수익	1,111,096,436	243,685,072	191,347,219
금융원가	6,765,637,487	5,245,766,712	5,441,610,328
지분법손실	(2,013,514,690)	(2,951,474,032)	(1,799,159,068)

(9) 기타수익

기타수익은 영업 외의 활동에서 발생하는 수익이다. 유형자산을 비싸게 매각하거나 임대수익이 생기는 등 여러 요인이 있다. 단, 임대업을 기업 본래의 영업활동으로 하는 기업은 임대수익도 매출에 해당된다. 기타수익에 임대수익이 있는 기업은 임대업이 주된 사업이 아니라는 의미이다.

(10) 기타비용

기타비용은 영업 외의 활동에서 발생하는 비용이다.

예를 들어 유형자산이나 무형자산을 회사 장부가액보다 싸게 매각해서 손실이 발생하거나 유·무형자산의 손상이 발생한 경우에 인식한다.

또 기업이 선량한 마음으로 내는 기부금도 기타비용에 잡힌다. 영업활동을 위해 사용하는 접대비는 매출원가나 판매비와관리비에 해당하지만, 기부금은 영업활동과 관계없이 지급하므로 영업이익 아랫단인 기타비용에 들어가게 된다.

(11) 법인세비용차감전순이익

영업이익에서 금융수익 가산, 금융비용 차감, 관계기업이익(손실) 가산, 기타수익 가산, 기타비용을 차감한 것이 법인세비용차감전순이익이다. 법인세비용을 빼기 전인 세전稅前이익으로 이해하면 된다.

(12) 법인세비용

회사가 과세관청에 납부하는 법인세는 회계상 이익에 세율을 곱하는 것이 아니라 세법에 따라 계산되어 세액이 정해진다.

회계장부에서 출발하지만 결국은 세법에 따라 법인세를 계산하기 때문에 회계와 세법의 차이를 조정하는 과정을 거친다.

손익계산서에 나오는 법인세비용은 세무조정에 의해 계산된 법인세와 이연법인세자산(부채) 등이 복합적으로 고려되어 계산된 회계상 숫자로 이해하면 된다.

(13) 당기순이익

당기순이익은 영업이익에서 관계기업투자손익(지분법손익)을 더하고 영업외의 활동에서 발생하는 금융수익(비용), 기타수익(비용) 및 법인세비용을 가감하여 계산한 순이익이다. 즉 순수하게 주주 몫으로 계산되는 이익이다.

영업이익과 비교해 순이익이 월등히 크거나 작으면 영업이익 아랫단을 자세히 분석해볼 필요가 있다. 당기순이익은 기말 시점에 자본에 있는 이익잉여금으로 가산된다.

(14) 기타포괄손익

당기순이익이 1년간 실현된 이익이라면 기타포괄손익은 실현되지 않고 기업의 자본을 구성하는 미실현손익으로 이해하면 된다.

미실현손익 상태이지만 추후에 당기손익으로 될 수 있는 항목도 있고 그렇지 않은 항목도 있다. 이를 각각 후속적으로 당기손익으로 재분류되는 포괄손익, 후속적으로 당기손익으로 재분류되지 않는 포괄손익이라고 한다.

후속적으로 당기손익으로 재분류되는 포괄손익은 금융자산평가이익, 해외사업장환산외환차이 정도이고, 후속적으로 당기손익으로 재분류되지 않는 포괄손익은 유형자산 재평가잉여금, 확정급여부채 재측정요소 정도이다.

주요 계정과목명에 대해서는 앞서 2장에서 설명했으니 참고하기 바란다. 기타포괄손익 중에 당기손익으로 재분류되는 포괄이익이 많으면 나중에 실현될 때에 실현이익도 커질 수 있다는 정도만 알고 있으면 된다.

(15) 총포괄이익

실현이익인 당기순이익과 미실현이익인 기타포괄손익을 합친 기업의 1년간 총이익을 총포괄이익이라 한다. 미실현이익도 포함되어 있으므로 주요하게 봐야 할 계정과목은 아니다.

(16) 주당이익

주당이익EPS, Earning Per Share은 당기순이익을 발행주식수로 나누면 될 것 같지만 그렇지 않다. 또한 HTS의 주당이익과 손익계산서상 숫자가 달라서 혼란스러워 하는 투자자들도 많다.

예를 들어 포스코의 2019년 연결포괄손익계산서를 보면 기본주당이익과 희석주당이익이 모두 2만 2,823원으로 되어 있다. [그림 3-8]은 키움증권 HTS 화면인데, 주당이익(EPS) 금액이 다르게 표시되어 있다.

키움증권 HTS에 나오는 EPS는 포스코의 2019년 지배주주순이익을 총발행주식수로 나누어 계산한다. 그러나 회계상 기본주당이익을 구하는 공식은 '지배주주지분 순이익(보통주 해당분) ÷ 가중평균유통보통주식수'라고 표현할 수 있다.

사실 회계이론으로 접근하면 HTS의 계산방식은 완전히 틀렸지만, 투자자의 목적에 더 적합할 수도 있다. 왜냐하면 투자자가 주당이익을 보는 이유는 현재의 주가가 회사의 주당이익과 비교하여 고평가인지 저평가인지를 검토하려는 것이다.

통상적으로 우리는 회사의 순이익을 시가총액과 비교해서 지금 주가가 실적 대비 몇 배인지 계산하기도 한다.

<그림 3-8> 포스코의 주당이익(EPS)

005490 ▼ Q ◀× 신 20% POSCO	KOSPI200	철강금속	신용A/담보A/증20			단
250일최고 ▼	249,500	-24.10%	19/12/18	액면가	5,000 원	시가총액	164,783 억	EPS ▼	21,048
250일최저	133,000	+42.11%	20/03/23	자본금	4,824 억	대용가	146,640	PER ▼	8.98
외국인보유	52.22%		25,525(천)	주식수	87,187 천	신용비율	0.12%	결산월	12월
189,000 ▲	1,000	+0.53%	262,671	119.04%	거래원	투자자	뉴스	재무	종목별	프로

자료 : 키움증권 HTS

따라서 무엇이 맞고 틀리다고 답하기는 어렵다. 이론에 충실하고 싶으면 손익계산서를 참고하면 되고, '시가총액 ÷ 순이익' 개념으로 접근하고 싶으면 HTS의 EPS를 참고하면 된다.

회계이론상 기본주당이익과 희석주당이익을 계산하는 식은 회계정보 이용자에게 매우 복잡한 부분 중의 하나이다. 좀 더 복잡한 계산과정은 뒤에 이어질 '주당이익' 편에서 확인하도록 하자.

2

매출액(영업수익)
업종별 수익인식 방법 알아보기

정관에 명시된 기업의 목적에 따라 고유의 영업활동(사업)을 통해 받게 되는 대가를 '매출액' 또는 '영업수익'이라고 한다. 재화를 판매하는 기업은 'P(가격) × Q(수량)'로 표현할 수 있고, 서비스업은 '용역 대가의 합'으로 표현된다.

기업이 할인 또는 에누리를 제공하는 경우에 그 부분이 차감된 순매출액만 손익계산서에 올라가며, 부가가치세는 기업이 받아서 국가에 납부해야 하는 돈이므로 역시 매출액에 포함되지 않는다.

예를 들어 재화의 판매단가 1,100원, 할인 100원, 부가가치세가 100원이라면 이 기업의 손익계산서에 잡히는 매출액은 '1,100원 − 100원 − 100원 = 900원'이 된다.

도·소매업이나 제조업은 대부분 재화를 공급한 시점에 수익으로 인식한다. 반드시 현금을 받는 시점이 아닌 거래가 발생된 시점에 매출이 잡히는 것이다. 서비스업 역시 마찬가지다. 현금을 받기로 한 때가 아닌 용역을 제공하는 시점에 매출을 인식한다.

그렇다고 무조건 물건만 넘기거나 용역을 제공했다고 전액 수익을 인식하는 것은 아니다. 그렇게 되면 '매출 밀어내기'로 수익 조작이 가능하고 용역대가에 2년간 A/S 비용까지 포함되어 있음에도 불구하고 받은 대가 전액을 다 매출로 잡아버리는 등 당해연도 손익에 왜곡이 일어날 수 있다.

그래서 수익인식 관련 회계기준이 2018년도에 대폭 개정되었고, 결과론적으로 매우 강화되었다.

[그림 3-9]는 삼성전자의 연결재무제표에 대한 주석사항 중 수익인식 회계정책이다. 복잡한 회계기준 원문보다 이렇게 잘 정리된 주석사항을 읽어보는 게 도움이 된다.

기업은 수익을 인식할 때 고객에게 받은 대가에 대하여 [그림 3-9]에서 보는 것과 같이 5단계에 거쳐 올해의 매출을 확정 짓는다. 고객과의 계약에서 회사가 수행해야 하는 의무를 식별하고 거래가격을 수행의무에 배분한다. 그리고

<그림 3-9> 삼성전자의 수익인식 기준

2.23 수익인식

수익은 주로 연결회사의 통상적인 활동에서 발생하는 재화의 판매에 대하여 받았거나 받을 대가의 공정가액으로 구성되어 있습니다. 수익은 부가가치세, 반품, 판매장려금 및 가격 할인액을 차감한 순액으로 표시하며, 내부거래를 제거한 후의 금액으로 표시하고 있습니다.

연결회사는 2018년 1월 1일부터 기준서 제1111호 '고객과의 계약에서 생기는 수익'을 적용하였습니다. 제1115호에 따르면 모든 유형의 계약에 5단계 수익인식모형(① 계약식별→ ② 수행의무 식별→③ 거래가격 산정→④ 거래가격을 수행의무에 배분→⑤ 수행의무 이행 시 수익 인식)을 적용하여 수익을 인식합니다.

수행의무 이행시에 수익을 인식하는 것이다. 단순히 계약 후 재화 또는 서비스 공급 때 수익을 전액 인식하는 것은 아니다.

예를 들어 장비를 제작해서 고객에게 1,000만 원에 공급하기로 했다면 공급시점에 1,000만 원 전액 수익으로 인식하지 않는다. 1,000만 원 안에는 장비 제작, 설치, A/S 등 관련 대가가 포함되었을 것이다. 각각 거래가격을 산정하고 수행해야 하는 의무에 배분해서 이행시점에 매출을 잡아야 한다.

서비스업도 마찬가지이다. LG유플러스의 수익인식 기준을 살펴보자.

예를 들어 K씨는 이번에 출시된 스마트폰 새 모델로 교체하면서 통신사 또한 갈아타기로 결정했다. 집에서 쓰는 인터넷, IPTV도 바꾸고 가족끼리 결합하면 요금이 더 싸진다는 영업사원의 안내에 따라 그렇게 하기로 했다.

<그림 3-10> LG유플러스의 수익인식 기준

> 2.19 수익인식
>
> (1) 수행의무의 식별
>
> 연결실체는 고객과의 계약에서 (1) 통신서비스 (2) 재화(단말) 판매 등과 같이 구별되는 수행의무를 식별하고 있습니다. 각각의 수행의무를 한시점에 이행하는지, 또는 기간에 걸쳐 이행하는지에 따라 연결실체의 수익인식 시점이 변경될 수 있습니다. 단말 판매는 단말의 판매시점에 의무를 이행하고 수익을 인식하며 통신서비스는 고객과의 예상 계약기간에 걸쳐 서비스를 제공함에 따라 동 기간동안 수익을 인식합니다.
>
> (2) 거래가격의 배분
>
> 연결실체는 하나의 계약에서 식별된 여러 수행의무에 상대적 개별 판매가격을 기초로 거래가격을 배분하고 있습니다. 이에 따라서, 단말지원금의 혜택을 받는 고객에게 단말 판매시 지급된 지원금 중 일정금액은 통신서비스 매출액에서 예상 계약기간 동안 차감되며 반대로 선택약정할인을 선택한 고객에 대해서는 통신서비스매출액에서 차감되는 금액 중 일부는 단말 매출액에서 일시에 차감된 후 예상 계약기간동안 통신 매출액에 가산됩니다.

통신사 입장에서는 고객에게 일정 요금을 매달 받는데, 그 안에는 스마트폰 단말기 값, 무선통신, 유선통신 및 IPTV 서비스 요금이 다 포함되어 있다.

고객으로부터 받는 대가에서 각각 해당하는 부분으로 배분하고 서비스 성격에 따라 한 번에 수익으로 인식하는 금액도 있고, 고객의 약정기간 동안 나눠서 잡는 경우도 생기는데, 자세한 수익 내역 역시 주석사항에서 보여준다.

[그림 3-11]에서 보는 것처럼 단말기 판매로 발생한 수익 3조 1,763억 7,400만 원은 '한 시점에 인식'을 하고, 통신 및 기타매출 9조 2,055억 9,500만 원은 '기간에 걸쳐 인식'한다는 것이다.

회사가 고객에게 단말기를 제공하는 시점에 위험과 효익이 다 넘어가니 받은 대가 중 단말기 부분은 수익인식이 한 해에 끝난다. 그러나 받은 대가 중 통신서비스 부분은 약정기간 동안 서로간 권리와 의무가 존재하므로 약정기간에 걸쳐 인식을 해야 맞을 것이다.

약간 복잡해 보이지만 합리적으로 바뀐 건 사실이다. 단순히 물건 넘기고 서비스 제공했으니 매출 잡는 시대는 지났다. 단, 유통업처럼 판매 시점에 대가를 받고 위험과 효익이 바로 이전되는 단순한 형태의 거래는 수익인식이 이렇

<그림 3-11> LG유플러스의 수익인식 관련 부문별 정보

(2) 당기 및 전기 중 연결실체의 주요 재화 및 용역 등으로부터 발생한 영업수익의 내역은 다음과 같습니다.

(단위: 백만원)

보고부문	수익구분	주요 재화 및 용역	2019.12	2018.12
LG유플러스 부문	기간에 걸쳐 인식	통신 및 기타매출	9,205,595	8,945,088
	한 시점에 인식	단말기 판매	3,176,374	2,780,562
	계속영업 소계		12,381,969	11,725,650
	중단영업(주1)		375,986	399,401
	합 계		12,757,955	12,125,051

(주1) 당기 중 중단영업으로 분류된 전자결제사업 관련 영업수익입니다.

게 복잡하지 않다.

외부감사법이 강화되고 수익인식 회계기준도 개정되었기 때문에 상장기업들이 예전처럼 매출 밀어내기 같은 부정한 방법으로 숫자를 조작하는 게 거의 불가능해졌다.

1) 수주산업

건설, 조선, 플랜트, 토목 및 시스템통합(SI) 등 소위 수주산업의 특성은 입찰과정을 통해 낙찰 받은 용역을 몇 년에 거쳐 수행하게 된다는 것이다. 수주액과 대금 지급시기 등은 계약 시점에 정해지지만, 장기로 용역을 진행하다보니 어느 시점에 수익을 인식해야 하느냐가 관건이다.

수주액을 수주 시점이나 완공 시점에 전액 인식한다면 용역을 진행 중인 몇 년간의 수익은 0원이 되는 기형적인 모습이 된다. 계약금·중도금·잔금 등 대금 지급시기에 수익을 인식한다면 대금 지급 스케줄에 따라 수익의 왜곡이 가능하고, 현금주의가 되므로 이 또한 회계원칙을 위반하게 된다.

여기서도 적용되는 회계원칙이 바로 '수익 비용 대응의 원칙'이다. 원가는 매년 발생되는데 반해 수익은 마지막 연도에 한 번에 인식되거나 대금 회수 조건에 따라 인식한다면, 서로 대응이 되지 않는 문제가 발생한다. 그렇기 때문에 회계기준에서는 '진행 기준'에 따라 수익을 인식하라고 되어 있다.

(1) 일반적인 수주산업 회계처리

다음의 간단한 예를 보도록 하자.

[**예**] A중공업이 2018년 1월 1일 유럽 선주에게 배 1척을 만들어 주기로 하고 다음과 같이 계약을 맺었다.

- 총 공사대금 : 1억 2,000만 원, 총 공사기간 3년(2020년 12월 31일 완공)
- 계약금 : 2,000만 원(2018년 1월 1일 청구. 대금은 다음 달 지급)
- 중도금 : 4,000만 원(2019년 12월 31일 청구. 대금은 다음 달 지급)
- 잔금 : 6,000만 원(2020년 12월 31일 청구. 대금은 다음 달 지급)

A중공업에서 이 프로젝트의 원가를 계산해 보니 1억 원이면 제작이 가능할 것으로 추정되었다.

A중공업은 2018년에 5,000만 원, 2019년에 3,000만 원의 원가가 각각 발생되었고, 2019년 말에 추정해 보니 2020년에 2,000만 원만 더 추가되면 배 1척을 만드는 데 문제가 없을 것으로 파악했다. 예상원가 1억 원을 기준으로 하면 2018년의 진행률은 50%, 2019년의 진행률은 30%, 2020년의 진행률은 20%가 된다. 이를 정리하면 [표 3-2]와 같다.

수익은 이 진행률에 따라 인식하게 된다. 따라서 2018년의 수익은 '1억 2,000만 원 × 50% = 6,000만 원', 2019년의 수익은 '1억 2,000만 원 × 30% = 3,600만 원', 2020년의 수익은 '1억 2,000만 원 × 20% = 2,400만 원'이 된다.

<표 3-2> A중공업의 연도별 진행률 (단위: 만원)

	2018년	2019년	2020년
발생원가(a)	5,000	3,000	2,000
누적 발생원가(b)	5,000	8,000	10,000
완공까지 추가 소요 원가(c-b)	5,000	2,000	-
총예정원가(c)	10,000	10,000	10,000
진행률(a÷c)	50%	30%	20%

<표 3-3> A중공업의 3년간 손익계산서   (단위: 만원)

	2018년	2019년	2020년
공사수익	6,000	3,600	2,400
공사원가	5,000	3,000	2,000
공사이익	1,000	600	400
매출총이익률	16.7%	16.7%	16.7%

A중공업의 3년간의 손익계산서를 작성하면 [표 3-3]과 같다.

총수주액 중 발생된 원가만큼 수익을 인식하므로 매출총이익률도 매년 일정하다. 단, 기업이 총예정원가와 발생원가를 고의로 왜곡시키지 않는 선에서는 합리적인 회계처리이다.

(2) 적자가 예상되는 공사의 회계처리

저가 수주가 만연한 상황이다 보니 완공까지 추가 소요 원가가 계속 늘어나서 적자가 발생되는 건설, 조선, 플랜트 등의 기업들이 최근에 많았다.

공사 중에 원자재 값 폭등이나 환율 상승 등의 이슈가 발생하여 불가피하게 공사원가가 증가되어 손실이 발생되는 경우도 있지만, 애초부터 저가 수주로 인해 공사가 진행되면서 적자가 나는 경우도 있다.

이런 수주산업의 경우에는 수주 실적, 수주 잔고 등이 주가 상승에 많은 영향을 끼치는 편인데, 실적을 발표할 때 예상과 달리 적자를 보이면 주가는 걷잡을 수 없이 떨어지게 된다.

그렇다면 어느 시점에 적자를 손익계산서에 올려야 할까? 추가 소요 원가를 추정했더니 적자가 될 것으로 예상한 시점일까? 아니면 실제로 적자가 발생한 해일까?

회계기준에서는 손실이 예상되는 시점에 즉시 당기비용으로 인식하라는 보수적인 입장을 견지하고 있다.

손실이 예상될 것을 알고 있음에도 불구하고, 올해 일단 이익이 발생했으니 이익으로 해놓고 다음 연도에 손실이 발생되면 그때 가서 손실로 잡지 말라는 것이다. 손실이 예상되는 해에 바로 손실로 잡으라는 의미다.

앞서 살펴본 예를 조금 변형해 보자. A중공업은 2019년 하반기에 이 프로젝트를 원가 1억 원에 완공하는 것이 불가능함을 인식했고, 완공까지 추가 소요 원가가 2,000만 원이 아닌 4,500만 원이 소요될 것으로 추정했다. 이렇게 됨으로써 이 프로젝트의 총원가는 1억 2,500만 원이 되어 수주액보다 500만 원이 더 큰 적자 프로젝트가 된다.

<표 3-4> A중공업의 연도별 진행률(추가 소요 원가 발생) (단위: 만원)

	2018년	2019년	2020년
발생원가(a)	5,000	3,000	4,500
누적 발생원가(b)	5,000	8,000	12,500
완공까지 추가 소요 원가(c-b)	5,000	4,500	-
총예정원가(c)	10,000	12,500	12,500
진행률(a÷c)	50%	24%	36%

다시 연도별 진행률 관련 표를 작성한다면 [표 3-4]와 같아진다.

추가 소요 원가 발생에 따른 새로운 연도별 진행률에 맞춰 손익계산서를 작성하면 [표 3-5]가 된다.

2019년에 완공까지 추가로 소요될 것으로 추정한 원가가 4,500만 원으로 변경되면서 총예정원가도 12,500만 원으로 바꿨다. 진행률은 단순히 3,000만 원 ÷ 12,500만 원으로 하면 24%고, 2020년도 같은 방식으로 계산하면 36%가 되어 3년 합계가 110%가 된다. 그렇기 때문에 [표3-5]의 손익계산서는 잘못 작성된

<표 3-5> A중공업의 3년간 손익계산서(추가 소요 원가 발생) ◀ 회계기준 위배

(단위: 만원)

	2018년	2019년	2020년
공사수익	6,000	2,880	3,120
공사원가	5,000	3,000	4,500
공사이익	1,000	-120	-1,380
매출총이익률	16.7%	-4.2%	-44.2%

것이다.

회계기준에서는 2020년에 발생할 것으로 예상되는 손실에 대하여 손실이 예상된 시점인 2019년에 손실을 미리 인식하라고 되어 있다. 회계기준에 맞게 손익계산서를 다시 작성하면 [표 3-6]이 된다.

2019년 매출액은 1,680만 원이 맞다. 2019년까지 누적공사원가가 8,000만 원이고, 총예정원가가 12,500만원이니 누적 진행률은 64%다. 2018년에 진행률 50%와 공사수익 6,000만원까지 고칠 수 없기 때문에 2019년에 진행률 14%만 인식해야 하니 어쩔 수 없다.

공사원가는 3,000만 원이 발생했지만 2020년에 발생할 손실에 대하여 2019년에 인식을 해야 하기 때문에 180만원을 더 잡았다. 이렇게 함으로써 매출총이익은 2020년에는 0원이 되고, 2019년에는 -1,500만 원이 된다. 다시 말해서 이 프로젝트로 인해 발생되는 공사 손실액 500만 원은 2019년까지 모두 인식된 셈이다.

<표 3-6> A중공업의 3년간 손익계산서(추가 소요 원가 발생) ◀ 회계기준 부합

(단위: 만원)

	2018년	2019년	2020년
공사수익	6,000	1,680	4,320
공사원가	5,000	3,180	4,320
공사이익	1,000	-1,500	-
매출총이익률	16.7%	-89.3%	-

여기서 도출되는 계정과목이 바로 '공사손실충당부채'이다. 수주산업에 관심이 많은 회계정보 이용자나 수주산업에 많이 투자했던 투자자라면 공사손실충당부채 인식으로 인해 대규모 적자를 기록했다는 뉴스나 기업의 실적 공시를 많이 접해 봤을 것이다.

A중공업의 손익계산서를 보면 2019년에 발생한 원가 3,000만 원 외에 180만 원의 원가를 미리 당겨 잡았고, 2020년에 발생되는 원가가 4,500만 원이 아닌 4,320만 원으로 180만 원이 줄었음을 알 수 있다. 이 2년간의 회계처리를 정리하면 [표 3-7]과 같다.

2019년에 공사원가를 가산하고 충당부채를 잡아놓고, 2020년에 공사손실충당부채가 상계되면서 공사원가를 줄여주었다.

공사손실충당부채 관련 회계처리는 부채 개념에 완벽히 들어맞지 않기 때문에 논리상 문제가 있고, 국제 기준에서도 딱히 명시되지 않은 상황이다. 그러나 저자는 투자자를 위한 올바른 회계처리라고 생각한다. 주가는 선행하기 때문에 2020년에 가서 뒤통수를 맞는 것보다 2019년에 미리 손실을 인식하는 것이 투자자들에게 더 시의적절 하게 정보를 제공하는 것이라고 생각한다.

조선, 건설사의 손익계산서에서 매출액보다 매출원가가 더 크다면 이는 수주액의 변화 또는 공사원가의 가산 등으로 인해 앞으로 손실이 나올 수 있어서 미리 공사손실충당부채를 전입했다고 보면 된다.

대우조선해양 분식회계 사건 이후로 조선, 건설사의 재무제표 작성 및 공시가 매우 강화되면서 주석사항이 대폭 늘어났는데 공사손실과 관련된 부분이

<표 3-7> A중공업의 공사손실충당부채 회계처리 (단위: 원)

	차변		대변		비고
2019년	공사원가	1,800,000	공사손실충당부채	1,800,000	비용 발생, 부채 증가
2020년	공사손실충당부채	1,800,000	공사원가	1,800,000	자산 증가, 수익 발생

<그림 3-12> 삼성중공업의 원가기준 투입법 적용 계약 주석사항

라. 보고기간 중 조선 및 플랜트 공사 등의 원가 상승 요인이 있어 보고기간 말 현재 진행 중인 계약의 추정총계약수익과 추정총계약원가가 변동되었고, 이에 따라 보고기간 손익과 미래기간의 손익, 계약자산에 영향을 미치는 금액은 다음과 같습니다(단위:천원).

당 기	추정총계약수익의 변동	추정총계약원가의 변동	보고기간 손익에 미치는 영향	미래 손익에 미치는 영향	계약자산의 변동(*)
조선 및 플랜트공사	409,225,051	448,619,796	(138,167,945)	98,773,199	(138,167,945)
건설공사	4,055,818	(4,163,784)	8,195,521	24,082	8,195,521
합 계	413,280,869	444,456,012	(129,972,424)	98,797,281	(129,972,424)

특히 그렇다.

공사손실충당금 관련 정보는 물론이고 진행 중인 공사와 관련해서 손익이 변동되어 올해 손익과 내년 이후 손익에 미치는 금액적 효과까지 공시를 한다.

관련 주석사항 사례를 [그림 3-12]를 통해 살펴보자.

계약수익 또는 원가의 변동에 따라 손익효과가 올해 얼마나 미쳤는지 또는 향후에 어떻게 미치는지 보여준다. 물론 추정치이므로 내년에 또 산업환경이나 프로젝트 진행상황에 따라 어떻게 바뀔지는 모른다. 2018년도 삼성중공업의 재무제표 주석사항으로 2019년에 1,299억 원에 달하는 손실이 발생할 것이라고 예상 할 수는 없기 때문이다.

[그림 3-12]에 따르면 진행 중인 공사계약 관련하여 올해, 즉 보고기간에 손익이 악화되는 영향을 받았다고 한다. 회사 손익계산서에 의하면 영업손실이 6,166억 원에 달하기 때문에 이 금액적 효과가 그렇게 큰 편은 아니다. 하지만 사업의 특성상 이렇게 매년 추가적인 손실이 나올 수 있음을 인지해야 한다.

(3) 수주산업 분석 3가지 핵심 체크 포인트

수주산업 관련 재무제표 주석사항들이 새롭게 많이 추가되어 정보가 풍성해졌다. 그러나 내용 자체가 어렵고, 수주산업의 수익과 비용이 진행률 추정방식으로 계산되다 보니 회계기준을 완벽히 이해해도 기업을 분석하는 것 자체가 매우 어렵다.

그렇다면 수주산업에 속한 기업들의 펀더멘털이 양호한지 어떻게 판단할 수 있을까? 그에 대한 해결책으로 다음과 같이 3가지 핵심 체크 포인트를 제시한다.

① 연간 수주규모를 체크하라!

수주 건수와 금액이 많으면 좋고, 증가 추세면 더없이 좋다.

수주총액은 매년 초에 전자공시시스템(DART)에 공시하는 '연결재무제표 기준 영업실적 등에 대한 전망(공정공시)'을 살펴보는 게 제일 좋다. 왜냐하면 전년도 수주 예상액, 실제 달성액, 올해 수주 예상액에 대한 정보가 나온다. 예상액이므로 물론 실제와 다를 수 있지만 몇 년치 모아보면 대략 판단이 가능할 것이다.

[그림 3-13]에 따르면 현대건설은 2020년 수주액으로 25조 1,000억 원의 수주를 예상했다. 이는 2019년의 수주액 24조 2,521억 원을 뛰어넘는 수치이다. 그림 하단에 나온 것처럼 2019년에 회사는 24조 1,000억 원의 수주를 예상했는데 초과달성한 것이다. 그러니 2020년도 초과달성에 대한 기대를 해볼 만하다.

그러나 사업계획을 아무리 정교하게 짠다고 해도 대내외 경제변수 같은 여러 상황에 따라 달라질 수 있으니 100% 확신하기는 어려울 것이다. 참고로 매년 공시했던 내용을 바탕으로 수주 전망과 실적을 비교하면 [표 3-8]과 같다. 오차율이 20% 가까이 날 수 있으니 그냥 참고만 해야 할 것이다.

전자공시시스템을 통해 수주공시에 올라오는 내용을 체크하는 것도 하나의 방법은 될 수 있다.

<그림 3-13> 현대건설의 영업실적 등에 대한 전망(공정공시)　　　　　　　　2020.01.22

연결재무제표 기준 영업실적 등에 대한 전망(공정공시)

※ 동 정보는 예측정보로서 향후 실제 결과와는 다를 수 있음

1. 연결 영업실적 전망 내용

구분(단위 : 억원)		2020	사업연도	2021	사업연도	2022	사업연도
대상기간	시작일	2020-01-01		-		-	
	종료일	2020-12-31		-		-	
매출액		174,000		-		-	
영업이익		10,000		-		-	
법인세비용차감전순이익		-		-		-	
당기순이익		-		-		-	
신규수주		251,000		-		-	

[최근 영업실적 등에 대한 전망과 실적 차이]

대상기간	2019-01-01	~	2019-12-31
구분(단위 : 억원)	전망	실적	오차율
매출액	170,000	172,998	1.8%
영업이익	10,000	8,821	-11.8%
수주	241,000	242,521	0.6%

<표 3-8> 현대건설의 수주 전망 및 실적　　　　　　　　　　　　　　　(단위: 억원)

	전망	실적	오차율
2017년	243,000	217,136	-10.6%
2018년	239,000	190,339	-20.4%
2019년	241,000	242,521	0.6%
2020년	251,000		

　　코스피 상장기업은 수주금액이 전년도 매출액 대비 5%이상, 코스닥은 10% 이상이면 의무공시 대상이다. 그러나 수주공시가 기업가치에 영향을 미치기 때문에 대부분의 기업들은 그 요건이 충족되지 않아도 자율적으로 공시를 한

<그림 3-14> 대우건설의 2020년 상반기 수주공시 내역 (단일판매·공급계약 체결)

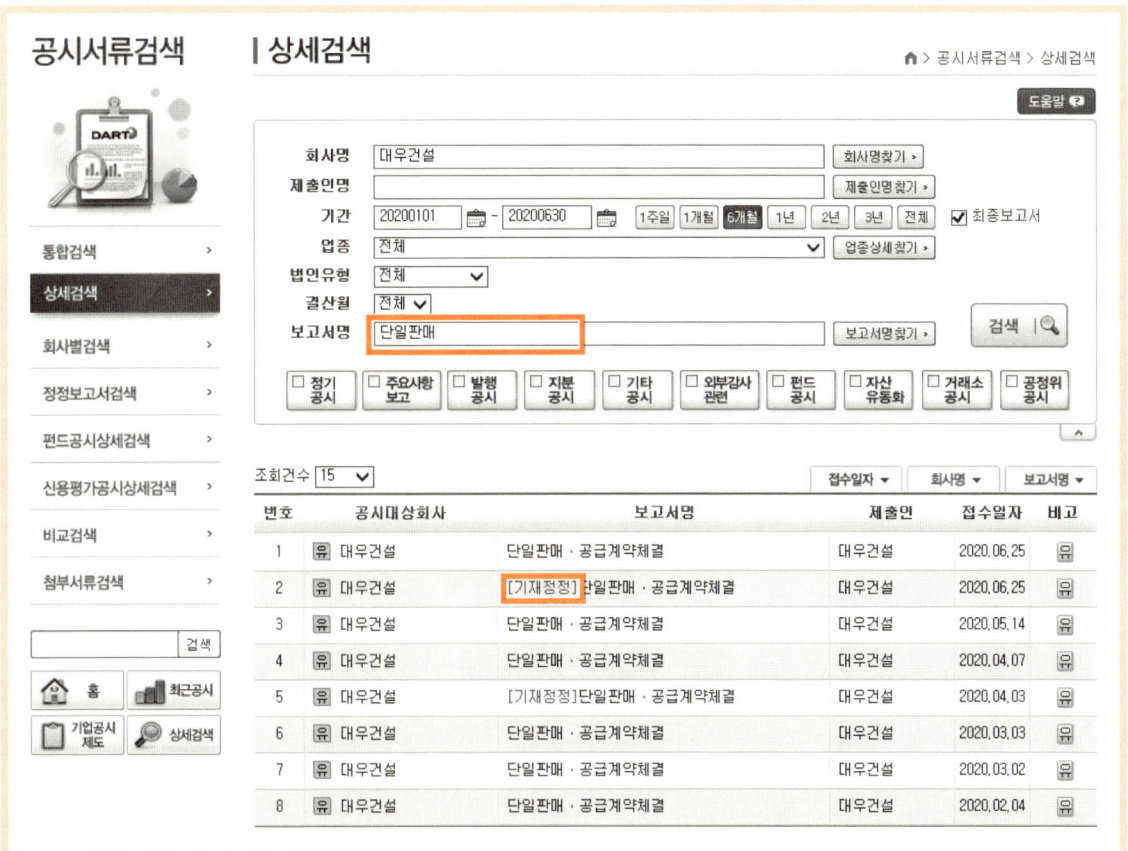

다.

[그림 3-14]는 대우건설의 2020년 상반기 수주공시 내역을 모아놓은 것이다.

전자공시시스템의 상세검색 메뉴에 들어가서 회사명 '대우건설'을 입력하고, 기간을 상반기(20200101~20200630)로 조정한 후 보고서명에 '단일판매'만 입력하면 된다(정식 보고서 명칭은 '단일판매·공급계약체결'이다). 상반기에 8건을 공시했는데, 하나씩 클릭해서 보면 수주금액과 공사기간이 나온다. [기재정정]은 과거 보고서 금액에서 수주금액이나 공사금액이 바뀔 때 정정공시한 것을 의미한다.

이 공시메뉴를 활용하여 수주 추세를 확인할 수 있고, 기업 실적에 대한 힌트 또한 얻을 수 있다.

대우건설은 영업실적 등에 대한 전망(공정공시)에서 2020년 수주액을 12조 8,000억 원으로 예상했는데, 상반기 단일판매·공급계약체결 공시에서 따낸 일감 합계를 계산해보면 약 2조 원 정도가 된다. 이래서는 목표 달성을 할 수 있을까하는 우려가 나올 수 있겠다.

그러나 회사마다 공시하는 기준이 조금씩 다른 면이 있음을 고려해야 한다. 앞서 언급했듯이, 원칙적으로 코스피 상장기업은 수주금액이 전년도 매출액 대비 5% 이상, 코스닥은 10% 이상이면 의무공시 대상이다. 이 요건에 충족되지 않아도 수주가 기업가치에 도움이 되기 때문에 작은 수주액도 공시를 하곤 한다. 그럴 때 보고서 명에 '단일판매·공급계약체결(자율공시)'이라고 표시한다. 대우건설은 이 자율공시는 하지 않는 것 같다.

2020년 반기 보고서의 연결재무제표 주석사항 중 건설계약을 보면 당반기 중 신규수주 등 도급증가액은 6조 2,781억 원이라고 공시되어 있다. 즉 상반기에 목표의 반 가까이 달성한 셈이다.

전자공시시스템, 사업보고서상 사업의 내용과 재무제표 주석에는 이렇게 많은 정보들이 공시되어 있으니 잘 찾는 연습을 하면 기업 분석하는데 큰 도움이 된다.

② 매출총이익률을 체크하라!

조선사나 건설사는 현장에서 주로 일을 하기 때문에 판매비와관리비 금액은 매우 작은 편이고, 매출원가 비중이 절대적으로 크다. 그리고 매출원가(공사원가) 대비 매출액(공사수익)이 크다는 것은 일부 저가수주를 하거나 공사원

<표 3-9> GS건설의 최근 3년 연결손익계산서 요약 (단위: 원)

	2019년	2018년	2017년
매출액	10,416,589,201,821	13,139,372,923,261	11,679,456,006,382
매출원가	9,018,721,377,045	11,511,807,548,164	10,876,113,911,216
매출총이익	1,397,867,824,776	1,627,565,375,097	803,342,095,166
판매비와관리비	630,601,135,677	563,076,198,012	484,672,669,981
영업이익	767,266,689,077	1,064,489,177,085	318,669,425,185
매출총이익률	13%	12%	7%
영업이익률	7%	8%	3%

가가 예상보다 많이 발생해서 공사손실충당부채가 생기는 상황이 와도 적자를 안 볼 가능성이 높다는 것을 의미한다.

이에 대한 확신을 얻으려면 몇 년치 손익을 점검하는 게 좋다. 기업의 성향을 알 수 있기 때문이다.

GS건설의 최근 3년치 손익계산서를 정리하면 [표 3-9]과 같다. 2019년의 매출총이익률이 13%이고, 매년 매출총이익률이 증가 추세다. 이 회사도 공사손실충당부채가 쌓여 있는데 584억 원으로 회사 매출총이익 1조 3,978억 원 대비 매우 미미하다.

즉 일부 적자 프로젝트가 있지만 대세에 영향이 없다는 것이고, 범위를 넓혀 2014년까지 살펴보면 최근 2년간 이익률이 많이 좋아졌음을 알 수 있다. 2014년부터 2017년까지 평균 매출총이익률이 5% 내외였었다. 과거에는 마진이 좋지 않은 공사도 많았지만 최근에는 고마진 공사 위주로 수주하였음을 추정해 볼 수 있다.

매출총이익률이 높아야 영업이익도 많이 발생할 것이다. 반대로 매출총이익률이 낮다면 아무리 건설사의 판매비와관리비 규모가 작다고 해도 영업이익으로 남는 게 별로 없게 된다. 2014년부터 2017년까지 평균 매출총이익률이 5%였던 시절에 회사의 평균 영업이익률은 고작 1.4%에 불과했다.

이익을 내야 한다는 얘기는 당연한 것 같지만 그동안 조선, 플랜트, 토목, 건설사 중 적자 프로젝트로 인해 매출액보다 매출원가가 더 큰 사례는 얼마든지 많았다.

③ 현금흐름을 체크하라!

수주산업에서 많이 접하는 계정과목이 바로 '미청구공사'이다. 이는 미수금과 유사한 개념이다.

<표 3-10> A중공업의 연도별 매출액과 대금청구

(단위: 만원)

	2018년	2019년	2020년	합계
공사수익	6,000	3,600	2,400	12,000
대금청구	2,000	4,000	6,000	12,000
차이	4,000	-400	-3,600	-

다시 앞서 예로 들었던 A중공업을 보도록 하자. [표 3-10]은 A중공업의 연도별 매출액과 유럽 선주로부터 받기로 한 대금을 정리한 것이다. 공사수익은 회계기준에 따른 진행률 방식이고, 대금청구는 회사와 선주 간 계약에 따라 정한 것이다.

2018년 말 시점에 A중공업은 이미 2,000만 원을 유럽 선주로부터 회수했을 것이고, 6,000만 원의 공사수익을 손익계산서에 계상했을 것이다. 그렇다면 회계처리는 어떻게 할까?

A중공업은 진행률로 인식한 공사수익 6,000만 원보다 대금으로 회수한 금액이 4,000만 원 더 적기 때문에 받아야 할 돈이 있다. A중공업은 [표 3-11]과 같이

<표 3-11> A중공업의 미청구공사 회계처리 (단위: 만원)

	차변		대변		비고
2018년도 말	현금	2,000	공사수익	6,000	자산 증가, 수익 발생
	미청구공사	4,000			자산 증가

받을 돈 4,000만 원을 매출채권이 아닌 미청구공사로 계상한다.

A중공업은 대금 지급 조건에 따라 유럽 선주에게 당장 4,000만 원을 청구할 수 없다. 유럽 선주 입장에서는 대금 지급 조건에 따라 2,000만 원만 지급하면 되고 그 이상 지급해야 할 의무가 없기 때문이다. 그러므로 매출채권이라는 표현을 쓰지 못하고 미청구공사라는 표현을 쓴다. 즉 공사수익은 발생했지만, 대금 청구를 못한 채권이라는 의미다.

2019년 말이 되면 기업의 공사수익은 3,600만 원인데 반해 유럽 선주에게는 4,000만 원을 청구한다. 2018년의 미청구공사 4,000만 원 중 400만 원에 대한 청구가 가능해졌다. 누적으로 생각하면 2년간 9,600만 원의 공사수익이 발생한 것이고, 선주에게 6,000만 원만 청구한 셈이다.

2020년이 되면 공사수익으로 잡은 것과 대금청구 간 차이가 해소된다. 2020년에는 수익인식을 2,400만원 밖에 못 하지만 계약상 6,000만원을 받기로 했으니 그동안 청구 못한 돈 3,600만원 다 청구한다.

이런 식으로 하나의 프로젝트가 진행되는 동안 진행률로 인식하는 수익과 대금 청구 스케줄 간의 차이로 인해 미청구공사가 생겼다가 사라지게 된다.

분식회계를 저지르는 기업의 특성 중의 하나가 이 미청구공사 금액이 많다는 것이다. 즉 공사는 해서 수익은 인식했는데 청구를 못해서 대금회수를 못한다. 회사 내부에 현금흐름이 안돌면 당연히 어려워질 수밖에 없다.

왜 청구를 못해서 대금 회수를 못하는 기업이 있을까? 원인은 여러 가지가 있다. 공사 진행하는 중에 선주(발주처)가 부도 나는 경우도 있고, 공사 다 했는데 인수를 거부하는 경우도 있다. 또 있지도 않은 공사를 한 것처럼 꾸며 매출액을 늘리는 분식회계를 한 경우도 있다. 즉 가공거래처에서 일감을 따오고 일을 한 것처럼 꾸미면 매출액과 미청구공사가 늘어난다. 수익과 유동자산이 늘어나니 재무제표는 예뻐 보인다. 그러나 대금을 청구할 거래처가 없고 현금회수도 안 되니 계속 미청구공사만 쌓일 것이다.

분식회계는 항상 대우조선해양처럼 사건이 터지고 나서야 알게 된다. 그러나 회계정보 이용자라면 사건이 터지기 전에 미리 징후를 인지해야 한다. 그리고 그 방법은 매우 간단하다.

[표 3-10]의 우측 합계를 보면 결국 손익계산서상 3년간 인식한 공사수익이나 대금청구해서 받는 돈이나 합계는 일치한다. 시점간 금액 차이만 발생할 뿐이다. 당연한 얘기다. 회계기준에 따라 3년간 발생된 수익을 손익계산서에 표시하는데, 대금은 그와 상관없이 때가 되면 들어온다. 결국 매년 손익과 대금청구액간 차이만 날 뿐이지 프로젝트가 종료되면 모든 것이 마무리된다.

그렇기 때문에 우리는 수주산업을 볼 때 특히 현금흐름표 분석을 집중해야 한다. 특정시점에 회계상 손익과 현금흐름간 차이가 발생하지만 일정 기간 동안 발생하는 손익과 현금흐름은 차이가 크지 않다는 이야기이다. (이 내용은 뒤에 '5장 기업의 현금흐름 파악하기'에서 자세히 다룬다. 대우조선해양 사례를 비롯한 수주산업 관련 현금흐름 내용을 수록했으니 참고하기 바란다.)

수주산업 회계는 상당히 어렵기 때문에 나름 공부를 한다고 해도 분석이 쉽지 않는 경우가 있다. 회계정보 이용자 입장에서는 지금 살펴본 '수주산업 분석 3가지 핵심 체크 포인트'처럼 기본적인 것 위주로 살펴볼 것을 권한다.

2) 금융업

금융업은 증권, 보험, 은행, 카드, 캐피탈 등 종류가 다양하다. 또 은행과 보험 내에서도 업무의 성격과 범위가 서로 다르기 때문에 이 모든 것들을 자세하게 다루기에는 지면상 한계가 있다. 여기서는 규모가 크고 회계적으로도 매우 중요한 은행과 보험사 위주로 살펴보려 한다.

은행에 큰 영향을 미치는 회계기준이 2018년에 개정되었다. 보험업 회계기준도 개정되어 적용될 예정이었으나 업계와 경제 전반에 미치는 파장이 워낙 커서 계속 연기 중에 있다. 새 회계기준 적용이 연기되어 보험사는 한숨을 돌렸으나 그에 대한 불확실성만 주식시장에 반영된 셈이다.

(1) 은행

은행 자산의 대부분은 대출채권이고, 은행 부채의 대부분은 예수부채로 이루어져 있다. 은행의 주요 업무가 기업, 가계 등 고객에게 여신을 제공하고 이자를 받는 것이다. 또한 같은 고객으로부터 예금을 받고 이자를 지급한다.

여신을 제공하면 재무상태표의 자산에 대출채권이 계상되고, 예금이 들어오면 부채계정에 예수부채로 올린다. 고객에게 빌려준 돈에 대하여 받을 권리가 있으니 대출채권은 자산이고, 고객이 예금을 인출할 때 돌려줘야 할 의무가 있으므로 예금은 부채가 된다.

상장된 기업은행의 2019년 연결재무상태표를 보면 대출채권이 239조원으로 총 자산 318조원 대비 약 75%이다. 대부분 시중은행의 자산 총액 대비 대출채권 비중이 75%선에서 비슷하다.

부채계정에 예수부채가 118조원 계상되어 있으니 이 은행은 대출채권이 예수부채 보다 약 121조원 많다. 즉 받아야 되는 이자수익이 지급해야 하는 이자

<그림 3-15> 기업은행의 2019년 연결포괄손익계산서

연 결 포 괄 손 익 계 산 서

제59기 : 2019년 1월 1일부터 2019년 12월 31일까지
제58기 : 2018년 1월 1일부터 2018년 12월 31일까지

중소기업은행과 그 종속기업 (단위 : 백만원)

과 목	제 59(당)기		제 58(전)기	
Ⅰ. 순이자손익(주석27,42)		5,751,987		5,632,286
1. 이자수익	9,488,526		9,040,608	
가. 당기손익금융자산 이자수익	152,958		153,118	
나. 기타포괄손익과 상각후원가금융자산 이자수익	9,335,568		8,887,490	
2. 이자비용	(3,736,539)		(3,408,322)	
Ⅱ. 순수수료손익(주석28,42)		514,232		451,155
1. 수수료수익	883,078		908,108	
2. 수수료비용	(368,846)		(456,953)	

비용보다 크다는 의미이다.

손익계산서에서 순이자손익(= 이자수익 - 이자비용)은 [그림 3-15]와 같다.

은행 수익의 핵심은 단연 이자수익이다. 손익계산서의 다른 항목을 보면 은행업무 관련 발생하는 수수료수익, 금융자산 운용 관련 손익 등이 있지만 순이자손익에 비해 금액 자체가 매우 작다.

일반적인 손익계산서에 비해 모양이 특이해서 그렇지 수익구조는 오히려 더 단순하다. 일반 제조업, 서비스업 등의 손익계산서와 또 다른 차이점이 있다면 수익과 비용을 차감한 순손익으로 표현한다는 것이다. 대출 관련 받은 이자수익에서 예금 관련 지급한 이자비용을 뺀 순이자손익, 은행업무 관련 받은 수수료수익에서 지급한 수수료비용을 뺀 순수수료손익으로 표시한다.

이렇게 해서 연간 발생한 기업은행의 총 영업이익은 약 6조 8,000억 원 정도 된다. 여기서 일반관리비와 기타 수익비용을 가감한 영업이익, 즉 일반 손익계

산서상 영업이익(= 매출액 - 매출원가 - 판매비와관리비)은 2조 2,000억 원 정도이다. 중간에 4조 6,000억 원이 비용으로 빠졌다는 얘기인데, 일반관리비가 2조 4,000억 원 정도이고 대출채권 관련 대손상각비가 1조 5,000억 원 정도 된다.

은행 관련 중요한 회계이슈는 바로 이 대손상각비이다. 모든 기업들이 상거래를 외상으로 하고 있기 때문에 채권회수는 매우 중요할 수밖에 없는데, 이 채권의 규모가 가장 큰 업종이 바로 은행이다.

과거에는 대손충당금을 적립할 때 객관적 증거로 확인되는 발생손실에 근거했다면, 2018년 1월부터 시행된 회계기준에서는 미래에 예상되는 손실에 대하여 미리 대손충당금을 적립하라고 명문화되었다.

즉 과거에는 은행이 여신을 제공한 회사가 부도, 법정관리, 자본잠식 등 객관적으로 채권회수가 불가능해질 때 대출채권에 대한 대손처리를 했었다.

그러나 2018년부터는 이런 사실 외에 대출처의 재무구조나 손익이 악화되어 미래에 정상적인 상환이 어려워질 것으로 예상되면 즉시 대손처리를 해야 한다. 즉 대손충당금 적립기준이 매우 강화된 것이다.

2018년 1월 1일 사업을 개시하면서 대부분의 시중은행들이 대출채권을 검토해서 예상되는 손실에 대하여 대손충당금을 증액했는데 평균 3,000억 원 이상 된다. 다행히 그 다음부터 대손상각비가 급격히 증가되는 모습은 보이지 않는다. 은행의 여신심사가 매우 강화됐을 것으로 추정된다.

국내외 경제상황에 따라 은행의 대출채권 대손 가능성이 커질 수 있다. 2008년 금융위기 때 은행들이 대출채권 관련 대손상각비가 급격히 늘어나면서 실적이 크게 악화되어 배당금을 지급하지 못했던 적도 있었다. 주식투자자 입장에서 은행주는 고배당주 성격이 강한데 배당금을 한 푼도 못 받으면 당황스러울 수밖에 없다.

경제상황이 좋지 않은 것도 문제고 주택담보대출 및 신용대출 급증으로 부실화에 대한 우려도 커지고 있으니, 관련 주주라면 거시경제적인 부분과 정부정책에 더 신경을 써야할 것이다.

(2) 보험사

새 보험회계기준(IFRS17)은 원래 2021년 도입 예정이었다. 그러나 보험업계에 이른바 '회계쇼크'가 발생할 가능성이 크기 때문에 2022년으로 도입 시기를 미뤘다가 최근에 2023년으로 재차 연기했다.

관련 이슈가 세상에 알려지면서 결국 보험사의 주가는 계속 우하향 추세가 되었고, 도입 연기는 오히려 불확실성만 키우게 된 꼴이다.

보험사 자산의 대부분은 금융자산과 대출채권 등이고, 부채의 대부분은 보험계약부채이다. 손익계산서를 보면 고객에게 받는 보험료수익이 영업수익의 50% 이상이고, 그 다음이 금융수익이다. 영업비용의 50%는 고객에게 지급하는 보험금이고, 미래에 지급해야 하는 보험금(보험계약부채)을 미리 적립 하는 책임준비금전입액이 그 다음을 차지한다.

정리하면, 고객으로부터 보험료를 받아서 자산운용으로 굴리다가 요건이 충족된 고객에게 보험금을 지급하는 구조로 역시 숫자가 클 뿐 그렇게 복잡한 재무제표는 아니다.

보험사 부채의 2/3을 차지하는 보험계약부채는 고객에게 지급해야 하는 보험금을 쌓아놓은 것이다. 매년 영업비용으로 처리하는 책임준비금전입액이 쌓여 이 보험계약부채를 이룬다.

삼성생명의 경우 보험계약부채가 180조 원이 넘고, 한화생명도 100조 원이 넘는다. 우리가 오랜 기간 보험료를 납입하고 보통 노후나 사후에 보험금을 받는 것을 고려하면 납득이 된다.

<그림 3-16> 삼성생명의 2019년 연결포괄손익계산서

연 결 포 괄 손 익 계 산 서
제 64 기 : 2019년 1월 1일부터 2019년 12월 31일까지
제 63 기 : 2018년 1월 1일부터 2018년 12월 31일까지
제 62 기 : 2017년 1월 1일부터 2017년 12월 31일까지

삼성생명보험주식회사와 그 종속기업 (단위 : 백만원)

과 목	제 64 (당) 기	제 63 (전) 기	제 62 (전전) 기
Ⅰ.영업수익	31,804,022	32,240,885	31,959,034
1.보험료수익(주석 24)	16,201,074	16,134,974	16,645,815
2.재보험수익(주석 25)	389,855	340,144	301,546
3.이자수익(주석 26)	7,187,838	7,109,193	6,803,907
4.당기손익인식금융자산관련이익(주석 27)	722,857	555,479	522,882
5.매도가능금융자산관련이익(주석 27)	275,872	1,247,110	96,079
6.위험회피목적파생상품관련이익(주석 27)	144,161	290,112	1,214,034
7.외환거래이익	811,654	640,649	420,593
8.수수료수익	1,680,886	1,677,177	2,235,539
9.배당금수익	1,051,509	1,081,956	791,569
10.임대료수익(주석 11)	450,122	420,851	413,564
11.특별계정수입수수료	1,626,473	1,653,367	1,568,717
12.특별계정수익(주석 15)	523,644	478,535	468,265
13.기타영업수익(주석 28)	409,730	271,435	191,221
14.리스수익	328,347	339,903	285,303
Ⅱ.영업비용	30,551,441	29,657,574	30,268,428
1.책임준비금전입액(주석 16)	6,003,799	6,447,570	7,625,987
2.지급보험금	14,467,397	13,510,288	11,909,948

문제는 현재 재무상태표에 표시된 보험계약부채의 금액이 정확하지 않을 수 있다는 것이다. 이 금액은 시가로 평가한 게 아니고 원가로 되어 있다. 즉 보험사와 고객이 계약을 맺을 때 기준으로 금액을 산정한 것이다.

시장금리를 고려해서 미래에 지급해야 하는 보험금을 현재가치로 평가하는 시가법을 쓴다면 금액이 엄청나게 커질 것이다. 왜냐하면 오늘 현재의 100원과 20년 후의 100원은 그 가치가 당연히 다를 테니 말이다. 이는 누구나 알고 있는 사실이다.

보험사 재무상태표의 자산은 공정가치로 되어 있는데 반해 부채는 원가법으로 되어 있으니 재무상태표가 소위 '짱구'가 된 것이다. 그래서 부채도 공정가치법으로 바꿔야 한다. 이게 새 보험회계기준의 핵심이다. 보험모집인의 보수에 대한 회계처리 및 기타 수익 관련 다른 회계 이슈들도 있지만 보험계약부채 규모가 워낙 크기 때문에 상대적으로 중요성이 떨어진다.

보험사에서 이미 새 회계기준에 맞게끔 보험상품별, 고객별 부채 계산 관련 시스템을 도입해서 시뮬레이션을 해 본 것으로 알려져 있지만, 부채 공정가치는 공개가 안 된 상황이다. 아마 상당히 큰 것으로 추정된다.

1990년 후반부터 2000년대 초반까지 보험사들이 덩치를 키우면서 고금리의 저축성 보험상품을 많이 팔았으니 여기서 부담이 꽤 될 것이라고 알려져 있다.

결국 보험사는 고객들로부터 보험료를 받아서 자산운용으로 불리고 나중에 보험금으로 되돌려주어야 한다. 위험자산 위주로 굴리면 손실 볼 가능성도 있으니 대체로 예적금이나 국공채 위주의 안전자산 중심으로 투자한다. 즉 자산운용은 저금리로 하고, 고객에게 돌려줘야 하는 보험금은 고금리로 챙겨줘야 하니 손실이 불가피해 보인다.

보험사는 지급여력을 갖춰야하기 때문에 부채 증가에 따라 자본도 늘려야 한다. 즉 유상증자를 하거나 앞에서 살펴본 신종자본증권을 발행해서 자본확충을 해야 한다.

참고로 한화생명보험은 2019년까지 3회에 거쳐 2조 원이 넘는 신종자본증권을 발행했다. 금리는 최소 3.7%에서 최대 4.7%에 달할 정도로 매우 부담스럽다. 원래 보험사는 신종자본증권 발행을 못했는데 제도를 고쳐서 발행이 된 것이다. 새 보험회계기준이 정식으로 도입되지 않았지만 미리 준비에 나선 것이다.

2016년에 알리안츠생명보험이 중국 안방보험에 매각된 적이 있었다. 알리

안츠생명보험은 자산 17조 6,000억 원, 부채 16조 2,000억 원, 자본 1조 4,000억 원 규모로 여의도에 고층빌딩을 사옥으로 쓰고 있었다. 조 단위의 자본을 갖고 있는 이 보험사는 안타깝게도 중국 안방보험에 단돈 35억 원에 팔렸다. 그 이유는 그동안 설명했던 내용과 같다. 장부상 부채가 16조 2,000억 원이지만 실제 공정가치로 환산하면 훨씬 더 커서 완전자본잠식상태로 추정된다. 그러다 보니 아무리 여의도에 고층건물을 갖고 있어도 빚투성이인 기업을 수조 원, 수천억 원에 팔기는 어려웠을 것이다.

차변인 자산과 대변인 부채 모두 공정가치로 평가해서 균형을 맞추는 게 당연한 얘기인데 그동안 보험사만 예외였다. 이제 좌우 균형을 맞추려하니 문제가 생각보다 크고, 준비도 안 된 상태라 계속 연기만 하고 있는 상황이다.

특히 생명보험사 '빅3'인 삼성, 한화, 교보 등의 규모 자체가 매우 크기 때문에 새 보험회계기준 도입은 국내 경제에 적잖은 쇼크를 줄 수 있을 것임에 분명하다. 언제 도입이 확정되는지, 보험사별 금액효과는 어느 정도인지 계속 관심을 갖고 지켜봐야 할 것이다.

3) 수수료수익

수수료는 용역을 제공하면서 받는 개념이지만, 여기서 말하려는 수수료수익의 포인트는 바로 총액, 순액에 대한 개념이다.

우리가 집을 사고팔 때 공인중개사가 중간에 중개 역할만 하고 수수료만 받을 뿐이지, 집주인이 공인중개사한테 집을 팔고 다시 공인중개사가 집을 보러 다니는 사람한테 집을 팔지 않는 것과 같은 맥락이다.

A기업은 신제품을 G홈쇼핑에서 판매하기로 했다. G홈쇼핑은 단순히 판매

중개만 대리할 뿐 이 제품에 대한 제품 포장부터 배송까지의 모든 책임은 A기업에 있다. 즉 제품 매출과 제품매출원가 관련 부분은 A기업이 회계처리를 한다. G홈쇼핑은 이 거래에서 당사자가 아닌 A기업을 위한 대리인의 역할만 수행했기 때문에 수수료를 매출로 인식하는 것 외에 별도의 회계처리는 없다.

A기업이 신제품을 8만원에 만들어서 G홈쇼핑에서 10만원에 판매하고 G홈쇼핑에 판매수수료로 15% 지급하기로 했다면, A회사와 G홈쇼핑의 손익계산서는 [표 3-12]와 같다.

그렇다면 G홈쇼핑이 A기업의 베스트셀러 제품을 직접 매입해 와서 자체적으로 고객들에게 주문을 받고 직접 배송하고 대금결제까지 하는 식으로 영업방침을 바꿨다고 가정해보자. G홈쇼핑에서 봤을 때 A기업에게 중개 수수료 받는 것보다 직접 물건을 사와서 홈쇼핑에서 파는 것이 더 실익이 클 것이라고 판단한 경우다.

그렇게 되면 홈쇼핑에서 발생하는 제품과 관련된 매출과 매출원가는 G홈쇼핑이 직접 처리하게 된다. 즉 G홈쇼핑은 A기업을 위한 대리인이 아닌 직접 거래의 당사자로 역할을 수행하는 것이다.

G홈쇼핑 입장에서 판매수수료로 15,000원 받는 것 보다 직접 판매해서 '매

<표 3-12> A기업과 G홈쇼핑의 손익계산서 (단위: 원)

A기업		G홈쇼핑	
매출액	100,000	영업수익	15,000
매출원가	80,000		
매출총이익	20,000		
판매비와관리비	15,000		
판매수수료	15,000		
영업이익	5,000		

출액 100,000원'으로 하는 게 기업가치에 더 도움이 될 수 있다. 그러나 직접 판매를 하려면 물류, 배송 등 관련 투자도 많이 해야 하고 비용 발생도 커지기 때문에 기업가치에 도움이 안 될 수도 있다.

우리가 일상생활에서 많이 애용하고 있는 쿠팡이 그런 예가 될 것이다. [표 3-13]에서 보는 것처럼 쿠팡도 과거에는 G홈쇼핑처럼 입점업체로부터 수수료를 받는 구조로 기업규모가 크지 않았으나 직접매입, 직접판매하는 방식으로 바꾸면서 2015년부터 본격적으로 외형이 커졌다.

그러나 매출증가에 따라 인건비, 운반 및 임차료, 광고선전비 등의 증가로 인해 영업적자는 더 커졌다. 수많은 온·오프라인 쇼핑몰이 치열하게 경쟁하는 상황이다 보니 이익극대화가 용이해 보이지 않는다.

이렇게 재화에 대한 주문부터 배송까지, 그리고 재화가격에 대한 결정과 대금에 대한 결제부터 회수까지 누가 책임을 지고 위험을 부담하는가에 따라 수익인식 방법이 다르다.

수수료만 수익으로 인식하는 방법을 순액매출, 제품 매출과 원가 전체를 수익과 비용으로 인식하는 방법을 총액매출이라고 한다.

이런 수수료수익은 홈쇼핑 이외에 오픈마켓, 여행사, 해운사 등 알선, 중개, 대리인 업무를 수행하는 곳에서 주로 발생된다.

홈쇼핑, 소셜커머스 등 기업의 손익계산서에는 매출액 한 줄로 표시되어 있지만 직접판매, 판매중개 등을 병행하는 경우가 많기 때문에 반드시 주석사항

<표 3-13> 쿠팡의 연도별 매출 규모

(단위: 억원)

	2014년	2015년	2016년	2017년	2018년	2019년
매출액	3,485	11,338	19,159	26,846	44,228	71,531
영업손실	-1,215	-5,470	-5,653	-6,389	-10,970	-7,205

<그림 3-17> GS홈쇼핑의 영업수익 주석사항

24. 영업이익
(1) 수익
연결실체의 영업과 주된 수익의 원천은 2018년 12월 31일로 종료하는 회계연도의 연차연결재무제표를 작성할 때와 동일합니다. 연결실체의 수익 중 매출액은 전액 고객과의 계약으로 인한 수익입니다.
① 당기와 전기 중 매출액의 내역은 다음과 같습니다.

(단위: 천원)

구분	제 26(당) 기	제 25(전) 기
상품매출액	387,491,890	196,312,729
수수료매출액	691,369,438	748,567,932
기타매출액	151,497,407	159,512,990
합계	1,230,358,735	1,104,393,651

을 살펴서 비중과 이익률을 체크할 필요가 있다.

[그림 3-17]은 GS홈쇼핑 연결재무제표 주석사항이다. 영업수익 관련 주석사항에 상품매출액과 수수료매출액에 대한 정보가 나온다. GS홈쇼핑의 경우 직접판매보다는 수수료매출액 비중이 훨씬 높다. 직접 상품을 매입해서 판매하는 것보다 판매 중개만 하는 것이 아무래도 위험부담이 덜하고 높은 이익률 달성도 가능하게 한다.

GS홈쇼핑의 영업이익률은 매년 10% 내외에서 유지되고 있다. 단, 연간 매출액 총액은 1조 2,000억 원 수준으로, 쿠팡의 매출 규모와는 차이가 현격하다. 수수료매출 비중이 높기 때문에 외형 자체가 커지는데 한계가 있을 수밖에 없다.

핵심 개념

① 수주산업은 총수주액에 매년 공사 진행률만큼 곱해서 수익을 인식한다. 공사 진행률은 발생된 공사원가를 총예정원가로 나누어 계산한다.

② 은행의 주요 수입은 순이자수익이다. 그러나 대출채권에 대한 대손충당금적립액이 증가하면 영업이익이 크게 감소한다. 특히 2018년 금융상품 회계기준 개정에 따라 은행의 대손충당금 적립방식이 발생손실에서 예상손실 기준으로 바뀌면서 은행의 위험관리는 더욱 강화되었다.

③ 보험업의 주요 수입은 보험료이고, 주요 영업비용은 보험금지급액과 추후에 지급해야 하는 보험계약부채전입액이다. 도입 예정인 새 보험회계기준(IFRS17)에서는 이 보험부채를 공정가치로 평가하도록 요구한다. 보험부채총액과 전입액 모두 큰 폭으로 증가될 것으로 예상된다.

④ 판매대행, 중개, 알선 업무만 하는 기업은 수수료만 매출액을 인식하므로 매출 총액이 작을 수밖에 없다.

재무 분석 Key

① 수주산업의 회계기준은 어렵기 때문에 회계정보 이용자 입장에서는 해당기업의 건실화 여부를 판단하기 위해 매출총이익률, 수주규모 및 현금흐름 등을 분석하는 게 효과적이다.

② 은행의 대출채권에 대한 대손충당금 적립은 경제상황 및 정책, 대외변수 등에 더 큰 영향을 받을 수 있으므로 은행주 주주를 포함한 이해관계자는 거시경제에 관심을 가져야 할 것이다.

③ 현재 보험사의 보험계약부채 및 보험계약부채전입액은 원가기준으로 계상되었다. 새 보험회계기준이 적용되는 시점부터는 공정가치 기준이 될 것이고, 부채와 비용의 급증이 예상된다.

④ 도·소매업의 경우 직접 매입해서 직접 판매하는 경우도 있고 단순 판매 대행 및 중개만 하는 경우도 있다. 이런 경우에는 영업수익 주석사항을 통해 매출 비중을 확인해야 한다.

3

매출원가

사업보고서를 활용해 원가 분석하기

매출원가란 도·소매업의 경우 판매된 상품의 매입원가를 말하고, 제조업의 경우에는 제품의 제조원가를 의미한다. 서비스업의 경우에 매출원가에 특별한 의미가 없기 때문에 도·소매업과 제조업만 살펴보면 된다.

우리는 앞에서 매출원가 공식을 확인한 바 있다.

> · 매출원가 = 기초상품(제품) 재고액 + 당기매입액(당기 제품 제조
>   원가) - 기말상품(제품) 재고액

상품이나 제품을 판매할 때마다 매출원가를 일일이 기록하지 않고, 기말 시점에 회계 기간 동안의 전체 매입액과 제조원가만 계산해서 기말재고액을 빼

는 방식이다.

하루에 적게는 수십 건에서 많게는 수만 건씩 발생하는 매출에 대응해 일일이 매출원가를 계산하는 방식이 실무적으로 쉽지는 않다. 바코드^{Bar Code}, 포스^{POS, Point of Sales}나 RFID 같은 IT기술이 많이 발달해서 판매량 확인은 용이한데 매입액(제조원가)이 매번 다르기 때문에 판매시점에 바로 원가 계산하는 것이 어렵다. 그래서 실무적으로 매출원가 공식을 활용한다.

상품의 경우 매입 시점마다 매입액을 계산하면 되고, 기말상품은 창고 실사를 통해 수량을 확인하고 매입 평균 단가를 곱해서 금액을 확정 지을 수 있다. 일부 기업들은 기말 재고금액을 확정 지을 때 선입선출법^{FIFO, First In First Out}을 쓰기도 한다. 즉 먼저 들어온 재고가 먼저 팔렸을테니 기말 재고자산 가액은 창고에 남아 있는 수량에 최근 매입가격을 곱하는 것이다.

제품의 경우 복잡한 제조원가 계산과정을 거치고, 기말제품 역시 실사를 통해 수량을 확인하고 단가를 곱하는 식이다. 제조원가 계산과정이 워낙 복잡하고 어렵기 때문에 제조업 원가 회계를 '회계학의 꽃'이라고 표현하기도 한다.

하지만 제조원가 계산명세는 기업의 중요 보안문서이므로 외부에 공개되지 않기 때문에 회계정보 이용자 입장에서 더 공부하는 것은 크게 의미가 없다. 원가에 대한 개념만 이해하고, 어떤 식으로 분석해야 하는지 살펴보는 것이 더 효과적이다.

제조원가는 원재료, 인건비 그리고 각종 제조경비로 집계가 된다.

제품을 만들기 위해 투입되는 원재료는 대부분 외부에서 매입하며, 인건비는 생산라인에 근무하는 임직원에 대한 급여를 말한다. 그리고 생산라인에서 발생하는 복리후생비, 감가상각비, 무형자산상각비, 외주가공비, 지급수수료 등과 같은 비용은 제조경비가 된다.

제조원가의 경비와 판매비와관리비의 항목들은 거의 같은 것들로 구성되어 있다. 경비가 발생했을 때 생산라인에서 발생하는 원가 성격이면 제조경비로 분류되고, 판매와 관리부서에서 발생하는 경비 성격이면 판매비와관리비로 분류한다. 감가상각비의 경우에 공장건물에서 발생하면 제조경비, 관리직이 근무하는 사무동에서 발생하면 판매비와관리비가 되는 식이다.

제조원가는 고정비성도 있고, 변동비성도 있다. 기계장치에 들어가는 감가상각비는 기계를 얼마나 많이 돌리는가와 상관없이 정액법으로 감가상각이 이루어지므로 고정비 성격이다. 이에 반해 원재료나 시간제 근로자의 임금 등은 제품에 투입되는 양이나 공장에서 근무하는 시간에 비례해 계산되므로 변동비 성격이 된다.

(1) 손익분기점

고정비와 변동비를 이용해 하나의 공식을 만들 수가 있다. 이는 기업의 판매가·원가 의사결정뿐만 아니라 개인사업을 하거나 장사를 하는 많은 사람들도 당연히 알고 있는 공식이다.

처음 보는 독자도 이 공식을 자세히 들여다보면 결국은 상식선에서 이해할 수 있다.

$$(P - VC) \times Q - FC$$

P : 단위당 판매단가 Price VC : 단위당 변동비 Variable cost
Q : 수량 Quantity   FC : 고정비 Fixed cost

도매시장에서 물건을 1,000원에 떼어 와서 고객들에게 1,500원의 정가로 판매하는 가게를 예로 들어보자. 이 가게의 한 달 임대료 및 관리비는 10만 원이고, 아르바이트생에게 한 달에 5만 원을 지급한다. 이 가게 사장은 한 달에 몇 개 이상을 팔아야 본전일까?

누구나 '(1,500 − 1,000) × Q − 100,000 − 50,000 = 0'이라는 간단한 방정식을 떠올려 풀 수 있을 것이다. Q는 300개가 되고, 이 300개를 가리켜 우리는 손익분기점$^{BEP, Break\ Even\ Point}$이라는 용어를 쓴다.

이미 모든 독자들이 상식적으로 알고 있는 것이고, 단지 이것을 영어 이니셜로 공식을 만들었을 뿐이다. 'P − VC'는 제품당 마진이 되며, '(P − VC) × Q'는 회계학에서 공헌이익$^{Contribution\ margin}$이라고 한다. 공헌이익이 고정비보다 커야 이윤이 남게 된다.

(2) 영업레버리지

많은 인력과 유형자산이 투자된 공장에서 제품을 생산하는 제조업의 경우 인건비와 감가상각비 같은 고정비 부담이 큰 편이다. 고정비가 큰 기업은 호황일 때 큰 폭의 이익 증가가 가능하고, 불황일 때 큰 폭의 이익 감소를 겪는다.

정해진 고정비를 뽑기 위해 많은 제품을 생산해서 팔아야만 할 것인데 경기가 안 좋거나 기업의 제품이 인기가 없게 되면 판매량이 줄어들게 되어 적자를 면하기 어렵게 된다. 반대로 정해진 고정비를 쓰고 있는 상황인데 회사 제품이 너무 잘 팔린다면 추가적인 고정비 지출 없이 매출액만 증가하므로 이익은 극대화가 가능하다.

회계학에서 감가상각비, 인건비와 같이 큰 금액의 고정비로 인해 매출액 보다 영업이익이 더 증가하는 것을 가리켜 영업레버리지$^{Operating\ Leverage}$ 효과라고 한다. 즉 지렛대^{lever}로 더 큰 이익을 창출해 내는 것인데, 고정비 부담이 큰 SK하이닉스의 최근 5년간 실적을 살펴보자.

<표 3-14> SK하이닉스의 최근 5년 실적

(단위: 백만원)

	2015년	2016년	2017년	2018년	2019년
매출액	18,797,998	17,197,975	30,109,434	40,445,066	26,990,733
매출원가	10,515,353	10,787,139	12,701,843	15,108,838	18,825,275
매출총이익	8,282,645	6,410,836	17,407,591	25,264,228	8,165,458
판매비와관리비	2,946,545	3,134,090	3,686,265	4,420,478	5,452,740
영업이익	5,336,100	3,276,746	13,721,326	20,743,750	2,712,718
영업이익률	28%	19%	46%	52%	10%

SK하이닉스는 2017년과 2018년에 반도체 슈퍼사이클이 오면서 큰 폭의 매출 증가와 이익 증가를 이루어냈다. 2015년과 2016년은 매출액 20조 원 미만에 영업이익도 5조 원, 3조 원 정도였다. 하지만 2017년부터는 매출액 앞자리가 달라졌다. 영업이익은 아예 금액 단위가 바뀌었다.

[표 3-14]에서 우리가 가장 집중해야 하는 부분은 바로 영업이익률이다. 2019년에 매출액이 다시 큰 폭 감소하면서 영업이익의 금액 단위가 또 바뀌었다. 영업이익률은 무려 52%(2018년)에서 10%로 주저앉았다. 영업이익률이 2년 연속 46%(2017년), 52%씩 나오다가 말이다. 매출액 역시 약 13조 원(40조 원에서 27조 원으로) 감소했다. 영업이익은 무려 18조 원(20조 원에서 2조 원으로) 가까이 줄어드는 현상이 생긴다.

이런 상황을 이해하려면 일단 SK하이닉스의 비용구조를 살펴봐야 한다.

연결재무제표 주석사항에 있는 '비용의 성격별 분류' 주석사항을 찾아보면, 2019년 SK하이닉스의 매출원가와 판매비와관리비 합계인 24조 원에서 인건비, 감가상각비 등 고정비 성격의 비용이 12조 원 가까이 된다. 여기에 다른 고정비 성격의 비용들을 더 합치면 고정비 비중은 훨씬 높을 것이다. 그러나 우리가 회사의 회계장부를 자세히 볼 수 없으니 대표적인 고정비인 인건비와 감가상각비만 고려하기로 한다.

회사 전체 영업비용(매출원가, 판매비와관리비)의 50%, 매출액 대비 약 44%가 고정비다. 사업이 잘 되든, 잘 안 되든 상관없이 12조 원은 회피 불가능한 비용이다. 회사가 특단의 조치를 취하지 않는 이상 12조 원은 계속 발생될 수밖에 없다.

회사는 대규모 생산공장을 차려놓고 기계장치와 인력을 다 투입해 놓은 상황인데 시장에서 반도체가 예년보다 덜 팔리고 가격이 떨어진 상황이니 효율성은 당연히 떨어질 수밖에 없다. 12조 원의 고정비를 지불하면서 반도체가 6조 개 팔리다가 4조 개 팔리는 상황이 된다면 반도체 하나당 고정비는 2원에서 3원으로 늘어나니 이익이 줄 수밖에 없다.

이 상황을 그림으로 그려보면 [그림 3-18]과 같다.

고정비의 큰 변동이 없는 상황에서 매출액이 줄면 이익은 더 큰 폭으로 감소할 수밖에 없다. SK하이닉스 역시 2018년 매출액 40조 원이 2019년에 27조 원으로 떨어질 때 영업이익률 역시 52%에서 10%대로 내려갈 수밖에 없는 이유이기도 하다. 반대로 매출액이 다시 증가한다면 영업이익은 2017년과 2018년

<그림 3-18> SK하이닉스의 고정비와 매출액

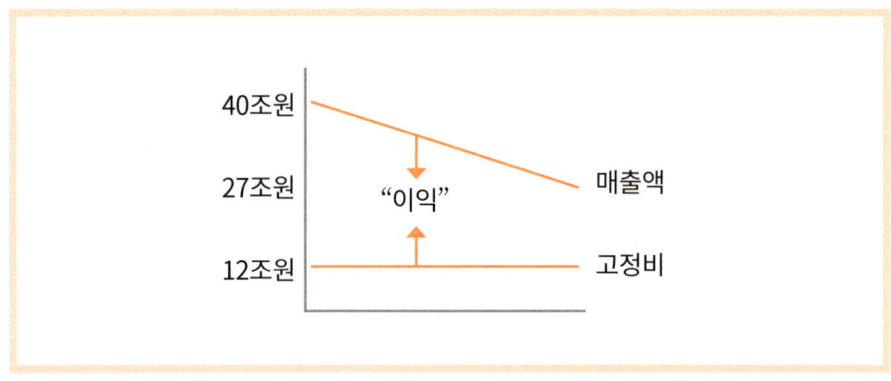

처럼 더 큰 폭으로 증가할 것이다.

다시 반도체 호황이 와서 예전의 매출액을 회복한다면 영업이익 증가는 따 놓은 당상이 될테니 이런 기업은 손익구조만 한 번 딱 이해해 놓고 모든 신경을 반도체 시장이 어떻게 될 것인지만 집중하면 된다.

시장지배력이 있고 가격경쟁력이 있는 기업이라면 판매단가를 더 올려서라도 이익을 확보하겠지만, 그렇지 않은 기업이라면 이익 내는 것이 쉽지 않다. 기업이 어려워지면 인력 감축을 통한 구조조정을 하게 되는데, 정규직보다는 시간제 근로자를 선호하는 이유가 바로 여기에 있다. 시간제 근로자를 많이 채용할수록 그들의 급여가 고정비가 아닌 변동비가 되므로 이익 조절이 가능하기 때문이다.

'$(P - VC) \times Q - FC$'를 이해하면 원가에 대한 개념이나 원가에 대한 분석이 수월해진다.

(3) 생산량에 따른 이익 변화

다음 간단한 두 케이스의 예를 보자.

[예] A물산의 제품 단위당 변동비는 50원이 발생하고, 매년 고정비로 2만 5,000원이 발생한다. 작년에 판매하고 남은 재고 100개(제품당 원가 100원)가 올해 기초재고로 모두 넘어왔다. 올해 회사는 시장에서 제품을 110원에 400개를 팔았다. A물산의 원가흐름은 평균법을 따른다.

- 케이스 1 : 회사는 올해 500개를 생산하고, 200개는 기말재고로 보유한다.
- 케이스 2 : 회사는 올해 380개를 생산하고, 80개는 기말재고로 보유한다.

<표 3-15> 케이스 1의 매출 원가

기초제품재고액(a)	10,000	(100원×100개)
당기제품제조원가(b)	50,000	(50원×500개+25,000원)
기말제품재고액(c)	(20,000)	(100원×100개+50원×500개+25,000원)/600개×200개
매출원가(a+b-c)	40,000	(400개×100원)

케이스 1의 매출원가를 계산하면 [표 3-15]와 같이 된다.

케이스 1의 제품 1개당 매출원가는 100원이다.

<표 3-16> 케이스 2의 매출 원가

기초제품재고액(a)	10,000	(100원×100개)
당기제품제조원가(b)	44,000	(50원×380개+25,000원)
기말제품재고액(c)	(9,000)	(100원×100개+50원×380개+25,000원)/480개×80개
매출원가(a+b-c)	45,000	(400개×112.5원)

또 케이스 2의 매출원가를 계산하면 [표 3-16]과 같이 된다.

케이스 2의 제품 1개당 매출원가는 112.5원이 된다. 전기에는 제품 1개당 원가가 100원이었지만, 당기에는 생산량을 줄이면서 단위당 원가가 12.5원이나 증가했다.

A물산의 원가흐름은 평균법을 따른다고 했다. 즉 기말제품재고액을 계산할 때 기초제품재고액과 당기제품제조원가를 모두 더한 후에 제품 총수량인 480개로 나누어서 제품 단위당 원가를 계산했다.

만약 이 기업이 평균법이 아닌 선입선출법을 따른다면 제품 단위당 원가는 달라진다. 먼저 생산된 제품이 먼저 판매되었다는 개념이므로 기초제품재고는 당기에 모두 팔렸을 것이고, 당기에 제조한 제품 중 80개만 기말재고로 남아야

<표 3-17> 케이스 1과 케이스 2의 손익계산서 비교 (단위: 원)

	Case 1	Case 2	차이
매출액	44,000	44,000	-
매출원가	40,000	45,000	5,000
매출총이익	4,000	(1,000)	(5,000)
매출총이익률	9.1%	(2.3%)	(11.4%)

할 것이기 때문이다.

즉 기말제품재고액은 '4만 4,000원 × 80개 ÷ 380개 = 9,263원'이 될 것이다. 대부분의 기업들은 평균법을 많이 쓰는 편이고 선입선출법을 쓰는 일부 기업도 있는데, 주석사항에서 재고자산 회계정책을 찾아보면 어떤 방법을 쓰는지 공시가 되어 있다.

케이스 1과 케이스 2의 손익계산서를 비교해 보면 [표 3-17]과 같다.

케이스 1은 정상적인 마진율을 보이는 반면 케이스 2는 손실이 되었다. 케이스 1과 케이스 2의 매출액은 동일하지만, 케이스 2의 매출원가는 오히려 5,000원이 늘어나는 현상이 발생했다. 왜 그럴까?

답은 바로 고정비에 있다. 경기가 좋지 않아서 기업이 생산을 줄여도 고정비 부담이 항상 있기 때문에 제품 단위당 제조원가는 올라가는 것이다.

만약 A물산이 525개를 생산했고, 나머지 가정은 동일하다고 하자. 그러면

<표 3-18> A물산의 매출원가와 손익계산서 (단위: 원)

기초제품재고액(a)	10,000	(100원×100개)
당기제품제조원가(b)	51,250	(50원×525개+25,000원)
기말제품재고액(c)	(22,050)	(100원×100개+50원×525개+25,000원)/625개×225개
매출원가(a+b-c)	39,200	(400개×98원)

매출액	44,000
매출원가	39,200
매출총이익	4,800
매출총이익률	10.9%

매출원가와 손익계산서는 [표 3-18]과 같이 된다.

생산을 많이 했기 때문에 단위당 원가가 작아지는 효과가 발생한다. 매출액은 그대로이지만 매출원가가 작아져서 매출총이익도 커지고, 이익률 또한 증가했다. 이 경우를 케이스 3이라고 하고, 케이스별 기말재고자산 수량과 단위

<표 3-19> 케이스별 기말재고자산 수량과 단위당 원가 비교

	Case 1	Case 2	Case 3
기말재고 수량	200개	80개	225개
기말재고 단위당 원가	100원	112.5원	98원
기말재고 금액	20,000원	9,000원	22,050원

당 원가를 비교해 보자.

케이스 2의 경우 재고자산의 단위당 원가 112.5원이 판매단가 110원보다 높은 상황이다. 이 재고를 모두 시장에 판다고해도 손실이 발생될 수밖에 없다. 케이스 2의 재고자산은 자산성을 상실했기 때문에 '(110원 − 112.5원 − 판매비) × 80개'만큼 재고자산평가손실을 추가로 인식하게 된다.

이 재고자산평가손실은 매출원가에 가산되고, 평가손실충당금은 재고자산을 줄이는 효과를 가져온다. 케이스 2의 제품 단위당 판매비가 2.5원이라고 가정하고 재고자산평가손실을 계산하면 '(110원 − 112.5원 − 2.5원) × 80개 = 400원'이 되며, 이를 반영한 재무상태표와 손익계산서는 [표 3-20]과 같이 된다.

케이스 2의 원래 손익계산서보다 매출원가가 400원 증가하면서 매출총이익

<표 3-20> 재고자산평가손실을 반영한 재무상태표와 손익계산서 (단위: 원)

매출액	44,000	재고자산	9,000
매출원가	45,400	재고자산평가손실충당금	(400)
매출총이익	(1,400)		8,600

은 400원 더 줄어들었다. 재무상태표의 재고자산에도 재고자산평가손실을 반영하면서 재고자산 금액이 줄어들게 되었다.

생산량을 줄여서 단위당 제품원가가 올라가면 이익이 줄어드는 것은 당연하고, 오히려 판매단가를 초과하게 되면 재고자산평가손실이 매출원가에 추가로 가산되어 손실 폭이 더 커진다는 것을 알 수 있다.

케이스 3의 경우는 기업이 호시절을 맞이했다고 봐야 할 것이다. 대량생산이 이루어져 단위당 원가가 절감되는 '규모의 경제'를 실현하는 경우에 해당된다. 기업에게는 이런 식으로 오랜 기간 지속되어야 좋은 일이겠지만, IT기업이나 패션산업 같이 유행에 민감한 업종 같은 경우에는 상황이 또 어떻게 바뀔지 모르는 일이기 때문에 안심할 수만은 없다.

왜냐하면 판매량이 400개로 똑같은 상황에서 생산량을 늘림으로 인해 단위당 원가가 줄어든 상황이기 때문이다. 내년에 기초재고 수량 225개를 안고 시작해야 하는데, A물산의 제품이 인기가 줄거나 시장에서 거의 팔리지 않는 상황이 된다면 이 재고는 A물산에 부담으로 작용할 수밖에 없다. 단위당 원가가 98원이지만, 시장이 변해 판매단가를 원가 이하로 낮춰서 팔아야 하는 경우도 올 수 있기 때문이다.

당기의 이익률을 좋게 하기 위해 무리하게 생산량을 늘리는 방법을 택할 수도 있겠지만 다음 연도부터 재고 부담이 현실화되므로 결코 좋은 방법이 아니다.

이 정도 사례만 이해했으면 기업의 손익 분석을 하는데 어느 정도 준비는 끝났다고 볼 수 있다. 이제부터는 실제 기업의 손익계산서를 보면서 분석을 해보도록 하자.

<그림 3-19> 삼양통상의 2019년 연결손익계산서

연결 손익계산서

제 59 기 2019.01.01 부터 2019.12.31 까지
제 58 기 2018.01.01 부터 2018.12.31 까지
제 57 기 2017.01.01 부터 2017.12.31 까지

(단위 : 원)

	제 59 기	제 58 기	제 57 기
매출액	192,107,452,643	183,198,269,259	170,589,473,972
매출원가	135,672,127,602	145,980,697,049	135,211,937,710
매출총이익	56,435,325,041	37,217,572,210	35,377,536,262
판매비와관리비	6,998,684,935	5,091,277,633	5,202,130,932
영업이익(손실)	49,436,640,106	32,126,294,577	30,175,405,330

(4) 기업 사업보고서 분석 사례

[그림 3-19]는 자동차 가죽시트, 가방, 옷 등에 들어가는 피혁원단을 생산해 판매하는 삼양통상의 2019년도 연결손익계산서 중 일부이다.

매출액은 소폭 증가했는데 매출원가가 감소해서 매출총이익과 영업이익이 큰 폭으로 늘어났다. 당기와 전기 숫자를 복사해서 엑셀프로그램에 붙인 뒤 전기 대비 증감과 증감률, 매출총이익률, 영업이익률 등을 정리하면 [표 3-21]과 같다.

전방산업인 완성차 및 의류 등이 성장하고 있지 않은 상황임에도 불구하고 [표 3-21]에서 보는 것처럼 회사의 영업이익은 54%나 증가했다. 영업이익 증가의 원인은 매출액 증가도 있지만 아무래도 원가절감이 커 보인다.

특히 2019년도 회사의 영업이익률은 26%로 계산되는데, 영업이익을 낸 상장기업들의 평균 영업이익률이 8% 내외인 점을 고려하면 대단한 성과가 아닐 수 없다. 전방산업 악화로 인해 주식시장에서 높은 기업가치를 인정받지는 못하지만 좋은 기업임에는 분명하다.

<표 3-21> 삼양통상의 매출 및 매출원가 증감 분석 (단위: 원)

	2019년	2018년	증감	증감률
매출액	192,107,452,643	183,198,269,259	8,909,183,384	5%
매출원가	135,672,127,602	145,980,697,049	-10,308,569,447	-7%
매출총이익	56,435,325,041	37,217,572,210	19,217,752,831	52%
판매비와관리비	6,998,684,935	5,091,277,633	1,907,407,302	37%
영업이익	49,436,640,106	32,126,294,577	17,310,345,549	54%
매출총이익률	29%	20%		
영업이익률	26%	18%		

여기까지만 분석하고 끝내면 진정한 분석이 아닐 것이다. 비록 기업의 원가명세서가 외부로 공개되지 않는 상황이지만, 사업보고서를 열심히 찾아보면 생각보다 많은 정보를 접할 수 있다. 또 이를 이용하면 기업에 대한 펀더멘털(기초체력)에 대한 판단과 미래 손익에 대한 예상도 어느 정도 가능하다.

매출이 증가한 요인이 P(판매가격)를 올린 것인지, Q(판매수량)가 늘어난 것인지 파악해야 하는데, 사업보고서 중 'II. 사업의 내용'을 읽다 보면 [그림 3-20]과 같은 주요 제품 관련 정보를 발견할 수 있다.

사업보고서 중 'II. 사업의 내용'은 그 기업을 이해할 수 있는 가장 기본적인 자료이므로, 기업을 분석하는 모든 투자자나 회계정보 이용자는 반드시 읽어봐야 한다.

[그림 3-20]에는 주요 제품의 매출 비중과 가격 변동에 대한 정보가 나와 있다. 회사의 주요 제품은 우피혁으로 전체 매출액 대비 98.7%이므로 나머지는 중요성이 떨어지니 생략해도 된다. 회사의 피혁제품 가격(내수)은 2018년에 3,170원이었는데, 2019년에는 3,193원으로 23원, 약 0.7% 증가했다. 즉 회사의 매출액 증가는 판매가격 상승보다는 판매량 증가로 판단할 수 있을 것 같다.

자동차 판매량도 감소 추세이고 옷이나 신발 등 소비재 시장도 그렇게 성

<그림 3-20> 삼양통상의 주요 제품 관련 정보

2. 주요 제품, 서비스 등
가. 주요 제품 등의 현황(연결재무제표 기준)

(단위 : 백만원)

사업부문	매출유형	품 목	구체적용도	주요상표등	매출액	(비율)
가죽부문	제품	우피혁등	수출,내수용등	-	189,754	98.7%
무 역	상품등	약품등	수출,내수용등	-	107	0.1%
기 타	수입임대료/잡매출	수입임대료/공드렴등	수출,내수용등	-	2,246	1.2%
합 계					192,107	100.0%

나. 주요 제품 등의 가격변동추이

(단위 : 원)

품 목		제 59기	제 58기	제 57기
피 혁	내 수	3,193	3,170	3,274
	수 출	3,133	3,110	3,202

장추세가 아님에도 불구하고 회사는 판매량이 증가했다. 이는 시장 내에서 회사의 점유율이 증가되었을 것으로 추정 가능하다. 원래 회사의 사업보고서 중 'II. 사업의 내용'을 보면 시장점유율에 대한 정보가 나오는 편인데 이 회사는 기재를 하지 않았다.

전자공시시스템에서 같은 업을 하는 조광피혁의 재무제표를 찾아보면 매출액이 2017년에 1,743억 원, 2018년에 1,277억 원, 2019년에 1,082억 원으로 매년 줄고 있는 것으로 봐서는 경쟁구조에서 삼양통상이 우위를 점한 것으로 추정된다.

그렇다면 삼양통상의 경우 매출원가는 왜 감소했을까? 이 점을 이해하려면 우선 연결재무제표 주석사항 '비용의 성격별 분류'부터 찾아봐야 한다.

[그림 3-21]에서 '합계'는 매출원가와 판매비와관리비를 더한 것이다. 이 1,426억 7,081만 3,000원 중 원재료 사용액만 739억 374만 6,000원이다. 비중이

<그림 3-21> 삼양통상의 비용의 성격별 분류 주석사항

35. 비용의 성격별 분류

비용의 성격별 분류는 다음과 같습니다.

(단위 : 천원)

구 분	당 기	전 기
제품과 재공품의 변동	5,921,770	13,282,822
원재료의 사용액	73,903,746	83,703,450
종업원급여비용	20,300,406	17,550,220
감가상각비	4,969,256	3,833,697
기타비용 등	37,575,635	32,694,745
합 계	142,670,813	151,064,934

<그림 3-22> 삼양통상의 주요 원재료 관련 정보

3. 주요 원재료에 관한 사항
가. 주요 원재료 등의 현황

(단위 : 백만원)

사업부문	매입유형	품 목	구체적용도	매입액(비율)		비 고
가죽제조	DIRECT수입 및 LOCAL구매	원피	가죽원단가공용	44,722	60.6%	※원피:미국등 에서 수입
〃	〃	약품및안료	〃	29,039	39.4%	※약품:유럽등 에서 수입
합 계				73,761	100.0%	

나. 주요 원재료 등의 가격변동추이

(단위 : 원)

품 목		제 59기	제 58기	제 57기
원피(매)	국내	-	-	-
	수입	41,280	59,194	75,591
액삼석회(kg)	국내	44	42	42
	수입	-	-	-
TANKROME(kg)	국내	-	-	-
	수입	1,147	1,106	1,055

52%나 된다. 인건비와 감가상각비 등 대표적 고정비는 252억 6,966만 2,000원으로 약 18% 정도 된다. 비중이 작은 편은 아니지만 원재료가 절대적이다.

원재료 가격 상승, 하락 여부에 따라 회사의 이익은 더 좋아질 수 있고 나빠질 수 있다. 그리고 만약 생산량과 판매량이 줄어든다면 고정비로 인한 이익 악화가 추가로 올 수도 있다.

원재료 가격에 대한 정보 역시 사업보고서 중 'Ⅱ. 사업의 내용'에서 확인할 수 있다.

[그림 3-22]에서 볼 수 있듯이 회사의 주요 원재료는 원피이고, 그 밖의 약품이나 안료가 39% 정도 된다. 주요 원재료인 원피의 최근 3년간 가격변동을 보면 회사의 손익이 왜 개선되었는지 바로 파악 가능하다.

매년 앞자리가 바뀔 정도로 원피 가격이 많이 떨어지고 있는데, 더욱 고무적인 것은 원피 가격이 떨어짐에도 불구하고 회사의 주요 제품 가격은 소폭 올렸다는 것이다. 그렇게 되면 제품 하나 팔 때마다 회사에 기여하는 제품 단위당 공헌이익Contribution margin은 더 늘어날 수밖에 없다. 전방산업 악화로 인해 판매량의 정체가 와도 이익유지가 가능한 이유다.

사업보고서 중 'Ⅱ. 사업의 내용'에 보면 가동률 관련 정보도 나온다.

평균가동률 100%라는 의미는 회사가 사업을 위해 투입한 유형자산, 무형자산, 인적자원 등을 낭비나 잉여 없이 가동하고 있다는 의미이다.

<그림 3-23> 삼양통상의 가동률 관련 정보

(2) 당해 사업연도의 가동률

(단위 : 일)

사업소(사업부문)	가동가능일수	실제가동일수	평균가동률
피 혁	246	246	100%

만약에 회사 제품이 잘 안 팔리는 상황이라 가동률을 50%로 낮춘다면 투입한 자원이 반 정도가 가동을 멈추거나 쉰다는 의미로 볼 수 있다. 그렇게 되면 이미 앞에서 살펴본 대로 생산량 감소로 제품 단위당 원가가 올라가니 손익은 악화될 게 자명하다.

회사의 원가계산과 관련된 주요 자료는 영업기밀이라 우리가 볼 수 없지만 이렇게 유용한 사업보고서라는 '정보의 보고'가 전자공시시스템에 있다. 관련 정보를 잘 찾아서 손익계산서 및 재무제표 주석사항과 연계해 분석하는 연습을 계속하다보면 누구나 기업을 쉽게 이해하고 판단할 수 있는 능력이 생길 것이다.

4

판매비와관리비

주석에서 정보를 찾아 매출과 비교하는 방법

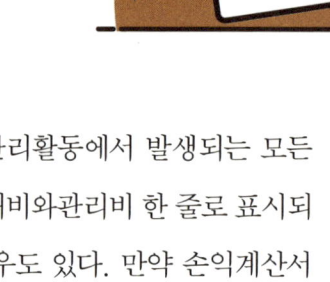

    판매비와관리비는 기업의 상품과 제품 판매, 관리활동에서 발생되는 모든 비용이 집계되는 계정과목이다. 손익계산서에 판매비와관리비 한 줄로 표시되는 기업도 있고, 세부 계정과목을 다 보여주는 경우도 있다. 만약 손익계산서에 한 줄로 금액만 나온다면 주석사항에 들어가서 세부 계정내역을 찾아보면 된다.

    업종 특성에 따라서 판매비와관리비가 매우 중요한 경우도 있고 그렇지 않은 경우도 있다.

    판매비와관리비가 중요한 몇몇 기업의 사례를 살펴보자.

<표 3-22> 소비재 기업의 손익계산서
(단위: 억원)

	한섬	아모레퍼시픽	블랭크코퍼레이션	브랜드엑스코퍼레이션
매출액	12,598	55,801	1,315	641
매출원가	5,084	15,005	485	252
매출총이익	7,514	40,796	830	389
판매비와관리비	6,448	36,518	919	290
영업이익	1,066	4,278	-90	99
매출원가율	40%	27%	37%	39%
판관비율	51%	65%	70%	45%

소비재를 주로 생산하여 판매하는 기업들의 수치를 보면 매출원가율(= 매출원가 ÷ 매출액)보다 판관비율(= 판매비와관리비 ÷ 매출액)이 더 높게 나온다. 즉 제품 생산원가 보다 판매와 관리를 위한 비용 지출이 더 크다는 얘기다.

소비자 입장에서는 일단 기분이 나쁠 수 있다. 10만 원짜리 옷의 원가가 4만 원이라는 것이고, 10만 원짜리 화장품의 원가는 2만 7,000원이라는 것이니 말이다. 백화점에서 정가를 주고 사는 것보다 아울렛에서 할인된 가격으로 사는 게 오히려 합리적인 소비행태로 볼 수 있을 것 같다.

이들 기업의 판매비와관리비가 큰 이유는 최종 소비자에게 도달하기까지 발생하는 유통 관련 비용이 크기 때문이다.

한섬의 판매비와관리비 주석사항을 찾아보면 6,448억 원 중 수수료가 4,319억 원이다. 전체 판매비와관리비 중에서 수수료가 차지하는 비중이 67%나 된다. 아모레퍼시픽도 전체 판매비와관리비 3조 6,518억 원 중 58%에 해당하는 2조 1,165억 원이 광고선전비, 지급수수료, 유통수수료 등으로 나간다.

이렇게 B2C Business to Consumer 기업들은 제품을 판매하기 위해 많은 광고선전비를 쏟아부어야 하고 면세점, 백화점, 온·오프라인 쇼핑몰에 입점해서 제품

하나 판매시마다 수수료를 지불한다. 또 방문판매원을 두고 물건을 판매하기도 하니 관련 비용이 많이 나올 수밖에 없을 것이다. 그러니 제품 생산원가 대비 훨씬 높은 가격으로 판매해야만 영업이익 달성이 가능하다.

[표 3-22]에 나오는 블랭크코퍼레이션은 비상장기업이고, 브랜드엑스코퍼레이션은 2020년 하반기에 상장한 소비재 기업이다. 소비재를 판매한다는 점에서 한섬과 아모레퍼시픽과 비슷해 보이는데 판매방식에서 차이가 크다. 한섬이나 아모레퍼시픽처럼 백화점, 쇼핑몰 등에 입점해서 파는 게 아니라 온라인몰을 갖추고 직접 판매를 한다.

이를 가리켜 D2C$^{Direct\ to\ Consumer}$라고 한다. 광고도 TV나 주간지 같은 매스미디어가 아닌 유튜브, 페이스북, 인스타그램 등 소셜미디어를 활용한다. 전통적인 판매방식에서 발생되는 오프라인 관련 비용을 온라인에 집중해서 지출하는 셈이다. 대부분 소비자들이 스마트폰을 갖고 있고 TV 보는 시간보다 스마트폰 이용 시간이 길어지다 보니 자연스럽게 광고와 판매방식도 변화된 모습을 보이는 것이다.

이런 기업들에 대한 손익분석을 할 때는 원재료, 고정비, 판매가격과 원재료 가격추이 보다 제품 인지도, 시장 반응 등에 집중해야 맞을 것이다.

한편 매출원가율이 매우 높고 판관비율이 낮은 기업들도 있다. 이런 기업들은 판매비와관리비 중요성이 낮기 때문에 깊게 분석할 필요까지는 없을 것 같다.

예를 들어 에쓰오일 같은 경우 매출원가가 23조 원인데 판매비와관리비는 6,273억 원에 불과하다. 매출액 대비 원가율이 96%, 판관비율은 2.6%이다. 국제유가 변화에 따른 정유 판매가격과 원유가격간의 차이에만 신경 쓰면 되지 아까운 시간을 판매비와관리비 분석하는데 쓸 필요가 없다.

이들 기업처럼 판매비와관리비, 매출원가 비중이 한쪽으로 치우친 경우가 아니라면 앞서 살펴봤던 삼양통상 사례처럼 분석하면 된다. 연결재무제표 주석사항인 '비용의 성격별 분류'부터 찾아 매출원가와 판매비와관리비를 한 번에 챙겨보는 게 좋은 방법이다.

손익계산서를 주로 영업수익, 영업비용으로 구분하는 서비스기업의 경우에는 비용의 성격별 분류 주석사항이 없으니 영업비용 주석사항만 보면 될 것이다.

(1) 서비스기업 분석 방법

모바일게임 전문 기업 넷마블의 손익계산서는 [그림 3-24]와 같이 되어 있다. 영업수익, 영업비용, 영업이익으로 구성된 손익계산서이다. 간단해 보이기 때문에 회계정보 이용자 입장에서는 아무래도 보기가 편하다.

매출액, 즉 영업수익은 게임아이템 판매 매출이 가장 많다. '판매가격 × 판매량'으로 분석이 어렵기 때문에 회사가 유통하고 있는 게임의 인지도나 순위 등을 주의 깊게 봐야 한다. 특히 신작이 나왔을 때의 분위기가 가장 중요할 것이다.

<그림 3-24> 넷마블의 2019년 연결포괄손익계산서

연결 포괄손익계산서

제 9 기 2019.01.01 부터 2019.12.31 까지
제 8 기 2018.01.01 부터 2018.12.31 까지
제 7 기 2017.01.01 부터 2017.12.31 까지

(단위 : 원)

	제 9 기	제 8 기	제 7 기
영업수익	2,178,677,560,442	2,021,272,799,024	2,424,755,040,569
영업비용	1,976,025,140,491	1,779,621,318,882	1,914,998,812,970
영업이익	202,652,419,951	241,651,480,142	509,756,227,599

<표 3-23> 넷마블의 영업비용 주석사항 요약 (단위: 천원)

구분	당기	전기
인건비	477,026,949	412,941,499
감가상각비	36,020,925	15,496,571
무형자산상각비	82,141,762	64,527,320
지급수수료	1,033,835,294	910,412,915
광고선전비	292,367,820	311,707,434
기타	54,632,390	64,535,580
합계	1,976,025,140	1,779,621,319

영업비용은 손익계산서상 한 줄로 되어 있으니 당연히 주석사항에서 주요 내용을 봐야 분석이 가능할 것이다. [표 3-23]은 넷마블의 2019년도 영업비용 주석사항에서 중요한 비용들만 추린 것이다.

인건비는 급여, 상여금, 퇴직급여, 복리후생비, 주식보상비용을 전부 합친 수치로 영업비용의 24%가 넘는다. 우수한 인적자원들의 창의성이 무엇보다 중요한 게임회사이다 보니 인건비 비중이 높을 수밖에 없다.

그러나 이를 압도하는 수치는 뭐니뭐니해도 지급수수료이다. 영업비용의 절반이 넘고, 영업수익 대비 약 47%나 된다. 게임회사들은 이렇게 영업수익 대비 수수료 비율이 높을 수밖에 없다. 그 이유는 여기저기 플랫폼기업에 대가를 지불해야 하기 때문이다. [그림 3-25]는 넷마블 사업보고서 중 'II. 사업의 내용'에 나오는 판매경로와 관련된 정보이다.

회사는 게임을 구글 플레이나 애플 앱스토어에 공급하고, 사용자가 다운로드 받게 하는 방식의 직접서비스 비중이 가장 높다. 그 다음이 카카오 같은 플랫폼에 게임을 올리거나 텐센트나 넷이즈 같은 해외 유명 플랫폼을 통해 유통시킨다.

<그림 3-25> 넷마블의 사업보고서 중 판매경로 관련 정보

1) 판매경로

당사의 판매경로는 직접 서비스와 플랫폼을 통한 서비스, 해외 퍼블리싱의 세가지로 구분할 수 있습니다. 사업의 밸류체인은 다음과 같습니다.

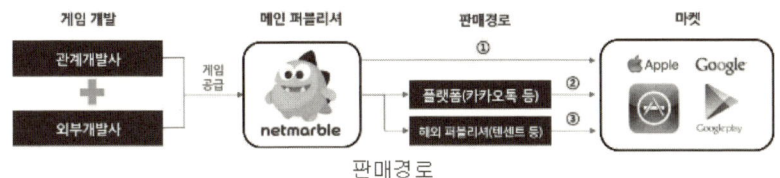

상기 밸류체인에서 ① 직접 서비스는 당사가 퍼블리싱 하는 게임을 마켓(구글 플레이, 애플 앱스토어)에 직접 공급하는 구조로 당사는 직접서비스의 비중을 높이고 있는 중이며, ② 플랫폼을 통한 서비스는 카카오톡 등의 메신저 플랫폼(MIM) 또는 네이버 등 포털서비스 제공자를 이용하는 경우입니다. ③ 해외 퍼블리싱 구조는 해외 서비스 시 현지 퍼블리셔를 채택하여 당사 게임을 퍼블리싱하는 경우입니다. Tencent, 넷이즈를 통한 중국 서비스가 이에 해당하는 경우입니다.

(단위 : 백만원, %)

판매경로	제9기 (2019년)		제8기 (2018년)		제7기 (2017년)	
	매출액	비중	매출액	비중	매출액	비중
① 직접서비스	1,911,381	94.40	1,688,050	90.21	2,035,481	87.97
② 플랫폼서비스	99,559	4.92	167,430	8.95	256,613	11.09
③ 해외 퍼블리싱	13,882	0.68	15,655	0.84	21,660	0.94
모바일 게임 합계	2,024,822	100.00	1,871,135	100.00	2,313,753	100.00
모바일 외 매출	153,856	-	150,138	-	111,002	-
매출합계	2,178,678	-	2,021,273	-	2,424,755	-

기본적으로 애플이나 구글을 거치면 매출액의 30%를 수수료로 가져간다. 만약 카카오 같은 플랫폼 기반으로 게임을 한다면 21%의 수수료를 더 내야 한다. 해외 플랫폼 쪽은 대략 40%씩 가져가는 것으로 알려져 있다.

(자세한 산업별 특성과 관련 재무제표 분석 방법은 전작인 『박 회계사의 사업보고서 분석법』과 『박 회계사의 재무제표로 보는 업종별 투자전략』을 참

고하기 바란다. 14개 업종 관련 분석 방법을 두 권에 걸쳐 나눠 수록했다.)

구글과 애플에 지급하는 수수료는 회피불가능 하다. 애플리케이션을 제작해서 사업을 하는 회사라면 어쩔 수 없이 내야하는 비용이다. 나머지는 회사가 어떻게 하느냐에 따라 추가로 지불할 수 있고 안 할 수 있다.

장기적으로 가장 좋은 방법은 광고선전비를 많이 써서라도 국내외 유저들에게 인지도를 높여 자체 플랫폼으로 들어오게끔 하는 것이다. 그래야 가장 큰 비중을 차지하는 수수료를 줄일 수 있다. 엔씨소프트 같은 경우가 그러하다. 매출액 대비 지급수수료 비중 자체가 낮기 때문에 매출액 대비 18%에 해당하는 3,000억 원 이상을 연구개발비로 투입하고도 30% 내외의 영업이익률을 달성할 수 있다.

넷마블은 고정비 성격의 광고비나 인건비 등을 줄이기 어렵고 매출액 대비 47%인 지급수수료도 꼬박꼬박 내야 하니, 영업이익을 늘리려면 좋은 게임을 잘 만들고 유통해서 매출 총액을 늘리는 것이 최선이다. 그래야 이익도 증가시킬 수 있다.

그러려면 개발 능력을 키워서 좋은 게임을 많이 만들면 된다. 그 이후 유통 단계는 검증된 능력으로 잘 할 테니까 말이다. 그래서 대부분의 게임회사들 전략이 이익으로 창출한 막대한 현금을 보유하고 있다가 괜찮은 개발사가 매물로 나오면 인수하거나 게임의 지적재산권 IP, Intellectual Property 을 최대한 확보하려고 한다. 그래야 매출액을 늘릴 수 있기 때문이다.

분석 방법이나 분석에 들어가는 요소에 대해 정해진 법은 없다. 회계정보 이용자 입장에서는 공개되어 있는 한정된 정보를 이용해 여러 가지 창의적인 방법으로 분석을 하고, 기업의 상황을 정확하게 파악하는 것이 핵심이다.

여러 기업들의 사업보고서를 보면서 금액적으로 중요한 계정과목을 뽑고, 이 금액들에 대해서는 해당 기업의 사업보고서 중 'II. 사업의 내용'에 나오는 정보들과 업종 특성 등을 고려하여 분석하는 연습을 반복하기 바란다. 가장 좋은 방법은 그 기업의 주식에 투자를 하는 것이다. 투자를 위한 분석이면 더 정성스럽고 냉철하게 할 수 있을 것이고, 많은 기업들에 대한 분석 기회도 생길 것이다.

핵심 개념

① 매출원가와 판매비와관리비를 합친 '비용의 성격별 분류' 주석사항을 활용하여 손익구조를 파악한다.

② 원재료비 같은 변동비 비중이 큰 회사, 인건비와 감가상각비 같은 고정비 비중이 큰 회사로 구분할 수 있다.

③ 소비재 기업은 판매비와관리비 비중이 매우 높고 화학·석유 업종에 속한 기업은 매출원가 비중이 매우 높으므로, 해당 계정과목 분석에 집중하면 된다.

④ 영업비용 한 계정과목만 쓰는 서비스업의 경우 영업비용에서 중요한 비용을 뽑아서 매출액과 비교 분석한다.

재무 분석 Key

① 원재료비 같은 변동비 비중이 큰 회사는 판매가격과 원재료비의 차이가 벌어질수록 이익극대화가 가능하다.

② 인건비, 감가상각비 같은 고정비 비중이 큰 회사는 판매량이 증가하면 이익은 더 많이 늘어나고, 판매량이 감소하면 이익은 큰 폭으로 줄어든다.

③ 소비재 기업은 생산원가보다 판매비와관리비 비중이 크기 때문에 제품의 경쟁력과 평판, 고객충성도 위주로 분석해야 한다.

④ 원재료 비중이 압도적으로 높은 경우에는 판매가격과 원재료 가격간의 차이(마진 스프레드) 분석에 집중해야 한다.

⑤ 서비스기업은 영업비용에서 중요한 비중을 차지하는 항목과 매출액과의 관계 분석에 집중해야 한다. 그러기 위해서 산업에 대한 특성도 같이 공부해야 할 것이다.

5

금융수익, 금융비용

수출입 비중 높은 기업 분석할 때는 주의!

    기업의 고유 영업활동에서 창출되는 수익을 '매출' 또는 '영업수익'이라고 한다. 매출원가와 판매비와관리비는 그 수익을 창출하는 데 필수적으로 지출하는 영업비용이다. 영업이익 극대화는 기업의 기본 목표이자 존속과 성장 능력 여부에 대한 판단 기준이다. 그런 까닭에 지금까지 이 책의 상당 부분을 할애해 살펴보며 집중적 분석했었다.

    이제부터는 고유의 영업활동 외의 부분에서 발생하는 수익과 비용에 대해 살펴보도록 하겠다.

    예전에 회계를 공부했던 독자라면 영업외수익, 영업외비용이라는 계정과목이 친숙하겠지만, 한국채택국제회계기준이 도입되면서 금융과 관련된 부분을 금융수익과 금융비용으로, 그 외 부분을 기타수익과 기타비용으로 세분화했다.

영업이익 아랫단에서 발생하는 수익과 비용은 영업이익 윗단보다는 중요도가 떨어진다. 그러나 큰 금액이 발생되고 주기적으로 일어나는 사건이라면 주의해서 분석할 필요가 있다. 금액이 크지만 만약 비경상적이고 비반복적으로 발생한 사건이라면 질적으로 중요성이 떨어질 수 있다. 그럴 때는 분석 대상에서 과감하게 생략해도 된다.

금융수익과 금융비용(원가)은 보통 손익계산서에 한 줄로 표시되고, 세부 내역은 주석사항에서 풀어 쓰는 식이다.

금융비용에서 가장 많은 비중을 차지하는 중요한 계정과목은 이자비용, 외환차손, 외화환산손실이다. 차입금이 많은 기업은 비례해서 이자비용도 많이 발생된다. 반대로 금융자산이 많은 기업은 이자수익, 배당수익 등 금융수익이 클 수밖에 없다. 별로 어려운 계정과목이 아니다.

금융수익과 금융비용에서 가장 어려운 계정과목은 외화관련 수익, 비용인데 아무래도 수출, 수입 비중이 높아서 금액이 큰 기업을 분석할 때는 특히 잘 살펴봐야 한다.

[그림 3-26]은 KG동부제철 2019년 연결손익계산서 중 일부이다. 2019년 금융수익에서 금융비용을 뺀 순금융비용을 계산하면 약 632억 원인데, 이는 2019년 영업이익 346억 원보다 크다. 또한 2018년과 2017년에는 영업적자인데, 순금융비용도 100억 원 이상씩 더 발생되고 있어서 순손실을 더 확대시키고 있다.

이 회사는 매출액부터 영업이익까지 분석도 중요하지만 영업이익 아랫단도 중요한 기업이다. 왜 순금융비용이 크게 나오는지는 주석사항을 찾아 들어가서 세부항목들을 잘 분석해 봐야 한다.

[그림 3-27]은 KG동부제철의 금융수익과 금융비용 관련 주석사항이다. KG동부제철의 금융수익에서 채무조정이익 숫자가 가장 큰데, 일반적인 기업에서

<그림 3-26> KG동부제철의 2019년 연결포괄손익계산서

연결 포괄손익계산서

제 38 기 2019.01.01 부터 2019.12.31 까지
제 37 기 2018.01.01 부터 2018.12.31 까지
제 36 기 2017.01.01 부터 2017.12.31 까지

(단위 : 원)

	제 38 기	제 37 기	제 36 기
매출액 (주5,33,39)	2,428,250,197,414	2,545,097,237,645	2,596,196,910,511
매출원가 (주7,25,27,35)	2,289,326,318,593	2,454,692,968,816	2,430,128,747,412
매출총이익 (주39)	138,923,878,821	90,404,268,829	166,068,163,099
판매비와관리비 (주7,25,27,28,35)	104,284,038,547	106,776,658,627	177,835,869,987
영업이익(손실) (주5,39)	34,639,840,274	(16,372,389,798)	(11,767,706,888)
금융수익 (주10,29,30,35)	83,239,913,738	155,609,828,438	74,138,523,062
금융비용 (주10,29,30,35)	146,489,794,679	170,998,091,490	181,933,972,964
기타영업외수익 (주6,7,14,31)	2,577,026,580	1,025,811,758	2,779,357,721
기타영업외비용 (주5,7,14,31)	5,662,452,230	23,335,518,933	167,176,638,175
지분법손익 (주10)	30,934,463	(2,552,962,135)	(1,027,351,161)
법인세비용차감전순이익(손실) (주5,32)	(31,664,531,854)	(56,623,322,160)	(284,987,788,405)

볼 수 있는 계정과목은 아니니 신경 쓸 필요는 없다. 과거에 산업은행이 동부제철 재정악화 때 출자전환해서 최대주주가 되었고, 현재 최대주주인 KG그룹의 투자유치를 위해 은행이 받아야 하는 채권에 대한 만기연장과 금리조정 등을 해주면서 발생한 이익이다.

    금융비용에서 이자비용이 가장 큰데 재무구조가 워낙 좋지 않기 때문에 이자비용 또한 클 수밖에 없다.

    이 회사는 채무면제이익과 이자비용이 없다고 해도 외환 관련 손익이 영업이익보다 더 크게 나올 정도로 중요하다. 2019년 영업이익이 346억 원인데 외화 관련 이익과 손실을 합치면 161억 원 손실이다. 영업이익의 반 가까이가 줄어든다. 2018년에는 외화 관련 손익이 152억 원 손실로 영업손실에 버금갈 정도이다.

<그림 3-27> KG동부제철의 금융수익과 금융비용 관련 주석사항

29. 금융수익과 금융비용

당기와 전기 중 당기손익으로 인식한 순금융손익의 내역은 다음과 같습니다.

(단위: 백만원)

구 분	제 38(당) 기	제 37(전) 기
Ⅰ. 금융수익		
이자수익	1,755	974
채무조정이익	57,923	138,829
배당금수익	4	53
당기손익-공정가치측정금융자산평가이익	26	-
외환차익	17,454	12,538
외화환산이익	6,078	3,216
소 계	83,240	155,610
Ⅱ. 금융비용		
이자비용	102,937	139,270
채무상환손실	3,925	-
당기손익-공정가치측정금융자산 처분손실	15	336
당기손익-공정가치측정금융자산 평가손실	-	481
외환차손	38,817	30,564
외화환산손실	796	347
소 계	146,490	170,998
Ⅲ. 순금융비용(Ⅰ-Ⅱ)	(63,250)	(15,388)

일시적으로 발생되는 숫자가 아니고 매년 큰 숫자가 손익에 영향을 주므로 영업이익 아랫단이라고 해도 중요하다.

일단 외화환산손실(이익)과 외환차익(차손)의 개념부터 알아야 하는데 간단한 예를 통해 살펴보도록 하자.

[예] A기업은 2013년 11월 1일 미국에 수출을 하고 100달러의 매출채권이 발생했다. 이 외화매출채권은 2014년 2월 28일에 입금되었다.

<표 3-24> A기업의 회계 처리

(단위: 원)

	차변		대변		비고
2013년 11월 1일	매출채권	105,990 (a)	매출	105,990	자산 증가, 수익 발생
2013년 12월 31일	외화환산손실	460 (b)	매출채권	460	비용 발생, 자산 감소
2014년 2월 28일	현금	106,770 (c)	매출채권	105,530 (d)	자산 증가, 자산 감소
			외환차익	1,240 (e)	수익 발생

(a) $100×₩1,059.9/$ = 105,990
(b) $100×(₩1,055.3/$-₩1,059.9/$) = 460
(c) $100×₩1,067.7/$ = 106,770
(d) 105,990-460 = 105,530
(e) $100×(₩1,067.7/$-1,055.3/$) = 1,240

(* 환율 : 2013년 11월 1일 ₩1,059.9/$, 2013년 12월 31일 ₩1,055.3/$, 2014년 2월 28일 ₩1,067.7/$)

각 일자별로 회계처리를 하면 [표 3-24]와 같다.

매출은 거래가 발생된 시점의 환율로 기록한다. 2013년 12월 31일은 송금되지 않고 매출채권의 형태로 남아 있으므로 12월 31일과 11월 1일의 환율 차이를 외화환산손실로 인식한다. 2014년 2월 28일에 미화로 송금되지만 그 날짜의 환율을 적용한 원화금액으로 환산하므로 현금은 당일 환율을 적용한다. 2월 28일의 매출채권 잔액은 최초 매출채권 발생 시점에서 외화환산손실로 줄어든 금액을 합친 금액이 된다. 그리고 외환차익은 매출채권잔액과 입금되는 현금의 차이가 된다.

외화환산이익(손실), 외환차익(차손)은 이와 같은 방식에 의해 회계처리된다. 즉 외화채권과 채무가 결제되면서 발생되는 손익은 외환차익(차손)이고, 결제 전에 결산기에 평가하면서 발생되는 손익이 외화환산이익(손실)이다.

수출, 수입 비중이 높아서 외화 관련 거래가 많은 기업들은 아무래도 환율에 민감할 수밖에 없다. 원재료 수입이 많은 기업은 외화매입채무가 클 것이고, 제품 수출이 많은 기업은 외화매출채권이 클 것이다. 그 외에 항공사나 해운사처럼 해외에서 항공기와 화물선 같은 유형자산을 많이 수입해오는 기업들도 외화부채가 많을 것이다.

재무제표 주석사항을 보면 외화자산과 외화부채를 하나의 표로 정리되어 있다.

<그림 3-28> KG동부제철의 환위험 주석사항

(3) 환위험

① 연결실체는 외화로 표시된 거래를 하고 있기 때문에 환율변동위험에 노출되어 있습니다. 당기말과 전기말 현재 연결실체의 환위험에 대한 노출정도는 다음과 같습니다.

(외화단위: 천USD, 천EUR, 천JPY)

구 분	제 38(당) 기		제 37(전) 기	
	자 산	부 채	자 산	부 채
USD	77,900	242,723	111,143	511,191
EUR	-	20	-	147
JPY	355,332	11,299	499,011	10,253
CNY	500	688	-	-
THB	-	1,816	-	-

② 당기말과 전기말 현재 원화대비의 USD, EUR, JPY 등의 환율이 변동하였다면, 연결실체의 자본과 손익은 증가(감소)하였을 것입니다. 환율이 10% 상승 또는 하락시 당기말과 전기말 현재의 화폐성 외화자산 및 외화부채에 대한 외화환산이 법인세비용차감전순이익에 미치는 영향은 다음과 같습니다.

(단위: 백만원)

구 분	제 38(당) 기		제 37(전) 기	
	10% 상승	10% 하락	10% 상승	10% 하락
USD	(19,083)	19,083	(44,729)	44,729
EUR	(3)	3	(19)	19
JPY	366	(366)	495	(495)
CNY	(3)	3	-	-
THB	(7)	7	-	-
합 계	(18,730)	18,723	(44,253)	44,253

[그림 3-28]에 표가 두 개 나와 있다. 첫 번째 표는 회사가 2019년 12월 말 현재 갖고 있는 외화자산과 갚아야 하는 외화부채를 환율별로 보여주고 있다. 가장 큰 숫자를 뽑아보면 외화부채 2억 4,272만 3,000USD, 외화자산 3억 5,533만 2,000JPY이다.

외화부채 2억 4,272만 3,000USD에 2019년 12월 말의 기준환율 ₩1,157.80/$를 곱하면 한화로 약 2,810억 원이다. 회사의 2019년 말 현재 부채 총계에서 원화 차입금, 퇴직급여부채 등을 제외하면 약 3,563억 원이니 매입채무, 미지급금 등 영업에서 발생한 대부분의 부채가 외화라는 의미이다.

이에 반해 외화자산 3억 5,533만 2,000JPY에 2019년 12월 말의 기준환율 ₩10.6347/JPY을 곱하면 38억 원 정도로 큰 편이 아니다. 오히려 외화자산 중 7,790만 USD가 한화로 902억 원으로 계산되니 달러 채권이 더 크다. USD 외화자산과 USD 외화부채를 순액으로 계산해도 채무가 1,908억 원 더 많다.

결국 이 회사는 USD 부채 비중이 크기 때문에 달러 환율에 민감할 수밖에 없다. 그 민감도가 얼마나 큰지는 [그림 3-28]의 두 번째 표에 나와 있다.

환율이 10% 상승할 때, 예를 들어 ₩1,000/$에서 ₩1,100/$로 오른다면 회사는 1달러당 100원의 채무 부담이 가중된다. 표에서 보는 것처럼 환율이 10% 상승하면 191억 원 정도의 손실이 추가로 발생된다. 반대로 환율이 10% 하락하면(예를 들어 ₩1,200/$에서 ₩1,080/$으로 떨어진다면 1달러당 120원의 채무 부담이 줄게 된다) 191억 원 정도의 이익이 추가로 발생할 수 있다.

2019년 회사의 영업이익이 346억 원 정도였으니까 환율 변동이 회사 손익에 큰 영향을 줄 수 있다.

한편 KG동부제철보다 더 많은 외화 관련 손익이 발생하는 대한항공은 관련 계정과목을 금융수익, 금융비용이 아닌 기타수익, 기타비용으로 분류했다.

외화 관련 계정과목을 영업이익 아랫단에 표시하는 대원칙은 정해졌는데,

어느 계정과목에 분류해야 하는지는 규칙으로 정하지 않았다. 회사가 자율적으로 정할 수 있으므로 회계정보 이용자는 잘 찾아보는 수밖에 없다.

6

기타수익, 기타비용
(기타영업외수익, 기타영업외비용)
종종 '깜짝 실적'으로 착각하기 쉽다

　기타수익(이익)과 기타비용은 금융수익, 금융비용과 마찬가지로 영업이익 아랫단에서 발생한다. 영업이익 윗단보다 중요도는 떨어지지만 큰 금액이 발생되고 주기적으로 일어나는 사건이라면 주의해서 분석할 필요가 있다.

　비경상적으로 발생했지만 금액이 커서 기업의 손익에 영향을 미친다면 숫자에 대한 해석을 잘 해야 한다. 특히 일회성 이벤트로 인해 기타수익이 비정상적으로 커져 영업이익을 훨씬 초과하는 당기순이익을 만들어 내는 상황에서 '깜짝 실적Earning Surprise'이라는 오해를 할 수 있다. 이는 손익계산서를 자세히 분석하지 않고 당기순이익이나 주당이익만 보게 될 때 종종 겪게 되는 해프닝이기도 하다.

(1) 기타수익

[그림 3-29]는 동양고속의 2019년도 연결손익계산서이다. 이 회사는 15기

<그림 3-29> 동양고속의 2019년 연결손익계산서

연결 손익계산서
제 15 기 2019.01.01 부터 2019.12.31 까지
제 14 기 2018.01.01 부터 2018.12.31 까지
제 13 기 2017.01.01 부터 2017.12.31 까지

(단위 : 원)

	제 15 기	제 14 기	제 13 기
수익(매출액) (주33)	140,473,417,090	132,272,992,710	141,870,839,210
운송매출	136,840,798,193	128,626,685,940	128,244,092,179
기타수익(매출액)	3,632,618,897	3,646,306,770	13,626,747,031
매출원가	120,519,769,097	117,884,780,963	120,250,722,178
운송매출원가	118,849,982,604	116,324,930,111	110,823,784,231
기타수익(매출액)에 대한 매출원가	1,669,786,493	1,559,850,852	9,426,937,947
매출총이익	19,953,647,993	14,388,211,747	21,620,117,032
판매비와관리비 (주26)	9,982,502,233	9,840,556,077	14,256,953,354
영업이익(손실)	9,971,145,760	4,547,655,670	7,363,163,678
기타이익 (주27)	33,028,539,668	1,554,352,586	1,703,397,989
기타손실 (주27)	416,188,130	778,546,136	222,826,059
금융수익 (주29)	208,903,922	282,126,797	363,596,026
금융원가	1,421,439,714	1,481,395,824	2,182,091,752
법인세비용차감전순이익(손실)	41,370,961,506	4,124,193,093	7,025,239,882
법인세비용 (주20)	6,458,183,731	1,392,917,868	1,941,895,095
계속영업이익(손실)	34,912,777,775	2,731,275,225	5,083,344,787
중단영업이익(손실) (주39)	(2,168,459,911)	(1,366,318,163)	(6,854,097,082)
당기순이익(손실)	32,744,317,864	1,364,957,062	(1,770,752,295)

(2019년)에 약 99억 원의 영업이익을 달성했다. 그런데 당기순이익은 영업이익의 3배 이상인 327억 원이나 된다.

이 기업의 시가총액이 800억 원 정도인데 주가를 주당순이익으로 나눈 PER이 2.4배 밖에 안 되니 초저평가 기업으로 판단할 수 있다. 시가총액 800억 원 주고 기업을 통째로 사버렸는데 매년 327억 원씩 이익을 내니까 2년 반이면 원금을 다 뽑을 수 있다는 계산이 나온다.

그냥 당기순이익만 보거나 PER, ROE(= 순이익 ÷ 평균자본) 등 몇몇 지표만 보고 기업을 분석하면 이렇게 오판을 하게 된다.

회사의 매출액은 거의 3년째 정체상태이고 영업이익도 100억 원 이하로 들쭉날쭉한데 갑자기 당기순이익은 왜 커졌을까? 영업이익과 당기순이익 사이에 주요 계정과목들을 보면 기타이익이 눈에 들어온다. 이 330억 원이 어떤 항목들로 이루어졌는지 주석사항을 통해 살펴보자.

손익계산서에는 기타이익으로 표시되어 있는데 막상 주석사항을 찾아보면 기타이익은 없고 [그림 3-30]처럼 기타수익으로 되어 있다. 이런 상장사들이 은근히 많다. 즉, 재무상태표, 손익계산서 계정과목이랑 주석사항이 불일치하는 경우들을 심심치 않게 찾아볼 수 있다.

우리는 보통 재무상태표나 손익계산서의 계정과목 내용이 궁금하면 주석사항에 들어가서 Ctrl+F 키를 누른 다음에 찾기 박스에 키워드를 입력하는 식으로 정보를 찾는다. 동양고속도 마찬가지다. 손익계산서에 기타이익 숫자가 커서 주석사항 들어가서 검색창을 누른 후 '기타이익'을 찾는데 안 나온다. 그래서 '기타수익'으로 다시 찾으니 이렇게 검색이 된다.

회사들이 짧은 시간에 결산을 끝내고 수많은 정보를 공시해야하니 시간과 인력이 부족한 것은 이해가 가지만 회계정보 이용자 입장에서는 여간 불편한 게 아니다.

<그림 3-30> 동양고속의 기타수익 주석사항

27. 기타수익 및 기타비용

당기와 전기 중 기타수익 및 기타비용의 내역은 다음과 같습니다.
(1) 기타수익

(단위: 천원)

구분	당기	전기
위약수수료	1,120,916	918,926
수입보험료	162,030	125,273
유형자산처분이익	31,306,424	126,430
잡이익	439,170	464,318
합 계	33,028,540	1,634,947

만약 주석사항에서 검색을 하는데 정보가 잘 안 나올 때에는 재무제표 계정과목 옆에 있는 주석번호를 참고하거나 계정명을 동양고속의 경우처럼 바꿔서 해봐야 한다. 그래도 안 보이면 주석사항을 내려가면서 찾아보는 것 외에 마땅한 방법이 없다.

[그림 3-30]에서 보는 것처럼 동양고속의 순이익이 급증한 것은 유형자산처분이익 때문이다. 유형자산은 회사가 영업활동을 위해 보유한 자산으로 매각 목적이 아니다. 유형자산을 사용해서 운행 관련 이익을 내는 게 회사의 주요 사업이다.

가령 버스의 수명이 다 끝난다면 그 때는 회사도 사용가치가 없으니 매각을 할 것이다. 회사는 유형자산을 판매해 영업이익을 창출하는 회사가 아니기 때문에 유형자산 처분이익은 매출액이 아닌 기타수익으로 표시된다.

만약 회사가 고속버스를 만들어서 파는 회사라면 버스를 유형자산이 아닌 재고자산으로 분류할 것이고, 판매할 때 매출로 인식할 것이다. 그러나 이런 회계처리는 현대차나 기아차 같은 완성차기업들이 한다. 동양고속은 완성차기업에서 버스를 사와서 운행을 하는 게 주요 영업활동이므로, 버스 매각으로 인한 수익은 매출이 될 수 없다.

유형자산으로 분류한 토지와 건물 또는 투자부동산 등을 오랜 기간 보유하고 있다가 가격이 많이 올라서 매각하고 현금화시키는 기업들이 많다. 이런 기업들의 손익계산서를 보면 대개 영업이익보다 순이익이 크다. 회사가 토지, 건물을 매매하는 게 주된 영업활동이 아니기 때문에 역시 발생손익은 매출액이 아닌 영업이익 아랫단에 기타수익으로 처리한다.

손익계산서에서 가장 중요한 것은 회사가 사업을 해서 얼마의 매출액과 영업이익을 남기는지 분석하는 것이다. 영업외적으로 이익을 많이 내면 물론 고맙지만 반복적으로 발생될 일이 아니고 일시적인 것이므로 크게 의미를 부여할 필요는 없다. 즉 회사 기초체력을 판단하는데 중요한 요소는 아니다.

동양고속은 큰 당기순이익을 냈지만 저평가 기업으로 인식되어 갑자기 주가가 급등하지는 않았다.

(2) 기타비용

기타비용에서 큰 숫자가 들어가는 경우는 대부분 유형자산과 무형자산손상차손이다.

이미 자산에서 살펴봤듯이 회사가 지속적으로 영업손실이 나고 있고 앞으로도 그럴 것 같다면 보유한 유·무형자산들의 사용가치가 떨어져서 손실을 인식해야 한다. 취득시점에 비용처리 하지 않고 자산으로 처리했는데, 자산의 가치가 상실되었으니 뒤늦게 비용처리 하는 셈이다.

유·무형자산 손상도 역시 영업외적인 부분이다. 정상적인 기업들은 유·무형자산을 취득해서 감가상각으로 비용화 하면서 영업이익 창출에 활용하는

데 회사상황 또는 업황이 갑자기 안 좋아지면서 더 이상 자산 역할을 못하는 일이 벌어졌기 때문에 불가피하게 손실처리 하는 것이다.

[그림 3-31]에서 보는 것처럼 쌍용자동차는 매년 영업적자를 기록 중이다. 매출원가와 판매비와관리비의 금액 규모를 고려하면 매년 4조 원 이상의 매출액이 나와야 흑자달성이 가능할 것 같은데 자동차산업이 아무래도 어렵다 보니 매출액은 3조 원 중반에서 머물러 있다.

회사의 재무상태표를 보면 자산 총액 2조 원 중 유형자산과 무형자산만 70%

<그림 3-31> 쌍용자동차의 2019년 연결포괄손익계산서

연결 포괄손익계산서

제 58 기 2019.01.01 부터 2019.12.31 까지
제 57 기 2018.01.01 부터 2018.12.31 까지
제 56 기 2017.01.01 부터 2017.12.31 까지

(단위 : 원)

	제 58 기	제 57 기	제 56 기
수익(매출액)	3,623,882,266,268	3,704,793,546,043	3,494,637,644,343
매출원가	3,356,307,821,539	3,242,522,474,135	2,978,559,796,229
매출총이익	267,574,444,729	462,271,071,908	516,077,848,114
판매비와관리비	549,479,804,794	526,447,069,129	581,353,654,340
판매비	354,014,564,356	335,750,173,424	390,697,540,125
관리비	195,465,240,438	190,696,895,705	190,656,114,215
영업이익(손실)	(281,905,360,065)	(64,175,997,221)	(65,275,806,226)
영업외손익	(54,564,226,926)	670,275,852	(5,858,264,764)
기타영업외수익	17,535,783,862	11,201,137,260	29,156,178,060
기타영업외비용	72,100,010,788	10,530,861,408	35,014,442,824
금융손익	(7,288,633,553)	(11,100,026)	3,954,294,761
금융수익	11,742,187,100	13,002,066,795	25,979,516,111
금융비용	19,030,820,653	13,013,166,821	22,025,221,350
공동기업투자관련손익	2,433,214,114	1,719,301,732	1,395,752,540
법인세비용차감전순이익(손실)	(341,325,006,430)	(61,797,519,663)	(65,784,023,689)
법인세비용	39,133,835	40,707,752	37,174,808
당기순이익(손실)	(341,364,140,265)	(61,838,227,415)	(65,821,198,497)

가 넘는다. 회사는 1조 4,000억 원어치 이상의 유형자산과 무형자산 취득에 이미 돈을 다 써버렸지만, 자산으로 잡은 이유는 이를 활용하여 영업이익을 창출해 투자액을 회수하기 위함이다. 그러나 매년 영업적자를 기록 중이니 결국 투자액 회수가 쉽지 않아 보인다.

유형자산과 무형자산에서 이미 설명한 것처럼 회사는 결국 손상차손을 인식할 수밖에 없는 상황이다. 회사는 이 손상차손을 기타영업외비용에 계상을 했는데, 관련 주석사항을 찾아보면 다음과 같다.

<그림 3-32> 쌍용자동차의 기타영업외비용 주석사항

(2) 당기 및 전기 중 기타영업외비용 세부내역은 다음과 같습니다.

(단위: 천원)

구분	당기	전기
외환차손	5,668,952	5,878,888
외화환산손실	515,176	601,157
유형자산처분손실	970,690	522,078
매출채권처분손실	83,386	73,131
유형자산손상차손	38,805,791	-
무형자산손상차손	18,112,058	1,076,431
기타	7,943,958	2,379,176
합계	72,100,011	10,530,861

[그림 3-32]에서 보는 것처럼 유형자산과 무형자산에서 손상차손을 570억 원 가까이 인식했다. 영업적자로 인해 재무구조에 부담이 오는 상황에서 유형자산과 무형자산 손상차손을 추가로 더 인식하니 자본잠식이 가속될 수밖에 없다.

참고적으로 2019년 말 자본총계는 4,031억 원인데 2019년에 3,413억 원의 순손실을 냈으니 여차하면 2020년에 자본잠식이 올 수 있는 상황이다. 왜냐하면 매출액 증가가 없어서 영업적자가 나오는 것도 문제지만, 2020년에 또 손상차손으로 자산가액을 떨어내면 자본잠식이 가속화될 수 있기 때문이다.

실제로 쌍용자동차는 2020년 3분기에 3,000억 원이 넘는 영업적자를 기록했고, 손상차손도 769억 원이나 인식했다. 남은 자본총계는 979억 원으로 줄었고, 감사인은 계속기업 가정의 불확실성으로 인해 분기검토 의견거절을 표명했다.

이렇게 유형자산과 무형자산이 많은 기업들의 영업실적이 저조할 때 추가적인 손상차손 인식으로 자본잠식이 가속화됨을 꼭 기억하기 바란다.

그 외 나머지 기타수익, 기타비용은 대부분 비경상적, 비반복적으로 발생하는 자잘한 것들이니 깊게 보지 않아도 된다.

7

법인세비용

회계와 세법 사이에는 '세무조정'이 필요하다

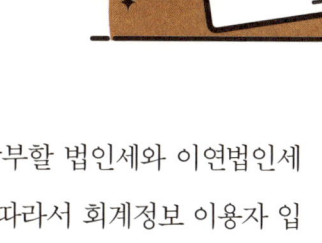

    법인세비용은 세무조정을 거쳐서 이루어지는 납부할 법인세와 이연법인세자산(부채) 등 여러 복잡한 과정을 거쳐 계산된다. 따라서 회계정보 이용자 입장에서 단순히 법인세비용차감전이익에 법인세율 22%를 곱해서 재계산해 보는 것은 바람직하지 않다.

    법인세비용차감전이익과 법인세비용 간의 비율을 계산하여 특별하게 높거나 낮은 해가 있는지 확인해 봐야 한다. 평년에 비해 법인세비용이 특별하게 커지거나 작아지는 경우가 있다면 주석사항에 들어가서 그 원인을 찾아보는 방법을 권한다.

    예를 들어 전년도에 세무조사로 인해 법인세 추징이 많아서 법인세비용이 큰 상황이었고, 당기에는 다시 정상적인 법인세비용을 계상했다고 가정해 보자. 전기에는 법인세 추징으로 당기순이익이 큰 폭으로 감소했을 것이고, 당기에는 그 효과가 사라졌기 때문에 당기순이익 숫자만 보고 '깜짝 실적'으로 착각하는 일이 벌어질 수 있다.

오래 전에 회계를 배운 독자는 법인세 추징액은 영업외비용, 법인세 환급액은 영업외수익으로 알고 있지만, 모두 법인세비용에서 조정하는 것으로 바뀌었다. 즉 추징액은 법인세비용에 가산되므로 금액이 커지게 되고, 환급액은 법

<그림 3-33> 한라의 2018년 연결포괄손익계산서

연결 포괄손익계산서

제 39 기 2018.01.01 부터 2018.12.31 까지
제 38 기 2017.01.01 부터 2017.12.31 까지
제 37 기 2016.01.01 부터 2016.12.31 까지

(단위 : 원)

	제 39 기	제 38 기	제 37 기
수익(매출액) (주6,24)	1,320,997,313,083	1,641,452,593,274	1,524,467,882,981
매출원가 (주24)	1,153,849,834,688	1,401,059,970,832	1,321,221,184,229
매출총이익	167,147,478,395	240,392,622,442	203,246,698,752
판매비와관리비 (주25)	106,989,741,073	90,893,941,023	122,118,056,471
영업이익(손실)	60,157,737,322	149,498,681,419	81,128,642,281
기타이익 (주27)	33,854,016,919	15,872,301,987	5,409,310,499
기타손실 (주27)	59,536,469,663	62,179,567,607	26,836,205,260
금융수익 (주28)	10,502,044,087	8,313,052,514	6,307,660,691
금융원가 (주28)	28,675,247,710	36,602,280,455	46,827,056,332
기타영업외수익(비용) (주28)	(5,402,442,813)	(519,626,163)	6,337,516,103
관계기업지분증권투자손익(손실) (주28)	(1,705,151,591)	941,590,155	(4,229,128,389)
법인세비용차감전순이익(손실)	9,194,486,551	75,324,151,850	21,290,739,593
법인세비용	30,280,779,076	24,354,583,640	13,807,415,740
계속영업이익(손실)	(21,086,292,525)	50,969,568,210	7,483,323,853

인세비용에서 차감되므로 경우에 따라서는 법인세수익이 될 수도 있다.

[그림 3-33]은 2018년도 한라의 연결손익계산서 중 일부를 발췌한 것이다. 실적 악화로 인해 39기(2018년)의 매출액, 영업이익, 법인세비용차감전순이익 등이 모두 큰 폭으로 감소했다. 그런데 법인세비용은 최근 3년간 가장 크다.

통상 법인세비용차감전순이익 22% 정도 세금 낼 것으로 추정하지만 실제로 법인세비용은 계산과정이 복잡하다. 이연법인세 계산도 해야 하고, 세무조사로 인한 세금추징이나 환급 등이 들어가기도 한다. 한라의 경우 법인세비용차감전순이익보다 오히려 3배 이상 큰 법인세비용이 발생하며 당기순손실로 전환되었다.

법인세비용 주석사항을 살펴보면 계산내역이 다음과 같이 나온다.

[그림 3-34]에서 보는 것처럼 법인세비용 계산내역은 매우 복잡하다. 회사 결

<그림 3-34> 한라의 법인세비용 주석사항

(2) 법인세비용차감전 순이익과 법인세비용간의 관계

(단위: 천원)

구 분	당기	전기(*)
법인세비용차감전순이익(손실)	9,194,487	74,624,249
적용세율에 따른 법인세비용	2,609,532	20,785,572
조정		
비과세수익/비공제비용 등	1,622,375	3,696,960
법인세추납액	26,859,332	3,111,541
외국납부세액 등	5,175,435	1,170,977
종속회사 등에 대한 일시적 차이	6,101,283	2,045,071
미인식된 일시적차이 변동	(15,410,809)	(2,767,236)
기타	3,323,631	(29,586)
법인세비용	30,280,779	28,013,299
유효세율	329.34 %	37.54 %

(*) 비교표시된 전기 연결포괄손익계산서 상 중단영업손익으로 표시되어 있는 한라엔컴(주)와 그 종속기업의 손익 등 변동이 포함되어 있습니다.

산담당자가 계산하고 감사인이 검증하는데 시간이 엄청나게 많이 소요될 만큼 어렵다. 이미 회계감사과정에서 검토되었기 때문에 회계정보 이용자 입장에서는 계산내역을 다시 계산해볼 필요까지는 없다.

중요한 것은 회계와 세법간의 차이로 인해 조정과정을 많이 거친다는 것과 세무조사로 인해 추가로 더 세금을 내거나 법적절차를 거쳐 환급 받을 수 있어서 숫자 변동이 크다는 것만 기억하면 된다.

한라는 법인세추납액, 즉 세무조사과정에서 발생한 추징금으로 인해 더 많은 세금을 납부했다. 그로 인해 법인세비용이 303억 원 가까이 돼 당기순손실이 발생했다. 그러나 이 회사는 2020년에 정상적인 법인세납부 상황이 되므로 다시 당기순이익을 기록했다.

회계정보 이용자 입장에서는 순손실이었다가 순이익으로 전환했으니 턴어라운드 했다고 생각할 수 있으나 단순히 법인세비용 계산과정에서 벌어진 일로 크게 의미를 둘 필요가 없다.

중요한 것은 기업의 펀더멘털 결과인 매출액부터 영업이익이다. 영업이익 아랫단은 일시적 사건인지 반복적 사건인지에 따라서 의미를 부여할 것인지 그냥 패스할 것인지만 결정하면 된다.

8

중단사업(중단영업)
사업 부문을 매각·분할하는 경우

  가끔씩 재무제표를 보다 보면 중단사업(중단영업)이 손익계산서의 아랫부분에 큰 금액으로 나오는 경우가 종종 있다.
  기업이 여러 사업 부문을 운영하다보면 적자가 심화되어 사업을 접거나 다른 기업에 매각하는 경우도 있고, 주주의 이해관계에 따라 기업을 두 개로 분할하는 경우도 있다.
  다른 기업에 사업 부문을 매각하거나 분할하는 경우에 그 기업의 일부 사업부문만 떼어내 넘기게 되므로 기업 전체를 인수합병하는 것과는 개념이 다르다.
  가장 대표적인 사례가 2018년에 있었던 효성의 인적분할과 지주사 설립이다. 효성에 속해 있던 섬유/무역, 중공업/건설, 산업자재, 화학 사업부문을 떼어내어 효성티앤씨㈜, 효성중공업㈜, 효성첨단소재㈜, 효성화학㈜이 되었다.

효성은 자회사의 지분관리와 투자 등을 수행하는 지주사가 됐다.

효성의 입장에서는 4개 사업부문을 떼어냈기 때문에 사업이 중단된 상황이고, 여기서 창출하던 손익이 분할 이후에는 발생하지 않기 때문에 손익계산서에 중단영업으로 구분했다.

[그림 3-35]은 효성의 2018년도 연결손익계산서의 일부 부분을 발췌한 것이다. 연매출 12조 원이 넘던 효성의 매출액은 2조 9,000억 원으로 확 줄어들었

<그림 3-35> 효성의 2018년 연결포괄손익계산서

연결 포괄손익계산서

제 64 기 2018.01.01 부터 2018.12.31 까지
제 63 기 2017.01.01 부터 2017.12.31 까지
제 62 기 2016.01.01 부터 2016.12.31 까지

(단위 : 원)

	제 64 기	제 63 기	제 62 기
수익(매출액)	2,991,006,158,183	2,692,847,402,400	2,607,024,431,193
매출원가	2,552,510,515,246	2,344,612,447,965	2,217,202,299,919
매출총이익	438,495,642,937	348,234,954,435	389,822,131,274
판매비와관리비	277,358,106,663	295,541,795,806	275,405,260,022
연구개발비	17,654,138,008	16,769,247,180	21,103,876,390
영업이익(손실)	143,483,398,266	35,923,911,449	93,312,994,862
기타수익	23,835,463,405	13,166,871,659	10,384,594,282
기타비용	25,704,162,486	36,272,084,957	73,524,118,405
금융수익	50,249,692,738	70,053,796,645	93,550,712,406
금융비용	83,193,277,853	95,027,884,234	116,221,521,004
관계기업손익	458,562,929,647	7,490,730,975	28,530,093,043
법인세비용차감전순이익(손실)	567,234,043,717	(4,664,658,463)	36,032,755,184
법인세비용	103,166,762,667	(85,352,939,396)	27,596,818,486
계속영업당기순이익	464,067,281,050	80,688,280,933	8,435,936,698
중단영업당기순이익	2,961,909,465,972	260,150,936,121	466,966,019,528
당기순이익(손실)	3,425,976,747,022	340,839,217,054	475,401,956,226

다.

그리고 법인세비용 밑에 계속영업당기순이익과 중단영업당기순이익이 나온다. 계속영업당기순이익은 손익계산서의 매출액부터 법인세비용까지 효성의 계속사업 부문에 대한 것이고, 분할되어 나가는 4개 사업부문과 관련된 손익은 중단영업당기순이익에 한데 몰아넣었다.

즉 회계연도 개시일부터 분할 시점까지 발생한, 중단된 4개 사업 부문의 매출액부터 순이익까지는 따로 구분하는 것이다. 2018년도 말 현재 효성에 더 이상 4개 사업부문은 존재하지 않지만 2018년도 중에 분할을 했기 때문에 분할기일인 6월 1일 전까지의 손익만 효성에 잡히게 된다.

그 분할 전까지 다섯 달 동안 있었던 손익을 구분하지 않고 합치면 회계정보 이용자에게 혼란을 주게 된다. 그렇기 때문에 매출액부터 법인세비용까지는 계속사업 부문만의 실적을 올리는 것이고, 중단사업 부문의 중단 시점까지의 손익은 한 줄로 표시한 것이다.

회계연도 시작부터 중단된 시점까지의 중단사업 부문의 손익계산서와 현금흐름표 등은 중단사업 관련 주석사항에 들어가면 자세하게 나온다.

또한 회계정보 이용자의 편의를 위해 과거 3년치 수치도 모두 분할된 상황을 고려하여 전부 수정했다. 63기(2017년)에 효성의 원래 매출액은 12조 원이 넘었지만 분할을 고려한 매출액은 [그림 3-35]에서 보는 것처럼 2조 6,000억 원대에 불과하다. 나머지 10조 원 가까이 되는 4개 사업부문의 손익 역시 중단영업당기순이익에 다 포함되어 있다. 이렇게 해야 회계정보 이용자는 분할되고 지주사로 남은 효성의 3년치 손익에 대한 자료를 완벽히 볼 수가 있는 것이다.

한편 6월1일부터 새롭게 신설된 효성티앤씨, 효성중공업, 효성첨단소재, 효성화학은 2018년이 1기가 되고, 회계기간도 6월 1일부터 12월31일까지다.

사업 부문을 완전히 접거나 다른 기업에게 양도하는 경우도 마찬가지이다.

사업을 접는 시점 또는 양도하는 시점까지의 손익은 손익계산서에 중단영업당기순이익 계정과목으로 표시한다. 결산 시점에는 더 이상 그 기업이 영위하는 사업이 아니므로 그 사업 부문에서 발생한 모든 손익은 한데 몰아서 한 줄로 표시하고, 손익계산서에는 지금 기업이 영위하고 있는 사업부의 손익만 올라가야 한다.

  기업 전체의 손익을 감소시키는 주범이 되었던 적자 사업부를 정리한다면 기업의 가치가 올라갈 수 있는 기회가 될 것이다. 반면 우량한 사업부가 분할되거나 매각될 경우는 그 반대의 효과를 가져올 수 있다. 투자자 입장에서는 중단사업과 계속사업의 내용과 손익을 비교해 보는 것이 바람직하다.

주당이익

현재의 1주당 주가가 적절한지 궁금하다면?

주당이익은 기본주당이익EPS과 희석주당이익으로 나누어진다. 기업이 주식 1주당 얼마의 이익을 창출하는지 계산해서 현재의 1주당 주가가 적절한지 분석할 때 많이 사용된다.

단순히 당기순이익을 주식수로 나누면 될 것처럼 보이지만, 분자인 당기순이익과 분모인 주식수를 계산하는 과정은 매우 복잡한 편이어서 쉽게 생각하면 안 된다. 손익계산서에 주당이익 숫자가 계산되어 공시가 되고, 대부분 HTS와 증권사이트에서 정보가 제공되므로 회계정보 이용자 입장에서는 자세히 파고드는 것은 별로 권하고 싶지 않다.

단, 앞에서 언급한대로 HTS나 증권사이트에서 제공하는 EPS 값이 재무제표에 표시된 기본주당이익과 다를 수 있음은 주의해야 한다.

회계정보 이용자 입장에서는 기업을 분석할 때 당기순이익을 시가총액과 비교할지, 영업이익을 시가총액과 비교할지 등을 고민하고, 기업이 보유한 여러 희석증권(전환사채, 신주인수권부사채, 스톡옵션, 우선주 등)이 1주당 순이익을 얼마나 갉아먹을 수 있는지 등을 검토하면 좋을 것 같다. 기업마다 손익구조와 상황이 다르기 때문에 그때그때 기업 특색에 맞추어 판단하면 된다.

일시적인 이벤트로 인해 기타수익이 크게 발생한 기업은 영업이익 대비 당기순이익이 과도하게 커지므로 주가를 무조건 주당이익으로 나누어 PER을 계산하는 것은 결코 바람직하지 않다.

그러나 실적이 우수한 관계기업을 가지고 있는 기업은 지분법이익(관계기업투자이익)으로 인해 매년 영업이익보다 당기순이익이 클 수 있기 때문에 당기순이익이나 주당이익을 더 중요하게 봐야할 것이다.

1) 기본주당이익

기본주당이익은 우리가 흔히 얘기하는 EPS$^{Earning\ Per\ Share}$의 개념이다. 이론상 '보통주에 귀속되는 당기순이익'을 '가중평균유통보통주식수'로 나누어 계산한다.

당기순이익 중 지배기업 소유주 지분에서 우선주 주주들에 해당되는 몫을 뺀 부분이 '보통주에 귀속되는 당기순이익'이다. 그리고 분모인 '가중평균유통보통주식수'는 기업의 총발행주식수에서 유상증자, 주식선택권행사, 자기주식 취득 및 처분 등으로 주식수가 증가되고 감소되는 사항들을 시중에 유통된 기간에 맞게 조정하여 계산한 것을 의미한다.

삼성전자는 2019년에 21조 5,050억 5,400만 원의 순이익을 달성했다. 보통주 주식수 59억 6,978만 3,000주, 우선주 8억 2,288만 7,000주가 발행되었으니 보

<그림 3-36> 삼성전자의 주당이익 주석사항

28. 주당이익:

가. 기본주당순이익

당기 및 전기 중 기본주당이익 산정내역은 다음과 같습니다.

(1) 보통주

(단위 : 백만원, 천주)

구 분	당기	전기
지배회사지분 당기순이익	21,505,054	43,890,877
당기순이익 중 보통주 해당분	18,899,137	38,573,066
÷ 가중평균유통보통주식수	5,969,783	5,970,448
기본 보통주 주당이익(단위: 원)	3,166	6,461

(2) 우선주

(단위 : 백만원, 천주)

구 분	당기	전기
지배회사지분 당기순이익	21,505,054	43,890,877
당기순이익 중 우선주 해당분	2,605,917	5,317,811
÷ 가중평균유통우선주식수	822,887	823,042
기본 우선주 주당이익(단위: 원)	3,167	6,461

통주 주주의 몫은 약 18조 8,991억 3,700만 원[= 21,505,054백만원 × 5,969,783천주 ÷ (5,969,783천주 + 822,887천주)]이 된다. 즉 순이익을 주식수로 안분했다.

삼성전자는 자기주식도 없고 연간 발행 또는 감소한 주식도 없기 때문에 발행주식수와 가중평균유통보통주식수가 정확히 일치한다. 큰 규모의 기업이지만 의외로 주당이익 계산은 간단하다.

이렇게 삼성전자처럼 1년 동안 발행주식수 증감 내역이 없다면 가중평균유통보통주식수는 발행주식수와 일치하게 되지만, 자기주식을 보유한 기업은 발행주식수에서 그 자기주식 만큼 차감하고 계산해야 한다. 1년 동안 발행주식수의 증감이 빈번할수록 분모인 가중평균유통보통주식수를 계산하는 과정은 더 복잡해진다.

<그림 3-37> 게임빌의 가중평균유통보통주식수 관련 주석사항

① 당기

(단위: 주)

구 분	주식수	가중치(일)	적 수
기초	6,595,192	365	2,407,245,080
자기주식	(164,145)	365	(59,912,925)
주식선택권의 행사	500	246	123,000
주식선택권의 행사	150	134	20,100
소 계	6,431,697		2,347,475,255
일 수			365
가중평균유통보통주식수			6,431,439

[그림 3-37]은 게임빌의 2019년도 연결재무제표에 대한 주석사항 중 주당이익 부분에서 발췌한 것이다.

먼저 가중치 계산내역을 보면 기초에서 넘어온 주식수와 자기주식수는 365일로 계산되었지만, 당기에 행사된 주식선택권은 그 행사 시점부터 연말까지의 날짜를 계산했다. 주식수에 가중치를 곱한 적수積數 소계에 365일로 나누면 가중평균유통보통주식수가 되는 것이다.

만약 회사가 자기주식을 7월 1일에 취득했다면 1월 1일부터 6월 30일까지 181일만 주식이 유통되었을 것이므로 가중치(일)에 181일을 적용한다.

단, 무상증자나 액면분할로 인한 주식수 변경은 기업의 실질적인 자본금에 영향을 미치지 않으므로, 그 시점부터 날짜를 계산하는 것이 아니라 기초 시점부터 365일을 가중평균한다.

주식투자자 입장에서는 어느 시점에 행사를 하여 주식수가 증가하든 간에 배당기준일 전에 주식을 매입하면 똑같이 주주총회에서 의결권을 행사할 수 있고, 배당 또한 받을 수 있기 때문에 이렇게 가중평균을 계산하는 것이 의미가 없어 보인다.

재무제표의 기본주당이익은 이렇게 이론적으로 계산해야 하므로 복잡할 수밖에 없는 것이니, 투자자 입장에서는 주당이익을 주가와 비교하는 것보다 차라리 당기순이익을 시가총액과 비교하는 것이 편하고 효율적일 수 있다. 어차피 벌고 있는 이익 대비 주가가 싼지 비싼지 판단하는 게 주요 목적이기 때문이다.

한편 기업이 액면분할로 인해 주식수가 증가하거나 액면병합으로 인해 주식수가 감소하는 경우가 있다. 예를 들어 기업이 액면가액 5,000원짜리 주식을 10분의 1로 액면분할하면 액면가액이 500원이 되고, 주식수는 10배 많아진다. 반대로 액면가액 500원짜리 주식을 5,000원으로 액면병합하면 주식수가 10분의 1로 줄어든다.

당기에 이런 이벤트가 있었다면 기업의 손익계산서 주당이익이 전년도와 비교해 10배 정도 차이가 날 수 있기 때문에 회계정보 이용자를 위해 전기의 숫자까지 액면분할과 액면병합 기준에 맞추어 작성해서 공시한다.

2) 희석주당이익

희석주당이익은 모든 희석 효과가 있는 잠재적인 보통주의 영향을 고려해 분자와 분모를 다시 조정, 계산한 것을 의미한다. 희석효과는 수차례 언급했던 전환사채, 신주인수권부사채 외에 전환우선주, 주식선택권$^{Stock\ Option}$ 등을 행사해 보통주가 늘어나서 주주 몫이 줄어드는 것을 의미한다.

희석주당이익은 주당이익보다 더 복잡한 과정을 거치므로 회계정보 이용자가 일일이 계산해 보는 것까지 추천하고 싶지는 않다. 그러나 보통주로 전환이 가능한 '잠재적 보통주식수'는 반드시 확인하여 투자 의사결정에 활용하는 것이 좋다.

[그림 3-38]에서 2차전지 관련기업 신흥에스이씨의 희석주당이익 관련 주석사항을 보도록 하자.

이 기업의 주당이익은 2,446원인데 희석주당이익은 2,174원이다. 원래 가중평균유통보통주식수는 655만 3,995주인데 전환사채로 인해 가중평균유통보통주식수(희석)는 783만 7,913주로 계산되어 있다.

<그림 3-38> 신흥에스이씨의 희석주당이익 관련 주석사항

(2) 당기와 전기의 희석주당이익 계산내역은 다음과 같습니다.

(단위: 주, 원)

구 분	당 기	전 기
보통주 당기순이익	16,029,009,537	9,620,249,683
전환사채이자비용(세후)	1,008,402,876	110,342,247
보통주 희석당기순이익	17,037,412,413	9,730,591,930
가중평균유통보통주식수(*)	7,837,913	6,681,711
희석주당이익	2,174	1,456

(*) 가중평균유통보통주식수의 산출근거

(단위: 주)

구 분	당 기	전 기
가중평균유통보통주식수	6,553,995	6,551,683
전환사채	1,283,918	130,028
가중평균유통보통주식수(희석)	7,837,913	6,681,711

전환사채 관련 내용을 보면 1주당 38,875원으로 전환할 수 있다. 이 회사의 주가는 4~5만원 사이에서 거래된다. 전환사채를 갖고 있는 사채권자는 언제든지 주식으로 전환하려고 할 것이다.

그러므로 주식으로 모두 전환된다고 가정하면 주식수가 783만 7,913주가 되고, 1주당이익은 2,446원에서 2,174원으로 줄어들게 된다는 것이다.

회계정보 이용자는 희석주당이익 계산과정을 다 이해하지 못해도 상관없다. 단 회사가 발행한 희석증권은 반드시 챙겨봐야 한다. 특히 해당 기업의 주식을 투자할 예정이라면 추가로 발행될 수 있는 주식수가 얼마나 많은지 꼭 챙겨봐야 할 것이다. 발행될 보통주식수가 많으면 많을수록 기존 보통 주주들의 몫은 줄어들 수밖에 없기 때문이다.

희석증권으로 인해 추가로 발행될 수 있는 주식수는 해당 기업의 사업보고서 'I. 회사의 개요 - 3. 자본금 변동사항'에서 바로 확인 가능하다.

추가로 발행될 보통주가 많더라도 회사가 성장 가능하다면 주주 몫의 희석이 덜 할 수 있겠지만, 이익 성장이 어려운 상황에서 주식수만 계속 늘어난다면 주주 입장에서 좋을 리가 없을 것이다. 이러한 관점에서 기업을 분석하면 되지 가중평균유통주식수와 희석주당이익 계산과정을 이해하느라 힘을 뺄 필요가지는 없다.

핵심 개념

① 차입금이 많다면 금융비용이 클 것이고, 금융자산이 많다면 금융수익이 클 것이다.

② 수출 또는 수입 비중이 큰 기업은 외화 관련 수익 또는 비용이 크게 발생할 수 있다. 관련 손익은 금융수익(비용) 또는 기타수익(비용)에 계상된다. 주석사항을 통해 확인해야 한다.

③ 금융수익(비용)과 기타수익(비용)이 반복적이고 경상적으로 크게 발생한다면 중요하다는 의미. 만약 비반복적이고 비경상적으로 큰 숫자가 일시적으로 발생한다면 중요성이 떨어지니 깊게 분석할 필요까지는 없다.

④ 법인세비용은 회계상 숫자이지 기업이 납부해야 하는 세금을 의미하지 않는다. 이연법인세 계산, 추징 및 환급 등 여러 요인들이 복합적으로 반영되어 계산된다.

⑤ 회계기간 중 사업부 매각, 분할 등으로 기존 사업을 중단한다면 관련 손익은 중단영업당기순이익 한 줄로 표시한다. 손익계산서는 계속하고 있는 사업 중심으로 만들어 공시하고, 과거 숫자도 이를 반영하여 표시한다.

⑥ 기본주당이익(EPS)은 1주당 순이익, 희석주당이익은 유통주식 외에 앞으로 발행 가능한 주식까지 모두 감안하여 계산한다. 전환사채, 신주인수권부사채, 전환우선주 등 보통주로 전환가능한 희석증권을 많이 발행한 기업의 희석주당순이익은 기본주당순이익 보다 매우 작다.

재무 분석 Key

① 영업이익보다 순금융비용(= 금융비용 - 금융수익)이 크다면 손익과 재무구조 모두 좋지 않음을 의미한다.

② 환율 상승기에는 수출기업이, 환율 하락기에는 수입 비중 높은 기업이 수혜를 받는다. 환위험 주석사항을 통해 외화채권과 채무의 규모, 환율 변동에 따른 민감도 등을 체크해봐야 한다.

③ 영업이익 아랫단에 비반복적, 비경상적인 숫자의 발생으로 당기순이익 변동이 커질 수 있으니 PER, ROE 등 순이익 관련 지표를 해석할 때 특히 조심해야 한다. 해석이 왜곡될 수 있으니 기업 전반적인 분석을 통해서 판단하는 것이 바람직하며, 특정지표로만 기업을 해석하는 것은 매우 위험할 수 있다.

④ 사업부의 분할, 매각 등의 상황이 벌어지면 존속기업의 손익에 유리한 영향을 줄 것인지, 불리한 영향을 줄 것인지 파악해야 한다. 적자사업부를 떼어낸다면 향후 기업 실적에 유리하게 작용할 것이다.

⑤ 주당이익 계산은 실무적으로 매우 복잡하다. 차라리 기업 상황에 맞게 시가총액 ÷ 순이익(또는 영업이익)으로 저평가 또는 고평가 여부를 판단하는 게 좋다. 또한 사업보고서 중 '자본금 변동사항' 편에서 회사가 발행한 희석증권이 어느 정도이고 추후 얼마나 많은 주식이 발행될 수 있는지 살펴보는 식으로 분석하는 게 훨씬 나은 방법이다.

박 회계사의
재무제표 분석법

04
지배기업과 종속기업
그리고 재무제표

별도재무제표, 연결재무제표, 개별재무제표

재무제표 종류보다 더 중요한 것은?

　삼성전자 사업보고서를 열어보면 [그림 4-1]과 같이 연결재무제표와 주석, 재무제표와 주석 이렇게 구성되어 있음을 알 수 있다. 하나의 기업에 재무제표가 2개나 있으니 무엇을 봐야 하는지부터 헷갈릴 수 있을 것 같다.

　가장 쉬운 구별법은 연결재무제표를 클릭했을 때 내용물이 있다면 연결재무제표와 주석을 보면 된다. 만약 내용물이 없다면 재무제표와 주석을 보면 된다.

　이미 알고 있는 독자들도 있겠지만 차이는 자회사, 즉 종속기업을 가지고 있으면 연결재무제표를 만들고, 없다면 만들지 않는다. 종속기업을 가지고 있는 기업이 종속기업과 별도로 자신의 재무제표 하나 Standalone를 만들면 별도재무

<그림 4-1> 삼성전자의 2019년 사업보고서

제표이고, 종속기업과 합쳐서 재무제표를 만들면 연결재무제표가 된다. 그리고 아예 종속기업을 가지고 있지 않아서 연결재무제표를 만들 필요가 없는 기업이면 개별재무제표 하나만 생성된다.

즉 [그림 4-1]처럼 삼성전자는 종속기업이 무려 241개나 되기 때문에 이들과 합쳐서 하나의 연결재무제표를 만들고, 종속기업을 제외하고 혼자 별도재무제표를 만들기도 한다. 삼성전자 사업보고서에는 2개의 재무제표가 모두 생성되어 있다.

반면 롯데푸드 같은 기업은 종속기업이 아예 없기 때문에 연결재무제표가 작성되지 않고, 혼자만의 개별재무제표만 작성되어 있다. 이런 회사들의 사업보고서에 들어가서 연결재무제표를 클릭하면 "당사는 종속회사가 없습니다" 또는 "연결대상 종속기업을 보유하고 있지 않습니다" 같은 문장들만 있을 것이다. 이런 회사들 같은 경우에는 사업보고서에서 재무제표와 주석만 보면 된다.

삼성전자 같이 2개의 재무제표가 모두 있는 경우에도 연결재무제표와 주석만 보고 재무제표와 주석은 생략해도 된다. 증권사에서 기업분석 보고서가 작성되거나 기업이 실적을 발표할 때 항상 '연결 기준'이라는 말을 쓴다. 즉 연결재무제표로 분석을 하고 실적 발표를 한다는 얘기이고, 모든 자본시장 참여자들도 연결재무제표에 관심이 많다. 앞에서도 설명했듯이 주재무제표는 연결재무제표이기 때문이다.

별도든 개별이든 연결이든 재무제표의 종류는 재무상태표, 손익계산서, 자본변동표, 현금흐름표, 주석으로 동일하게 구성되어 있다. 종속기업을 가지고 있느냐 아니냐에 따라서 다를 뿐이다.

유럽이나 미국 같은 경우는 연결재무제표 하나만 만들지만, 우리나라는 예전부터 별도재무제표를 계속 만들어 왔고, 법인세 납부 또한 별도재무제표 기준으로 해왔다. 또한 연결재무제표를 만드는 방식이 각 회사들의 별도재무제표를 합치면서 시작하기 때문에 아무래도 별도재무제표를 없애지는 못할 것 같다.

어쨌든 주재무제표가 연결재무제표이고, 대부분의 기업 분석 자료들도 연결재무제표 기준으로 나오기 때문에 연결재무제표가 중요하다는 사실만 알면 된다.

이번 장에서는 관계기업과 종속기업에 대한 정의와 별도재무제표 및 연결재무제표가 어떤 원리로 작성되는지에 대해 설명하고자 한다.

한국채택국제회계기준에 나와 있는 용어의 정의를 간단하게 살펴보면 다음과 같다.

- 종속기업 : 다른 기업(지배기업)의 지배를 받고 있는 기업
- 지배기업 : 하나 이상의 종속기업을 가지고 있는 기업
- 지배력 : 경제활동에서 효익을 얻기 위해 재무정책과 영업정책을 결정할 수 있는 능력
- 관계기업 : 투자자가 유의적인 영향력을 보유하는 기업

- 유의적인 영향력 : 피투자자의 재무정책과 영업정책에 관한 의사결정에 참여할 수 있는 능력

읽어보면 와 닿는 것 같기도 하면서 애매모호한 부분도 있을 것이다.

실무적으로 정리를 하면, 지배력이 있는가 없는가는 양적 기준(지분율 50% 초과)과 질적 기준(실질 지배력에 대한 여러 판단 요소)을 고려해 결정한다. 지배력이 있으면 연결재무제표 작성 대상이 되는 것이다.

그리고 유의적인 영향력이 있는가 없는가 역시 양적 기준(지분율 20% 이상 50% 이하)과 질적 기준(유의적인 영향력에 대한 판단 요소)을 고려해 결정한다. 유의적인 영향력이 있으면 지분법을 적용하게 된다.

지분율이 50% 이하이지만 실질 지배력이 있으면 연결재무제표 작성 대상이 되는 것이고, 지분율이 20% 미만이어도 유의적인 영향력이 있으면 지분법을 적용할 수 있다. 대부분 기업들은 특별한 반증이 없는 한 지분율이 50%를 초과하면 연결, 20~50% 사이에 있으면 지분법을 적용한다.

기업들은 최초 한국채택국제회계기준 도입 시에 회계정책에 질적 요소 및 양적 요소를 고려해 종속기업과 관계기업에 대한 분류와 범위를 모두 정해 놓은 상태이다. 회계정책의 일관성을 고려하면 변경될 가능성은 거의 없다.

따라서 회계정보 이용자 입장에서는 연결 범위에 들어온 종속기업이 무엇인지 확인하고 지분법으로 처리하는 관계기업이 무엇인지 정도만 확인하면 된다. 왜 이 기업은 종속기업에 해당되지 않는지, 왜 연결 범위에 해당되지 않는지까지 고민할 필요는 없다.

[그림 4-2]을 통해 지배, 종속, 관계기업의 구조를 한번 살펴보도록 하자. 삼성전자는 수많은 삼성그룹 계열사들의 지분을 보유하고 있는데, 이 중에서 삼성디스플레이, 삼성전기, 호텔신라에 대한 지분 현황을 보도록 하자.

<그림 4-2> 지배기업과 종속기업, 관계기업의 구조

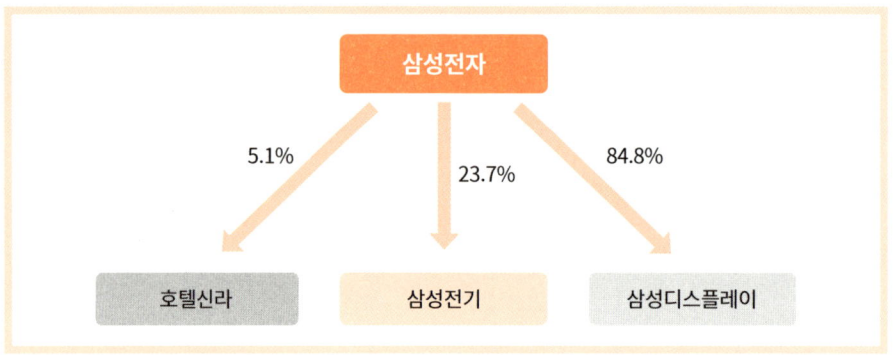

삼성전자의 연결재무제표에 대한 주석을 보면 삼성디스플레이는 종속기업으로 분류해 연결재무제표에 포함시키고 있고, 삼성전기는 관계기업으로 분류해 지분법으로 처리하고 있다. 또한 호텔신라에 대해서는 지분율도 낮고 유의적인 영향력을 행사하지 않는다고 하여 공정가치금융자산으로 분류했다.

즉 삼성전자의 연결재무제표에 삼성디스플레이의 재무제표는 합쳐졌고, 삼성전기는 지분법손익으로 반영되었으며 호텔신라는 공정가치금융자산평가손익으로 포괄손익에 들어가 있다.

이제부터 어떻게 연결재무제표가 작성되는지, 또 어떻게 지분법 회계처리가 이뤄지는지 하나하나씩 살펴보도록 하자.

회계정보 이용자의 원활한 이해를 위해 지엽적인 회계처리는 최대한 자제했고, 큰 틀에서 원리와 흐름을 이해할 수 있도록 과감하게 선택과 집중을 했다. 미리 당부하지만 회계정보 이용자가 복잡한 연결재무제표 작성법과 지분법 회계처리를 모두 다 이해할 필요까지는 없다.

이 책은 회계실무 교과서가 아니기 때문에 사실 이 내용을 집어넣는 것 자체가 저자에게도 부담스럽지만, 주재무제표가 연결재무제표인 만큼 독자의 이해를 위해 불가피하게 기본 내용만 담았다.

1) 연결재무제표 작성법

남자와 여자라는 각각의 인격체가 만나 결혼을 하고 부부가 되어 하나의 가정을 이루는 것과 같은 이치다. 이 둘은 살림을 합쳤기 때문에 가계부 또한 하나로 합쳐질 것이다.

연결재무제표를 만든다는 의미는 둘 이상의 기업을 합쳐서 하나로 보겠다는 의미이다. 즉 삼성디스플레이도 삼성전자와 합쳐 하나로 보겠다는 의미이며, 이를 학문적으로 '연결실체'라고 한다.

지배기업인 삼성전자가 종속기업인 삼성디스플레이를 하나만 가지고 있다고 가정을 단순화시킨다면 삼성전자와 삼성디스플레이를 합쳐 '연결실체'라고 부르며 한 몸이라고 생각하는 것이다. 법적으로 각각 별개의 법인격을 가진 별도 법인들이지만, 회계상으로는 두 법인의 회계장부를 합쳐서 하나의 재무제표를 만든다고 생각하면 된다.

두 기업의 회계장부를 하나로 합쳤을 때 발생되는 가장 큰 특징은 숫자가 엄청나게 커진다는 것이다. 그러나 연결재무제표에서는 단순하게 지배기업과 종속기업의 장부를 합치는 것으로 끝나지 않고, 내부거래 조정 등 여러 단계를 거쳐야 한다. 이런 조정과정을 거치지 않고 단순히 합산만 하면 경제적인 실질이 굉장히 왜곡될 수 있기 때문이다.

남녀가 만나 결혼을 하고 계속 맞벌이를 한다. 하나의 가정을 이루었지만 소득 관리와 가계부 작성은 각자하기로 하다가 연말에 살림을 합치기로 했다. 남편의 한 달 소득은 300만 원, 부인의 한 달 소득은 200만 원인데 남편은 매달 월급날에 50만 원을 부인에게 준다고 가정해 보자. 그렇다면 남편의 가계부에는 소득 300만 원, 지출 50만 원이 되고, 부인의 가계부에는 소득 250만 원이 될 것이다. 다른 소득과 지출은 생략하고 이 상태의 가계부를 합친다고 하면, 소득

550만 원, 지출 50만 원이 될 것이다. 이 가정의 소득은 550만 원이 맞을까?

상식적으로 생각해도 이 가정의 소득은 500만 원이 맞고, 지출은 없는 것이 맞다고 누구나 생각할 것이다. 그렇기 때문에 가계부에는 소득 50만 원과 지출 50만 원을 삭제해야 한다. 이제 다시 기업으로 돌아가 보자.

삼성디스플레이가 삼성전자에 OLED패널을 납품하면 이는 삼성디스플레이의 매출, 삼성전자의 매입이 된다. 그러나 두 기업의 장부를 하나로 합치기 때문에 결국 상호간의 매출과 매입은 연결재무제표에서는 그대로 삭제되어야 한다. 그렇지 않다면 연결재무제표의 매출액은 엄청나게 커질 수밖에 없다. 삼성디스플레이가 매출을 하여 재고자산이 삼성전자로 들어왔지만, 두 기업을 하나로 본다고 가정하면 결국 연결실체의 왼쪽 창고에서 오른쪽 창고로 움직였다고 볼 수 있다. 또한 두 기업이 각자 인식한 매출채권과 매입채무도 역시 없어진다. 이를 가리켜 '내부거래 제거'라고 한다.

삼성전자는 삼성디스플레이에 출자했다. 이렇게 함으로써 삼성전자는 삼성디스플레이의 주식을 보유하게 되고, 삼성디스플레이는 자본금으로 계상이 된다. 이 역시 하나의 장부에서 봤을 때는 왼쪽 주머니의 돈이 오른쪽 주머니로 옮겨진 것에 불과하기 때문에 전액 제거되며 이를 가리켜 '투자자본상계 제거'라고 한다.

연결재무제표를 작성하는 방법은 투자자본상계 제거, 내부거래 제거를 거친 후 마지막으로 미실현손익 제거를 하는 것으로 정리가 된다. 물론 경우에 따라 다른 회계처리도 발생하지만, 기본적으로 이 세 가지는 필수적으로 거치게 된다.

미실현손익은 지배기업과 종속기업 간 주고받은 매출, 매입 거래가 제3거래처에 판매되지 않고 남아 있는 경우를 의미한다. 삼성디스플레이가 삼성전자에 10만 원짜리 OLED패널을 15만 원에 100개 납품했다고 가정해 보자.

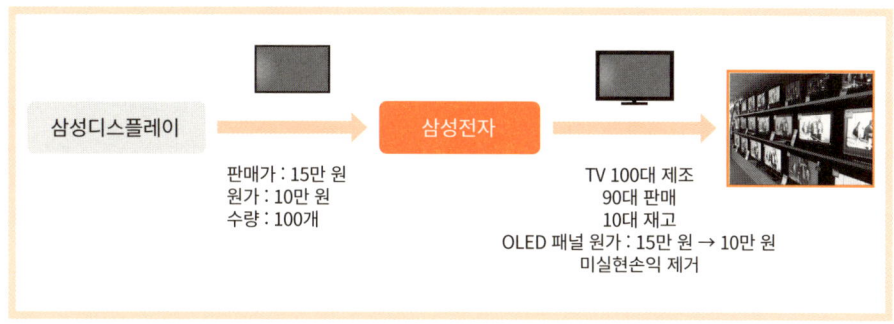

<그림 4-3> 미실현손익 제거과정

삼성전자는 이 OLED패널을 이용해 TV 100대를 제조한 후 최종 소비자나 유통업자에게 판매를 해야 된다. 그러나 삼성전자가 OLED TV를 다 판매하지 못하고 10대를 기업 내부의 창고에 남겨놨다면, 이 10대의 OLED TV에 있는 OLED패널은 미실현손익으로 제거를 해야 한다.

왜냐하면 삼성전자의 장부에는 이미 삼성디스플레이에서 사온 OLED패널 15만 원이 재고자산에 들어가 있는데, 연결 관점에서 이 재고자산 가격은 삼성디스플레이의 판매가 15만 원이 아닌 삼성디스플레이의 원가 10만 원이 되어야 하기 때문이다. 삼성전자 연결재무제표에 OLED패널 가격 15만 원을 10만 원으로 조정해 주는 과정을 미실현손익 제거라고 한다.

이렇게 지배기업과 종속기업의 재무제표를 합쳐서 연결재무제표를 만들다 보면 한 가지 발생하는 문제가 바로 삼성전자와 삼성디스플레이 같이 100%를 투자하지 않는 케이스이다.

즉 종속기업의 15.2%는 삼성전자 주주의 몫이 아니다. 삼성전자 주주는 삼성전자와 삼성디스플레이 84.8%만큼에만 투자한 것이고, 나머지 삼성디스플레이의 15.2%는 다른 주주들의 몫이다. 그러니까 삼성전자와는 관련 없고 오로지 삼성디스플레이의 지분 15.2%만 취득했으니, 삼성전자의 연결재무제표에서도 이 부분은 빼야 한다.

그렇다고 이 부분을 각각 자산, 부채, 매출별로 일일이 골라내기가 힘들기 때문에 일단 합치고서 자본과 순이익에서 삼성전자 주주 몫과 15.2%의 삼성디스플레이 다른 주주들 몫을 가려내는 방법을 쓴다.

[그림 4-4]와 같이 재무상태표의 자본과 손익계산서의 이익 부분은 연결실체 주주의 몫인 지배기업의 소유주지분과 그 외 주주의 몫인 비지배지분으로 나뉘어 있다.

삼성전자 주주입장에서는 이 비지배지분을 전혀 신경 쓸 필요가 없다. 해석만 주의하면 된다. 삼성전자 주주입장에서 자본은 262조 8,804억 2,100만 원이 아니고 254조 9,154억 7,200만 원이라는 사실이다. 삼성전자 주주입장에서 순

<그림 4-4> 삼성전자의 지배기업 소유주지분과 비지배지분 관련 주석사항 (단위: 백만원)

자본			
지배기업 소유주지분	254,915,472	240,068,993	207,213,416
자본금	897,514	897,514	897,514
우선주자본금	119,467	119,467	119,467
보통주자본금	778,047	778,047	778,047
주식발행초과금	4,403,893	4,403,893	4,403,893
이익잉여금(결손금)	254,582,894	242,698,956	215,811,200
기타자본항목	(4,968,829)	(7,931,370)	(13,899,191)
비지배지분	7,964,949	7,684,184	7,278,012
자본총계	262,880,421	247,753,177	214,491,428
자본과부채총계	352,564,497	339,357,244	301,752,090

당기순이익(손실)	21,738,865	44,344,857	42,186,747
당기순이익(손실)의 귀속			
지배기업의 소유주에게 귀속되는 당기순이익(손실)	21,505,054	43,890,877	41,344,569
비지배지분에 귀속되는 당기순이익(손실)	233,811	453,980	842,178

이익도 21조 7,388억 6,500만 원이 아니고 21조 5,050억 5,400만 원이라는 것이다.

자본총계와 당기순이익은 삼성전자 주주의 몫과 종속기업 다른 주주들 몫이 모두 합쳐진 것이니 지배기업 소유주, 즉 삼성전자 주주몫만 구분해서 보면 되는 것이다.

뒤에서 따로 다루게 될 PER^{주가수익배수}, PBR^{주가순자산배수}, ROE^{자기자본이익률} ('7장 재무제표 분석과 주요 재무비율' 참조) 모두 이 지배기업 소유주지분, 지배기업 소유주에게 귀속되는 당기순이익을 이용해서 계산한다. 단, 종속기업이 없어서 연결재무제표를 작성하지 않는 롯데푸드 같은 기업은 지배기업 소유주 개념이 없으니 자본총계와 당기순이익 값을 대입한다.

복잡한 연결재무제표 작성과정을 이해하지 못해도 재무제표를 분석하는 데 전혀 문제될 것이 없다. 지배기업과 종속기업의 재무제표를 합친다고 해서 절대 숫자가 커지지 않는다는 사실과 주주 입장에서 재무상태표의 자본과 손익계산서의 당기순이익 중 지배기업 소유주지분만 내가 투자한 기업의 몫이고, 비지배지분은 종속기업의 다른 투자자들의 몫이라는 사실만 알면 된다. 투자자 입장에서 중요한 것은 당연히 지배기업 소유주지분이다.

2) 지분법 회계처리

삼성전자가 삼성전기의 지분을 20% 넘게 가지고 있고 유의적인 영향력을 행사하므로 삼성전기의 이익 중 삼성전자의 몫을 이익으로 끌고 가는 것이고, 이를 지분법이라고 한다.

이익을 끌고 가면 지분법이익 또는 관계기업투자이익, 손실을 끌고 가면 지분법손실 또는 관계기업투자손실이 된다. 영업이익 아랫단에 위치하므로 영업이익에는 영향을 미치지 않으나 당기순이익에 영향을 주므로 이왕이면 실적이 좋은 관계기업을 많이 가지고 있는 것이 주주 입장에서 좋을 것이다.

지분법 역시 삼성전자와 삼성전기 간의 내부거래가 있고, 삼성전자가 삼성전기에 판매한 재고 중 외부로 판매되지 않은 미실현분이 있으므로 이것을 제거하기 때문에 연결재무제표 작성 방법과 유사한 부분이 많다.

이렇게 대략적인 개념만 이해하고 자세한 회계처리는 연결회계 처리와 대동소이하므로 생략하도록 하겠다.

재무제표 정보 이용자, 특히 투자자 입장에서 주의해야 할 점은 재무상태표에 포함된 관계기업 주식의 가치가 회계상 계산된 금액이고, 손익계산서에 포함된 관계기업평가손익 역시 회계적으로 계산된 것이라 실제 주식시장에서 형성되는 가치를 반영하지 못한다는 것이다.

예를 들어 삼성전자는 관계기업인 삼성전기의 주식을 재무제표에 1조 1,527억 3,400만 원어치 갖고 있다고 공시했다. 재무상태표의 관계기업 및 공동기업 투자 7조 5,916억 1,200만 원 안에 포함되어서 안 보이는데 [그림 4-5]에서 보는 것처럼 주석사항에서는 확인이 가능하다.

삼성전기의 시가총액이 약 10조 원 내외이고 삼성전자가 삼성전기의 주식을 약 23.7% 갖고 있으니, 보유한 주식의 가치는 약 2조 4,000억 원 정도 된다. 그러나 [그림 4-5]에서 보는 것처럼 삼성전자는 삼성전기 주식을 1조 1,527억 원어치만 갖고 있다고 표시했다. 1조 원 이상 차이 난다.

삼성에스디에스도 마찬가지이다. 시가총액이 약 14조 원 내외이고 삼성전자가 지분 22.6%를 갖고 있으니 보유한 주식의 가치는 3조 원이 넘는다. 그러나 삼성전자는 삼성에스디에스의 주식을 약 1조 5,000억 원어치 보유한 것으로 공시했다.

<그림 4-5> 삼성전자의 관계기업 및 공동기업 투자 관련 주석사항

(1) 당기

(단위 : 백만원)

기 업 명	기초평가액	지분법평가내역			기말평가액
		지분법손익	지분법자본변동	기타증감액(*)	
삼성전기㈜	1,126,043	38,458	5,926	(17,693)	1,152,734
삼성에스디에스㈜	1,376,321	166,385	(8,191)	(34,944)	1,499,571
삼성바이오로직스㈜	1,308,546	64,571	3,926	-	1,377,043
삼성SDI㈜	2,197,335	34,279	15,365	(13,463)	2,233,516
㈜제일기획	549,165	42,049	1,360	(22,359)	570,215
삼성코닝어드밴스드글라스(유)	173,499	34	209	-	173,742
기타	582,297	67,184	13,802	(78,492)	584,791
계	7,313,206	412,960	32,397	(166,951)	7,591,612

(*) 기타증감액은 취득, 처분, 배당, 손상 및 계정재분류 등으로 구성되어 있습니다.

이렇게 차이가 나는 이유는 삼성전자가 이런 관계기업들을 매각 목적으로 보유한 게 아니기 때문이다. 그러니 공정가치로 평가할 필요 또한 없는 것이다. 계열사에 영향력을 행사하고 사업을 위한 시너지 창출 목적 등으로 보유했고, 특별한 일이 없는 한 앞으로 계속 함께 할 것이다. 삼성전자는 삼성전기와 삼성에스디에스 등 주요 관계기업이 발생시킨 이익에 지분율만큼 삼성전자 몫이라는 개념으로 회계처리만 한다. 그렇기 때문에 숫자가 시가 보다 작게 표시될 수밖에 없다.

그러나 자본시장에서는 이런 회계적인 개념보다는 공정가치에 더 큰 관심을 보인다. 예를 들어 ㈜SK의 핵심 계열사 중 하나인 SK바이오팜이 상장하며 주가가 치솟자 ㈜SK의 주가 역시 급등하는 모습을 볼 수 있었다. 방탄소년단 소속사인 빅히트엔터테인먼트의 상장에 맞춰 그 회사의 주식 26.7%를 보유하여 관계기업으로 분류한 넷마블의 주가 역시 급등했었다.

결국 투자자 입장에서는 얼마나 좋은 관계기업을 보유했는지 찾아봐야 하고 그 관계기업의 실적과 가치에 더 집중하는 게 맞을 것이다.

핵심 개념

① 연결재무제표는 별도재무제표를 합치는 것이다. 그러나 내부거래 제거, 투자자본 상계 제거, 미실현손익 제거라는 절차를 거치므로 단순히 재무제표를 합친다고 외형이 커지는 것은 아니다.

② 연결재무상태표의 자본과 연결손익계산서의 당기순이익에서 '지배기업의 소유주 지분'만 주주 몫이 된다. '비지배지분'은 종속기업의 기타주주들의 몫이다.

③ 지분법은 관계기업의 이익 중 지분율만큼 당해 기업의 이익으로 반영하는 것이나 역시 내부거래와 미실현손익을 제거하므로 단순히 관계기업의 '당기순이익 x 지분율'만큼 증가하지는 않는다.

④ 재무상태표상 관계기업 주식 가치는 회계상 계산된 숫자이다. 상장 계열사를 갖고 있는 기업을 분석할 때는 회계상 숫자보다 그 계열사의 시가총액에 지분율을 곱해서 보는 게 더 의미가 있을 것이다.

박 회계사의 생각

삼성바이오로직스 사례로 본 회계 이슈

한때 언론과 투자자들 사이에서 많은 화제를 뿌렸던 삼성바이오로직스의 분식회계 이슈의 본질을 파악하려면 결국 연결재무제표의 작성 범위부터 이해해야 한다.

이슈가 확장되고 기사의 양도 많아지다 보니 정작 본질을 이해하지 못하는 사람들이 훨씬 많을 정도였다. 저자 역시 삼성바이오로직스 사건이 발생했을 때 수많은 기자들에게 시달렸던 기억이 있다. "앞으로 어떻게 될 것 같냐?", "누가 잘못했냐?" 같은 질문이 쏟아졌다.

그런데 정작 황당했던 것은 아무도 삼성바이오로직스의 회계 이슈에 대해 정확히 모른다는 사실이다. 그저 자극적인 내용만 찾아서 욕하고 헐뜯거나 옹호하기 바빴다.

이 책에서 '지배기업과 종속기업 그리고 재무제표' 편을 읽은 독자라면 이제 삼성바이오로직스의 회계 이슈가 그렇게 복잡하지 않고 의외로 간단했다는 것을 알게 될 것이다.

삼성바이오로직스는 삼성바이오에피스의 주식을 91.2% 보유하고 있다. 나머지 8.8%는 미국의 바이오젠이라는 회사가 갖고 있다. 삼성바이오로직스는 2014년까지 이 삼성바이오에피스와 합쳐서 연결재무제표를 작성했다. 지분율이 워낙 높았기 때문에 당연히 연결재무제표를 만들어야 한다는 데 이견이 없다.

그러다가 갑자기 2015년에 삼성바이오로직스는 삼성바이오에피스를 관계기업으로 분류하고 더 이상 연결재무제표를 만들지 않았다. 지분율이 91.2%나 됨에도 불구하고 종속기업으로 분류하지 않았으니 이슈가 될 수밖에 없었을 것이다.

더 기름을 부은 것은 관계기업으로 분류하며 삼성바이오에피스의 주식가치를 4조 8,000억 원으로 평가하여 관련된 평가이익이 당기 손익에 반영되었다는 사실이었다.

재무제표를 합쳐서 만들다가 삼성바이오에피스를 관계기업으로 분류하려고 하니 얼마짜리 기업이라는 것을 정해야 돼서 기업가치 평가는 불가피했는데 여기서 이슈가 결국 터져 나왔다. 2016년에 삼성바이오로직스가 상장을 하면서 높은 기업가치 평가를 받기 위해 삼성바이오에피스의 주식가치를 높게 평가해서 관계기업으로 분류한 것 아니냐는 것이었다.

하나의 재무제표를 만들 때는 삼성바이오에피스의 순자산(= 자산 - 부채) 2,905억 원짜리 기업을 합쳤는데, 관계기업으로 분류하니 갑자기 5조 원 가까이 되는 회사의 주식을 갖고 있다는 그림이 된 것이다.

삼성바이오로직스의 최대주주인 삼성물산, 그리고 삼성물산의 최대주주인 이재용 삼성전자 부회장의 그룹승계를 위한 밑그림이라는 식으로 이슈가 되었다.

삼성바이오로직스 입장에서는 삼성바이오에피스의 지분 91.2%를 갖고 있고 바이오젠이 8.8% 갖고 있는 것은 맞는데 둘 사이의 약정에 따라 바이오젠이 삼성바이오에피스 주식을 살 수 있는 콜옵션이 있다. 그리고 이 콜옵션을 행사하면 두 주주사의 지분율은 50%가 된다는 게 삼성바이오로직스의 설명이었다.

바이오젠의 콜옵션 행사가 임박했고, 행사가 되면 지배권이 상실되므로 연결재무제표를 작성하면 안 된다는 논리였다. 실제로 2018년에 바이오젠이 콜옵션을 행사해서 두 주주사의 지분율은 50대 50으로 맞춰졌다.

결국 3년 뒤 콜옵션행사가 예상되었기 때문에 서둘러 관계기업으로 분류한 것 아닌가에 대한 이슈가 또 제기되었고, 그렇게 중요한 약정사항이면 관계기업으로 분류되기 전인 2014년까지 재무제표 주석사항을 통해 공시했어야 하는데 안 해서 문제라는 것이었다.

자세한 조사와 수사는 금융당국과 검찰의 몫이고, 이에 대한 판결 역시 법원의 역할이니 결과를 기다려볼 일이다. 중요한 것은 이렇게 90%가 넘는 지분을 보유하고 있더라도 종속기업이 아닐 수 있다는 점이다.

또한 반대로 지분율 50%가 되지 않아도 종속기업이 될 수 있다. 지배-종속관계는 즉 실질지배력으로 판단하는 것이지 반드시 50% 넘게 보유했다고 성립하는 것은 아니다.

국제회계기준이 도입된 지 10년 밖에 안 되었고 법처럼 정해진 규칙이 아닌 원칙 중심 회계, 즉 큰 그림은 회계기준이 정하고 자세한 회계정책은 회사가 자율적으로 정할 수 있는 환경이다 보니 여러 문제가 조금씩 생기고 있다. 산업과 기업을 둘러싼 환경이 복잡하다보니 국제회계기준 자체가 회계정보 이용자보다는 작성자의 편의를 많이 고려한 점도 있다.

결국은 회계정보 이용자가 스스로를 보호할 수밖에는 방법이 없다. 기업 재무제표와 관련 책을 보며 꾸준히 반복 학습해야 한다. 그러기 위해서 저자는 주식투자를 권장하는 편이다.

소중한 돈을 투자할 때 재무제표를 포함한 기업의 이런저런 부분을 공부해야 하기 때문에 동기부여가 될 수밖에 없을 것이다. 얼마를 갖고 있고 매년 얼마를 벌고 있는지는 봐야 하고, 어느 관계기업이나 종속기업이 있는지 주주구성은 어떻게 되는지 등은 기본적으로 살펴보고 투자를 할 테니 말이다.

05
기업의 현금흐름
파악하기

현금흐름표

기업에 들어오는 돈, 나가는 돈

재무상태표와 손익계산서는 현금이 나가고 들어오는 시점이 아닌 거래와 사건이 발생한 시점에 작성된다고 이미 배웠다. 따라서 손익계산서의 매출액과 순이익은 기업이 1년간 벌어들인 현금이 결코 아니므로 기업에서 현금이 어떻게 돌고 있는지에 대한 정보가 궁금할 수밖에 없다. 이런 발생주의 회계의 한계를 메우기 위해 작성되는 재무보고서가 바로 현금흐름표이다.

아무리 매출액과 영업이익이 좋아도 기업에 돈이 들어오지 않으면 흑자도산의 위기에까지 몰리게 된다. 가정이나 기업 모두 돈이 돌아야 살 수 있으니 '돈맥경화'라는 말은 괜히 나온 이야기가 아니다.

기업의 현금흐름은 크게 영업, 투자, 재무활동 세 가지에 의해 유입 및 유출이 발생되는데, 이는 우리 가계경제에도 동일하게 적용할 수 있다.

1억 원의 보유 현금이 있고, 연소득이 5,000만 원인 직장인을 예로 들어보자.

소득 5,000만 원 중 소비지출 3,000만 원을 제외하고 남은 현금이 2,000만 원 정도이다. 이 직장인이 은행에서 3,000만 원을 빌려 1억 5,000만 원짜리 집을 샀다고 가정해 보자. 그러면 이 직장인의 현금흐름표는 [표 5-1]과 같이 만들 수 있다.

<표 5-1> 현금흐름표 예시

(단위: 원)

과목	금액
I. 영업활동으로 인한 현금흐름	20,000,000
II. 투자활동으로 인한 현금흐름	-150,000,000
III. 재무활동으로 인한 현금흐름	30,000,000
IV. 현금및현금성자산의 증가(I + II + III)	-100,000,000
V. 기초의 현금및현금성자산	100,000,000
VI. 기말의 현금및현금성자산	-

집을 사기 위해 1억 5,000만 원이 필요한데, 보유한 현금은 1억 원, 1년간 소득 중에 현금 유입액은 5,000만 원, 유출액은 3,000만 원이다. 그러면 1억 2,000만 원만 남게 되므로, 3,000만 원이 모자라서 은행에 빚을 지게 되었다.

집을 사는 행위는 투자활동이 될 것이고, 은행에서 자금을 조달한 행위는 재무활동에 해당된다. 그리고 직장에서 열심히 일하는 것은 영업활동에 해당되므로, 소득에서 지출을 제외하면 영업활동 현금흐름이 된다.

보유현금 1억 원과 1년 소득에서 소비하고 남은 현금 2,000만 원 그리고 은행에서 3,000만 원을 차입해서 1억 5,000만 원 전액을 집에 투자했으니 기말에 현금및현금성자산은 한 푼도 없게 된다.

큰 틀에서 현금흐름표를 이렇게 이해하면 매우 쉽고, 또한 누구나 가계부에서 현금흐름표를 쉽게 만들 수 있다.

영업활동으로 인한 현금흐름은 기업의 기본적인 수익 창출을 위해 발생되는 재화의 판매, 용역 제공, 원자재 및 상품 매입, 제조 및 관리활동 등에서 발생되는 모든 현금의 유출과 유입을 의미한다.

투자활동으로 인한 현금흐름은 기업의 유형자산 및 무형자산 등의 처분과 구입, 관계회사 지분 매입 및 매각, 금융상품에 대한 투자 및 회수 등에서 발생된다. 유·무형자산, 관계회사 지분, 금융상품 등에 투자하면 기업의 자금이 외부로 유출되므로 이를 투자활동으로 인한 현금 유출이라고 한다. 반대로 유·무형자산, 관계회사 지분, 금융상품 등을 매각할 때는 매각대금이 기업에 유입되므로 이를 투자활동으로 인한 현금 유입이라고 한다.

재무활동으로 인한 현금흐름은 유상증자 및 배당금 지급, 차입금의 차입 및 상환 등 주로 자본 거래나 타인자본을 사용하고 갚을 때 발생한다. 주주에게 배당금을 지급하거나 금융기관에 차입금을 상환하면 기업의 자금이 외부로 유출되므로 이를 재무활동으로 인한 현금 유출이라고 한다. 반대로 주주로부터 유상증자를 받거나 금융기관으로부터 자금을 빌려오면 기업에 자금이 유입되므로 이를 재무활동으로 인한 현금 유입이라고 한다.

이제 이런 세 가지 활동을 현금흐름표에 풀어쓰면 [표 5-2]와 같이 된다.

표에서 보듯이 투자활동 현금흐름과 재무활동 현금흐름은 '유입액 − 유출액'이라는 간단한 식으로 정리가 된다. 하지만 영업활동 현금흐름의 경우는 간단치가 않다. 복잡한 산식에 순간 당황하기 십상이다.

특히 오래 전부터 회계를 공부한 독자라면 영업활동 현금흐름을 '1. 영업에서 창출된 현금' 산식으로 배웠겠지만, 한국채택국제회계기준이 도입되면서 영업활동 현금흐름이 '1. 영업에서 창출된 현금 + 2. 이자의 수취 + 3. 이자의 지급 + 4. 배당금의 수취 + 5. 법인세의 납부 + 6. 법인세의 환급'으로 상당히 길어졌다.

<표 5-2> 영업·투자·재무활동과 현금흐름표   (단위: 원)

과목	금액
I. 영업활동 현금흐름	=1+2+3+4+5+6
1. 영업에서 창출된 현금	=(1)+(2)+(3)
(1) 당기순이익	
(2) 조정사항	
(3) 영업활동관련 자산·부채의 변동	
2. 이자의수취	
3. 이자의지급	
4. 배당금의수취	
5. 법인세의납부	
6. 법인세의환급	
II. 투자활동 현금흐름	=1-2
1. 투자활동으로인한현금유입액	
2. 투자활동으로인한현금유출액	
III. 재무활동 현금흐름	=1-2
1. 재무활동으로인한현금유입액	
2. 재무활동으로인한현금유출액	

사실 '2. 이자의 수취', '3. 이자의 지급', '4. 배당금의 수취'는 영업활동이라기보다는 투자나 재무활동에 가깝다고 생각할 수도 있다. 금융상품과 주식에 투자해야 이자와 배당금을 수취하는 것이니 투자활동이고, 차입금이 발생되어야 이자를 지급하기 때문에 재무활동으로 봐야 하는 것이 아닌가 하고 충분히 주장할 만하다.

이에 대한 한국채택국제회계기준의 정답은 없다. 앞서도 언급했지만, 한국채택국제회계기준이란 모든 기업이 하나의 룰을 따라야 한다는 강제성보다는 기업들이 회계기준과 원칙 내에서 자발적으로 정책을 정하고 그 정책을 일관성 있게 지켜야 하는 개념이기 때문이다.

전자공시시스템에서 STX의 현금흐름표를 찾아보면 이자와 배당금의 수취는 영업활동, 이자의 지급은 재무활동으로 분류했고, 코웨이의 경우에는 이자의 수취는 투자활동, 이자의 지급은 재무활동으로 분류하는 등 기업마다 제각각 다른 회계정책을 가지고 있다.

투자활동과 재무활동은 기업에서 가끔씩 벌어지는 이벤트 성격이므로 유입액과 유출액을 정확히 측정하고 확인하여 현금흐름표를 만들 수 있다. 그러나 기업의 주요 수익을 창출하는 영업활동은 하루에 적게는 수십 건에서 많게는 수만 건까지 거래와 사건이 발생하고 회계처리가 이루어진다.

하나의 거래에 대해 발생 시점과 현금 지급 및 회수 시점에 각각 회계처리를 하므로 1년의 시간이 흐르면 회계장부의 양은 엄청나게 방대해진다. 기업에서 아무리 훌륭한 회계결산 시스템을 갖춘다고 해도 회계장부에서 현금 부분만 찾아 영업활동 현금흐름을 투자활동이나 재무활동처럼 유입과 유출로 표현하는 것이 현실적으로 불가능하다.

그렇기 때문에 대안으로 찾은 것이 [표 5-2]와 같은 방식이다. 비록 복잡한 산식을 거쳐 영업활동 현금흐름을 작성하긴 하지만 말이다.

투자활동 및 재무활동과 같이 '유입액 − 유출액'으로 현금흐름표를 작성하는 방식을 직접법이라고 하고, 영업활동 같이 복잡한 수식으로 만드는 방식을 간접법이라고 한다.

간접법으로 작성되는 영업활동 현금흐름이 가장 복잡하고 분석해야 할 부분이 많다. 특히 기업 고유의 영업활동에서 현금을 창출해 내는 능력이 매우 중요하므로, 저자 또한 여기서 영업활동으로 인한 현금흐름을 가장 비중 있게 설명하려 한다.

1) 영업활동 현금흐름

간접법의 기본 원리는 발생주의에 의해 기록된 당기순이익에서 현금흐름을 수반하지 않는 비현금성 이익과 비용을 가감하고, 영업활동 관련 자산과 부채의 변동을 가산하는 것이다.

즉 발생주의를 현금주의로 바꾸는 과정으로 생각하면 될 것이고, 아래 간단한 예를 보면 이해가 될 것이다.

> [예] A기업은 소매업을 하고 있으며, 전기 말의 매출채권은 1,000원이다. A기업은 올해 매출액 2,000원, 감가상각비 600원, 당기순이익 1,400원이 되었다. A기업의 당기 말 매출채권은 500원으로 매출은 모두 외상거래를 하며, 그 외 다른 계정과목은 없다고 가정한다.

A기업의 매출채권흐름을 보면 다음과 같다.

'전기말매출채권 1,000원 + 당기매출 2,000원 − 당기말매출채권 500원 = 현금회수액 2,500원'으로 계산할 수 있다. 이는 '기초 + 증가 − 감소 = 기말'이라는 일반적인 등식과 같다.

매출이 발생했으면 매출채권이 증가하고, 현금이 회수되면 매출채권이 감소한다. 같은 논리로 매입채무, 재고자산 등 모든 계정과목들의 흐름도 이렇게 표시 가능하다.

A기업의 영업활동 현금흐름을 직접법으로 한다면, 매출채권이 감소하면서 회수된 현금 외에는 다른 현금 유출 및 유입액이 없으므로 A기업의 현금흐름은 2,500원이다.

이제 간접법으로 생각해 보자. 회사의 당기순이익 1,400원에서 현금흐름을

<표 5-3> 영업활동 현금흐름 예시

(단위: 원)

과목	금액
I. 영업활동 현금흐름	2,500
1. 영업에서 창출된 현금	
(1) 당기순이익	1,400
(2) 조정사항	600
(3) 영업활동관련 자산·부채의 변동	500

수반하지 않는 감가상각비 600원을 가산하고, 매출채권의 변동(1,000원 - 500원 = 500원)을 가산하면 2,500원이 되어 직접법으로 구한 영업활동 현금흐름과 같아진다.

당기순이익은 '매출액 2,000원 - 감가상각비 600원 = 1,400원'으로 계산된다. 그런데 감가상각비는 현금흐름을 수반하지 않는 비현금성비용이므로 이를 조정 사항에서 더한다. 그 다음 매출채권이 1,000원에서 500원으로 감소한 것은 결국 회수되었다는 의미이므로 500원을 더해 주게 된다. 매출 발생액 2,000원은 이미 당기순이익에 반영되었기 때문에 '당기말 매출채권 - 전기말 매출채권' 금액만 더해 주면 된다.

결국 직접법으로 계산하나 간접법으로 계산하나 영업활동 현금흐름은 금액이 항상 같다. 실무적으로 직접법으로 계산하는 것이 불가능하기 때문에 간접법으로 구할 수밖에 없는 것이다.

한편 재무상태표의 '매출채권 당기말 잔액 - 전기말 잔액'이 현금흐름표의 매출채권 증감과 항상 일치하지는 않는다. 왜냐하면 매출채권에는 매출로 인한 증감 외에 외화 환산이나 대손이 발생되어 매출채권에서 조정되는 경우도 많기 때문이다.

따라서 재무상태표상 매출채권 차이와 현금흐름표상 매출채권 증감이 맞지 않는다고 오해할 필요는 없다. 회계정보 이용자는 큰 틀에서 매출채권이 감소했으면 현금이 들어왔을 것이고, 매출채권이 증가했으면 현금 유입보다 발생된 매출액이 더 크다는 식으로 이해하면 된다.

간접법의 원리가 발생주의로 작성된 당기순이익에서 현금흐름을 수반하지 않는 비현금성 이익과 비용을 가감하고, 영업 관련 자산부채의 변동을 가산하여 현금주의로 바꾸는 것이라고 했다. 시작점이 당기순이익이다 보니 당기순이익에 포함되어 있는 법인세비용, 이자비용, 이자수익 등을 '1.(2) 조정사항'에서 모두 가감한다([표 5-2] 참조).

왜냐하면 손익계산서의 금융수익과 금융비용에 있는 이자수익과 이자비용은 전액 현금성 이자수익과 이자비용이 아닌 발생주의 이자수익과 이자비용이기 때문에 현금성과 비현금성이 모두 포함되어 있다. 그래서 현금성과 비현금성이 혼재되어 있는 손익계산서상의 이자수익과 이자비용 등을 '1.(2) 조정사항'에서 가감하고 순수한 현금성 이자수익과 이자비용을 '2. 이자의 수취'에 가산하고 '3. 이자의 지급'에서 차감하는 것이다.

단, 이 방법을 가장 많이 사용하지만 실무적으로 다양한 작성 방법이 존재하므로, 반드시 손익계산서와 일치하지 않는다고 잘못된 현금흐름표라고 오해해서는 안 된다.

작성 방법은 정보 제공자의 몫이고, 적절하게 작성되었는지를 보는 것은 외부감사인의 몫이다. 때문에 회계정보 이용자가 지엽적으로 숫자 하나하나 따라가며 잘 작성했는지까지 검토할 필요는 없다. 실무상 존재하는 현금흐름표 작성 기법은 다양하기 때문에 모두 다 설명할 수 없으니, 회계정보 이용자는 기본적인 작성 방법을 보면서 흐름만 이해하면 되겠다.

예를 들어 기업이 2019년 7월 1일에 금리 3%인 100만 원짜리 1년 만기 정기적금에 가입했고, 이자지급일이 2020년 6월 30일이라고 가정해 보자.

이 기업은 2020년 6월 30일에 이자 3만 원(세금 생략)을 현금으로 수취할 것이다. 그러나 발생주의 원칙에 따라 이 기업은 2019년 12월 31일에 이자가 현금으로 들어오지 않아도 '1만 5,000원[= 1,000,000 × 3% × (6 ÷ 12)]'을 이자수익으로 인식한다.

2020년에는 손익계산서에 이자수익으로 역시 1만 5,000원이 인식되지만, 실제로 현금은 3만 원이 들어올 것이다. 2020년에 현금흐름표를 그린다면 당기순이익에서 수익으로 인식된 비현금성인 이자수익 1만 5,000원을 '1.(2) 조정사항'에서 빼고, '2. 이자의 수취'에 실제로 돈이 들어온 3만 원을 더함으로써 현금흐름표를 완성시킨다.

이자의 지급, 배당금의 수취도 이와 같은 논리이고, 법인세의 납부 및 환급도 또한 마찬가지다. 회계상 법인세비용은 기업이 국세청에 현금으로 납부하

<그림 5-1> 한국항공우주산업의 2019년 연결현금흐름표

연결 현금흐름표

제 21 기 2019.01.01 부터 2019.12.31 까지
제 20 기 2018.01.01 부터 2018.12.31 까지
제 19 기 2017.01.01 부터 2017.12.31 까지

(단위 : 원)

	제 21 기	제 20 기	제 19 기
영업활동현금흐름	354,538,677,109	137,662,903,329	104,641,673,897
당기순이익(손실)	168,292,166,221	55,539,464,108	(235,185,852,776)
당기순이익조정을 위한 가감	317,820,331,669	290,766,762,960	396,106,964,608
영업활동으로인한 자산·부채의변동	(53,394,473,877)	(168,551,270,352)	22,731,306,724
이자수취	2,623,252,283	2,382,800,298	1,220,621,536
이자지급	(15,604,773,051)	(14,129,399,638)	(26,498,658,637)
배당금수취(영업)	588,200,000		
법인세납부(환급)	(65,786,026,136)	(28,345,454,047)	(53,732,707,558)

는 세금이 아니다. 회계상 법인세 역시 비현금성과 현금성이 섞여 있기 때문에 '1.(2) 조정사항'에서 가산한 후 '5. 법인세의 납부'에서 실제로 납부한 돈을 차감하고 돌려받은 돈을 '6. 법인세의 환급'에서 가산하는 것이다.

간접법에 대한 원리를 이해했다면 이제 [그림 5-1] 한국항공우주산업의 현금흐름표를 통해 영업활동 현금흐름의 내용을 하나씩 보도록 하자.

당기순이익 1,683억 원 정도에 비해 조정액이 3,178억 원이나 되는 것을 보면 비현금성비용이 상당히 많이 있음을 추정할 수 있다. 제조업에 속해 있는

<그림 5-2> 한국항공우주산업의 영업활동 현금흐름 조정 관련 주석사항

32. 영업활동 현금흐름

가. 당기와 전기 중의 영업활동 현금흐름의 조정 세부내역과 순운전자본 변동의 세부내역은 다음과 같습니다.

(단위: 천원)

구분	당기	전기
조정 :		
이자비용	16,987,007	25,770,950
외화환산손실	13,864,762	5,145,098
유형자산처분손실	806,775	112,703
유형자산폐기손실	370,864	-
유형자산 감가상각비	71,163,416	59,125,301
사용권자산 감가상각비	2,823,109	-
무형자산상각비	42,501,750	33,417,307
관계기업투자처분이익	(646,301)	-
공동기업투자처분손실	9,911	-
지분법이익	(328,508)	(270,032)
지분법손실	272,576	559,194
관계기업투자손상차손	946,145	-
무형자산손상차손	142,997,132	43,019,914
급여	3,326,500	-
퇴직급여	50,970,132	51,138,440

기업들은 기본적으로 영업활동 현금흐름이 당기순이익보다 크고 조정액이 크게 나오는 게 일반적이다. 그 이유는 감가상각비 같은 비현금성 비용들이 많기 때문이다.

한국항공우주산업의 재무제표 주석사항에서 조정의 세부내역을 보면 [그림 5-2]와 같다.

조정은 손익계산서의 매출원가, 판매비와관리비, 기타수익, 기타비용, 금융수익, 금융비용 중 현금을 수반하지 않는 부분들을 모아서 비용과 손실은 더하고, 수익과 이익은 빼면서 현금주의로 맞춘 것이다.

현금이 수반되지 않는 비용들을 가산한 내역을 보면 감가상각비, 무형자산상각비와 퇴직급여가 가장 큰 비중을 차지하고 있다. 그 외에 영업외적으로 발생하는 무형자산손상차손이 1,429억 원이나 잡히면서 회사의 순이익이 크게 작아졌음을 알 수 있다.

이런 비용 구성을 통해 이 기업은 유형자산에 대한 대규모 투자가 일어나고 있으며, 많은 임직원이 근무하고 있음을 알 수 있다.

그 다음에는 '영업활동 관련 자산·부채의 변동'에 관한 주석사항을 보면 [그림 5-3]과 같다.

순수하게 수익 창출을 위해 영업활동에서 발생하는 각종 자산과 부채의 '당기말 잔액 − 전기말 잔액'으로 계산된다.

자산이 증가되었으면 현금이 유출되었다는 의미이고, 자산이 감소되었으면 현금이 유입되었다는 의미이다. 재고자산이 증가되었다는 이야기는 제조를 했거나 상품을 매입해 왔을 것이니 당연히 현금이 유출되고, 감소되었으면 외부로 제품을 팔았다는 의미이므로 현금이 유입되게 된다.

반대로 부채가 증가되었으면 현금이 유출되지 않았다는 의미이고, 부채가 감소되었다면 현금이 유출되었다는 의미이다. 매입채무가 증가되면 매입은 늘

<그림 5-3> 한국항공우주산업의 영업활동 관련 자산·부채의 변동 주석사항

(단위: 천원)

구분	당기	전기
영업활동 관련 자산부채의 변동 :		
매출채권의 증감	(151,995,279)	22,277,811
기타금융자산의 증감	13,947,191	(84,352,813)
기타자산의 증감	(148,581,813)	(83,798,936)
재고자산의 증감	15,927,717	92,394,073
매입채무의 증감	(70,424,612)	155,403,656
기타금융부채의 증감	118,120,952	(19,151,310)
기타부채의 증감	27,726,464	(225,639,256)
충당부채의 증감	(39,277,831)	282,227,295
퇴직금의 지급	(28,852,823)	(37,951,769)
사외적립자산의 증감	(526,451)	(440,734)
계약자산의 증감	(95,991,655)	(311,330,719)
계약부채의 증감	306,533,667	41,811,432
합계	(53,394,473)	(168,551,270)

어났지만 아직 돈이 지급되지 않았다는 것이고, 매입채무가 감소되면 매입채무를 갚았다는 의미이므로 현금이 유출되었다고 이해하면 된다.

물론 반드시 모든 기업에 이 공식이 성립되는 것은 아니다. 매출채권에서 설명한 바와 같이 여러 이유로 인해 재무상태표의 차이와 현금흐름표의 자산부채 증감이 안 맞을 수도 있고, 현금 유출과 유입의 사유가 반드시 제품 판매나 제품 생산이 아닐 수도 있기 때문에 좀 더 복합적인 분석이 필요한 경우도 있다.

이렇게 기업별, 상황별로 증가와 감소되는 이유가 다양하기 때문에 회계정보 이용자는 다양한 기업의 재무제표를 접하여 분석력을 키워야 할 것이다.

영업활동 현금흐름을 보면 가장 먼저 체크하는 부분이 당기순이익과의 비교이다. 당기순이익보다 영업활동 현금흐름이 큰 것이 일반적이다. [그림 5-2]에서 보았듯이 비현금성인 감가상각비, 무형자산상각비 및 퇴직급여의 비중이 매우 크기 때문이다.

만약 당기순이익보다 영업활동 현금흐름이 작거나, 당기순이익과 감가상각비·무형자산상각비, 퇴직급여 등의 합보다 영업활동 현금흐름이 작다면 그 원인을 분석해 봐야 한다.

매출채권이 계속 회수가 잘 되지 않는지, 제품을 너무 많이 만들어서 쌓아두기만 하는지 기업마다 이유도 제각각일 수 있다. 물론 대규모 시설투자가 발생되지 않는 지식·서비스업의 경우에는 감가상각비 비중이 낮으므로 산업에 따라 그렇지 않을 수도 있다.

영업활동에서 가장 중요한 부분은 매출채권, 매입채무, 재고자산이다. 기업에서 가장 많은 비중을 차지하고, 채권회수가 잘 되고 채무지급도 정상적으로 해야 제조활동 역시 원활하게 할 수 있다.

서비스업을 영위하는 기업은 재고자산이 없으니 제조업보다는 분석이 수월할 수 있다. 재무상태표 중에서 금액적으로 비중이 큰 계정들을 위주로 왜 증가하고 감소했는지, 현금은 제대로 돌고 있는지를 확인하는 것이 영업활동 현금흐름을 분석하는 핵심이 된다.

2) 투자활동 현금흐름

투자활동은 크게 유·무형자산에 대한 투자와 금융상품 및 지분에 대한 투자로 나눌 수 있다. 토지, 건물, 기계장치, IT환경 등 유·무형자산에 대한 투자는 기업의 영업활동을 위해 반드시 필요하다. 투자를 해야 기업의 미래 존속과 성장을 논할 수 있다.

영업활동으로 많은 현금을 확보한 기업은 유·무형자산에 투자하고 남는 자금으로 금융상품에 투자하거나 다른 기업의 지분을 매입하기도 한다.

그렇기 때문에 대부분 기업의 현금흐름표를 보면 투자활동으로 인한 현금흐름은 유입금액보다 유출금액이 더 큰 순유출 상태가 일반적이다. 문제는 이 순유출금액을 어떻게 조달하느냐인데, 가장 이상적인 방법은 영업활동에서 많은 현금을 벌어서 투자활동에 쓰는 것이다.

영업활동에서 충분한 현금을 벌어들이지 못하면 결국 주주에게 손을 벌리거나 금융기관에서 차입을 하는 재무활동에서 충당해야 한다. 단순히 금융상품에 투자하기 위해 유상증자나 차입을 하는 경우는 없을 것이고, 대부분 사업 확장을 위한 유·무형자산에 대한 투자를 위해 자금 조달을 한다.

투자활동을 분석할 때는 유·무형자산에 대한 투자와 금융상품 및 지분에 대한 투자, 이렇게 크게 두 가지로 분류해서 보는 것이 좋다.

[그림 5-4]은 삼성전자의 2019년 연결현금흐름표 중 투자활동 현금흐름 부분을 발췌한 것이다.

삼성전자는 영업활동 현금흐름으로 벌어들인 돈이 45조 원이니, 투자활동으로 40조 원 가까이 쓰고 나면 남는 것이 없겠다고 생각할 수 있다. 그러나 현금흐름표를 자세히 뜯어보면 유·무형자산에 대한 투자 28조 원, 금융상품 및 금융자산 등에 대한 투자가 17조 원 정도이다.

즉 영업활동으로 벌어들인 현금 45조 원 중에서 약 50% 정도를 유·무형자산에 투자한 것이고, 나머지는 금융상품에 투자하여 이자와 배당수익 등을 벌어들인 것이다. 유·무형자산에 투자를 위해 현금 유출된 부분은 계속 수익 창출에 기여할 것이므로 추후에 영업활동을 통해 회수할 것이다.

우리는 현금흐름표를 통해 삼성전자는 유·무형자산 투자를 위해 무리한

<그림 5-4> 삼성전자의 연결현금흐름표 중 투자활동 현금흐름

투자활동 현금흐름	(39,948,171)	
단기금융상품의 순감소(증가)	(2,030,913)	금융자산 취득·처분 등
장기금융상품의 취득	(12,725,465)	
상각후원가금융자산의 처분	694,584	
상각후원가금융자산의 취득	(825,027)	
기타포괄손익-공정가치금융자산의 처분	1,575	
기타포괄손익-공정가치금융자산의 취득	(63,773)	
당기손익-공정가치금융자산의 처분	64,321	
당기손익-공정가치금융자산의 취득	(135,826)	
유형자산의 처분	513,265	유·무형자산 취득·처분 등
유형자산의 취득	(25,367,756)	
무형자산의 처분	7,241	
무형자산의 취득	(3,249,914)	

자본 조달 없이 오직 영업활동에서 벌어들인 현금으로 충분했음을 알 수 있다.

그러나 회계정보 이용자의 입장에서 기업이 영업활동으로 벌어들이는 현금이 적거나 오히려 유출임에도 불구하고 공격적으로 유·무형자산 투자를 늘리는 기업을 접할 때는 분석과 투자 의사결정에 있어서 굉장히 고민스런 상황에 놓이게 된다.

[그림 5-5]의 요약 현금흐름표를 보자. 2012년과 2011년의 투자활동 현금흐름을 요약한 것이다. 이 기업은 벌어들이는 영업활동 현금흐름을 훨씬 초과하는 금액을 유·무형자산에 공격적으로 투자하고 있다. 당연히 벌어들이는 돈보다 투자금액이 많기 때문에 차입금 비중도 높은 기업이다.

투자자가 이런 상황에 직면한다면 아무래도 그 기업이 속해 있는 산업 업황이나 성장 가능성 등 질적인 요소에 대한 분석을 더 많이 해야 할 것이다. 기업

<그림 5-5> 과감하게 투자를 늘린 한 기업의 현금흐름표 요약

(단위: 백만 원)

	2012년	2011년
영업활동 현금흐름	2,211,651	2,855,960
투자활동 현금흐름	-4,698,379	-3,389,264
유무형자산에 대한 투자	-3,894,916	-3,716,032
금융상품 및 지분에 대한 투자	-764,377	291,775
기타	-39,086	34,993

입장에서는 지금의 자금 사정이 어렵지만 미래에 성장 가능성이 충분하다고 생각했으니 과감한 투자를 단행했을 것이다. 막무가내나 모험심만으로 투자하지는 않았을 것이다.

이 현금흐름표의 주인공은 2013년부터 화려하게 비상한 SK하이닉스이다. 결과론적인 이야기지만, 2013년에 영업활동 현금흐름이 평년의 두 배를 훨씬 뛰어넘는 6조 4,000억 원을 기록했고, 2018년에는 무려 22조 원이 넘는 현금을 벌어들였다. 그 사이 차입금은 크게 감소해서 재무구조는 안정적으로 변모했다.

하지만 과감한 투자에도 불구하고 실적으로 보여주지 못하는 사례들은 더 많이 있다. 스마트폰의 부품을 생산하여 납품하는 기업들이 대표적이다.

이들 기업은 2010년 초에 코스닥시장을 호령했지만, 어느덧 수년간 적자의 늪에 빠져버렸다. 주주들로부터 유상증자를 받고 전환사채를 발행해서 모은 돈으로 유·무형자산에 집중 투자해서 비상을 꿈꾸었다. 하지만 결국 전방산업의 성장기가 끝나고 날로 발전하는 기술을 따라잡지 못해 적자 누적으로 상장폐지를 당한 기업들이 꽤 있다.

그렇기 때문에 회계정보 이용자, 특히 투자자의 경우에 재무제표는 기본적으로 분석할 줄 알아야 하고, 거기에 추가하여 기업과 산업을 이해하고 미래 성장성을 내다볼 수 있는 통찰력을 키우는 것이 중요하다.

3) 재무활동 현금흐름

재무활동은 금융기관에 대한 자금 조달 및 상환, 주주로부터의 증자 및 주주에 대한 배당 등 자본 거래 활동으로 구성된다.

영업활동 현금흐름이 넉넉한 기업은 차입금을 상환해 나가면서 순유출을 보일 것이고, 당장 영업활동으로 벌어들인 현금이 별로 없거나 자금 사정이 좋지 않은 기업은 차입이나 유상증자를 통해 조달을 해야 하니 순유입을 보일 것이다.

순현금을 엄청나게 보유하고 있는 삼성전자나 현대차의 경우도 은행에서 차입을 한다. 기업마다 자금 조달 및 운용에 대한 프로세스와 원칙이 있기 때문에 자세한 차입 취지까지 파악할 수는 없다. 하지만 환율, 금리 등 여러 대외변수와 기업 내부의 자금운용계획 등을 복합적으로 고려하면 차입을 하는 것이 더 나을 수도 있다.

특히 이자비용은 세무상 손금으로도 인정되기 때문에 절세 효과까지 더해지는 것이니, 차입금이 많다고 좋지 않은 기업이라고 오해해서는 안 된다.

[표 5-4]는 LG디스플레이의 현금흐름표를 요약한 것이다. LG디스플레이는 2017년부터 2019년까지 안정적인 영업활동 현금흐름을 보인다. 한 번도 순유출(-)이 없으니 디스플레이 패널을 제조해서 판매하는데 있어 손해는 안 본 셈이다.

<표 5-4> LG디스플레이의 최근 3년 현금흐름표 요약 (단위: 백만원)

	2019년	2018년	2017년
영업활동현금흐름	2,706,545	4,484,123	6,764,201
당기순이익(손실)	-2,872,078	-179,443	1,937,052
투자활동현금흐름	-6,755,393	-7,675,339	-6,481,072
유형자산의 취득	-6,926,985	-7,942,210	-6,592,435
무형자산의 취득	-540,996	-480,607	-454,448
재무활동현금흐름	4,987,902	2,952,919	862,242

특히 2018년과 2019년에 당기순손실이 났음에도 불구하고 영업활동 현금흐름은 순유입(+)이니 괜찮다고 판단할 수 있다. 그러나 실상은 그렇지 않다.

제조업에서 당기순손실이 발생해도 영업활동현금흐름이 순유입이 되는 것은 지극히 당연한 얘기이다. 왜냐하면 감가상각비, 무형자산상각비 같은 비현금성 비용이 크기 때문이다.

LG디스플레이의 연결재무제표 주석에서 '비용의 성격별 분류'를 찾아보면 2019년의 감가상각비와 무형자산상각비가 3조 6,950억 5,100만 원이나 된다. 2018년에도 비슷한 규모가 발생했다. 만약 유형자산, 무형자산 규모가 크지 않아서 감가상각비가 많이 발생하지 않았다면 LG디스플레이도 순이익을 달성할 수 있었을 것이다.

그러나 공장을 한 번 지어 놓고 평생 재투자 없이 계속 돈만 벌 수는 없다. 신제품을 생산하려면 스펙에 맞는 시설장치와 기계장치를 들여와야 할 것이고, 기존 유형자산도 교체해야 할 것이다. 결국 감가상각비가 크다는 얘기는 유형자산과 무형자산에 대한 투자규모가 크다는 것을 암시한다. 삼성전자도 2년간 감가상각비와 무형자산상각비가 총 55조 원 이상 발생했고, 유형자산과 무형자산에 총 59조 원 이상을 투자했다.

[표 5-4]의 투자활동현금흐름에서 유형자산 취득, 무형자산 취득을 보면 매년 7조 원 내외의 지출이 발생하고 있다. 3년간 LG디스플레이는 영업활동에서 약 14조 원의 현금을 벌었지만 유형자산과 무형자산 투자에 23조 원 가까이 지출을 했다. 즉 번 돈으로 재투자를 못한다는 얘기이다. 그렇기 때문에 재무활동현금흐름 3년간 총액이 9조 원 가까이 된다. 즉 부족한 돈을 금융기관을 통해 조달했다는 의미이다.

LG디스플레이가 영업활동에서 충분히 돈을 많이 벌어서 유형자산과 무형자산에 재투자하고도 돈이 남는다면 차입금도 상환하고 주주들에게 더 많은 배당금을 지급하겠지만 지금은 그럴 수 없는 상황이다.

차입금 규모가 얼마나 커졌고 보유한 현금보다 몇 배 많은지 한 눈에 파악하려면 주석사항에 들어가서 '자본위험관리'를 읽어보는 것이 좋다.

[그림 5-6]은 LG디스플레이의 2019년도 연결재무제표에 대한 주석사항 중 자본위험관리 내용이다. 확실히 2019년(당기 말) 차입금이 13조 4,809억 원으로 보유한 예금 3조 4,148억 원보다 10조 원 이상 많다. 2018년(전기 말)보다 현금이 1조 원 늘었지만 차입금은 5조 원 가까이 증가했음을 알 수 있다. 당연히 [표 5-4]의 2019년 재무활동현금흐름만큼 늘었다.

이렇게 재무구조가 악화된 가장 큰 원인은 영업활동에서 번 돈으로 유형자산, 무형자산 취득액을 감당하지 못하는데 있다. 기복이 있는 업종이다보니 과거에도 이런 모습을 종종 보였다.

안 좋은 시절도 있고 업황이 좋아지는 때도 온다. LG디스플레이도 지금은 힘들지만 다시 업황이 좋아지면 많이 벌어서 갚아 나갈 것이다. 주주 입장에서는 TV, 모바일 등 관련 산업이 긍정적으로 변모해 가는지 주의 깊게 살펴봐야 할 것이다.

<그림 5-6> LG디스플레이의 자본위험관리 주석사항

(4) 자본 위험관리

연결실체 경영진의 자본관리 정책은 투자자와 채권자 및 시장의 신뢰를 유지하고 향후 사업의 발전을 지탱하기 위한 자본을 유지하는 것입니다. 연결실체는 최적 자본구조 달성을 위해 부채비율과 순차입금비율 등의 재무비율을 자본관리지표로 사용하고 있으며 일반주주에 대한 배당의 수준과 자본수익률을 모니터링하고 있습니다.

(단위: 백만원)

구분	당기말	전기말
부채 총계	23,086,282	18,289,464
자본 총계	12,488,281	14,886,246
예금(*1)	3,414,760	2,443,422
차입금(사채 포함)	13,480,889	8,558,777
부채비율	185%	123%
순차입금비율(*2)	81%	41%

(*1) 예금에는 현금및현금성자산 및 유동성 금융기관예치금이 포함되어 있습니다.
(*2) 순차입금비율은 차입금(사채 포함, 리스부채 제외)에서 예금을 차감한 금액을 자본총계로 나누어 계산됩니다.

4) 현금흐름표 분석 포인트

지금까지 우리는 영업·투자·재무활동 현금흐름에 대해 자세히 살펴보았다. 여기까지 배운 내용을 바탕으로 기업의 현금흐름을 정리해 보면 [표 5-5]와 같다.

전기 말에 기업의 현금보유액이 100억 원이고 당기 말에 200억 원이 되었다면 100억 원의 증가요인은 [표 5-5]에서 보는 것처럼 영업활동, 투자활동, 재무활동에서 찾을 수 있다.

회계연도 말의 현금보유액은 은행조회서 및 잔고 조회 등으로 확인 가능하

<표 5-5> 기업의 현금흐름

전기말 현금보유액	①
영업활동현금흐름	②
당기순이익	
조정 및 자산부채변동	
투자활동현금흐름	③
금융자산 취득·처분	
유·무형자산 취득·처분	
재무활동현금흐름	④
주주 관련 증자·배당	
금융기관 관련 차입·상환	
당기말 현금보유액	= ① + ② + ③ + ④

다. 투자활동과 재무활동에서 들어오고 나가는 현금은 건수가 많지 않고 표에서 보는 것처럼 내용이 간단하기 때문에 일일이 명세를 맞춰볼 수 있다. 그렇다면 남는 것은 오로지 영업활동현금흐름이다. 기초와 기말의 현금 잔액은 금융기관을 통해 확인 가능하고 투자활동과 재무활동 역시 건건이 체크할 수 있으니, 영업활동 숫자는 자동적으로 맞춰진다는 얘기다.

결론적으로 현금흐름표 분식회계는 어렵다. 손익이 잘 나오는 것처럼 보이는데 회사가 쩔쩔매거나 갑자기 재무구조가 악화되어 대규모 유상증자로 주가가 급락하는 기업들은 다 현금흐름표에 답이 있다. 또한 손익을 조작하다가 걸린 회사들도 현금흐름표를 보면 절로 고개가 끄덕여진다.

대우조선해양도 마찬가지였다. 매년 이익이 발생하는 것처럼 보였지만 현금흐름은 악화되었고 차입금은 계속 증가하고 있었다. [표 5-6]은 분식회계 사건이 터지기 전인 5년간, 2010년부터 2014년까지의 현금흐름과 순이익, 차입금 잔액을 하나의 표로 만들어 비교한 것이다.

<표 5-6> 대우조선해양의 5년간 현금흐름 및 차입금·사채 잔액 (단위: 억원)

	2010년	2011년	2012년	2013년	2014년
영업활동으로 인한 현금흐름	-2,098	23	-9,961	-11,979	-5,602
당기순이익	7,760	6,483	1,759	2,419	330
투자활동으로 인한 현금흐름	-6,123	-7,028	-5,521	-1,570	-1,992
유·무형자산 취득액	-3,265	-4,807	-3,563	-2,825	-4,157
재무활동으로 인한 현금흐름	3,567	5,375	11,358	14,625	5,207
장·단기차입금 및 사채 잔액	29,063	43,739	54,348	68,644	76,328

　대우조선해양은 이 5년 동안 한 해도 거르지 않고 순이익을 실현했다. 순이익이 감소추세에 접어들었지만 한 번도 손실을 내지 않았다. 그러나 현금흐름은 그렇지 않았다.

　같은 기간 동안 회사가 돈을 번 적은 2011년에 23억 원이 전부다. 5년간 누적 영업활동으로 인한 현금흐름은 -3조 원에 육박한다. 즉 배를 만들고 공사를 하느라 들어간 돈이 번 돈보다 3조 원 이상 더 많다는 얘기이다.

　투자활동으로 인한 현금흐름 중 유·무형자산 취득액도 5년간 합산해보면 약 2조 원 가까이 된다. 운영자금도 3조 원 부족한데 투자자금까지 필요하니 당연히 회사는 은행에 손을 벌리거나 사채를 발행해서 자본을 조달해야 했다. 5년간 재무활동 현금흐름을 합산해보면 약 5조 원이나 된다. 그리고 5년간 장·단기차입금 및 사채 잔액도 5조 원 가까이 증가했다.

　회계기준을 자세히 몰라도 몇 년치 현금흐름표만 들여다보면 기업이 어떻게 돌아가는지 파악이 가능하다. 그리고 이익은 나고 있는데 현금이 돌지 않아서 부실화될 수 있겠다는 예측도 가능하고, 분식회계에 대한 힌트 또한 현금흐름표에서 파악이 된다.

(1) 현금흐름표 3가지 분석 포인트

현금흐름표를 볼 때 3가지만 기억하면 된다.

첫 번째, 영업활동 현금흐름 > 당기순이익

두 번째, 영업활동 현금흐름 > 유·무형자산 취득액

세 번째, 재무활동 현금흐름 순유출(-)

현금 유출이 없는 감가상각비나 무형자산상각비는 회계상 비용 처리된다. 그러나 현금흐름 측면에서 이 비용들은 현금 유출이 아니므로 영업활동 현금흐름이 순이익보다 큰 게 원칙이다. 단, 유·무형자산 규모가 크지 않은 서비스업은 예외이다.

기업은 돈을 충분히 벌어서 남겨야 한다. 즉 잉여현금 Free cash을 만들어야 한다. 기업의 가치 또한 미래에 발생시키는 잉여현금의 합으로 계산한다. 잉여현금을 만들지 못하는 기업은 결국 기업가치도 없다는 뜻이다.

그렇다면 잉여현금은 무엇인가? 바로 영업활동 현금흐름에서 유·무형자산 취득액을 차감한 값이다.

기업이 잉여현금을 남기는지 확인하려면 현금흐름표상 영업활동 현금흐름이 유·무형자산 취득액의 절대값보다 큰지 보면 된다. 영업활동 현금흐름은 순유입(+), 유·무형자산 취득액은 순유출(-)이므로 절대값보다 커야 한다. 앞서 삼성전자 사례에서 살펴봤듯이 영업활동에서 45조 원을 벌었고 유·무형자산 취득에 28조 원을 썼으니 17조 원을 남길 수 있다. 즉 삼성전자는 잉여현금흐름을 창출하는 기업이다.

마지막으로 재무활동 현금흐름이 순유출(-)이라는 의미는 회사가 영업활동에서 돈을 잘 벌어서 유·무형자산 취득도 하고 남는 돈으로 금융기관에 차입금도 상환하고, 주주들에게 배당도 잘 준다는 의미이다.

　삼성전자나 SK하이닉스 같은 기업만 이런 현금흐름을 보여주는 것은 아니다. 수익모델이 탄탄한 여러 상장기업들의 현금흐름을 보면 대부분 이렇다.

　만약 투자자 입장에서 처음 접하는 기업이나 잘 모르는 기업을 분석한다면 현금흐름이 이 3가지 원칙에 부합되는지 반드시 체크하기 바란다.

　만약 그렇지 않다면 질적분석을 통해 나아질 수 있는지 검토해야 할 것이고, 확신이 들지 않는다면 투자를 하지 않는 것이 좋을 것이다. 어느 날 갑자기 대규모 유상증자를 통해 주식 가치가 희석되거나 부실화에 따른 상장폐지를 당할 수도 있으니 말이다.

박 회계사의 생각

불확실한 상황엔 '현금이 진리'
기업 건전성도 '현금흐름표' 보고 판단을

"현금이 진리"라는 우스갯소리가 요즘처럼 절실히 와닿는 때도 없었던 것 같다. 코로나19가 전 세계적으로 대유행하면서 기업 실적이 크게 악화될 것으로 예상되기 때문에 현금의 중요성이 더욱 부각되었다.

기업이 보유한 현금이 차입금보다 많다면 당분간 사업으로 버는 돈이 줄어도 버틸 수 있지만 반대인 경우에는 많이 힘든 상황에 놓일 수밖에 없을 것이다.

회계정보 이용자인 은행, 투자자, 채권자 입장에서도 그 어느 때보다 더욱 신중하게 재무제표를 들여다볼 것이다. 특히 요즘 같은 상황에서는 불확실한 성장성에 대한 기대보다는 확실한 안정성을 최우선 순위로 두고 검토하는 게 좋다.

먼저 기업의 자산, 부채, 자본을 확인할 수 있는 재무상태표에서 현금화가 가능한 자산이 얼마나 있는지 확인해야 한다. 기업이 보유한 현금 및 현금성 자산과 1년 내에 만기가 도래하는 예금과 적금 등으로 구성된 단기금융상품부터 찾아야 한다. 여기서 중요한 것은 이 돈이 회삿돈일 수도 있고 은행 돈일 수도 있다는 점이다.

회사가 은행으로부터 빌려온 차입금을 예금으로 보관하고 있다면 이 돈은 사업을 통해 벌어놓은 여윳돈이 아니다. 예를 들어 대한항공의 2019년 재무상태표에서 자산을 보면 현금 및 현금성 자산과 단기금융상품으로 약 1조 5000억 원 이상 보유한 것으로 나온다. 현금 부자로 보이지만 부채 쪽으로 눈을 돌려 갚아야 하는 차입금, 사채 등을 계산해보면 무려 17조 원이나 초과한다.

결국 이 회사는 가진 돈보다 갚아야 하는 빚이 훨씬 많은 기업임을 알 수 있다. 손익계산서를 보면 2019년 동안 6000억 원이 넘는 순손실을 냈고 코로나19로 인해 하늘길이 막혀 올해도 이익을 장담할 수 없으니 정말 힘든 상황일 것으로 짐작된다.

여유 현금을 예금과 적금에 주로 가입한 경우가 많지만 위험을 선호하는 회사는 채권, 주식, 부동산 등에 골고루 투자하기도 한다. 그리고 회사들의 자금 사정이 좋지 않으면 이들 금융자산을 과감히 정리해 현금화시킨다.

시세 변화에 따라 원하는 가격에 매도하기 어려워 목표한 현금을 확보하지 못할 수 있다는 단점도 있지만 잘 굴리면 큰돈으로 불릴 수 있으니 좋은 자금 운용 방법임에는 분명하다.

회계정보 이용자 입장에서 회사의 건전성을 판단할 때 이렇게 영업과 상관없이 보유한 여러 금융자산들을 재무상태표에서 더 찾아내야 한다. 예를 들어 편의점기업 GS리테일의 재무상태표를 보면 약 1500억원대의 현금과 예금 등을 보유하고 있는데 그보다 훨씬 더 많은 1조 2000억 원 정도가 채권, 주식, 부동산 등에 두루 분산되어 있다.

기업이 돈을 잘 버는지 아니면 버는 것보다 쓰는 게 더 많은지 살펴보려면 현금흐름표를 봐야 한다. 1년 동안 회사가 영업활동을 통해 얼마 정도의 현금흐름을 창출했는지 확인할 수 있다.

회계는 거래나 사건이 발생할 때 수익과 비용, 자산과 부채를 인식하기 때문에 재무상태표와 손익계산서로 기업의 현금흐름을 판단하는 데 한계가 있다.

발생한 외상수익이 많아 손익계산서상 이익이 잘 나는 것처럼 보이지만 추후에 회수가 안되면 흑자도산까지 갈 수 있다. 우리는 IMF 외환위기부터 이러한 사례들을 수없이 목격해왔다. 반드시 현금흐름표 분석을 통해 돈이 잘 돌고 있는지 여부를 살펴야 한다.

재무상태표와 현금흐름표를 통해 회계기간 말에 현금화가 가능한 자산이 얼마나 있는지, 연간 어느 정도의 영업현금흐름을 창출하는지 반드시 체크하기 바란다. 꾸준한 현금 창출 능력이 있는지 확인하기 위해 수년간의 현금흐름표를 따라가보면 더욱 좋다. 지금은 현금의 중요성을 아무리 강조해도 지나치지 않을 때이다.

* 이 글은 저자가 〈경향신문〉 2020년 4월 6일자에 쓴 칼럼이다. 코로나19사태와 관련해 기업의 건전성에 주목한 글이다. 불확실한 상황 속에서는 '현금이 진리'이기 때문이다.

06 주석사항에서 알짜정보 얻기

주석사항

더 주목해야 하는 정보는 따로 있다

재무제표의 본문에 나타내지 못하는 자세한 사항을 각 재무제표 계정과목에 번호를 붙이고 별지를 할애하여 제공하는 추가적인 사항들을 주석이라고 한다. 우리는 이미 재무상태표, 손익계산서 등을 볼 때 해당 계정과목 관련 중요한 주석사항 대부분을 살펴보았다.

주석도 엄연히 재무제표의 일부이며, 회계정보 이용자가 재무제표를 이해하는 데 아주 많은 도움을 준다.

한국채택국제회계기준이 도입되면서 주석사항도 예전보다 2배 가까이 늘어날 정도로 풍성해졌지만, 회계정보 이용자의 입장에서는 방대한 양의 주석을 일일이 읽어보는 것이 쉽지 않다. 하지만 두터운 주석사항 안에는 분명히 많은 도움을 주는 기업의 재무정보가 곳곳에 들어가 있기 때문에 반드시 챙겨 봐야 한다.

주석은 크게 회사의 개요, 재무제표 작성 기준 및 중요한 거래와 회계 사건에 대한 회계정책이나 회계처리 방침, 한국채택국제회계기준에서 요구하는 필수적인 주석 공시 사항, 재무제표에 표시되지 않는 사항으로서 재무제표를 이해하는 데 필요한 추가 정보, 우발 상황 또는 약정 사항 같이 재무제표에 기재되지 않는 항목에 대한 추가 정보 등으로 구분할 수 있다.

회사의 개요에는 회사의 연혁이나 위치, 업종 및 종속회사 현황 등에 대한 정보가 기재되어 있다. 특히 어떤 종속회사들이 포함되어 있으며, 보유한 지분율은 몇 퍼센트 정도인지를 확인할 수 있다.

모든 상장회사는 의무적으로 한국채택국제회계기준을 따르므로 회계정책이나 회계처리 방침이 모두 동일하다고 생각할 수 있다. 하지만 계속 강조했다시피 한국채택국제회계기준은 선택 가능한 범위 내에서 정책을 정하고 그 정책을 일관성 있게 지키라는 것이다.

그런 까닭에 반드시 모든 기업의 회계정책이나 회계처리 방침이 동일하지는 않다. 예를 들어 한국전력 같은 일부 기업들은 한국채택국제회계기준 도입 시에 토지에 대한 재평가를 했지만, 많은 기업들이 토지에 대한 재평가를 하지 않고 최초 취득 시의 취득원가가 재무상태표에 들어가 있다.

또한 이미 우리가 손익계산서에서 확인했다시피 포괄손익계산서 하나만 작성하는 기업이 있고, 손익계산서와 포괄손익계산서를 각각 작성하는 기업도 있다. 연결재무제표를 작성할 때 어디까지 종속기업으로 볼 것인지에 대한 판단 및 정책도 모두 제각각이다. 이렇게 기업마다 도입한 회계정책이 조금씩 다르다 보니 역시 회계정보 이용자들이 찾아서 읽어봐야 한다.

여기에서는 재무제표를 설명할 때 다루지 못했던 특수관계자와의 거래와 부문별 보고 주석사항을 설명하고자 한다.

(1) 특수관계자와의 거래

특수관계자와의 거래는 기업의 관계사에 대한 매출 의존도 등을 체크할 때 좋은 정보로 활용할 수 있다.

<그림 6-1> 삼성전기의 특수관계자 거래 주석사항

당기와 전기 중 연결기업과 관계기업 등 간의 주요한 거래내역은 다음과 같습니다.

(단위: 천원)

특수관계자	당 기			
	매출 등	매입 등	유형자산 취득	현금배당
유의적인 영향력을 미치는 회사				
삼성전자	2,172,532,194	434,369,979	-	-
관계기업				
삼성경제연구소	-	6,799,506	-	-
스템코	-	-	-	2,182,000
기타	2,607,726,304	487,504,525	340,301,477	-
합 계	4,780,258,498	928,674,010	340,301,477	2,182,000

삼성전기는 삼성전자에 전기전자부품을 납품하는 계열사로 잘 알려져 있다. 삼성전기의 2019년 연결재무제표 주석 중 [그림 6-1]과 같이 특수관계자 거래에 대한 주석사항을 보면 특수관계자에 대한 매출액은 4조 7,802억 원으로 전체 매출액 8조 408억 원의 약 59%에 해당한다.

삼성전자 및 특수관계자의 실적이 좋을 때는 부품회사인 삼성전기 실적 또한 증가하겠지만, 반대로 삼성전자와 특수관계자의 실적이 악화되면 직격탄을 맞을 수밖에 없는 구조로 이해할 수 있다.

물론 매출채권 대부분이 삼성전자와 특수관계자에 대한 것이므로 채권 회수는 잘 될 것이라는 좋은 점도 있다. 이렇게 수직계열화된 구조에 속해 있는 기업들은 항상 이런 기회와 위기가 공존한다.

반면에 삼성전기의 비교기업인 LG이노텍 2019년 연결재무제표의 주석을 찾아보면 특수관계자에 대한 매출액은 9,173억 원으로 전체 매출액 8조 3,021억 원의 11%에 불과하다.

삼성전기와 달리 특수관계자에 대한 매출 비중이 그렇게 높지 않고 외부에서 많은 수익을 창출하기 때문에 지배기업과 계열사에 대한 부침이 덜하고 자생력이 높다고 판단할 수 있다.

삼성전기와 LG이노텍은 대기업 집단이기 때문에 '일감 몰아주기'에 대한 강한 규제를 받지만 그렇지 않은 중소기업들은 2세나 3세 승계 또는 대주주 본인의 부를 축척하기 위해 계열사에 매출이나 매입 거래를 많이 한다.

2020년에 일감 몰아주기 뉴스가 나왔던 SPC삼립의 특수관계자 거래 주석사항을 살펴보자.

<그림 6-2> SPC삼립의 특수관계자 거래 주석사항
(단위: 천원)

1) 당기 및 전기 중 특수관계자와의 중요한 거래 내역은 다음과 같습니다.

구 분	회사의 명칭	매출		기타수익		유무형자산처분		매입	
		당기	전기	당기	전기	당기	전기	당기	전기
최상위지배기업	파리크라상	436,150,747	429,948,943	814,736	373,357	-	-	8,130,159	6,151,194
	㈜샤니	87,681,020	69,028,917	-	-	3,542	27,381	206,796,845	184,594,220
	에스피씨㈜	916,147	930,445	53,165	53,636	-	-	-	-
	에스피엘㈜	100,807,232	100,763,384	-	-	-	-	836,244	268,615

SPC삼립의 매출액 2조 4,992억 원 중 파리크라상에 대한 매출액이 4,361억 원, 에스피엘㈜에 대해서는 1,008억 원이다. 그 외 다른 계열사를 다 합치면 특수관계자에 대한 매출액 총액은 8,080억 원이나 된다.

매입액 또한 큰 편인데, ㈜샤니로부터 2,068억 원을 비롯해 다른 계열사를 다 합치면 특수관계자에 대한 매입액 총액은 3,203억 원이나 된다. 이는 회사 사업보고서에 공시된 원재료 매입액 3,275억 원의 대부분을 차지한다.

즉 대부분의 원재료를 특수관계자에게 구입하고 제품의 많은 부분을 파리크라상과 에스피엘㈜ 등에 납품하는 구조이다. 공교롭게도 [그림 6-2]에 나온 파리크라상, 에스피엘 등은 모두 대주주 일가가 지배하고 있다.

공정거래위원회에서 계열사 부당지원으로 SPC삼립에 과징금 291억 원을 부과했고 검찰에 고발한 상태이다. 추후에 수사와 재판결과가 나와 봐야 알겠지만 주식투자자 입장에서는 특수관계자 주석사항이 이렇게 복잡하게 되어 있는 기업은 피하는 게 좋다.

왜냐하면 대주주 일가가 보유한 계열사와 거래를 많이 한다는 것은 상대방에 마진을 많이 몰아줄 가능성이 크다는 얘기다. 그냥 상장사 본인이 직접 원재료 사오거나 만들고 팔면 되는데 꼭 대주주가 만든 회사를 거친다.

또 매입거래가 많다면 비싸게 사올 가능성이 크다. SPC삼립 구조를 생각해 보면 ㈜샤니로부터 비싸게 사오고, 샤니는 SPC삼립에 비싸게 팔아서 이익을 늘릴 수 있다.

매출 거래가 많다면 싸게 팔 가능성이 크다. 즉 파리크라상은 싸게 사올 수 있고, SPC삼립은 싸게 파는 식이다. 결국 대주주가 지배하고 있는 비상장계열사는 마진을 많이 가져가게 되니, 상장사인 SPC삼립의 주주만 피해를 보게 된다.

이는 저자가 전작에서 오뚜기, 손오공, 하이트진로, 에스엠, 삼양식품 등의 사례로 수차례 언급 했었던 부분이다.

(2) 횡령배임 의혹

상장기업의 특수관계자와의 거래 주석사항에서 대여금, 선급금 등 각종 채권, 채무 잔액이 많다면 횡령배임을 의심해볼만 하다.

상장기업은 전환사채, 신주인수권부사채 등 다양한 방법으로 자본조달이 가능하다. 특히 저금리 상황에서 돈이 마땅히 흘러갈 곳이 없다 보니 실적이 좋지 않은 기업이 전환사채를 발행해도 수백억 원의 뭉칫돈이 들어올 정도로 돈이 넘쳐난다. 그러다 보니 이를 또 악용하는 사례가 많아졌는데 방법은 다음과 같다.

무자본의 기업사냥꾼이 코스닥에 상장된 작은 규모의 기업 최대주주로부터 지분을 인수한다. 돈이 없기 때문에 인수대금은 사채 빚으로 충당한다. 주식담보로 대출을 하는 방식이다.

기업 인수 후 자본조달을 위해 전환사채나 신주인수권부사채를 여럿 발행한다. 자산규모 200억 원도 안 되는 코스닥 상장사가 1년 만에 300억 원 가까이 조달한 경우도 있고, 자산규모 400억대 회사도 전환사채 3건 발행으로 1년 만에 700억 원을 모았다.

이렇게 큰돈을 조달한 다음에 그 돈으로 기존 사업을 열심히 하는 것보다 계열사 늘리는데 치중한다. 코스닥 상장사 중 1년 안에 계열사가 수십 곳으로 늘어난 경우도 있다. 특히 주가를 띄울 만한 바이오, 2차전지, 헬스케어, 엔터, 게임 업종이 많이 보인다.

계열사를 만드는 목적은 2가지이다.

첫 번째는, 기업사냥꾼들이 그 계열사의 임원 겸직을 하기 위함이다. 계열사로부터 급여를 받고 경비를 마음껏 쓸 수 있으니 말이다. 규모가 작은 계열사는 회계감사도 안 받으니 분식회계를 저질러서 자금 유용도 가능하다.

두 번째 목적은, 인수한 기업의 주가를 띄우기 위함이다. 전환사채를 발행했으니 주가가 올라야 한다. 그래야 전환사채 투자자들이 주식으로 전환해서 투자자금을 회수할 수 있다. 또 만기에 원리금 돌려주는 대신 중간에 주식으로 전환해야 회사 입장에서 최초 조달 받은 돈이 모두 회사의 돈이 될 수 있다.

주가를 띄우려면 코스닥 상장사의 실적이 좋아지면 주가 또한 알아서 올라가겠지만, 기업사냥꾼들이 인수한 코스닥 기업은 그런 상황이 아니다. 그러니 결국 계열사를 이용하는 것이다. 계열사에서 코로나19 치료제 관련 후보물질 발굴 뉴스만 나와 줘도, 유명 아이돌 그룹의 공연에 투자했다는 소식만 들려도 작은 코스닥 기업의 주가는 상한가까지 가기 일쑤다.

전환사채로 조달한 돈은 이렇게 계열사 설립을 할 때 자본금 납입 목적으로 쓴다. 그리고 돈이 다 떨어질 때쯤 되면 계열사와 금전대차계약을 맺고 다시 대여금으로 돈을 더 빌려준다. 특수관계자 거래에서 대여금만 너무 많이 나오면 표시가 나니까 투자선급금, 미수금 등 다른 계정과목이 나오는 경우도 많다.

심지어 비상장 계열사가 발행한 전환사채를 인수해주는 경우도 있다. 결국 계열사가 사채를 발행하고 회사가 전액 인수하면 회사의 돈이 또 계열사로 흘러들어간다. 이렇게 하다가 몇 년 안에 계열사가 청산되거나 빌려준 대여금이나 선급금 등이 전부 대손으로 처리되는 경우를 심심찮게 목격한다.

[표 6-1]은 I사의 특수관계자 거래 주석사항이다. 이 회사의 사업보고서에서 주주에 관한 사항을 보면 최근 5년간 최대주주가 7차례나 변동되었다. 투자조합과 자산운용사 등의 주식 양수, 증자 참여, 전환사채 주식 전환 등으로 최대주주가 계속 바뀌었다.

사업보고서에서 자본금 변동 사항을 보면 1년간 전환사채를 3번 발행했고

<표 6-1> L사의 특수관계자 거래 주석사항
(단위: 천원)

구분	계정과목	당기말	대손충당금
P사	대여금	9,158,179	(9,158,179)
	미수수익	1,113,604	(1,113,604)
T사	대여금	11,528	-
	미수수익	1,409	-
O사	대여금	37,256,000	(34,666,500)
	미수수익	1,316,705	(1,316,705)
K사	대여금	7,269,313	(7,269,313)
	미수금	2,015,000	(2,015,000)
	미수수익	100,619	(100,619)
E사	미수금	678,300	(678,300)
전 대표이사	대여금	10,000	-
전 부회장	대여금	2,463,429	(2,463,429)
기타 특수관계인	대여금	100,000	(100,000)
	미수수익	5,344	(5,344)
합계		61,499,430	(58,886,993)

700억 원 이상을 조달 받았다. 회사가 전환사채를 발행하기 전에 자산규모는 403억 원에 불과했다.

이 회사의 특수관계자 거래 주석사항을 보면 여러 계열사 및 개인과 수많은 대여금 거래를 했다. 돈을 빌려줬으니 이자도 발생하는데, 이자 미수취분인 미수수익도 상당하다.

결론적으로 연말에 특수관계자에 대한 채권 약 615억 원 중 589억 원은 대손으로 떨어냈다. 횡령배임이 의심되는 대목이다.

전자공시시스템을 통해 회사는 전·현 경영진의 836억 원에 달하는 횡령이 확인되어 검찰에서 공소를 제기했다는 사실을 공시했다. 그리고 연말에 회계감사 과정에서 자금 거래의 타당성 및 자산 회수가능성 등 여러 감사증거 미확보와 계속기업에 대한 불확실성 등 수많은 사유로 인해 감사의견 거절을 받았다. 결국 회사는 2020년 상반기에 상장폐지 되었다.

코스닥 기업이나 코스피 중견기업이 하루아침에 횡령배임 사건이 터지거나 상장폐지 당하기도 하는데, 투자자 입자에서는 회사 내부에서 어떤 일이 벌어지는지 모른다는 이유만으로 넋 놓고 있어서는 안 될 것이다.

특수관계자 거래에서 채권, 채무 잔액이 너무 많다면 일단 의심해야 한다. 주주에 관한 사항에서 최대주주가 자주 바뀌었는지, 자본금 변동사항에서 전환사채 등을 수차례 발행해 많은 돈을 조달했다면 횡령배임 가능성이 점점 높아진다.

정상적인 기업들은 특수관계자간 거래도 별로 없고, 사업도 잘 하고 있어서 최대주주가 회사를 팔지도 않는다. 그리고 정상적인 자본조달 방법을 사용하지 무분별하게 전환사채를 발행하지도 않을 것이다.

(3) 부문 정보

부문 정보도 회계정보 이용자들이 기업에 대한 여러 판단을 하는데 큰 도움을 준다.

[그림 6-3]은 자동차부품 생산업체로 유명한 성우하이텍의 부문 정보이다.

주석사항에서 지역별 매출 비중과 특정 거래처에 대한 의존도 등을 확인함으로써 기업을 이해하는 데 큰 도움이 된다.

물론 기업에 대한 심층적인 분석을 해봐야 하겠지만, 이 주석사항을 보면 중국과 유럽의 매출 비중이 높은 만큼 이 기업의 투자자라면 추가적으로 유로존과 중국의 경제 동향을 관심 있게 지켜보게 될 것이다.

단, '(4) 주요 고객에 대한 정보'를 통해 확인할 수 있듯이 성우하이텍의 주요

<그림 6-3> 성우하이텍의 부문 정보 주석사항

(2) 당기 및 전기의 지역별로 세분화된 외부고객으로부터의 수익에 대한 정보는 다음과 같습니다 (단위 : 천원).

구 분	당 기	전 기
한 국	705,318,720	700,700,534
중 국	664,791,759	827,203,718
유 럽	1,355,174,400	1,331,590,175
인 도	315,126,034	273,223,750
북 미	341,506,492	319,628,705
기 타	7,536,752	4,534,864
합 계	3,389,454,157	3,456,881,746

(4) 주요 고객에 대한 정보

당기와 전기 중 연결실체의 영업수익의 10% 이상을 차지하는 주요 고객은 현대자동차㈜와 기아자동차㈜이며, 관련 영업수익은 다음과 같습니다 (단위 : 천원).

구 분	당 기	전 기
현대자동차㈜	1,177,163,962	1,108,754,468
기아자동차㈜	906,952,962	923,272,275

고객은 현대·기아차다. 해외 유명 자동차기업에 대한 직수출이 아닌 현대·기아차의 현지 공장에 납품하는 제품이 대부분일 것으로 추정되는 대목이다. 그러므로 투자자라면 현대·기아차의 자동차 판매량을 더 모니터링 해야 할 것이다.

사업보고서의 '사업의 내용'에 보면 내수와 수출 비중을 알 수 있는데, 자세한 지역별 수출 금액까지는 확인이 어렵다. 이에 대한 궁금증은 [그림 6-3]처럼 재무제표 주석사항의 부문 정보에서 해소 가능하다.

서비스업도 마찬가지이다. 2020년에 상장한 빅히트엔터테인먼트의 2019년 연결재무제표 주석사항에서 부문 정보를 찾아 요약하면 [표 6-2]와 같다.

<표 6-2> 빅히트엔터테인먼트의 부문 정보 주석사항 요약 (단위: 천원)

당기	매니지먼트	플랫폼	360	IP	기타	합계
내수	133,372,904	140,176	2,333,339	12,205,096	15,932	148,067,447
아시아	121,343,968	2,556,154	-	-	4,343,833	128,243,955
북미	133,980,682	3,354,900	-	2,992,728	30,535,398	170,863,708
그 외 지역	66,169,619	-	376,659	905,273	-	67,451,551
온라인	5,346,388	67,190,671	-	-	27,668	72,564,727
합계	460,213,561	73,241,901	2,709,998	16,103,097	34,992,831	587,191,388

　연간 매출액 5,872억 원인데, 북미, 내수, 아시아 순으로 매출액이 많다. 비중으로 보면 약 29%, 25%, 22% 수준이다. 코로나19 사태로 인해 오프라인 매출액이 많이 줄 것으로 예상되지만 온라인 매출액이 726억 원이나 되니 기대를 해볼 수 있다는 생각도 든다.

　실제 이 회사는 상장을 앞둔 2020년 반기에 온라인만으로 764억 원의 매출액을 달성했다. 2019년 연간 매출액을 6개월 만에 달성하며 계속 성장 가능성을 예고한 셈이다.

　이런 식으로 주석사항을 꼼꼼히 살펴보면 회계정보 이용자로서 얻어가는 양질의 정보와 그로 인해 판단해야 할 요소들이 생각보다 많음을 알 수 있다.

07

재무제표 분석과
주요 재무비율

주요 재무비율
실전투자를 위해 알아둬야 할 투자공식

증권사 보고서나 증권 사이트를 보면 영어 이니셜로 된 많은 재무비율들을 접하게 된다. 이 재무비율은 재무제표에서 숫자를 뽑아 정해진 공식에 따라 계산한 것이다.

회계정보 이용자라면 이미 계산된 비율을 보고 넘어가는 것보다 관심 있는 기업의 몇 년치 재무제표를 직접 엑셀에 붙여서 이런저런 비율을 계산하거나 추이를 살펴보는 것이 의미가 있다. 그렇게 하다보면 분석대상 기업을 더 잘 이해할 수 있을 것이다.

단, 재무비율이 모든 것을 말해주지 않는다. 예를 들어 기업의 PER이 매우 낮은 저평가 기업을 발견해서 환호를 하며 즉시 주식을 매수했는데 시간이 지날수록 오히려 주가가 더 떨어지는 경우가 있다.

손익계산서를 들여다보니 영업이익은 계속 감소 추세인데, 기업이 유형자산을 매각하여 발생한 기타수익으로 인해 당기순이익과 주당이익이 급격히 커졌던 것이다. PER이 낮아진 이유다. 이런 사실을 발견했을 때는 이미 늦었을 것이다. 재무비율을 검토할 때는 반드시 재무제표도 같이 살펴볼 것을 권하고 싶다.

재무비율은 크게 시장가치비율, 수익성비율, 성장성비율, 안정성비율, 유동성비율로 나뉜다. 그 외 다양한 비율도 있고, 경우에 따라서는 창조적으로 비율을 만들 수 있다. 하지만 투자자 입장에서는 이 정도면 증권사 보고서와 증권 사이트의 숫자를 이해하는 데 큰 어려움이 없을 것이다.

주요 비율에 대한 간단한 설명과 사례를 통해 의미를 이해하고, 어떻게 판단해야 할지 고민해 보도록 하자.

1) 시장가치비율

시장가치비율은 흔히 상대가치평가법에서 사용된다. 상대가치평가법은 주식시장에 대상기업과 동일하거나 유사한 제품을 판매하는 기업들이 존재하고, 주식시장은 이런 기업들의 가치를 평균적으로 올바르고 적정하게 평가하고 있다는 가정 하에 대상기업과 비교기업을 평가하는 방법이다.

가령 네이버와 카카오가 완전히 동일하지는 않지만 유사한 기업이라고 가정했을 때, 네이버와 카카오의 시장가치비율을 비교해서 누가 저평가이고 고평가인지 평가하는 것이다.

이렇게 하면 빠르고 간단하게 기업들을 평가할 수 있지만 자세한 분석을 하지 않았기 때문에 확신도는 크게 떨어질 수밖에 없다. 참고자료로만 활용할 뿐 절대적인 판단기준으로 삼으면 안 된다.

(1) PER(주가수익배수)

$$PER = \frac{P(주가)}{EPS(주당이익)}$$

PER^{Price Earning Ratio}은 주가(P)를 주당이익(EPS)^{Earning Per Share}으로 나눈 것으로 P/E비율이라고도 한다. PER은 주가가 주당이익 대비 몇 배인지 나타내는 지표로, 기업의 주당이익에 대한 시장에서의 평가라고 이해할 수 있다.

1주당 1원을 벌고 있는 기업의 주가가 10원이라면 PER은 10이 된다. 시간가치를 무시하고 성장이 없다고 가정한다면, 이 기업의 주식을 주당 10원에 100% 인수했을 때 앞으로 10년이면 본전을 모두 뽑을 수 있다는 계산이 된다.

기업이 다음 연도에 두 배로 성장한다면 주당이익이 2원이 되므로 PER은 '10 ÷ 2 = 5'가 된다. 비록 현재의 PER이 높다고 해도 성장이 예상된다면 PER이 줄어들게 되므로 고평가라고 단정 짓기는 어렵다.

PER의 역수는 'EPS ÷ P'가 된다.

$$\frac{PER의\ 역수}{(기대수익률)} = \frac{EPS(주당이익)}{P(주가)}$$

1주당 1원을 벌고 있는 기업을 10원에 샀으니 수익률 10%짜리 금융상품에 가입한 것으로 볼 수 있다. 역시 기업이 다음 연도에 두 배 성장을 한다면 '2 ÷ 10 = 20%'의 수익률이 예상된다고 판단할 수 있다.

즉 PER의 역수는 기업에 대한 주주의 기대수익률이 된다. 주가가 수시로 바뀌니 관심 있는 기업의 PER과 기대수익률을 수시로 체크해야 한다.

PER이 높을수록 성장률이 높고, 이익을 누리는 기간이 길 것이라는 기대가 있을 것이다. 반대로 PER이 낮다면 성장률이 낮거나 이익을 누리는 기간이 짧고 경기 사이클을 타면서 흑자와 적자를 반복할 것이라는 예상을 할 수도 있다. 성장률이 높음에도 불구하고 PER이 낮다면 저평가 구간에 놓여 있을 가능성이 매우 크다.

HTS나 증권 사이트를 보면 전년도 말 주당이익을 현재의 주가에 대입해 PER을 구하는 곳이 있다. 주가는 경기선행지표인데 반해 과거 실적을 보여주는 EPS를 PER에 대입하는 것은 논리적으로 맞지 않는 면이 있다.

앞으로 기업 실적이 악화될 것으로 예상되는 상황에서 과거 EPS로 계산한 PER은 아무리 낮아도 그것이 저평가를 의미하지는 않을 것이다. 따라서 연중에는 최근의 분·반기 보고서를 이용해 추정하거나 증권사 보고서에 나와 있는 선행EPS^{Forward EPS}를 적용해 주가와 비교하는 방법이 타당하다.

최근의 분·반기 보고서의 실적을 이용해 EPS를 구한다면 '1분기 주당이익 × 4', '2분기 주당이익 × 2' 이런 식으로 연환산^{annualize}을 하는데, 특별한 계절적 요인이 있는 기업인지를 고려해 가중치를 더 줄지, 반대로 줄일지 등을 판단하면 된다.

이런 수고를 덜기 위해 요즘은 최근 4분기 순이익을 추정치로 활용하기도 한다. 최소 최근 4분기 실적만큼 올해 이익이 나올 거라는 가정이다. 이 추정방법에 확신을 가지려면 기업의 최근 분·반기 보고서를 열어서 숫자들의 추이를 살펴보고 사업의 내용을 검토해봐야 할 것이다. 실적이 감소 추세거나 사업이 성숙기로 접어든다면 PER가 낮다고 저평가로 결론 내릴 수 없다.

또한 증권사 보고서에 나오는 1년 후 예상 손익이나 선행EPS를 이용할 때에는 과거의 보고서와 실제 실적을 비교해 보는 것이 좋다.

예를 들어 2019년 연중에 나온 기업분석보고서의 2019년도 말 예상 손익과 실제로 2019년도 말 사업보고서상의 손익과 어느 정도 유사한지 확인하는 것이다.

반드시 이렇게 하라고 정해 놓은 방식은 아니지만 다소 낙관적으로 예상하는 보고서를 한 번 보정하는 작업을 거치는 것이 투자자 입장에서는 마음이 편할 것이다. 급변하는 경제 환경에서 기업이나 그 기업을 담당해 분석하는 애널리스트 모두 정확하게 미래 손익을 추정해 내는 것은 거의 불가능하기 때문이다.

PER은 결국 당기순이익으로 계산된 주당이익이 활용되는데, 그 주당이익이 적절한지도 평가해야 한다.

즉 영업이익은 낮은 데 반해 일회성 기타손익으로 인해 당기순이익이 높은 것은 아닌지, 안정적으로 계속 이익을 내는 기업인지, 아니면 흑자와 적자를 오고 가는 기업인지 반드시 손익계산서를 통해 체크해야 한다.

이런 면을 보지 않고 단순히 낮은 EPS로 인해 PER이 높게 측정되었다고 고평가 기업으로 외면하는 일이 있어서는 안 되겠다.

또한 시가총액을 영업활동 현금흐름으로 나누어 PER 대신 활용해 보는 것도 좋은 분석 방법이 될 수 있다.

이론적으로 PER을 구하는 공식이 정립되어 있지만, 기업의 특성에 맞게 다양한 방법으로 분석해 보는 것이 투자자에게는 훨씬 의미 있는 일이다.

(2) PEG(주가순이익성장배수)

$$PEG = \frac{PER(배)}{EPS\ 성장률(\%)}$$

'전설로 떠난 월가의 영웅' 피터 린치가 성장주 투자를 할 때 썼던 걸로 알려진 PEG Price Earning to Growth ratio는 PER를 EPS성장률로 나눈 것이다.

이렇게 계산을 해서 PEG가 1보다 작으면 저평가, 1보다 크면 고평가라고 판단했다.

예를 들어서 지금 1주당 100원을 버는 회사의 주가가 8,000원이라고 가정해보자. 이 회사의 PER은 80배나 된다. 100원 버는 회사를 8,000원이나 주고 샀으니 주주의 기대수익률은 1.25%에 불과하다.

이 회사의 주가는 왜 버는 것 대비 80배나 할까? 시장에서는 이 회사가 지금 버는 게 100원에 불과하지만 앞으로 계속 성장해서 더 많이 벌 것으로 기대했기 때문에 주가에 선 반영되었다고 생각한다.

만약 이 회사의 이익이 매년 100%씩 성장한다고 가정해보자. 내년에는 200원, 2년 뒤에는 400원, 3년 뒤에는 800원을 벌 것이다. PER는 80배고, EPS성장률이 100%이므로 PEG는 0.8로 계산된다.

3년 뒤에 벌 이익 800원을 현재 주가에 대입하면 PER가 10배에 불과하다. 즉 주식이 비싸다고 말하기 어렵다. 시장에서 미래 이익 성장에 대한 확신을 했기 때문에 주가가 빨리 움직인 것뿐이다.

[그림 7-1]처럼 시간이 지남에 따라 고PER는 저PER로 수렴할 것이다.

PEG 분석에서 중요한 것은 무엇일까?

바로 이익 성장에 대한 확신이다. 이 회사가 앞으로 이익이 계속 성장할 것이라는 확신이 든다면 지금 PER가 80배라도 과감히 매수해야 한다. 긴가민가한, 즉 확신이 들지 않는 상황에서 매수한다면 매일매일 살얼음판을 걷게 될 수도 있다.

투자자에게 성장주만큼 매력적인 것도 없다. 주가 상승폭이 클 뿐 아니라 쌀 때 매수하면 아주 큰 수익을 거둘 수 있다. 그러나 반대로 생각하면 그만큼 타

<그림 7-1>

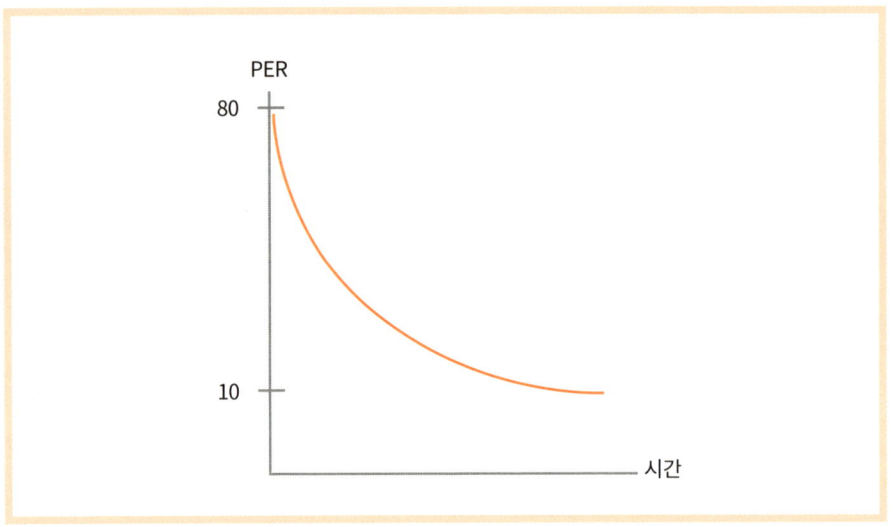

이밍을 잡기 어렵다는 얘기일 수도 있다.

산업과 기업에 대해 완벽하게 공부하고 확신을 할 수 있는 투자자라면 과감히 도전해 볼 수 있다. 하지만 성장에 대한 기대와 달리 실적으로 보여주지 못할 때는 주가가 급락할 수 있고 어디까지 떨어질지는 아무도 모른다는 것도 염두에 두어야 한다.

(3) PBR(주가순자산배수)

$$PBR = \frac{P(주가)}{BPS(주당순자산)}$$

PBR^{Price Book-value Ratio}은 주가(P)를 주당순자산(BPS)^{Book-value Per Share}으로 나눈 것이다.

BPS는 순자산(자본)을 주식수로 나눈 값으로 청산가치 개념이다. 기업이 청산을 한다면 받을 돈 받고, 팔 거 팔고, 갚을 돈 갚은 후에 나머지 재산으로 주주의 지분율만큼 나눠 갖고 끝낼 것이다. 자산에서 부채(채권자 몫)를 뺀 자본(주주 몫)을 주식수로 나누면 결국 주식 1주당 갖게 되는 잔여재산 금액이 된다.

이것이 BPS의 개념인데, 사실은 '자산 − 부채'로 정확하게 청산가치를 계산할 수는 없다. 청산을 하게 되면 남아 있는 재고자산이 시장에서 제값에 안 팔릴 수도 있고, 재무상태표에 있는 토지가 30년 전에 취득했던 원가 그대로 계상되어 있다면 높은 가격에 팔릴 수도 있기 때문에 자산금액이 재무상태표의 금액과 다르게 될 가능성이 매우 높다. 기업은 청산이 아닌 계속기업을 가정하여 재무제표를 만들기 때문에 이런 차이가 발생한다.

따라서 HTS나 증권 사이트에서 '자본 ÷ 주식수'가 BPS로 계산된 수치는 그냥 참고하는 정도로 이용하면 될 것이다.

현재 주가가 BPS보다 낮다면, 또는 시가총액이 기업의 자본총계보다 낮다면 PBR이 1 이하이므로 저평가되어 있을 가능성이 있다고 본다.

최소한 청산했을 때 나눠 가질 수 있는 몫보다 현재 주가가 낮게 평가되어 있다는 의미로 해석하면 된다. 이런 기업이 발견되면 재무제표를 찾아서 조금 더 정밀하게 분석해 보는 것이 좋다.

우리가 PBR을 보는 이유는 결국 저평가 기업을 찾기 위함이다. 그런데 PBR이 1 이하라고 반드시 저평가라고 보기 어렵다.

예를 들어 회사가 매년 적자가 나거나 영업이익이 감소하는 추세라면 회사가 갖고 있는 금융자산을 까먹는 단계에 접어들었을 것이다. 지금 자산이 부채보다 많아도 어느 순간에는 자산이 줄어들 것임에 분명하다. 또한 재고자산, 유형자산, 무형자산에서 손실이 추가로 인식될 수 있어서 자산 감소 속도가 가

파라 질 수 있음을 이미 배웠다.

정말 저평가 기업이라면 차입금과 사채보다 금융자산을 많이 갖고 있으면서 영업자산과 영업부채로 영업이익을 잘 내는 회사이다.

예를 들어 모바일게임 기업인 컴투스는 PBR이 약 1.7 정도이다. 그런데 이 회사의 재무제표를 보면 갖고 있는 순금융자산만 9,000억 원이 넘는다. 또 영업자산과 영업부채를 활용해서 매년 5,000억 원 내외의 매출액과 1,000억 원이 넘는 순이익을 올리고 있다. 이 회사가 매년 이 이상의 이익을 거둘 수 있는 능력만 있다면 회사에 돈이 계속 쌓일 것이고, 지금 PBR이 1이상이어도 저평가라고 보는 게 맞는 판단일 것이다.

이렇게 분석을 해야 이 회사가 저평가인지 아닌지 판단이 가능하다. 단순히 PBR 공식으로 저평가인지 판단하는 것은 한계가 있다.

(4) EV/EBITDA

기업가치(EV)Enterprise Value를 영업활동을 통해 얻은 현금성 이익(EBITDA) Earning Before Interests, Tax, Depreciation and Amortization으로 나눈 수치이다. 이 수치는 증권사 보고서에 보면 PER, PBR과 함께 빠지지 않고 나온다.

EV는 '주가 × 발행주식수'인 시가총액에 차입금을 더하고, 보유한 현금성 자산 등을 빼는 식으로 계산한다. EBITDA는 영업이익(EBIT)에 감가상각비Depreciation와 무형자산상각비Amortization를 더한 것이다. 영업이익에 현금으로 지출되지 않는 대표적인 비용인 감가상각비와 무형자산상각비를 더함으로써 현금성영업이익을 구할 수 있다.

즉 EV/EBITDA는 순수한 영업활동으로 원금 회수가 가능한 기간을 의미한다. 단, 해석하는 과정에서 주의를 요한다.

예를 들어 퇴직자가 커피전문점을 창업한다고 가정해 보자. 공인중개사를 통해 매물을 알아보던 중 다음과 같은 정보를 얻었다고 한다.

"매년 비용 차감 후 순수 1억 원 이익 가능. 점포 시설과 권리금 모두 포함 3억 원(은행 융자 1억 원 있음)에 양도."

3억 원을 주고 커피전문점을 인수하는데 1억 원의 차입금을 떠안는 조건이다. 입지가 좋고 장사가 잘 되니 4년만 열심히 사업하면 원금도 회수하고 떠안은 차입금도 갚을 수 있을 거라 생각해서 즉시 계약을 했다. 과연 4년의 시간이 지나고부터 커피전문점을 통해 버는 돈은 모두 내 돈이 될 수 있을까?

정답은 '아니오'다. 절대 4년 내에 회수하지 못한다. 이익을 모두 집에 가져간다면 4년 내에 회수할 수 있겠지만, 사업을 하는 4년 동안 커피머신도 몇 번 교체해야 하고, 집기 비품도 주기적으로 바꿔줘야 하며, 인테리어도 새로 해야 할 것이다. 특히 프랜차이즈 가맹점이라면 주기적인 재투자에 돈이 많이 소요된다.

감가상각비와 무형자산상각비를 영업이익에 더하면 숫자가 커 보이는 착시효과가 있다. 삼성전자도 영업이익이 28조 원이지만 감가상각비와 무형자산상각비가 30조 원 가까이 되기 때문에 EBITDA는 58조 원으로 계산된다. 삼성전자의 EV가 약 380조 원이니까 EV/EBITDA는 약 6.6으로 계산된다. 이 회사가 창출하는 현금성영업이익 58조 원이니까 삼성전자 주식을 몽땅 샀을 때 약 6.6년 뒤에는 투자금을 모두 회수하고, 그 이후년도부터 벌어들이는 돈은 모두 내 돈이 될 수 있다. 과연 그럴까?

삼성전자가 매년 58조 원을 벌어서 금고에 차곡차곡 쌓아둔다면 셈법이 맞는 것처럼 보이지만, 삼성전자는 유형자산과 무형자산 투자에 적게는 29조 원, 많으면 44조 원 가까이 투자를 했다. 지금의 이익수준을 유지하고 더 성장을 하려면 삼성전자는 매년 수십조 원을 투자할 것이다.

58조 원을 벌어서 유형자산과 무형자산에 30조 원 가까이 투자하면 남는 돈이 28조 원이다. 즉 6.6년이 지나도 회수가 어렵다.

EV/EBITDA를 사용하는 큰 이유는 유·무형자산의 감가상각비와 무형자산상각비 등 비현금성 비용이 많은 기업의 가치를 측정하는 데 유용하다고 알려졌기 때문인데, 지금까지 살펴본 것처럼 재투자를 고려하지 않는 문제점이 있다.

차라리 EV/EBITDA를 볼 시간에 현금흐름표를 보는 게 낫다. 영업활동 현금흐름에서 유무형자산을 차감한 금액이 0보다 큰지, 즉 잉여현금흐름을 창출하는지 확인해야 투자금 회수 여부가 판단된다.

현금흐름표 때 살펴본 LG디스플레이를 다시 소환해보자. LG디스플레이는 영업적자 1조 3,594억 원이지만 감가상각비와 무형자산상각비가 3조 6,951억 원이나 된다. 즉 EBITDA는 2조 3,357억 원으로 계산된다. 현금흐름표에서 영업활동 현금흐름도 2조 7,065억 원으로 확인된다. 돈 버는 회사임에 분명하다. 시가총액이 약 6조 원이고 순차입금이 약 10조 원으로 EV는 대략 16조 원 정도로 계산된다. EV/EBITDA가 6.8정도 계산되니까 7년만 고생하면 원금 회복과 차입금 상환까지 다 될 수 있을 것 같다.

그러나 실제로는 그렇지 않다는 것을 현금흐름표를 통해 우리는 이미 확인했었다. 영업활동에서 2조 원 이상 벌고 있지만 유형자산과 무형자산 투자에 7조 원 넘게 투자되고 있어서 부족한 돈을 계속 차입해서 쓰고 있는 상황이다. 다시 호황기가 오지 않는 이상 회복하는데 시간이 상당히 오래 걸릴 것임을 알 수 있다.

EV/EBITDA가 낮게 나온다고 저평가라는 잘못된 판단을 하지 말고, 반드시 현금흐름표를 보며 기업이 잉여현금Free Cash을 창출할 능력이 있는 기업인지 판단하는 게 바람직하다.

2) 수익성비율

(1) ROE(자기자본이익률)

$$ROE = \frac{\text{지배기업의 소유주에게 귀속되는 당기순이익}}{\text{평균지배기업소유주지분}}$$

단어 그대로 해석한다면 이익^{Return}을 자본^{Equity}으로 나눈 값이 되고, 주주의 몫으로 1년간 어느 정도의 수익률을 냈는지를 의미한다. 단어의 의미를 이용해 한국채택국제회계기준에 맞게 식을 만들어 보면 이와 같은 공식이 된다. 현재 증권사보고서나 증권 사이트에 나오는 ROE$^{Return\ On\ Equity}$는 모두 이 공식을 이용한다.

분자는 연결재무제표 작성 기업인 경우 연결손익계산서의 당기순이익 중에서 지배기업분이 해당된다. 분모 역시 연결재무제표 작성 기업인 경우에 연결재무상태표의 자본 중에서 지배기업소유주지분이 해당된다. 연결재무제표를 만들지 않는 개별기업인 경우 분모에 자본, 분자에 당기순이익을 쓰면 된다.

단, 분모는 평균값이 사용되어 당기 말과 전기 말의 값을 더해 2로 나누어 쓴다. 분자에는 1년의 기간 동안 벌어들인 이익이 유량^{flow} 개념으로 측정되는 데 반해 분모에는 기말 시점의 자본이 저량^{stock} 개념이기 때문에 분모를 평균으로 하여 분자와 같이 유량 논리로 맞추어 주자는 취지이다.

또는 기업이 1년간 순이익을 창출하는데 전년도 자본과 올해 자본이 투입되었을 텐데 일일이 계산이 어려우니 평균값을 쓰는 것이다. 앞으로 나오는 재무비율에서 분자에 손익계산서, 분모에 재무상태표 수치가 들어가면 분모는 항상 이와 같이 평균값이 들어간다는 사실을 알아두자.

사업을 하는 입장이라면 내 투하자본 대비 몇 퍼센트의 이익을 거두고 있는지에 관심이 많을 것이고, 이는 기업에 투자한 주주 입장에서도 마찬가지일 것이다.

2019년에 자본금 1억 원으로 스타트업을 창업한 김사장은 1년간 열심히 사업을 해서 2,000만 원의 순이익을 달성했다. 김사장은 2,000만 원을 집에 가져가는 대신 회사에 남겨두기로 했고, 2020년 사업에 재투자하기로 했다. 코로나19 사태로 어려운 2020년이었지만 역시 최선을 다해 3,000만 원의 순이익을 남겼다. 이 스타트업의 2020년 ROE는 몇 퍼센트일까?

분자엔 3,000만 원의 순이익이 들어가는데 분모에는 2019년 말 자본총계인 1억 2,000만 원, 2020년 말 자본총계인 1억 5,000만 원의 평균이 들어가야 한다. 즉 최초 사업자금 1억 원이 분모값이 아니라는 얘기이다. 2019년에 번 2,000만 원도 2020년의 사업 시작에 자본으로 투하가 되었기 때문이다.

만약 김사장이 사업을 통해 번 2,000만 원을 집에 가져갔다면(전액 배당했다면) 1억 원을 대입하는 게 맞다.

이 스타트업의 2020년 ROE는 '3,000만 원 ÷ (1억 2,000만 원 + 1억 5,000만 원) ÷ 2) = 22.2%'로 계산된다.

분모에 자본총계를 쓴다는 것은 그 투하자본 외에 누적된 이익잉여금과 각종 자본 거래에서 발생된 요소들에서 배당으로 지급된 금액을 제외하고 모두 들어간다는 이야기이다. 계속 누적되는 자본금액이 분모에 들어간다는 의미는 결국 기업의 재투자까지 고려해 수익률을 구한다는 것으로 해석할 수 있다.

재투자를 하지 않는다면 누적된 이익잉여금 그대로 배당으로 가져가야겠지만, 기업이 시설투자도 하고 더 많은 비용을 집행하면서 사업을 키워나가기 때문에 누적된 자본으로 수익률을 구하는 것이 더 타당하고, 이는 계속기업을 가정으로 하여 재무제표를 작성하는 기본 논리와도 일맥상통한다.

ROE는 벌어들인 이익을 재투자하여 다음 연도에 추가로 이익을 얼마나 만들어 냈는지를 보여주는 지표이므로 당연히 매년 상승하는 기업이 좋을 것이다.

주주 입장에서는 배당을 많이 못 받았지만 기업이 높은 ROE를 실현하여 이익을 증가시키면서 기업의 가치가 올라가게 되면 같이 혜택을 누릴 수 있기 때문에 반드시 체크해야 하는 지표임에 틀림없다.

단, PER에서도 언급했듯이 분자가 순이익이기 때문에 영업이익을 반드시 체크해야 한다. 예를 들어 영업이익은 감소 추세이거나 적자인데 영업이익 아랫단에서 일시적인 기타수익 증가로 순이익이 늘어났는지 확인해야 한다.

그렇게 영업과 관련 없는 일시적인 이익으로 ROE가 갑자기 증가한 것은 별로 의미가 없다. 회사의 영업이익 증가에 따른 순이익 증가로 ROE가 늘어나야 주주 입장에서도 긍정적이다.

(2) ROA(총자산이익률)

$$ROA = \frac{당기순이익(또는\ 영업이익)}{평균\ 총자산(부채+자본)}$$

총자산(부채와 자본)을 이용하여 영업이익 또는 순이익을 얼마나 창출하는지 계산하기 위해 만든 지표이다. 분모에는 앞에서 언급한 대로 평균자산값인 '(기초자산 + 기말자산) ÷ 2'를 대입한다.

그런데 총자산은 '부채 + 자본'이라 채권자 몫과 주주 몫이 합쳐진 개념인데 반해 당기순이익은 순수하게 주주 몫이므로 논리상 모순이 발생된다. 또한 분모에 총자산을 사용하므로 주주가 원하는 값이 아닐 수도 있다.

그럼에도 ROA Return On Assets를 측정하는 이유는 기업이 자산을 효율적으로 이용하여 이익을 창출하고 있는지를 점검하기 위해서이다. 즉 자산 규모 대비 이익을 적게 내고 있다면 불필요한 자산이 많다는 신호일 수 있으므로 자산 구성을 점검해 볼 필요가 있다.

또 한 가지 주의할 점은 금융상품, 금융자산, 투자부동산 등 비영업자산이 많은 기업일수록 ROA가 낮게 나올 수 있다는 점이다.

동화약품의 재무제표를 이용하여 ROA를 구하면 [표 7-1]과 같다.

<표 7-1> 동화약품의 ROA (단위: 원)

	2019년	2018년
자산총계	376,028,553,041	370,599,242,793
평균자산총계	373,313,897,917	
영업이익	9,917,746,256	

$$\text{동화약품의 ROA} = \frac{9{,}917{,}746{,}256}{373{,}313{,}897{,}917} = 2.7\%$$

계산해보면 동화약품의 ROA는 2.7%로 너무 낮다. 숫자만 놓고 본다면 차라리 3,700억 원이 넘는 자산을 정리하고 그 돈으로 부동산 임대를 하는 게 낫겠다는 우스갯소리도 할 수 있겠다.

그런데 동화약품이 영업이익 99억 원을 만드는데 투입된 자산은 약 생산을 위한 유형자산과 무형자산, 약 원재료부터 제품까지 재고자산 등 영업과 관련된 자산이다. 회사가 보유한 금융상품, 금융자산 등은 영업활동에 투입되지 않는다.

즉 비영업자산까지 몽땅 분모에 넣으니 ROA가 작게 나온다. 동화약품의 재무상태표를 보면 차입금은 하나도 없고 금융상품과 금융자산만 1,600억 원에 달한다. 분모에 총자산이 아닌 금융자산을 제외한 영업자산만 대입하면 ROA는 약 4.6%로 계산된다.

영업이익 창출을 위해 회사는 영업자산 뿐만 아니라 영업부채도 투입한다. 원재료를 사오니 매입채무가 발생되고, 임직원 퇴직금과 관련된 확정급여채무도 있다. 영업이익을 위해 영업자산과 영업부채를 투입했으니 분모도 '영업자산 - 영업부채'가 들어가는 게 타당하다. 이 개념을 투하자본수익률(ROIC)Return On Invested Capital이라고 한다.

$$ROIC = \frac{세후영업이익}{영업자산-영업부채}$$

자산에서 부채를 뺀 게 자본(순자산)이므로 분모를 줄여서 순영업자산으로 표현할 수 있다. 사업을 위해 투입한 순영업자산 대비 얼마나 영업이익을 창출하는지 계산해보겠다는 취지이다.

회사 상황에 따라 재무구조도 다르고 세금 내는 것도 다르기 때문에 미국 투자 관련 책들을 보면 영업이익을 강조한다. ROIC는 그 유명한 '마법공식'의 한 축을 이룬다.

동화약품의 경우 재무제표에서 분자의 세금효과를 생략하고 영업이익을 순영업자산으로 나누면 ROIC는 7% 넘게 계산된다.

이렇게 재무구조가 우수한 기업이 오히려 ROA가 낮게 나오는 경우가 흔하다. 보유한 금융자산은 영업이익에 기여하지 않고 영업자산과 영업부채만 영업이익 창출에 기여하기 때문에 무조건 ROA만 보는 것은 바람직하지 않다.

PBR과 ROIC를 구하기 위해 살펴본 것처럼 회사의 재무제표를 보면서 영업 관련 자산과 부채 대비 영업이익이 얼마 정도 되는지, 비영업자산(금융자산)에서 차입부채를 차감한 순금융자산을 얼마나 보유했는지 살펴보는 게 가장 바람직하다.

(3) ROS(매출액이익률)

$$매출총이익률 = \frac{매출총이익}{매출액}$$

$$영업이익률 = \frac{영업이익}{매출액}$$

$$순이익률 = \frac{당기순이익}{매출액}$$

ROS^{Return On Sales}는 손익계산서를 검토할 때 가장 먼저 분석하게 되는 재무비율 중의 하나가 될 것이다. 매출액을 기준으로 분자에 매출총이익, 영업이익, 당기순이익을 올려서 계산해 보면 기업의 이익률을 측정할 수 있다.

매출이 크면 클수록 좋지만, 이익률이 높아야 매출도 의미가 있기 때문에 ROS는 기업의 수익성을 확인하는 대표적인 지표가 된다.

<표 7-2> 세방전지의 최근 4년 연결손익계산서 요약 (단위: 억원)

	2016년	2017년	2018년	2019년	CAGR
매출액	9,598	11,111	11,809	11,390	6%
매출총이익	1,645	1,706	2,006	1,973	6%
영업이익	743	698	1,113	1,057	12%
지배기업 소유주 당기순이익	628	666	966	784	8%
매출총이익률	17%	15%	17%	17%	
영업이익률	8%	6%	9%	9%	
순이익률	7%	6%	8%	7%	

매출액과 이익이 서로 반대방향으로 움직인다면 매출요인(판매량, 판매단가)과 비용요인(원재료비 같은 변동비, 인건비와 감가상각비 같은 고정비)으로 나누어서 다양한 각도로 분석해 봐야 한다. 또한 이익률 문제가 이 기업에만 국한된 것인지, 업종 특성이 그런 것인지도 알아야 하므로 동종 기업과의 비교도 요구된다.

기업이 일관성 있는 이익률을 올리고 있는지 검토하려면 과거 재무제표와 같이 비교하는 것이 좋다.

워런 버핏은 최소 10년치 재무제표를 분석해야 추세를 알 수 있다고 했으니 당기에만 반짝하는 기업보다는 꾸준한 이익률을 실현시키는 기업이 투자자 입장에서도 신뢰가 갈 것이다.

[표 7-2]는 세방전지의 최근 4년간 연결손익계산서의 중요 수치를 정리한 것이다. 오른쪽에 연평균성장률(CAGR)^{Compound Annual Growth Rate}과 하단에 ROS를 정리했다.

과거 재무제표를 검색해 특정기간의 수치를 회계정보 이용자가 직접 표로 만들어 보면 기업을 이해하는데 큰 도움이 된다.

회사의 사업보고서를 보면 자동차 배터리를 만드는 기업은 국내에 10개사

정도 있는데 4개사가 시장점유율 88%를 장악한 과점체제라고 나와 있다. 그중 세방전지가 시장점유율 38%로 1위이다.

신차 판매량은 줄고 있지만 배터리가 소모품 성격이다 보니 매출은 꾸준하다. 핵심 원재료인 납 가격 등락에 따라 매출총이익률이 내려간 적도 있지만 대체적으로 17%선에서 안정적이다. 영업이익률과 순이익도 큰 변화가 없다.

회사의 매출액과 매출총이익의 연평균성장률(CAGR)이 연 6%씩 성장하고, 영업이익과 당기순이익의 성장률은 조금 더 높다.

실적 안정성 측면에서는 더없이 좋은 기업이지만 성장성에서 다소 아쉬울 수 있다. 아무래도 전방산업인 완성차산업의 폭발적인 성장을 기대하기 어렵기 때문에 주식투자자 입장에서는 주가가 이미 어느 정도 오른 상황에서 더 오르는 것을 기대하기보다 주가가 많이 내렸을 때 사서 예년 수준의 가치를 회복할 때 매도하는 전략을 취해야 하겠다는 판단이 들 것이다.

한편 연평균성장률은 특정한 기간 동안 복리로 연평균 몇 퍼센트씩 성장했는지를 보여준다. 엑셀에서 RATE라는 함수를 이용하면 간편하게 구할 수 있다.

<그림 7-2> 엑셀 활용 CAGR 계산 (세방전지 최근 4년 매출액) (단위: 억원)

	A	B	C	D	E	F
1		2016년	2017년	2018년	2019년	CAGR
2	매출액	9,598	11,111	11,809	11,390	=RATE(3,0,-B2,E2)

엑셀을 활용해 연평균성장률을 계산할 때 한 가지 주의할 점이 있다. 시작점을 언제로 잡느냐에 따라서 연평균성장률 수치가 많이 달라질 수 있다는 것이다.

<그림 7-3> 리노공업의 최근 9년 매출액, 영업이익, 순이익　　　　　　　(단위: 억원)

	A	B	C	D
1				
2		매출액	영업이익	순이익
3	2011년	660	234	193
4	2012년	752	277	249
5	2013년	806	288	262
6	2014년	934	327	309
7	2015년	995	360	326
8	2016년	1128	393	354
9	2017년	1415	492	404
10	2018년	1504	512	486
11	2019년	1703	641	528
12	매년성장?	TRUE	=AND(C4>C3,C5>C4,C6>C5,C7>C6,C8>C7,C9>C8,C10>C9,C11>C10)	

만약에 시작점을 2015년(매출액 9,563억 원)으로 하고 끝나는 점을 2019년으로 해서 매출액의 연평균성장률을 계산해보면 4% 밖에 안 된다. 그리고 [그림 7-2]를 보면 2018년보다 2019년의 매출액이 감소했다. 그렇다고 혼란스러워할 필요는 없다. 시작점에서 끝점까지 가는데 결국 증가한 셈이 되므로 중간에 상승 또는 하락은 연평균성장률 계산 시 중요하지 않다.

연평균성장률도 의미 있는 지표지만, 기업에 대한 심층 분석이나 집중투자를 하는 투자자 입장에서는 매년 매출액이 증가하는지 여부를 살펴보는 것이 더 나은 방법일 것이다.

[그림 7-3]은 한국채택국제회계기준이 적용된 2011년부터 최근까지 리노공업의 매출액, 영업이익, 순이익을 입력한 것이다. 전년도 숫자보다 올 해 숫자가 더 큰지 여부를 AND함수를 써서 만들었다. 매년 전년도 숫자보다 크다는 것이 성립한다면 TRUE값이 뜨고 그렇지 않다면 FALSE값이 뜰 것이다.

이 회사는 한 해도 거르지 않고 매출액과 영업이익, 순이익이 증가했다. 이렇게 확인하는 게 연평균성장률로 체크하는 것보다 기업을 검증하는데 있어서 확신이 더 생길 것이다.

참고로 9년간 매출액과 영업이익이 매년 성장한 상장기업은 리노공업을 포함하여 LG생활건강, NICE평가정보, 나이스디앤비, 케이아이앤엑스, 크린앤사이언스 등 6개사 밖에 없다.

3) 성장성비율

$$총자산증가율 = \frac{기말총자산 - 기초총자산}{기초총자산}$$

$$매출액증가율 = \frac{당기매출액 - 전기매출액}{전기매출액}$$

$$영업이익증가율 = \frac{당기영업이익 - 전기영업이익}{전기영업이익}$$

$$순이익증가율 = \frac{당기순이익 - 전기순이익}{전기순이익}$$

성장성비율은 외형 성장을 측정하는 재무비율로서 어떤 계정과목이 전년도에 비해 어느 정도 증가했는지를 분석할 때 사용한다.

앞서 언급한 연평균성장률(CAGR)은 특정 기간 동안 복리로 평균 몇 퍼센트

성장했는지 확인한다면 성장성비율은 전기와 비교하여 당기에 몇 퍼센트 성장했는지를 나타내는 비율이므로 의미는 서로 다르다.

예를 들어 꾸준하게 성장했던 기업이 최근부터 고속성장을 하게 된다면 연평균성장률보다 전기 대비 당기를 비교하는 게 더 의미 있을 수 있다. 또한 꾸준하게 성장했던 기업이 최근 들어 정체나 역성장을 하게 된다면 역시 성장성비율이 더 중요한 지침이 된다. 반면 연평균성장률은 큰 변화 없이 꾸준하게 실적을 내는 기업을 분석할 때 의미가 있다.

일반적으로 총자산 증가는 매출액 증가 및 이익의 증가를 동반하지만 항상 그렇지는 않다. 가령 30년 전에 기업이 매입한 토지를 당기에 자산재평가를 했다면 매출이나 이익 증가 없이 자산이 급격하게 증가될 수 있으므로 반드시 상관관계가 있는 것은 아니다.

또한 매출액증가율만큼 영업이익이나 순이익이 증가하지 않는다면 앞서 살펴본 대로 연결재무제표에 대한 주석 중 '비용의 성격별 분류'와 사업보고서의 'Ⅱ. 사업의 내용' 등을 활용해서 그 원인을 찾아봐야 한다. 매출액과 자산 규모

<표 7-3> 네이버의 성장성비율

(단위: 억원)

	2017년	2018년	2019년	CAGR
자산총계	80,193	98,812	122,995	24%
영업수익	46,785	55,869	65,934	19%
영업이익	11,792	9,425	7,101	-22%
순이익	7,754	6,438	5,866	-13%

	2018년	2019년
총자산증가율	23%	24%
영업수익증가율	19%	18%
영업이익증가율	-20%	-25%
순이익증가율	-17%	-9%

의 증가가 기업의 외형 성장을 보여주는 대표적인 수치임에는 분명하지만 이익 증가가 동반되지 않는다면 실속 없는 빛 좋은 개살구일 수 있다.

[표 7-3]은 네이버의 2019년도 연결재무제표를 근거로 작성한 성장성비율이다.

네이버의 최근 3년간 연결재무제표를 보면 고속성장을 했다는 표현이 맞을 정도로 큰 폭의 성장을 실현했다. 특히 자산총계와 영업수익(매출액)은 매년 앞 단위 숫자가 바뀔 정도로 성장세가 빠르다. 반면 영업이익과 순이익은 감소 추세라서 좋아 보이지 않는다. 영업수익이 증가한 폭보다 영업이익과 순이익이 더 크게 증가해야 질적으로도 훌륭해 보이는데 그렇지 않다. 네이버에 무슨 문제가 있는 것일까?

그렇지 않다. 네이버는 지금 당장의 이익증가보다는 미래의 성장을 선택했다. 이에 대한 판단을 하려면 사업보고서의 'Ⅱ. 사업의 내용'에 수록된 연구개발비를 살펴봐야 한다. 3년 동안 네이버가 영업비용으로 처리한 연구개발비 금액을 영업이익에 가산하면 [표 7-4]와 같다.

영업이익이 역성장 했다고 볼 수 없다. 회사의 연구개발비를 보면 매년 조 단위로 지출하는데, 최근 3년간 매년 연평균 23%씩 지출액이 늘어났다. 만약 연구개발비를 지출하지 않았거나 또는 지출액 전부를 무형자산으로 처리해서 영업이익 감소를 초래하지 않았다면 연구개발비 차감 전 영업이익도 매년 2%씩 성장했을 것이다. 그리고 영업이익률도 월등히 상승하게 된다.

<표 7-4> 네이버의 최근 3년 연구개발비와 영업이익 (단위: 억원)

	2017년	2018년	2019년	CAGR
영업이익	11,792	9,425	7,101	-22%
연구개발비	11,302	14,039	17,122	23%
연구개발비 차감 전 영업이익	23,094	23,464	24,223	2%

재무비율이 기업의 수치를 간단하고 빠르게 분석할 수 있는 장점이 있지만 아무래도 일괄적인 공식으로 판단을 하면 중요한 부분을 놓칠 수 있다. 때문에 시간이 걸리더라도 사업보고서의 'Ⅱ. 사업의 내용'과 재무제표를 같이 놓고 천천히, 깊이 있게 분석할 것을 권한다.

4) 안정성비율

안정성비율은 특정 시점의 재무상태표와 손익계산서의 수치를 이용하여 현재 재무구조의 안정성을 파악할 수 있으므로 회계정보 이용자들에게 매우 유익한 비율이다.

수익모델이 괜찮고, 미래 모멘텀이 있다는 평을 받는 기업도 재무구조에서 안정성이 떨어지면 언제 어떻게 바뀔지 모르기 때문에 투자자들은 특히 투자의사결정 과정에서 반드시 챙겨봐야 할 사항이다.

(1) 부채비율

$$부채비율 = \frac{부채}{자본}$$

부채비율 Debt to equity ratio 은 자본 대비 부채가 어느 정도인지 보여주며, 기업의 안정성을 판단하는 대표적인 지표다.

부채비율이 높을수록, 즉 부채가 자본보다 많을수록 기업의 안정성은 낮아지고 주주 몫에 대한 위협은 커질 수밖에 없다.

<표 7-5> 부채비율 관련 기업 사례 (단위: 억원)

	C사	K사
부채총계	737	475
자본총계	422	2,049
부채비율	175%	23%

부채비율이 높더라도 실적이 잘 나온다면 큰 문제는 없을 것이다. 초기 투자가 많이 들어가는 사업이라면 자본조달을 차입금으로 하는 게 더 나을 수 있기 때문이다. 금리도 낮고 이자비용 절세효과도 있으니 굳이 유상증자 받는 것보다 낫다.

반대로 부채비율이 낮은데 실적이 안 나오는 기업이라면 안심할 수 없다. 결국은 벌어 놓은 돈 까먹는 단계로 들어갔기 때문에 계속 좋지 않을 것으로 예상된다면 부채비율도 당연히 올라갈 것이다.

[표 7-5]에서 보면 C사는 부채가 자본 보다 많다. 부채비율이 175%다. 반면 K사는 자본 대비 부채가 23% 밖에 안 된다. 누가 봐도 C사는 불안해 보이고 K사는 안전해 보인다.

C사는 최근 10년간 매출액과 영업이익이 증가했던 기업이다. 2년 전만 해도 부채와 자본 규모가 비슷했는데 최근에 대규모 증설을 하며 차입금이 늘었다. 증설이 끝난 후 회사의 매출액과 영업이익은 계속 증가하고 있다.

K사는 최근 5년간 매출액은 감소 추세이고, 매년 영업적자를 기록했다. 과거에 돈을 많이 벌어놔서 자본이 크지만 최근 지속적인 적자로 인해 조금씩 까먹는 중이다.

분명히 재무비율상은 K사가 좋아 보이지만 전반적인 분석을 하면 C사가 훨씬 좋다는 생각이 들 수밖에 없다. 주식시장에서도 당연히 C사의 주가흐름이 더 좋다.

공식의 분자와 분모를 보면서 누구나 해석은 가능하지만 기업의 전반적인 흐름을 읽지 못하면 잘못된 판단을 할 수밖에 없다는 점을 다시 한 번 강조한다.

(2) 이자보상비율

$$이자보상비율 = \frac{영업이익}{이자비용}$$

이자보상비율 Interest coverage ratio은 영업이익으로 이자비용을 감당할 능력이 있는지를 평가할 때 많이 측정하는 지표이다.

영업이익이 이자비용보다 커야 되므로 당연히 1 이상을 정상적인 상황으로 보며, 숫자가 클수록 안정성이 있다고 본다. 적정 수준의 이자보상비율을 유지해야 금융권으로부터 이자비용의 지급 능력이 양호한 것으로 평가받는다.

기업이 영업활동을 하다보면 실적이 안 좋아서 영업이익이 급감하는 경우도 있고, 심지어 이자비용보다 작게 나올 수도 있다. 이자보상비율이 1 이하이면 주주 입장에서는 기업이 1년 동안 열심히 영업활동을 해도 채권자에게 이자를 주고 나면 남는 게 없는 상황이니 좋지 않은 것은 분명한 사실이다.

그러나 영업이익에는 비현금성 비용인 감가상각비와 무형자산상각비 등이 포함되어 있으므로 반드시 그렇지 않을 수도 있다. 따라서 EBITDA나 영업활동 현금흐름과 이자비용을 비교하는 것이 적절할 수 있다.

또한 차입금이 많으면서 금융상품 또한 많은 기업들도 있으므로 이자비용에서 이자수익을 차감한 후에 비교하는 것도 방법이 될 수 있다. 이자보상비율은 이론상으로 정해진 공식이지만, 기업 상황에 맞게 공식을 변형하여 다양한 관점에서 분석해 보는 것이 현명하다.

매년 영업적자 또는 영업활동 현금흐름이 (-)가 지속된다면 결국 차입금에 대한 원리금 상환이 어려울 수밖에 없다는 의미이므로 특히 더 조심해야 한다.

5) 유동성비율

안정성비율과 더불어 기업의 재무구조 건전성에 대한 판단을 위해 반드시 살펴봐야 할 재무비율이다.

(1) 유동비율

$$\text{유동비율} = \frac{\text{유동자산}}{\text{유동부채}}$$

유동비율Current ratio은 유동자산을 유동부채로 나눈 비율로 기업의 단기채무 지급 능력을 측정하는 재무비율이다.

금융기관을 포함한 채권자가 대출 의사결정 시 가장 중요하게 점검하는 비율 중의 하나로서, 통상 200% 이상이 되어야 안정적이라고 알려져 있다. 유동자산이 유동부채보다 2배 이상 크면 안정적이기는 하지만 성장성이 의심될 수 있다. 돈을 쌓아 두고 투자를 안 한다는 얘기로 비춰질 수 있기 때문이다.

유동비율은 재무상태표에서 단순히 유동자산 합계와 유동부채 합계를 이용하여 계산하면 되는데, 역시 재무제표를 같이 보면서 내용을 확인해야 그 의미를 제대로 알 수 있다.

<표 7-6> G사의 최근 3년 유동비율   (단위: 억원)

	2017년	2018년	2019년
유동자산	623	659	236
유동부채	420	220	284
유동비율	148%	300%	83%

유동비율이 높으면 보통 돈이 많을 것이라고 생각하지만 회수가 잘 안 되는 채권이나 안 팔리는 재고자산이 많아서 그런 경우라면 특히 주의를 요한다.

[표 7-6]의 G사 유동비율은 2017년에 148%에서 2018년에 300%까지 올라갈 정도로 재무구조가 좋아지는 것처럼 보인다. 유동성이 풍부하니 특별히 이상이 없을 것으로 생각할 수 있다.

그러나 2019년에 갑자기 유동비율이 83%로 떨어졌다. 더구나 이 회사는 재무제표에 대한 감사인 의견거절로 인해 상장폐지 대상에 올랐다.

재무상태표를 살펴보면 이 회사의 2017년, 2018년 매출채권과 기타채권의 잔액은 527억 원, 444억 원으로 전체 유동자산의 2/3가 넘을 만큼 절대적인 비중을 차지했다. 2019년으로 넘어오면서 채권 잔액이 187억 원으로 크게 감소했는데, 채권 회수가 잘 되서 현금이 들어와 감소한 게 아니었다. 관련 주석사항을 살펴보면 2019년에 채권과 관련해 대손상각비를 537억 원이나 인식했다. 전년도까지 대손상각비가 발생해봤자 40억 원대 수준이었는데 갑자기 10배 이상 늘었다.

왜 감사인이 의견거절을 표명했는지 감사보고서 문장을 읽어보면 계속기업 불확실성, 내부통제 운용 미비 등 여러 이유가 나오는데, 가장 눈에 띄는 문장은 다음과 같다.

"우리는 2019년 12월 31일 현재 재무상태표에 계상되어 있는 매출채권, 선급금, 대여금 및 미수금 등에 대한 회사의 회수가능성 평가가 적정한지 판단할 수 있는 충분하고 적합한 감사증거를 입수할 수 없었습니다."

회사에서 자료를 내놓지 않으니 숫자 확인이 불가능하고, 회계감사를 제대로 할 수 없으니 당연히 의견거절을 낼 수밖에 없다.

주식투자자를 포함한 회계정보 이용자는 당연히 이런 회사 내부사정을 모르기 때문에 감사보고서가 나올 때 넋 놓고 당할 수밖에 없다. 그러나 투자에 앞서 과거 재무제표를 유심히 분석해보면 조짐이 여러 군데에서 확인된다.

2018년에 매출액이 316억 원인데 매출채권은 무려 500억 원이 넘는다. 연간 발생한 매출액보다 매출채권이 더 크다는 것은 채권 회수에 어려움이 있다는 얘기다. 또 1년 넘는 채권이 많다는 것은 어쩌면 과거 매출이 정상이 아니었을 수 있다.

이렇게 재무제표의 큰 숫자들이 정상적인지 살펴봐야지, 그냥 유동비율만 보고 높게 나오니 문제가 없을 것이라고 단정 지어버리면 나중에 큰 화를 자초할 수 있으니 주의해야 한다.

(2) 당좌비율

$$\text{당좌비율} = \frac{\text{유동자산} - \text{재고자산}}{\text{유동부채}}$$

유동자산에서 재고자산을 차감한 것을 당좌자산이라고 하고, 이 당좌자산을 유동부채로 나눈 수치를 당좌비율 Quick ratio, Acid-test ratio 이라고 한다.

유동비율보다 더 보수적으로 단기채무 이행 능력을 평가하기 위한 것이다.

<표 7-7> H사의 최근 3년 유동비율과 당좌비율 (단위: 억원)

	2017년	2018년	2019년
유동자산(a)	810	680	632
재고자산(b)	557	463	411
당좌자산(c=a-b)	253	217	221
유동부채(d)	300	302	257
유동비율(a/d)	270%	225%	246%
당좌비율(c/d)	84%	72%	86%

재고자산이 팔려서 현금화되는 시간과 재고자산 판매에 대한 불확실성이 있으므로, 그 부분을 아예 배제하는 것이다. 유동자산을 최대한 빨리 현금화해서 유동부채를 갚을 수 있는지 여부를 보여주는 것으로 'Quick ratio, Acid-test ratio'라고 한다.

'Acid-test ratio'를 우리말로 풀이하면 산성 시험비율로 해석할 수 있는데, 리트머스 종이에 액체를 떨어뜨리면 산성인지, 염기성인지 바로 구분할 수 있을 정도로 결과가 빨리 나오기 때문에 여기서 따온 이름이다.

유동비율과 당좌비율 역시 재무상태표와 주석사항을 체크해야 비율의 의미를 제대로 이해할 수 있다.

[표 7-7]은 코스닥 상장기업인 H사의 최근 3년 유동자산, 재고자산, 유동부채 금액과 유동비율, 당좌비율을 정리한 것이다.

이 회사는 재무제표 감사의견으로 적정을 받았지만 5년 연속 영업적자에 빠지면서 상장폐지 대상에 올랐다. 코스닥 상장규정에 따르면 4년 연속 영업적자에 빠지면 관리종목, 5년 연속이면 상장폐지 대상이 된다.

거래소에서 상장폐지 여부에 대한 심사를 받았는데 영업능력이 악화된 것은 분명하지만 회사가 당장 망할 만큼 재무상태가 악화된 것은 아니기 때문에 상장폐지는 모면했다.

회사의 유동비율은 200%가 넘을 정도로 우수해 보이지만 재고자산을 제외한 당좌자산과 유동부채를 비교해보면 당좌비율은 100%에 못 미친다. 즉 재고자산이 유동자산에서 차지하는 비중이 절대적이라는 얘기이다. 실제로 [표 7-7]에서 보는 것처럼 재고자산이 유동자산의 2/3 이상이다.

회사 제품이 잘 팔려서 재고자산을 많이 생산했다면 다행인데 그렇게 보이지는 않는다. 표에 표시된 재고자산은 평가손실 관련해서 이미 100억 원 가까이 차감된 숫자이다.

2019년에 411억 원의 재고자산이 남아있는데, 연간 매출원가로 인식한 금액은 405억 원이다. 2018년에는 499억 원, 2017년에는 519억 원을 매출원가로 인식했다. 연간 팔리는 원가만큼 재고자산이 남아 있다는 얘기이니 재고회전율이 매우 낮다는 것으로 판단할 수 있다.

이렇게 회전율이 낮은 재고자산으로 인해 유동성이 풍부한 것 역시 바람직하지 않을 것이다. 제품이 잘 안 팔릴 때에는 현금으로 회수가 안 될 가능성이 크기 때문이다.

실제로 이 회사가 속한 산업 자체가 여전히 침체를 겪고 있어서 2020년도 매출액이 전기 대비 70% 이상 줄어드는 어려움을 겪고 있다. 역시 전반적인 분석을 해야지 재무비율만 살펴봐서는 회사의 사정을 알기 어렵다.

지금까지 주요 재무비율 공식의 구성과 해석하는 방법에 대하여 살펴봤다. 결론적으로 재무비율은 참고만 하는 수치이지 기업 분석을 위한 중요한 판단 근거로 쓰기는 어렵다. 분식회계가 숨어 있을 수 있고 정상적인 영업상황이 아닐 수 있는데, 막연히 비율이 높으니까 괜찮고 비율이 낮으니까 안 좋다는 식의 판단을 하면 안 된다.

재무제표의 숫자와 관련 주석사항, 그리고 사업보고서의 '사업의 내용' 등을 활용하여 종합적으로 분석하는 힘을 계속 키울 것을 당부한다.

박 회계사의 생각

과연 PBR은 의미있는 지표일까

우리는 주식의 저평가 여부에 대해 판단할 때 가장 많이 활용하는 지표로 주가순자산비율(PBR:Price Book-value Ratio)을 사용한다. PBR는 주가를 1주당 순자산으로 나눈 값이다. 1주 개념을 빼면 어림잡아 시가총액을 순자산(자본)으로 나누어 계산할 수 있다. 단, 1주당 순자산을 계산할 때 유통 주식 수로 계산하고 연결재무상태표의 자본총계가 아닌 지배주주 지분으로 계산하므로 '시가총액 ÷ 자본'이 PBR와 정확히 같지는 않다. 과연 PBR는 투자자에게 의미 있는 지표일까?

상장기업인 A회사는 1조 원어치의 자산과 4000억 원의 부채를 갖고 있다. 자산에서 부채를 차감한 자본은 6000억 원으로 계산된다. 그런데 주식시장에서 이 회사의 시가총액은 3000억 원에 불과하다. 장부상 6000억 원어치나 갖고 있는 회사를 시장에서 3000억 원밖에 안 쳐주니 엄청나게 싸 보인다. 이 얘기는 맞을 수도 있고 틀릴 수도 있다.

A회사의 자산 1조 원 중 재고자산과 유형자산의 합이 9000억 원이라고 가정해보자. 즉 생산시설을 갖추고 제품을 만들어 파는 전형적인 제조업이다. 회사가 공장에서 제품을 생산하고 판매하는데 시장에서 반응이 아주 좋다. 실적은 당연히 잘 나온다. 그렇다면 A회사의 주가는 분명히 저평가 상태가 맞을 것이다.

회사 제품이 잘 안 팔린다면 어떨까? 당연히 실적이 안 좋게 나올 것이고 이는 주가에도 즉시 반영될 것이다. 제품의 스펙이 뒤처지고 요즘 트렌드와 너무 안 맞아서 앞으로 더 안 팔릴 것으로 예상된다면 회사나 주주 모두 앞이 깜깜할 것이다. 회사는 이미 많은 돈을 들여 생산시설을 갖춰 놨고 제품을 많이 생산해 창고에 보관 중인데 투자금을 회수할 방법이 없게 되었으니 말이다. 상황이 이런데 과연 재무상태표에 자산으로 9000억 원으로 달아 놓는 게 타당할까?

집에 사용하지 않고 창고에 처박아 둔 오래된 살림살이를 1000만 원어치 갖고 있는데 사용하지 않는다면 이미 사용가치는 상실된 것이다. 이 살림살이를 중고시장에 판매해 50만 원이라도 건질 수 있다면 50만 원의 가치가 있다고 할 수 있다. 누구나 1000만 원어치가 아닌 50만 원어치의 자산이 있다고 얘기할 것이고 950만 원은 이미 비용화되었다고 생각한다.

회계에서 자산은 미래 경제적 효익이 기업에 유입될 것으로 기대되는 경제적 자원이라고 정의한다. 즉 미래에 돈으로 회수할 수 있다면 자산으로 인식 가능하다. 반대로 미래에 돈으로 회수할 수 없다면 자산으로 인식할 수 없다. 이 회사는 유형자산과 재고자산에 이미 9000억 원의 돈을 다 썼다. 비용으로 처리하지 않고 자산으로 인식한 이유는 미래에 충분히 회수 가능하다고 본 것이다. 그러나 회수 가능성이 성립하지 않는 상황이 되었으니 이제 최대 회수 가능한 금액을 제외한 나머지는 손실로 떨어내야 한다.

회계장부에서 아직 손실 처리를 하지 않았다고 해도 주식시장에서는 이미 이 상황을 주가에 반영했으니 장부가액보다 한참 낮은 금액으로 거래되고 있는 것이다. 이렇게 단순히 지표만 봐서는 기업의 주가를 판단할 수 없다. 그러면 우리 투자자는 저평가 종목인지 여부를 어떻게 알 수 있을까?

정답은 기업의 사업보고서를 전반적으로 분석하는 것이다. 정말 회사가 저평가 상태인지 확인하려면 회사가 보유한 금융자산과 차입부채의 순액을 계산해보면 된다. 회사가 보유한 현금, 예금, 주식, 채권, 투자 부동산 등이 갚아야 하는 차입금, 사채보다 많고 시가총액과 큰 차이가 안 난다면 정말 저평가 상태라고 볼 수 있다. 단 회사가 보유한 재고자산, 유형자산, 무형자산 등 주요 영업자산으로 영업이익을 창출하고 있어야 한다. 영업적자이거나 영업이익이 계속 줄고 있다면 그동안 모아 놓은 금융자산을 까먹는 단계로 넘어가기 때문이다. 돈을 계속 불리려면 회사는 성장해야 한다. 판매량을 늘려 나갈 수 있어야 하고 이익 달성이 가능한 손익구조를 갖춰야 한다. 그래야 저평가 요건이 완벽하게 성립한다.

주식투자를 해서 돈을 쉽게 벌고 싶지만 사실상 그런 방법은 없다. 전설적인 투자자들이나 투자를 업으로 삼고 있는 사람들 모두 이렇게 열심히 기업의 사업보고서를 분석하지 재무비율에 의존하지 않는다.

누군가 단순한 지표 몇 개와 공식으로 투자를 논한다면 그 사람을 멀리하는 게 좋다. 기업 환경과 투자의 세계는 절대 단순하지 않기 때문이다.

* 이 글은 저자가 〈이투데이〉 2020년 5월27일에 쓴 칼럼이다. 밸류에이션 지표로서의 PBR에 관한 저자의 생각을 엿볼 수 있다.

● 핵심 포인트 총정리 ●

I

투자자 입장에서
재무제표 보는 법

투자자 입장에서
재무상태표 보는 법

요즘 펀드까지 깨서 직접 주식투자에 뛰어드는 개인투자자들이 급증하고 있다고 한다. 펀드의 수익률이 기대만큼 못 미친 것도 원인일 것이고 무엇보다 연이어 터진 자산운용사들의 사건사고가 결국 투자자들의 등을 돌리게 했을 것이다.

주식을 처음 시작하는 투자자라면 투자 철학과 마인드 셋팅을 위해 전설적인 투자자들의 저서를 많이 읽어야 한다. 그 다음으로 회사 및 산업에 대한 이해, 재무제표 및 기업가치 분석 등 여러 공부를 꾸준히 하여 착실히 내공을 쌓아야 한다. 쉬운 공부는 없지만 특히 숫자에 약한 투자자라면 재무제표를 보는데 어려움이 클 수 있다. 이에 투자자 입장에서 재무제표를 효과적으로 보는 방법을 총정리 해 제시하려 한다.

누구나 전자공시시스템(DART)에 접속해 상장기업과 외부감사를 받는 비상장 주식회사의 재무제표를 살펴볼 수 있다. 특히 상장기업은 분기마다 정기보고서를 발행하기 때문에 투자자라면 주기적으로 실적과 재무구조를 체크해야 한다.

재무제표는 재무상태표, 손익계산서, 현금흐름표, 주석사항 등으로 구성돼 있어서 양이 꽤 방대하다. 하지만 자주 들여다보고 중요한 포인트를 짚어서 분석하는 습관만 기르면 재무제표를 붙잡고 있는 시간은 점점 단축될 것이다.

재무상태표는 일정시점 현재 기업이 보유하고 있는 경제적 자원인 자산과 의무인 부채, 그리고 자본에 대한 정보를 제공하는 재무보고서다. 자산과 부채는 시간흐름에 따라 유동자산, 비유동자산, 유동부채, 비유동부채로 구분한다. 1년 내에 현금화되는 자산과 1년내에 지급해야 하는 부채를 유동자산과 유동부채로 분류하고 그 외의 자산과 부채는 비유동자산과 비유동부채에 포함시킨다. 자산에서 부채를 차감한 게 자본(순자산)이므로 자산과 부채 위주로만 분석하면 된다.

투자자 입장에서는 왜 회사가 그 수많은 자산과 부채를 갖고 있을까 생각해봐야 한다. 자산규모가 352조 원에 달하는 삼성전자를 예로 들어보자. 유동자산 181조 원, 비유동자산 171조 원 등 352조 원의 천문학적 규모인데 자산의 보유 목적을 생각해보면 금융자산 126조 원, 영업자산 226조 원으로 다시 분류해 볼 수 있다.

51년 동안 번 돈을 예금, 적금, 주식, 채권 등에 고루 분산 투자했는데 그 규모가 126조 원이다. 그 다음 삼성전자의 주요 사업인 반도체, 휴대폰, 가전 등 생산과 판매를 위해 갖고 있는 영업자산이 226조 원이다. 제품 개발부터 생산, 판매까지 무형자산, 유형자산, 재고자산, 매출채권 등 여러 영업자산이 동원돼야 삼성전자의 매출액 230조 원, 영업이익 28조 원 창출이 가능한 것이다. 삼성전자의 금융자산은 이 매출액과 영업이익 발생에 기여하지 않았다.

부채도 마찬가지이다. 유동부채 64조 원, 비유동부채 26조 원으로 총 90조 원의 부채가 있다. 이 역시 재분류 해보면 차입부채 18조원, 영업부채 72조원으로 구분할 수 있다. 차입금과 사채발행분이 회사의 차입부채가 되고, 매입채무, 미지급금, 미지급비용 등 그 외 항목은 영업부채가 된다.

삼성전자는 계속 영업이익을 냈는데 항상 번 돈의 대부분을 연구개발과 공장증설에 재투자했고 주주에게 배당금을 지급했다. 그리고 남는 돈은 계속 금융자산에 예치하여 자산가치를 키워왔다.

만약 영업자산과 영업부채로 영업이익 창출을 하지 못했다면 금융자산을 깨거나 차입금을 늘렸을 것이다. 재무구조는 악화될 것이고 갖고 있는 영업자산의 가치도 상실되었을 것이다. 안 팔리는 재고자산은 손실처리해야 하고, 제품 생산해서 팔아봤자 손실나는 상황이므로 유형자산과 무형자산도 역시 손실처리해야 한다.

투자자는 이런 식으로 회사가 얼마의 순금융자산을 갖고 있고 순영업자산으로 영업이익 창출을 하고 있는지, 앞으로도 할 수 있는지 위주로 살펴봐야 한다.

금융자산에서 차입부채를 뺀 108조 원이 삼성전자의 순금융자산인데 시가총액 대비 약 30% 이상이나 된다. 영업자산에서 영업부채를 뺀 154조 원이 순영업자산인데 영업이익 28조 원을 창출해냈다. 즉 삼성전자는 108조 원을 갖고 있고 230조 원의 매출액과 28조 원의 영업이익을 내는 회사로 요약할 수 있다. 앞으로 매출액과 영업이익을 더 늘릴 수 있다면 기업가치인 주가는 더 올라갈 것이다. 그럴 가능성이 있는지는 손익계산서를 살펴보면 알 수 있다.

2
투자자 입장에서
손익계산서 보는 법

　우리는 기업의 연매출이 얼마인지, 어느 정도의 이익을 창출하고 있는지, 전기 대비 증가추세 인지 확인하려는 목적으로 손익계산서를 본다. 그러나 이 정도만 보고 끝내서는 안 된다. 이 이상 분석할 수 있는 능력을 갖춰야 투자에서도 성공확률이 올라간다.

　손익계산서도 재무상태표 만큼이나 길고 복잡한데 영업이익을 기준으로 윗단, 아랫단으로 나누어서 보는 게 좋다. 원칙적으로 영업이익 윗단이 중요하다. 회사가 수익을 창출하기 위해 매출원가와 판매비와관리비를 얼마 정도 쓰고 어느 정도의 영업이익을 남길 수 있는가를 먼저 봐야 한다. 물론 매출액이 증가하면 좋은데 영업이익도 같이 늘어나야 의미가 있다. 수익은 늘어나고 있는데, 비용이 더 늘어나서 오히려 영업이익이 줄거나 영업적자가 나오는 그림은 좋지 않다. 일단 영업이익 윗단을 심층적으로 분석하고 아랫단을 훑어보는 게 좋다. 그리고 영업이익 아랫단에 특별히 중요한 숫자가 없으면 영업이익 윗단까지만 분석하고 끝내도 된다.

매출액은 판매가격(P) X 판매량(Q)이다. 재화를 만들어서 판매하는 제조업과 사와서 판매하는 도·소매업뿐만 아니라 대부분 서비스업도 이 공식 적용이 가능하다. 통신사는 1인당 요금 X 가입자 수, 항공사는 1인당 항공권 가격 X 탑승자 수, 카지노는 1인당 잃고 가는 돈 X 입장객 수이다. 기업 대 기업(B2B)으로 서비스를 제공하거나 수주를 하는 건설·조선업 등 몇몇 업종을 제외하고는 거의 다 이 공식 적용이 가능하다.

회사의 매출액이 늘어나려면 판매량(Q)이 증가하든지, 판매가격(P)을 올리든지 해야 한다. 물론 둘 다 늘어나면 금상첨화다. 업황이 안 좋아서 판매량이 감소하더라도 판매가격(P)을 올릴 수 있다면 다행이고 판매가격을 올리는 게 자유롭지 못하다면 판매량이라도 늘어나야 한다. 둘 다 감소한다면 실적 악화는 불 보듯 뻔할 것이다. 판매가격을 올린다는 것은 회사가 나름대로 가격 결정권이 있다는 의미이기도 하다. 두꺼운 진입장벽을 친 시장점유율이 높은 기업은 판매가격 올리는 게 어렵지 않다.

매출원가와 판매비와관리비는 묶어서 분석하는 게 효율적이다. 재무제표 주석에서 '비용의 성격별 분류'라는 주석사항을 보면 연간 발생하는 매출원가와 판매비와 관리비를 비용 성격별로 잘 정리해 놓았다. 예를 들면 연간 발생하는 원재료비, 인건비, 감가상각비, 임차료, 판매수수료가 어느 정도인지 이 주석사항을 통해 확인할 수 있다.

원재료비와 판매수수료는 매출액에 비례해서 발생하는 변동비 성격이다. 인건비, 감가상각비, 임차료 등은 매출액 증감에 비례하지 않는 고정비이다. 변동비 비중이 큰 식음료, 화학, 정유회사는 제품 판매가격과 원재료비의 차이가 벌어져야 이익이 극대화된다. 즉 판매가격을 올리든지 원재료 가격이 내려가야 한다. 고정비 비중이 큰 반도체, 유통 및 여행 관련 업종은 판매량이 증가해야 영업이익도 많이 늘어난다. 반면 요즘처럼 코로나19로 매출이 감소할 때에는 고정비 부담으로 인해 손실이 커질 수밖에 없다.

이렇게 기업의 손익구조를 먼저 파악하고 있어야 산업과 회사의 사업 관련해 여러 정보를 이용해서 이익 극대화가 가능할지 예상할 수 있다.

영업이익 아랫단은 금융수익과 비용 그리고 영업과 관련 없는 기타수익, 비용이 포진한다. 재무구조가 좋지 않은 기업은 차입금이 많을 테니 금융비용이 클 것이고 돈을 잘 버는 기업은 금융자산을 많이 갖고 있을 테니 금융수익이 클 것이다.

기타수익, 비용은 영업이익 윗단보다 중요성이 떨어지지만 만약에 반복적으로 큰 숫자가 발생한다면 주의를 기울일 필요가 있다. 주로 외화 관련 손익이 이에 해당한다. 환율이 상승하면 수입 비중이 높은 기업은 외화 채무 부담에 따라 외화 관련 손실이 발생하고 수출 비중이 높은 기업은 외화 채권 비중이 커서 외화 관련 이익이 생긴다. 주로 항공, 해운, 상사 업종의 외화 관련 손익이 큰 편인데 때에 따라서는 영업이익을 초과할 정도로 중요하다.

이렇게 손익에 대한 분석이 끝났다면 그다음은 현금흐름표 차례다. 손익계산서는 한 해 동안 발생한 수익과 비용을 보여준다. 회사가 정말 돈을 벌고 있는지, 또는 잉여현금을 남길 수 있을 정도로 충분히 벌고 있는지 확인하려면 현금흐름표를 봐야 한다.

3

투자자 입장에서
현금흐름표 보는 법

　기업회계는 현금 입·출금 시점이 아닌 거래나 사건이 발생한 시점에 수익과 비용을 인식한다. 외상으로 물건을 판매하거나 사와도 매출과 매입이 된다. 미리 돈을 받거나 지급해도 권리와 의무 이행이 되지 않으면 수익과 비용으로 인식할 수 없다. 즉 회계는 발생주의 원칙이다.

　발생주의 회계를 교묘히 악용하는 일부 나쁜 기업들도 있다. 가공 매출을 만들거나 비용을 줄이는 식으로 이익을 부풀리는 것이다. 분식회계로 만든 재무제표는 투자자의 판단을 왜곡시킨다. 물론 회계지식이 충분히 쌓였다면 재무제표의 주요 계정과목과 주석사항의 정보를 활용해 이상 유무를 어렵지 않게 파악해낼 수 있다.

　회계공부가 많이 되어 있지 않다고 해서 걱정할 필요는 없다. 우리는 현금흐름표 분석 하나로 분식회계 여부를 파악할 수 있고 더 나아가 회사가 정상적으로 운영되고 있는지 판단도 가능하다.

연초에 10억 원의 현금을 갖고 사업을 개시한 회사의 연말 현금 잔액이 20억 원으로 늘어났다면 증가 이유에 대하여 현금흐름표는 영업활동, 투자활동, 재무활동으로 나누어 설명해준다. 즉, 사업을 통해 벌어들인 것인지, 여유자금의 운용이나 유·무형자산 투자나 매각으로 발생한 것인지, 또는 차입 및 상환 그리고 주주에 대한 배당 또는 유상증자를 받아서 현금이 많아졌는지 알 수 있다.

영업활동을 통해 회사의 현금이 늘어나는 게 가장 이상적이다. 이는 지극히 상식적인 얘기이다. 제품을 판매해서 번 돈으로 생산 및 판매비와 관리비 등을 충분히 쓰고도 남긴다는 뜻이다. 그리고 이 영업활동현금흐름은 회계적으로 계산된 손익계산서상 당기순이익보다 커야 정상적이다. 참고로 삼성전자는 당기순이익이 약 22조 원인데 연간 영업활동현금흐름이 45조 원이나 된다. 23조 원이나 차이가 나는 원인은 여러 가지인데 가장 대표적인 것은 연간 발생한 감가상각비 26조 원이다. 감가상각비는 돈으로 지출되지 않아도 회계상으로는 비용 처리하는 대표적인 항목이다. 대규모 공장을 갖춘 제조업에 속한 기업일수록 항상 영업활동현금흐름이 당기순이익보다 크다. 만약 몇 년간 당기순이익이 발생하지만 영업활동현금흐름이 작거나 오히려 유출이 유입보다 더 크다면 분식회계를 의심해봐야 한다. 분식회계도 문제지만 기업에 운영자금이 부족한 상황이니 분명 어려움을 겪을 것이다.

투자활동은 크게 사업을 위한 유·무형자산 투자와 금융자산에 대한 투자로 나눌 수 있다. 내년에도 영업활동을 통해 돈을 잘 벌려면 사업에 대한 재투자는 필수다. 그리고 투자 재원은 영업활동에서 번 돈으로 충당해야 이상적이다. 참고로 삼성전자는 45조 원을 벌어서 유·무형자산 투자에 약 29조 원을 썼다. 그래도 16조 원이 남는다. 남는 돈을 가리켜 잉여현금(Free cash)이라고 한다. 즉 사업을 해서 돈을 남겼다는 의미이다. 계산법은 살펴본 대로 영업활동현금흐름과 유무형자산 취득액의 차이로 계산된다. 남는 돈이 많아야 회사는 또 하나의 투자활동인 금융자산 취득 등에 사용하고 주주를 위한 배당금 지급, 차입금 상환 등 재무활동에 쓸 수 있다. 그러고도 돈이 남는다면 다음 연도로 이월시키면 된다. 즉, 영업활동현금흐름이 유·무형자산 취득을 위한 지출액보다 커야 이상적인 현금흐름이다.

재무활동은 주주와 은행 등에 대한 현금흐름이다. 보는 방법은 간단하다. 부호가 '+'보다는 '-'가 좋다. 즉 주주로부터 유상증자를 받거나 은행에서 차입해서 현금이 늘어나는 것보다 주주들에게 배당금을 지급하고 차입금을 갚아 나가는 현금 유출이 더 좋다. 이런 현금흐름을 보이려면 결국 영업활동 현금흐름이 커야 한다. 삼성전자처럼 번 돈으로 유·무형자산을 취득하고도 남는 돈이 많아야 빚도 갚고 배당금도 넉넉히 줄 수 있다.

현금흐름 분석 포인트를 잡아서 보면 매우 쉽다. 결국, 기업은 돈이 돌아야 존속할 수 있다. 가장 기본인 영업활동에서 돈을 벌지 못하면 투자와 재무활동은 꼬일 수밖에 없다. 회사가 주주와 은행에 잘 보이기 위해 매출과 자산을 부풀린다고 해도 우리는 실제 돈이 들어오고 나가는 현금흐름을 살펴서 정말 멀쩡한 기업인지 아닌지를 파악할 수 있다.

회계공부가 너무 어렵다면 이렇게 현금흐름표를 보면서 기업의 상황을 스토리처럼 풀어가는 연습을 해보길 추천하다.

4

투자자 입장에서 반드시 체크해야할 재무제표 주석사항

주석사항도 재무제표 일부를 구성한다. 오히려 재무상태표, 손익계산서, 현금흐름표 보다 중요한 정보를 더 많이 담고 있다. 주석사항에는 재무제표 계정과목의 명세뿐만 아니라 기업의 이해를 위해 반드시 알아야 할 여러 정보가 많다. 대기업 재무제표의 경우 주석사항만 100페이지가 넘을 정도로 양이 방대하다. 첫 페이지부터 차례차례 읽지 말고 재무제표의 중요 계정과목 숫자와 주석사항 간에 서로 참고(reference)하면서 보는 것이 가장 이상적이다.

예를 들어 건축 내·외장재 기업인 KCC의 재무상태표를 보면 자산 총액 대비 약 27%인 2조 6000억 원치의 금융자산을 보유한 것으로 나온다. 이 회사의 주주는 이 금융자산이 주식인지, 채권인지, 만약 주식이라면 어떤 종목인지 궁금할 것이다. 그럴 때 주석사항을 활용하면 된다. 이 회사의 재무제표 주석사항을 보면 금융자산의 98%가 상장기업 주식으로 구성되어 있음을 알 수 있다. 주로 보유한 종목은 삼성물산, 한국조선해양 등이며 주식 취득가액 대비 약 1조 원 이상의 평가차익을 거두었다.

재무제표 주석사항의 백미는 단연 '특수관계자 거래'이다. 우리는 이 주석사항을 통해 기업이 어떻게 횡령하는지 또는 대주주 일가가 세운 회사를 통해 얼마나 일감 몰아주기를 하는지 알 수 있다. 횡령 및 배임은 주로 무자본 기업사냥꾼들이 인수한 소규모의 상장기업에서 많이 발생한다. 사채로 기업을 인수하기 때문에 이들 사냥꾼들은 회사에 입성해서 갚을 돈을 마련할 방법부터 찾는다. 회사 내부에 있는 돈을 그냥 갖고 가면 안 되니까 티 나지 않게 해야 하는데 가장 좋은 방법이 바로 특수관계자인 계열사나 자신의 회사를 여러 개 만들고 거기에 자금을 보내는 것이다. 계열사 설립 자본금, 대여금, 투자금 등의 명목으로 회사에 있는 돈을 자연스럽게 흘려보내고 거기에 가서 임원 급여나 분식 회계 등을 통해 자금을 인출한다.

소규모 상장기업에서 횡령할 자금은 어떻게 마련했을까? 상장기업의 가장 큰 장점 중의 하나는 자본조달이 비교적 용이하다는데 있다. 그동안 이들 기업 중심으로 전환사채(CB)를 많이 발행했고 여러 사모펀드에서 인수를 잘 해줬다. 회사의 주가가 올라가면 사채권자는 주식으로 전환해서 큰 이익을 얻을 수 있고 회사는 들어온 자금을 상환 의무 없이 마음껏 쓸 수 있다. 문제는 이렇게 조달받은 자금을 사업에 쓰지 않고 횡령에 이용해서 회사의 주주들을 곤경에 빠뜨리는 것이다. 감사의견 거절을 받아서 상장폐지 대상이 된 다수의 상장기업들의 재무제표를 보면 공통점이 있다. 최대주주, 임원진, 회사명이 빈번하게 바뀌었고 전환사채를 많이 발행해서 자금을 모으고 특수관계자 거래를 통해 돈이 외부로 나간다는 점이다. 잘 모르는 중소, 중견기업을 투자하기에 앞서 이런 사항을 반드시 체크해야 한다.

특수관계자 거래 중 또 하나 중요한 문제는 바로 일감 몰아주기이다. 만약 회사의 영업이익률이 너무 낮다면 일감 몰아주기를 의심해야 한다. 회사의 거래 구조 사이에 최대주주가 만든 회사가 개입해서 이익을 가져가는지 확인해야 한다. 이런 사례는 셀 수 없이 많은데 최근에 공정거래위원회로부터 부당지원행위 제재에 따른 과징금을 부과받은 SPC삼립의 주석사항에서 특수관계자 거래를 보면 그들 간에 복잡한 매출, 매입 거래를 하고 있음을 알 수 있다. 최대주주가 대부분 지분을 보유한 샤니를 비롯해 여러 회사에서 매입을 해오고 다시 특수관계자인 파리크라상, 비알코리아 등에 판매하는 식이다. 이익을 극대화하려면 수익과 비용 간의 간극이 벌어져야 하는데 만약 특수관계자들의 이익을 더 챙기기 위한 목적이라면 회사는 비싸게 사와서 싸게 팔아야 할 것이다. 참고로 SPC삼립의 영업이익률은 불과 2%에 불과하다.

공정거래위원회에 적발되지 않더라도 이렇게 주석사항을 통해 특수관계자 간 매출, 매입거래가 빈번하고 회사의 영업이익률이 낮다면 일감 몰아주기를 의심해야 한다. 결국, 이 과정에서 피해를 보는 것은 거래구조의 중간에 있는 상장기업의 주주이다.

재무제표를 통해 전년도 대비 실적이 좋아졌는지 재무구조는 안정적인지 기본적으로 점검해야 하겠지만 이렇게 주석사항에 중요한 정보가 더 많이 담겨 있으니 투자에 앞서 반드시 체크해서 믿을 만한 기업인지를 꼭 판단하기 바란다.

5

투자자를 위한
성장주 재무제표 보는 법

주식시장이 역사적 고점을 돌파한 후 계속 우상향 중이다. 지난달(2020년 11월) 2일부터 25영업일간 코스피지수가 떨어진 날이 불과 4일밖에 안 될 정도로 쉼 없이 달려 지수는 어느덧 20% 이상 올랐다. 삼성전자, SK하이닉스를 비롯한 대형주와 바이오 기업들 중심으로 상승 폭이 크다 보니 관련 종목들을 편입하지 않은 투자자로서는 오히려 심리적 박탈감이 큰 시장이다.

이 좋은 주식시장에서 나만 뒤처지는 게 아닌가 싶어 이제라도 주식을 사려고 해도 밸류에이션에 대한 부담감이 생긴다. 아무래도 이익 규모 대비 시가총액이 너무 커서 망설이는 투자자도 있을 것이고 내년 이후 발생할 수 있는 이익의 기대치가 지금 주가에 거의 다 반영되었다는 생각에 과감히 매수 버튼을 누르기도 쉽지 않다.

주가는 보통 1년에서 1년 반 정도 선행한다고 알려져 있기 때문에 미래에 대한 예상이 중요할 수밖에 없는데 사실 신이 아닌 이상 정확히 예측하는 게 쉽지 않다. 그래서 전설적인 투자자들은 미래 경제에 대한 예상보다는 기업에 집중하라는 얘기들을 많이 해왔다.

우리가 기업의 사업보고서를 보면서 가장 먼저 보는 것 중 하나가 연 매출액과 영업이익 규모이다. 기업의 가치인 주가라는 것이 앞으로 벌어들일 순현금흐름의 현재 가치이기 때문에 사업을 통해 연간 벌어들이는 이익 규모를 보면 주가에 대한 저평가, 고평가 여부를 가늠할 수 있다.

그런데 우리가 손익계산서의 영업이익을 볼 때 주의해야 할 점이 하나 있다. 예를 들어 네이버의 경우 2020년 3분기 누적 매출액은 3조 8000억 원, 영업이익은 8900억 원이다. 연말까지 이 추세로 간다면 연간 영업이익은 1조 2000억 원 내외로 예상되는데 이는 네이버의 시가총액 48조 원 대비 40분의 1 수준이다. 만약 48조 원으로 네이버를 인수한다면 현재 영업이익 수준으로 원금을 회수하는 데 40년이 걸린다는 의미이다. 지금 투자하기에는 너무 비싼 가격 아닌가 하는 생각을 할 수 있겠다.

회계적 지식이 있는 독자라면 네이버의 연간 영업이익은 1조 2000억 원이 될 수도 있고 두 배가 될 수도 있다는 결론을 내릴 수 있다. 만약 영업이익 규모가 두 배라면 지금 네이버 주가가 반드시 비싸다고 보기 어렵다. 어떻게 이런 계산이 가능했을까?

정답은 연구개발비에 있다. 회사의 사업보고서를 보면 3분기까지 연구개발비로 영업이익보다 더 큰 9673억 원을 지출했고 전부 영업비용으로 처리했다. 즉 회사가 아홉 달 동안 연구개발비 투입 전에 벌어들인 영업이익은 2조 원 가까이 된다는 의미이다. 회사는 당장의 실적보다는 미래의 성장을 택했기 때문에 벌어들인 이익의 반 이상을 재투자한 것이다.

만약 회사가 연구개발비를 비용으로 처리하지 않고 무형자산으로 인식했다면 손익계산서의 영업이익이 지금보다 두 배 이상으로 표시되었을 것이다. 하지만 회사는 연구개발비를 무형자산이 아닌 전액 비용으로 처리했다.

연구개발비에 대한 회계기준을 살펴보면 회사가 일정 요건을 모두 충족시킬 수 있다면 무형자산처리가 가능하고 그렇지 않다면 비용으로 인식해야 한다고 되어 있다. 일정 요건은 총 6가지인데 핵심은 기술적 실현 가능성과 미래 경제적 효익 창출에 대한 것이다. 즉, 지금 하는 연구개발 과제가 성공할 것이란 것과 그 산출물로 회사가 돈을 벌 수 있다는 것을 입증해야 한다. 업력이 오래되었고 그동안 계속 성과를 보였던 기업이라면 보여주는 게 어렵지 않다. 그러나 네이버를 포함한 대부분 대기업은 거액의 연구개발비를 지출하면서 영업비용으로 처리한다. 미래에 대한 불확실성이 늘 있어서 자산으로 처리하는 데 조심스러운 것이다. 삼성전자 역시 3분기까지 영업이익이 27조 원인데 비용으로 처리한 연구개발비만 16조 원이다. 연구개발비 투입 전 영업이익이 40조 원을 넘는다는 얘기이다.

네이버나 삼성전자 모두 그동안 거액의 연구개발비를 투자해 매년 매출액과 영업이익 규모를 늘려왔다. 올해 네이버가 연간 1조2000억 원대의 영업이익을 거둘 것으로 예상하는데 아마 내년 이후엔 더 늘어날 것이다. 물론 연구개발비 투입 전 이익 규모는 훨씬 더 크다.

이런 식으로 재무제표를 분석해야 투자의사 결정에 도움이 된다. 숫자만 보지 말고 행간의 숨은 의미까지 찾아서 파악할 수 있는 실력을 쌓기를 권한다.

* 이 글들은 저자가 2020년 하반기 〈이투데이〉에 연재한 것이다. 여기서 핵심은 '투자자 입장'에서 집중과 선택을 해서 제대로 보자는 것이다. 그것이 재무제표를 보는 가장 '효과적인 방법'이기 때문이다.

맺음말

미래 예측보다 기업 분석에 집중하라

    어린시절 '2020 원더키디' 애니메이션을 보고 자란 세대로서 2020년의 새해는 그 어느 때 보다 더 설레었다. 왠지 좋은 일이 생길 것 같고 세상이 바뀔 것 같은 기분이 들었다. 그러나 불과 한 달여 만에 '코로나19'가 창궐하며 세상을 암흑으로 뒤덮어 버렸다.

    특히 주식시장은 3월 내내 폭락을 겪으며 투자자들을 힘들게 하더니 언제 그랬냐는 듯이 단기간 내에 다시 회복되었다. 소위 '동학개미운동'이라 불리는 개인투자자들의 적극적인 시장 참여가 일정 부분 기여했을 것이다.

    미래가 다시 좋아질 것이라는 기대와 유동성이 더해지다 보니 실적 대비 주가가 과하게 올라가고 시장 변동성 또한 커지다 보니 투자원칙을 정립하기도 전에 뛰어든 '주린이' 입장에서는 당황스러울 것이다. 초심자의 행운으로 큰 수익을 본 투자자도 있을 것이고 너무 늦게 뛰어들어 낭패를 보기도 했을 것이다.

    저자처럼 투자 경력이 오래되고 확고한 투자원칙을 갖고 있는 투자자 입장에서는 과거부터 겪어왔던 사이클이기 때문에 큰 동요가 없었을 것이다.

주식을 매수한 오늘부터 주가가 올라가면 기분이 좋지만 그렇지 않을 수 있음을 항상 명심해야 한다. 여차하면 몇 달간 조정과정을 거친 후 오를 수도 있고 몇 년 후부터 오를 수도 있다. 조울증이 심한 '미스터 마켓'이 어떻게 변할지 아무도 모른다.

주가 하락이 좋은 기업에 투자한 나의 잘못은 아니다. 그런 일이 생기면 투자자는 버텨야 한다.

그런데 버티는 과정에서 재무제표를 보다가 자산보다 부채가 훨씬 많고 매년 적자가 지속되는 상황임을 알게된다면 그 버티는 과정이 쉽지는 않을 것이다. 이러다가 회사가 망할 수도 있다는 생각이 들 것이다. 다행히 보유한 금융자산이 차입금보다 많고 안정적으로 이익이 나고 있는 기업이라면 절대 망할 가능성이 없으니 주식시장에서 회사의 가치를 인정해 주는 날까지 기다리기만 하면 된다.

성장주를 좋아하는 투자자는 재무분석에 대해 소홀할 수 있다. 미래에 대한 기대가 크기 때문이다. 그런데 중요한 것은 실적 성장에 대한 확신이 있어야 한다는 것이다.

그러려면 회사의 재무제표와 사업보고서의 중요 정보를 조합하여 수익모델에 대한 분석을 해야 한다. 많은 성장기업들은 당장의 영업이익 대신 연구개발에 과감히 투자하면서 성장해 왔다.

기업의 가치, 즉 주가는 현재 갖고 있는 순자산의 가치와 미래에 벌어들일 현금흐름의 현재가치인 수익가치의 합으로 정의한다. 우리는 대개 미래에 많은 돈을 벌어들일 것으로 기대하기 때문에 투자를 하는데, 그 기대가 무너지는 순간 주가는 하염없이 내려앉는다. 기대로 끝내서는 안 되고 확신을 가져야 한다. 그래야 떨어질 때 버틸 수 있고 올라갈 때 웃을 수 있다.

여러 대형 펀드 등에서 사고가 발생하며 간접투자보다는 직접투자에 뛰어든 투자자들이 더 많아지고 있는데, 저자는 매우 긍정적이라고 생각한다. 꾸준히 경제, 산업과 기업에 대한 공부를 할 수밖에 없기 때문에 지적으로 풍요로워질 테니 말이다. 여기에 안정적인 수익까지 더해지면 금상첨화다.

초심자의 행운으로 짧은 기간 수익을 내는 경우도 있지만 평생 직접투자를 하기로 했다면 안정성 있게 하는 게 가장 중요하다.

지금껏 그래왔고 앞으로의 삶에 있어서 분명 코로나19 사태보다 더 한 경우를 계속 겪을 것이기 때문이다. 어떤 평지풍파가 와도 투자만큼은 평정심을 갖고 해야 한다.

워런 버핏이나 피터 린치 같은 전설적인 투자자들 대부분은 경제 예측에 대한 것보다는 기업 분석에 집중했듯이 우리도 그래야 한다. 미래는 알 수 없지만 기업의 사업과 재무분석은 충분히 할 수 있다.

여러분의 공부에 이 책이 조그마한 도움이 되길 바라며, 이만 마무리 짓고자 한다.

함께 읽으면 좋은 부크온의 책들

책 제목	지은이
현명한 투자자의 재무제표 읽는 법	벤저민 그레이엄, 스펜서 메레디스
워렌 버핏의 재무제표 활용법	메리 버핏, 데이비스 클라크
투자공식 끝장내기	정호성, 임동민
고객의 요트는 어디에 있는가	프레드 쉐드
주식 가치평가를 위한 작은 책	애스워드 다모다란
워렌 버핏처럼 사업보고서 읽는 법	김현준
붐버스톨로지	비크람 만샤라마니
경제적 해자 실전 주식 투자법	헤더 브릴리언트 외
줄루 주식투자법	짐 슬레이터
NEW 워런 버핏처럼 적정주가 구하는 법	이은원
이웃집 워런 버핏, 숙향의 투자 일기	숙향
박 회계사의 사업보고서 분석법	박동흠
워런 버핏만 알고 있는 주식투자의 비밀	메리 버핏, 데이비드 클라크
현명한 투자자의 인문학	로버트 해그스트롬
주식 PER 종목 선정 활용법	키스 앤더슨
주식투자자를 위한 재무제표 해결사 V차트	정연빈
적극적 가치투자	비탈리 카스넬슨
워런 버핏의 주식투자 콘서트	워런 버핏
투자의 가치	이건규
워런 버핏처럼 가치평가 시작하는 법	존 프라이스
투자 대가들의 가치평가 활용법	존 프라이스
현명한 투자자의 지표 분석법	고재홍
금융시장으로 간 진화론	앤드류 로
주식고수들이 더 좋아하는 대체투자	조영민
인생주식 10가지 황금법칙	피터 세일런
워런 버핏처럼 주식투자 시작하는 법	메리 버핏, 션 세아
가치투자는 옳다	장마리 에베이야르
벤저민 그레이엄의 성장주 투자법	프레더릭 마틴
권 교수의 가치투자 이야기	권용현
안전마진	크리스토퍼 리소길
퍼펙트 포트폴리오	앤드류 로, 스티븐 포어스터
투자도 인생도 복리처럼	가우탐 바이드
예측투자	마이클 모부신, 알프레드 래퍼포트
투자의 전설 앤서니 볼턴	앤서니 볼턴
내 주식은 왜 휴지조각이 되었을까?	장세민
마라톤 투자자 서한	에드워드 챈슬러

박 회계사의
재무제표 분석법

투자자를 위한 회계 강의, 재무 분석의 기초에서 완성까지
박 회계사의 재무제표 분석법

개정판 7쇄 · 2025년 8월 30일
개정판 1쇄 · 2021년 1월 30일
초판 17쇄 · 2020년 2월 30일
초판 1쇄 · 2015년 2월 27일

지은이 · 박동흠

펴낸곳 · (주)한국투자교육연구소 부크온
펴낸이 · 김재영
편집 · 이승호, 위아람
디자인 · 강이랑
주소 · 서울시 영등포구 선유로 9길 10, 문래 SK V1센터 1001호
전화 · 02-723-9004   **팩스** · 02-723-9084
홈페이지 · www.bookon.co.kr
블로그 · blog.naver.com/bookonblog
이메일 · book@itooza.com
출판신고 · 제2010-000003호(2008년 4월 1일 신고)

ISBN · 978-89-94491-95-0 13320

◆ **부크온**은 한국투자교육연구소 아이투자(itooza.com)의 출판 브랜드입니다.
◆ 파손된 책은 교환해 드리며, 책값은 뒤표지에 있습니다.
◆ 무단전재나 무단복제를 금합니다.